HERMES

在古希腊神话中，赫耳墨斯是宙斯和迈
亚的儿子，奥林波斯神们的信使，道路
与边界之神，睡眠与梦想之神，亡灵的
引导者，演说者、商人、小偷、旅者和
牧人的保护神……

西方传统 经典与解释 **HERMES**
Classici et Commentarii

施特劳斯集

刘小枫◉主编

追忆施特劳斯

——列奥·施特劳斯学生访谈录

Memorabilia of Leo Strauss

张培均 ｜ 编

张培均 等 ｜ 译

华夏出版社

古典教育基金·蒲衣子资助项目

"施特劳斯集"出版说明

　　1899 年 9 月 20 日，施特劳斯出生在德国 Hessen 地区 Kirchhain 镇上的一个犹太家庭。人文中学毕业后，施特劳斯先后在马堡大学等四所大学注册学习哲学、数学、自然科学，1921 年在汉堡大学以雅可比的认识论为题获得哲学博士学位。1924 年，一直关切犹太政治复国运动的青年施特劳斯发表论文《柯亨对斯宾诺莎的圣经学的分析》，开始了自己独辟蹊径的政治哲学探索。1930 年代初，施特劳斯离开德国，先去巴黎，后赴英伦研究霍布斯，1938 年移居美国，任纽约社会研究新学院讲师，十一年后受聘于芝加哥大学政治系，直到退休——任教期间，施特劳斯先后获得芝加哥大学"杰出贡献教授"、德国汉堡大学荣誉教授、联邦德国政府"大十字勋章"等荣誉。

　　施特劳斯在美国学界重镇芝加哥大学执教近二十年，教书育人默默无闻，尽管时有著述问世，挑战思想史和古典学主流学界的治学方向，生前却从未成为学界声名显赫的大师。去世之后，施特劳斯逐渐成为影响北美学界最重要的流亡哲人：他所倡导的回归古典政治哲学的学问方向，深刻影响了西方文教和学界的未来走向。上个世纪七十年代以来，施特劳斯身后逐渐扩大的学术影响竟然一再引发学界激烈的政治争议——自由主义知识分子觉得，施特劳斯对自由民主理想心怀敌意，是政治不正确的保守主义师主；后现代主义者宣称，施特劳斯唯古典是从，没有提供应对现代技术文明危机的具体理论方略。为施特劳斯辩护的学人则认为，施特劳斯从来不与某种现实的政治理想或方案为敌，也从不提供解答现实政治难题的哲学论说；那些以自己的思想定位和政治立场来衡量和评价施特劳斯的人，不外乎是以自己的灵魂高度俯视施特劳斯立足于古典智慧的灵魂深处。施特劳斯关心的问题更具常识品质，而且很陈旧：西方文明危机的根本原因何在？施特劳斯不仅对百年来西方学界的这个老问题作出了超逾所有前人的深刻解答，而且提出了切实可行的应对方略：重新学习古典政治哲学作品。施特劳斯的学问以复兴苏格拉底问题为基本取向，这迫使所有智识人面对自身的生存德性问题：在具体的政治共同体中，难免成为"主义"信徒的智识人如何为人和治学。

如果中国文明因西方文明危机的影响也已经深陷危机处境，那么施特劳斯的学问方向给中国学人的启发首先在于：自由主义也好，保守主义、新左派主义或后现代主义也好，是否真的能让我们应对中国文明的危机问题——"施特劳斯集"致力于涵括施特劳斯的所有已刊著述（包括后人整理出版的施特劳斯生前未刊文稿和讲稿；已由国内其他出版社购得版权的《霍布斯的政治哲学及其起源》《思索马基雅维利》《城邦与人》《古今自由主义》除外），并选译有学术水准的相关研究文献。我们相信，按施特劳斯的学问方向培育自己，我们肯定不会轻易成为任何"主义"的教诲师，倒是难免走上艰难思考中国文明传统的思想历程。

古典文明研究工作坊

西方典籍编译部甲组

纪念列奥·施特劳斯逝世五十周年

目　录

编者说明

2010 年 11 月，芝加哥大学"施特劳斯中心"的协调员兼执行编辑斯蒂芬·格雷戈里（Stephen Gregory）开始采访当时尚在世的施特劳斯学生。至 2013 年底，他一共完成十二场访谈。格雷戈里离开施特劳斯中心后，现任副主任盖尔·麦基恩（Gayle Mckeen）继续这项计划，共完成五场访谈。本书便是这十七篇访谈录的中译。

访谈对象中有施特劳斯于 20 世纪 40 年代在纽约新学院培养的学生，如雅法和洛文塔尔；也有他到芝加哥大学后的第一代学生，如劳伦斯·伯恩斯、沃尔特·伯恩斯、考克斯、丹豪瑟、福克纳、勒纳、罗森和施罗克等；1960 年代的学生则有巴特沃斯、伯纳姆和舒尔斯基等。采访者对几个问题特别关心，几乎每场访谈都问，比如为何选择施特劳斯、如何初识施特劳斯、施特劳斯的教学方式、如何看待"施特劳斯学派"等。受访者对施特劳斯的看法并不完全一致，但他们都敬佩施特劳斯的睿智深刻，也对受教于施特劳斯心怀感念。

这些访谈中浮现出的施特劳斯形象，可与写作时极为审慎的施特劳斯、课堂上循循善诱的施特劳斯（分别体现于他本人的著作和由他的上课录音整理而来的"讲学录"）互为补充。在这些学生的回忆中，施特劳斯平易近人，待人接物既有原则又温文得体，且风趣幽默。当然，这些背后都是富有德性的智慧。

如今，接受采访的学生中有不少已经离世，这些回忆因而显得更加珍贵。各篇访谈录据施特劳斯中心网站上的录音整理稿译出，以采访时间先后为序。

张培均

2022 年 8 月

中国社会科学院外文所

访谈中提到的人物[*]

张培均　译

乔治·阿纳斯塔普罗（George Anastaplo，卒于2014年），在芝加哥大学师从施特劳斯，1964年获得博士学位。阿纳斯塔普罗还精通法律，1950年，因为拒绝回答是不是共产党员这个问题而未被伊利诺伊州律师协会（Illinois Bar）录用，于是状告伊利诺伊州律师协会。案子捅到美国最高法院，最高法院以5比4的决议维护伊利诺伊州律师协会。阿纳斯塔普罗执教于芝加哥大学基础课程和洛约拉大学法学院（Loyola University School of Law）。①

爱德华·班菲尔德（Edward C. Banfield，卒于1999年），执教于芝加哥大学，后于1959年在哈佛大学政治系谋得教职。著有《落后社会的道德根据》（*The Moral Basis of a Backward Society*，1958）和《非圣之城》（*The Unheavenly City*，1970）。

瑟特·伯纳德特（Seth Benardete，卒于2001年），在芝加哥大学师从施特劳斯，1955年在社会思想委员会获得博士学位，执教于纽约大学和社会研究新学院（New School）。伯纳德特是施特劳斯最具天赋的学生之一，作为古典学家，他的著作广涉希腊哲学和文学，包括论柏拉图对话、希罗多德和荷马的若干作品。伯纳德特与施特劳斯书信往来频繁。

＊　［译注］人物以姓氏首字母顺序排列，访谈中提到相关人物时可参照此处的人物介绍，不再对人物生平加注说明。

①　［译注］他的著作的中译有《美国1787年〈宪法〉》讲疏，赵雪纲译，北京：华夏出版社，2012。

劳伦斯·伯恩斯（Laurence Berns，卒于2011年），从学于施特劳斯，在芝加哥大学获得国际关系博士学位。1960年起执教于安纳波利斯圣约翰学院（St. John's College, Annapolis），1999年退休。

沃尔特·伯恩斯（Walter Berns，卒于2015年），施特劳斯在芝加哥大学的学生。先后执教于路易斯安那州立大学、耶鲁、康奈尔和多伦多大学，后于1979年搬至华盛顿特区，执教于乔治敦，并在美国企业研究所（American Enterprise Institute）从事研究。著有《自由、德性与〈第一修正案〉》（*Freedom, Virtue, and the First Amendment*，Greenwood Publishing Group，1970），曾获国家人文学科奖章（National Humanities Medal）。

彼得·冯·布兰肯哈根（Peter von Blanckenhagen，卒于1990年），罗马和希腊艺术史家，1947年从德国移民美国，1947年至1957年先后任芝加哥大学社会思想委员会客座讲师和教授。

阿兰·布鲁姆（Allan Bloom，卒于1992年），在芝加哥大学社会思想委员会师从施特劳斯，1955年获得博士学位。他因翻译柏拉图的《王制》（*Republic*）和卢梭的《爱弥儿》（*Emile*）在几代学生中享有盛名。他的畅销书《走向封闭的美国精神》（*The Closing of the American Mind*，Simon and Schuster，1987）令他声名远播。[1]

克里斯托弗·布吕尔（Christopher Bruell），波士顿学院政治学荣誉教授，执教40年，2010年退休。他在芝加哥大学师从施特劳斯，获得博士学位。布吕尔研究修昔底德、色诺芬和柏拉图，著有《论苏格拉底式的教育：柏拉图短篇对话导论》（*On the Socratic Education: An Introduction to the Shorter Platonic Dialogues*，Roman & Littlefield，1999）。

查尔斯·巴特沃斯（Charles Butterworth，生于1938年），马里兰大学帕克分校（University of Maryland, College Park）政治学荣誉教授，在

---

[1] ［译注］中译参布鲁姆，《走向封闭的美国精神》，缪青等译，北京：中国社会科学出版社，1994。

芝加哥大学师从施特劳斯，获得政治学硕士和博士。巴特沃斯专攻中世纪阿拉伯和伊斯兰政治哲学，出版过阿威罗伊、阿尔法拉比、阿尔拉齐（Alrazi）、迈蒙尼德和卢梭作品的校勘本和译本。

约瑟夫·克罗波西（Joseph Cropsey，卒于2012年），芝加哥大学政治学教授，在纽约认识施特劳斯，当时施特劳斯正在社会研究新学院。克罗波西先执教于城市学院（City College），后于1958年获得芝加哥大学教职。他与施特劳斯合编的《政治哲学史》（*History of Political Philosophy*）初版于1962年，1972年和1987年再版。①

沃纳·丹豪瑟（Werner Dannhauser，卒于2014年），曾在社会研究新学院听过施特劳斯的讲座，1956年，为了跟施特劳斯学习，成为社会思想委员会的一名学生。丹豪瑟执教于康奈尔大学，1992年退休；退休后在密歇根州立大学授课。著有《尼采眼中的苏格拉底》（*Nietzsche's View of Socrates*，Cornell University Press，1974）。②

马丁·戴蒙德（Martin Diamond，卒于1977年），1956年在芝加哥大学获得博士学位，大部分学术生涯在克莱蒙特大学和克莱蒙特研究所（Claremont University and Claremont Graduate Institute）度过。他的文章集由沙姆布拉（William A. Schambra）编，《共和原则的限度》（*As Far as Republican Principles Will Admit: Collected Essays of Martin Diamond*，AEI Press，1992）。

罗伯特·福克纳（Robert Faulkner），在芝加哥大学师从施特劳斯。他是波士顿学院政治学教授，著作涉及早期现代政治哲学和美国政治思想。

埃内斯特·福尔坦（Ernest L. Fortin，卒于2002年），圣母升天会神父（Assumptionist priest），在索邦大学获得博士学位，在巴黎高

---

① ［译注］中译参施特劳斯、克罗波西主编，《政治哲学史》（第三版），李洪润等译，北京：法律出版社，2009。

② ［译注］中译参丹豪瑟，《尼采眼中的苏格拉底》，田立年译，北京：华夏出版社，2013。

等研究实践学院（École pratique des hautes études in Paris）做博士后。福尔坦在巴黎结识布鲁姆，布鲁姆后来把他介绍给施特劳斯。福尔坦在芝加哥师从施特劳斯。1971年至1997年，福尔坦在波士顿学院任神学教授。他的四卷文章由Rowman & Littlefield出版。

卡尔·弗里德里希（Carl J. Friedrich，卒于1984年），哈佛大学政治学教授，著有《政治理论导论》（*An Introduction to Political Theory*，1967）。

希拉勒·吉尔丁（Hilail Gildin，1928—2015），在芝加哥大学师从施特劳斯。他是纽约皇后学院（Queens College）哲学教授，期刊《解释：政治哲学学刊》（*Interpretation: A Journal of Political Philosophy*）的创刊主编，另编有《政治哲学导论：施特劳斯十论》（*An Introduction to Political Philosophy: Ten Essays of Leo Strauss*，Wayne State University Press，1989）。

罗伯特·戈尔德温（Robert Goldwin，卒于2010年），在芝加哥大学师从施特劳斯，1963年获得博士学位。执教于芝加哥大学肯扬学院（Kenyon College），曾任安纳波利斯圣约翰学院院长。戈尔德温曾担任总统特别顾问，在五角大楼担任福特政府国防部长拉姆斯菲尔德（Donald Rumsfeld）的顾问。从政府部门卸任后，戈尔德温任美国企业研究所的常驻学者，编有二十余本论美国政治思想的书。

大卫·格勒内（David Grene，卒于2002年），古典学家，芝加哥大学社会思想委员会的创始人之一。他的最知名之处或许在于翻译希腊肃剧和希罗多德的《原史》（*The History*，University of Chicago Press，1987）。

罗伯特·霍恩（Robert A. Horn，卒于2002年），执教于芝加哥大学，后于1953年转入斯坦福大学政治系。他在斯坦福大学教授宪法达26年，因对本科教育作出的杰出贡献荣获丁克斯皮尔奖（Lloyd W. Dinkelspiel Award）。著有《群体与宪法》（*Groups and the Constitution*，Stanford University Press，1956）。

罗伯特·霍维茨（Robert Horwitz，卒于1987年），在芝加哥大学师从施特劳斯。执教于密歇根州立大学和肯扬学院。著有研究哈罗德·拉斯韦尔（Harold Lasswell）的文章，收于斯托林编的《政治学科学研究论文集》（*Essays on the Scientific Study of Politics*）；编有《美国共和的道德基础》（*The Moral Foundations of the American Republic*，University Press of Virginia，1977），里面收有他自己的文章。他于1974年参与创立施特劳斯论文奖（Leo Strauss Dissertation Award），并与吉尔丁共同创办期刊《解释：政治哲学学刊》。

罗伯特·梅纳德·哈钦斯（Robert Maynard Hutchins，卒于1977年），美国教育哲学家，1929年至1951年任芝加哥大学校长。

哈利·雅法（Harry V. Jaffa，1918—2015），克莱蒙特–麦肯纳学院和克莱蒙特研究生大学（Claremont McKenna College and Claremont Graduate University）教授，博士期间在社会研究新学院师从施特劳斯。雅法最知名的作品是《分裂之家危机：对林肯–道格拉斯论辩中诸问题的阐释》（*Crisis of the House Divided: An Interpretation of the Issues in the Lincoln-Douglas Debates*，University of Chicago Press，1959）。①

利昂·卡斯（Leon Kass，生于1939年），医学博士，芝加哥大学社会思想委员会哈丁荣誉教授（Addie Clark Harding Professor Emeritus），美国企业研究所赫托格研究员（Hertog Fellow）。1972年至1976年任教于安纳波利斯圣约翰学院（1969年至1973年施特劳斯在圣约翰教书），1976年至2001年任芝加哥大学教授，2001年至2005年担任总统生物伦理学委员会（President's Council on Bioethics）主席。

威尔摩尔·肯德尔（Wilmoore Kendall，卒于1967年），1947年至1967年任耶鲁大学政治哲学教授。他跟自己以前的学生小巴克利（William F. Buckley, Jr.）共同创办《国家评论》（*National Review*）。

---

① ［译注］中译参雅法，《分裂之家危机：对林肯–道格拉斯论辩中诸问题的阐释》，韩锐译，上海：华东师范大学出版社，2007。

理查德·肯宁顿（Richard H. Kennington, 1921—1999），出生于马萨诸塞州，童年和青年的大部分时光与他的传教士父母在中国安徽度过。毕业于加利福尼亚大学经济系，"二战"时服役于美国海军。1946年至1951年在社会研究新学院的研究生院学习，后来在那里获得博士学位；还曾在芝加哥大学社会思想委员会和索邦大学学习。肯宁顿的教学生涯始于1955年鲍德温华莱士学院（Baldwin Wallace College），随后于1960年执教于宾夕法尼亚州立大学，1975年执教于天主教大学（Catholic University）。多年来，他还是新学院、圣约翰学院、乔治敦大学、康奈尔大学和波士顿学院的客座教授。[①]

雅各布·克莱因（Jacob Klein，卒于1978年），施特劳斯的同龄人，他们从在德意志上学起就是朋友。克莱因师从海德格尔和胡塞尔，1922年在马堡大学获得博士学位。1937年至1978年执教于安纳波利斯圣约翰学院。他著有《希腊数学思想和代数的起源》（*Greek Mathematical Thought and the Origin of Algebra*，MIT Press，1968）和《柏拉图〈美诺〉疏证》（*A Commentary on Plato's Meno*，University of North Carolina Press，1965），[②] 施特劳斯在1967年曾开课讲授《美诺》（*Meno*）。

亚历山大·科耶夫（Alexandre Kojève，卒于1968年），哲学家，任教于巴黎高等研究实践学院。他以书信形式就施特劳斯对色诺芬的《希耶罗》（*Hiero*）的解读作了评论，经修订扩充后出版为《论僭政》（*On Tyranny*）一书，由古热维奇（Victor Gourevitch）和罗兹（Michael S. Roth）编辑（University of Chicago Press，2000）。[③] 科耶夫对黑格尔的解释影响深远，所著《黑格尔导读》（*Introduction to the*

---

① ［译注］此条为译者所补。

② ［译注］中译参克莱因，《柏拉图〈美诺〉疏证》，郭振华译，北京：华夏出版社，2011。

③ ［译注］中译参施特劳斯、科耶夫，《论僭政——色诺芬〈希耶罗〉义疏》（重订版），彭磊译，北京：华夏出版社，2016。

Reading of Hegel: Lectures on Phenomenology of Spirit）已成为经典。①
科耶夫和施特劳斯从学生时代起便是朋友。他们就哲学与政治的论争
引出科耶夫对施特劳斯的《论僭政》的回应。

威廉·克里斯托尔（William Kristol，生于1952年），美国新保
守主义教父欧文·克里斯托尔（Irving Kristol，1920—2009）的儿
子，1994年担任共和党未来计划主席并创办《标准周刊》（*Weekly
Standard*）。这个期刊立即成为新保守主义的重要理论园地，威廉本
人则成为新保守派的新领军人物。②

拉尔夫·勒纳（Ralph Lerner），于1949年初在芝加哥大学政治
系念硕士期间遇施特劳斯，后师从施特劳斯攻读博士，在后者的指导
下写作博士论文。勒纳是芝加哥大学文理学院和社会思想委员会的富
兰克林荣誉教授（Benjamin Franklin Professor Emeritus），著述宏富，
包括《迈蒙尼德的光之帝国：信仰时代的大众启蒙》（*Maimonides'
Empire of Light: Popular Enlightenment in an Age of Belief*，University
of Chicago Press，2000）等。

大卫·洛文塔尔（David Lowenthal，1923—2022），著名政治哲学
家，纽约社会研究新学院博士，受教于施特劳斯。博士毕业后，任教
于哈佛大学、韦顿学院等，1966年起担任波士顿学院政治学系教授，
并曾任系主任，去世前为该系荣休教授。洛文塔尔生前著有多部专著，
包括《林肯的心灵与技艺：哲人政治家》（*The Mind and Art of Abraham
Lincoln: Philosopher Statesman*）、《莎士比亚的思想》（*Shakespeare's
Thought*）、《莎士比亚与美好生活》（*Shakespeare and the Good Life*）等，
还曾英译孟德斯鸠的《罗马盛衰原因论》（*Considerations on the Causes
of the Greatness of the Romans and Their Decline*，Hackett，1999）等政
治哲学经典。洛文塔尔的多篇论文已引入中文学界，如《施特劳斯的

---

① ［译注］中译参科耶夫，《黑格尔导读》，姜志辉译，南京：译林出
版社，2005。

② ［译注］此条为译者所补。

〈柏拉图式的政治哲学研究〉》（张新樟译，林志猛校，收于《施特劳斯与古典政治哲学》，上海三联书店，2002）、《〈罗马盛衰原因论〉导读》（蔡乐钊译，收于《孟德斯鸠论政治衰败》，华夏出版社，2015）等。①

穆赫辛·迈赫迪（Muhsin Mahdi，卒于2007年），伊拉克裔学者，起初于芝加哥大学学习经济学，后在老师阿博特（Nabia Abbott，东方学院的阿拉伯文本学者）和施特劳斯的影响下，转而研究哲学。迈赫迪是芝加哥大学（近东语言和文明系）的中世纪阿拉伯和伊斯兰哲学学者，1969年至1996年在哈佛大学任朱伊特阿拉伯教授（James Richard Jewett Professor of Arabic）。他把最后一部作品《阿尔法拉比与伊斯兰政治哲学的基础》（*Alfarabi and the Foundation of Islamic Political Philosophy*，University of Chicago Press，2001）献给施特劳斯。②

哈维·曼斯菲尔德（Harvey C. Mansfield，生于1932年），哈佛大学小凯南政治学教授（William R. Kenan, Jr. Professor of Government）。2007年，他在国家人文基金杰斐逊讲座（National Endowment for the Humanities Jefferson Lecture）发表演讲。③ 他的著作包括《马基雅维利的德性》（*Machiavelli's Virtue*，University of Chicago Press，1998）等。

理查德·麦基翁（Richard McKeon，卒于1985年），1934年至1974年任芝加哥大学哲学教授，1940年至1947年担任人文学部主任。编有《亚里士多德基本著作》（*Basic Works of Aristotle*，Random House，1941），著有《思想、行动与激情》（*Thought, Action, and*

---

① ［译注］此条为译者所补。

② 献辞是："献给施特劳斯——我们倾尽一生都不足以回报他的仁慈。"

③ ［译注］曼斯菲尔德的演讲题目是"如何理解政治：人文学科能对科学说什么"（How to Understand Politics: What the Humanities Can Say to Science）。

Passion，University of Chicago Press，1954）。

海因里希·迈尔（Heinrich Meier，生于1953年），西门子基金会（Carl Friedrich von Siemens Stiftung）主任，德国慕尼黑大学（Ludwig-Maximilians-Universität in Munich）哲学教授，芝加哥大学社会思想委员会杰出客座教授。编有施特劳斯的《作品集》（*Gesammelte Schriften*，Stuttgart: J. B. Metzler），著有《神学政治问题：施特劳斯的论题》（*Das theologisch-politische Problem: Zum Thema von Leo Strauss*，J. B. Metzler，2003），由布雷纳德（Marcus Brainard）译成英文（*Leo Strauss and the Theological-Political Problem*，Cambridge University Press，2006）。[①]

亚瑟·梅尔泽（Arthur Melzer），密歇根州立大学政治学教授，著有论卢梭和近代政治哲学的作品，最近出版《字里行间的哲学：被遗忘的隐微写作术》（*Philosophy between the Lines: The Lost History of Esoteric Writing*，University of Chicago Press，2014）。[②]

汉斯·摩根索（Hans Morgenthau，卒于1980年），国际关系研究领域的领军人物，1937年从德图移民美国，1943年起执教于芝加哥大学，在芝加哥大学担任美国外交和军事政策研究中心（Center for the Study of American Foreign and Military Policy）主任达17年之久。著有《国家间政治：权力斗争与和平》（*Politics Among Nations: The Struggle for Power and Peace*，McGraw Hill，1948），以及其他论国际关系和美国外交政策的书。[③]

什洛莫·派内斯（Shlomo Pines，卒于1990年），犹太和伊斯兰哲学学者，以翻译迈蒙尼德的《迷途指津》（*Guide of the Perplexed*，University

---

① ［译注］中译参迈尔，《古今之争中的核心问题：施米特的学说与施特劳斯的命题》，林国基等译，北京：华夏出版社，2005。

② ［译注］中译参梅尔泽，《字里行间的哲学：被遗忘的隐微写作术》，赵柯译，上海：华东师范大学出版社，2018。

③ ［译注］中译参摩根索，《国家间政治：权力斗争与和平》（第七版），徐昕等译，北京：北京大学出版社，2012。

of Chicago Press，1963）而知名，施特劳斯为此译本写了导言。

赫尔曼·普里切特（C. Herman Pritchett，卒于1995年），1937年在芝加哥大学政治系获得博士学位，后留校任教。他专攻宪法。于1948年至1955年，以及1958年至1964年任系主任。1963年至1964年，担任美国政治科学协会（American Political Science Association）主席。

大卫·理斯曼（David Riesman，卒于2002年），1946年至1958年任教于芝加哥大学。与格拉泽（Nathan Glazer）和戴尼（Reuel Denney）合著《孤独的人群》（*The Lonely Crowd*，1950）一书。①

库尔特·里茨勒（Kurt Riezler，卒于1955年），1939年至1952年任社会研究新学院研究生部哲学教授。里茨勒曾在一战中担任德意志总理顾问，20世纪30年代移民美国。②

斯坦利·罗森（Stanley H. Rosen，卒于2014年），在芝加哥大学师从施特劳斯，1955年在社会思想委员会获得博士学位，是波士顿大学鲍恩哲学教授（Borden Parker Bowne Professor of Philosophy）和荣誉教授。他著有《日常之迷》（*The Elusiveness of the Ordinary*，Yale University Press，2002），以及论柏拉图、黑格尔、尼采、海德格尔、虚无主义和解释学的作品。

格尔肖姆·索勒姆（Gershom Scholem，卒于1982年），出生于德意志的以色列哲学家，耶路撒冷希伯来大学首位犹太神秘主义教授。20世纪初，索勒姆在柏林结识施特劳斯，两人保持定期的通信

---

① ［译注］中译参理斯曼，《孤独的人群》，王崑译，南京：南京大学出版社，2002。

② 详见施特劳斯，《里茨勒》（"Kurt Reizler, 1882—1955"），载于 *Social Research* 23 (1956), 3-34，转载于《什么是政治哲学》（*What is Political Philosophy? and Other Studies*, University of Chicago Press, 1959, 233-260）。［译注］中译参施特劳斯，《什么是政治哲学》（第二版），李世祥等译，北京：华夏出版社，2019，页225-253。

来往，直至施特劳斯去世。

赫伯特·斯托林（Herbert J. Storing，卒于1977年），施特劳斯在芝加哥大学的学生，后来留在政治系任教，直至去世。编有七卷本的《反联邦党人文集》（*The Complete Anti-Federalist*，University of Chicago Press，1981）。

珍妮·施特劳斯（Jenny Strauss），施特劳斯的养女，弗吉尼亚大学（University of Virginia）古典学系的小凯南教授。

托马斯·施特劳斯（Thomas Strauss），施特劳斯的妻子米丽亚姆（Mirjam）的儿子，由施特劳斯抚养长大。托马斯是芝加哥大学的本科生。

纳坦·塔科夫（Nathan Tarcov），芝加哥大学文理学院社会思想和政治学教授，施特劳斯中心主任。在哈佛获得博士学位（师从曼斯菲尔德），1968年夏在克莱蒙特从学于施特劳斯。著作涉及洛克、马基雅维利和美国国父。①

埃里克·沃格林（Eric Voegelin，卒于1985年），1938年逃离德国，1942年成为路易斯安那州立大学教授。1958年回到德国，在慕尼黑大学充任韦伯的讲席（韦伯死后一直空缺）。1969年至1985年任职于斯坦福大学胡佛研究所。主要作品包括《新政治科学》（*The New Science of Politics*，1951）和《秩序与历史》（*Order and History*，Louisiana University Press，1956）。②

列奥·魏因施泰因（Leo Weinstein，卒于1999年），师从施特劳斯，在芝加哥大学获得硕士和博士学位。1952年至1991年任教于史密斯学院，政治学教授。

---

① ［译注］他对施特劳斯的理解，见塔科夫，《论施特劳斯的思索和写作》，崔嵬编，李孟阳、曾侯璇等译，成都：四川人民出版社，2021。

② ［译注］中译参沃格林，《新政治科学》，段保良译，北京：商务印书馆，2018；沃格林，《秩序与历史》（五卷，修订版），段保良等译，南京：译林出版社，2018。

霍华德·怀特（Howard B. White，卒于1974年），施特劳斯在社会研究新学院的第一个研究生。1951年，怀特留校任教于研究生部，直到1974年。著有论培根和莎士比亚的书。

保罗·沃尔福威茨（Paul Wolfowitz），在芝加哥大学学习政治学，1972年获得博士学位。他是前国防部副部长，据信件资料，对布什总统作出入侵伊拉克的决定影响巨大。沃尔福威茨在芝加哥大学读研究生期间，听过施特劳斯的三门课。

迈克尔·扎科特（Michael Zuckert，生于1942年），圣母大学德勒政治科学教授（Nancy R. Dreux Professor of Political Science at the University of Notre Dame），与凯瑟琳·扎科特（Catherine Zuckert）合著《施特劳斯的真相：政治哲学与美国民主》（*The Truth About Leo Strauss: Political Philosophy and American Democracy*，University of Chicago Press，2006），① 还著有其他政治哲学方面的作品。扎科特曾在芝加哥大学跟施特劳斯学习，1973年获得博士学位。

---

① ［译注］中译参凯瑟琳·扎科特、迈克尔·扎科特，《施特劳斯的真相：政治哲学与美国民主》，宋菲菲译，刘擎校，北京：商务印书馆，2013。

劳伦斯·伯恩斯访谈录

2010年11月17日

张培均　译

劳伦斯·伯恩斯参加过1951年至1959年施特劳斯在芝加哥大学开设的所有课程。1969年秋，马里兰州安纳波利斯的圣约翰学院聘请施特劳斯任驻校学者，伯恩斯当时正执教于此，便重回施特劳斯的课堂，直至1973年10月施特劳斯离世。在芝加哥大学，伯恩斯曾担任施特劳斯的研究助理，为期一年。在芝加哥，伯恩斯与施特劳斯"成了朋友"，后来，伯恩斯大概每隔一周就到施特劳斯家畅聊一次；施特劳斯来到圣约翰后，伯恩斯又恢复这一做法。不管是在芝加哥还是在圣约翰，伯恩斯都会偶尔开车带施特劳斯去各种地方。

与伯恩斯的这次访谈是一次试验。[①]伯恩斯来芝加哥大学给该校的基础课程开讲座，他本人曾在20世纪50年代末任教于这一课程。伯恩斯赞赏采访施特劳斯以前的学生这一想法，同意作为"小白鼠"接受这次试验性的采访。我们在2010年11月17日会面时，都觉得会在芝加哥再次会面，继续谈论施特劳斯，因为伯恩斯计划[第二年]4月份在施特劳斯中心的会议"施特劳斯之为师"上发言。遗憾的是，伯恩斯于2011年3月3日过世。为了通顺易读，访谈稿作了编辑。

——格雷戈里

---

① 感谢朗德垂（Carolyn Roundtree）和沃克（Austin Walker）帮忙制作本次访谈的打印稿，感谢伯恩斯夫人（Mrs. Gisela Berns）协助编辑访谈稿并提供补充材料。［格雷戈里］

格雷戈里：你还记得上过［施特劳斯的］什么课吗？

伯恩斯：我不记得日期。但我记得他讲柏拉图《王制》的课，讲《高尔吉亚》（*Gorgias*）的课，许多讲亚里士多德《政治学》（*Politics*）的课，讲孟德斯鸠、霍布斯、洛克的课，还有一些讲洛克的课，相当有趣——我忘了是哪本书。你记得书名吗？讲自然法则的。大家一般都知道洛克的《第二论》（*Second Treatise*）和《人类理解论》（*Essay on Human Understanding*），但还有这本讲自然法则之类的书；施特劳斯开的就是讲这个的课。①

我肯定还漏了许多事情。他可能开过讲莱布尼茨的课；我不确定。当然还有马基雅维利——许多讲马基雅维利的课。有一段时间，他正在写论马基雅维利的书，他会在第一学期讲《李维史论》（*Discourses*），下学期讲《君主论》（*The Prince*），再下学期再开《李维史论》，［然后］讲《君主论》。他就这样至少上了一年半，或许两年，直到写完那本论马基雅维利的书：《思考马基雅维利》（*Thoughts on Machiavelli*）。②

格雷戈里：你确实上过施特劳斯教授的许多课，在圣约翰同样如此。你对施特劳斯的第一印象是什么？

伯恩斯：嗯，我的第一印象是，我得知施特劳斯这个人计划开一个关于自然正当（natural right）的讲座。当时我已经读了不少柏拉图和亚里士多德，对自然正当这一观念非常感兴趣。我还应当提到韦伯，因为这个讲座始于讨论韦伯。在我的学生时代，韦伯被视为社会科学领域最伟大的人物，人人都得读韦伯的各种东西，我也不例外。我觉得他有趣，但并未令人信服。讲座一开始，施特劳斯三言两语就

---

① 施特劳斯1958年关于洛克的课部分集中于《论自然法则》（*Essays on the Law of Nature*）。［译注］《论自然法则》的中译和施特劳斯的相关论述，分别见洛克等，《论自然法则》，徐健选编，徐健等译，上海：华东师范大学出版社，2014，页116–175、199–224。

② ［译注］中译参施特劳斯，《关于马基雅维利的思考》，申彤译，南京：译林出版社，2009。

总结出我当时对韦伯怀有的所有批评，一下子让我印象深刻。顺便说一下，在课堂上反驳韦伯是场艰苦的战斗，但我一直在这么做。

然后，当然，施特劳斯会延伸至柏拉图、亚里士多德、洛克、霍布斯等人。我觉得整场讲座都非常迷人。我完全清楚，我得跟这个人学习。我当时在国际关系委员会（Committee on International Relations），因为部分博士学位论文要求包含多个章节，所以他们同意我博士论文的一章可以论政治理论，但尽管如此，在我告诉他们我想跟施特劳斯研究自然正当后，仍然遭到一些反对。一位相当善良睿智的老师①跟我论证，为何自然正当与国际关系不相干，因此我被迫发起论证，为何自然正当作为一切政治思想中衡量对错的标准，对国际关系十分重要。

格雷戈里：所以你实际上中途换了专业？

伯恩斯：不，我从未正式换过专业。我在国际关系委员会拿的博士学位。我觉得真要正式换专业的话，会有太多麻烦。所以我甚至不知道我跟施特劳斯上的课是否记录在案。我猜应该在，因为我的一个专业确实是政治理论。但之后许多年，当然包括我在圣约翰的那些年，那时我拿到博士学位已经很久了，我一直在研究施特劳斯的作品，而且，一有机会，我就跟他谈天。我们会定期见面，我猜我们差不多开始习惯对方。我们成了朋友。

格雷戈里：除了这位研究国际关系的教授怀疑自然正当跟你的论文的相关性之外，大学里其他教授对你跟着施特劳斯教授学习有什么反应？

伯恩斯：当我向国际关系委员会提出某个研究计划，打算纳入关于政治理论的一章时，他们就有些反应了。曾让我难堪的那个人也确实是我最说得上话的人，因为在某种程度上，他会让每个人都难堪；但如果你反让他难堪，他就会尊重你。所以当我提出研究计划时，只有他投赞成票。我可以告诉你我是怎么知道的。提交这份

---

① 霍塞利茨（Hoselitz）教授，经济学家。

研究计划之后大概一星期，我去了他的办公室。我知道那天刚开完教师会议。我问他："我的研究计划过了吗？"他说："过了。"我说："嗯，怎么过的？"他说："他们否了你。"我说："有人赞成我吗？""有。""谁？""我。"他就是这样的人，一个好人，尽管他会吓跑许多学生。

格雷戈里：施特劳斯是个怎样的老师？

伯恩斯：首先，可以从施特劳斯的课堂上看出，他热爱学习。他对任何新思想都会异常兴奋。他极其善于表达，会讨论最艰深的问题，但总用极其简单的语言。我第一年跟他学的时候，我记得不止一次，我带着构想去找他，因为我想显得有学问，那些构想多少因科学行话而有些生硬。我把我的想法告诉他，然后他会用自己简单的语言重构我的想法，而我只能惊叹。刚开始，我会惊叹为什么他的构想比我的有力、清楚那么多。我可能需要花几个月时间去思考，才能意识到他的语言里完全没有行话。这是那种出自直接经验的简单语言，就算有时是理论化的，也十分恰切。但即便如此，理论化的语言总会让你回到产生这些想法的基本经验。自那以后，我改变了表达自己的方式。我当然试着这么去做，我觉得自己在某种程度上做到了。但我不知道做到了多少。

格雷戈里：除了肯定并扩展你先前对韦伯的批评之外，你觉得跟施特劳斯学习给你带来了什么变化？

伯恩斯：我向来倾向于多多少少从常识出发去理解这些东西，这一点没变。变化的事情是，我认识到，大思想家比我以前以为的或别人告诉我的要深刻、复杂得多。我的意思是，我上过理查德·麦基翁讲亚里士多德的课，他老用一套自己的专门语言。我想，如果问他的话，他会说一切都基于经验，他不会像施特劳斯那样重现普通的经验，也不会像施特劳斯那样用普通的术语表述事物。他的术语更加专门。

所以我只知道我必须比以前加倍努力地学习，我并不像自己希望的那样聪明，大思想家比我以前以为的聪明得多，为了接近他们，我必须不断努力学习。这意味着我必须花更多时间，必须更加仔细地阅读他们。我觉得这是我们从施特劳斯的课堂上首先得到的一样东西：你必须比你一开始设想的更加仔细地去阅读。因此，最大的个人改变是认识到，你咬下的比你能咀嚼的多，哪怕仅仅为了适当地处理这些东西，你也必须拼命学习。

而课堂是非常令人愉快的，尽管听起来可能完全不是这样。施特劳斯显然享受课堂。他会开玩笑，非常擅长开高级玩笑，有时会漏掉低级玩笑；我认识一两个人，他们常常给他讲低级玩笑，而他有时会漏掉这些玩笑。每堂课一开始，他会让一个学生念一段，比如，念我们正在学的书的一两章。

我在想我漏掉的一件事。我想的是卢梭。我记得有一次，他打算讲卢梭的论文——那篇政治论文叫什么来着？

格雷戈里：《论不平等》(*Discourse on Inequality*)。

伯恩斯：对，《论不平等》，他问我能否在第一堂课上就卢梭的《论科学和文艺》(*Discourse on the Arts and the Sciences*)作一次报告，作为这门课的导论。当时马上要放假了。所以我整个假期都在做这件事。直到那时，我才明白自己得多用功才行。我非常非常用功，他后来夸了我的报告，我心满意足。

我记得还有一次，要在他的课上就马基雅维利作一次报告。我自以为在马基雅维利那里发现了某些从未听施特劳斯讲过的东西——马基雅维利某种错综复杂的东西，马基雅维利搞出来的某种相当龌龊(nasty)的东西。我把它写进自己的文章，但没有刻意强调，也就两三行，刚够施特劳斯发现那是什么。我记得他的点评是："伯恩斯先生，这是篇好文章，但不是一篇特别好的文章。不过，从这篇文章里，我第一次学到某些全新的东西。"我得到适时的惩戒，同时也感到欣慰。即便在个人点评中，他也非常注重对学生公平并让学生获益。但他也会批评。

格雷戈里：如果有人问我，我会说，伯恩斯学到的是，直接用经验语言说话、在伟大思想家面前保持谦虚，以及什么是真正的思想家。

伯恩斯：对，我觉得可以这么说。顺便说，我觉得他课上的大部分学生［都是如此］——那些课上有许多聪明人。我觉得我们都有相当类似的经历。布鲁姆和我经常谈论这件事，我们一块上过好多课。吉尔丁［也是如此］。对我们所有人来说都是如此：我们都不是迟钝或弱智的人。我们中的大部分人都对自己的智力颇为得意，但我们一旦开始拿自己跟施特劳斯和他阐述的大思想家相比，我们都不得不马上修正［自己的看法］。这绝不只是佩服施特劳斯，而是佩服和欣赏我们正在研究的大思想家。结果发现，我们普通的智力功夫（intelligent efforts）根本不够。

格雷戈里：你觉得施特劳斯的教学和著作有何影响？

伯恩斯：我觉得他确实有影响。不是那种大规模的影响，那不可能。但我现在觉得，他去世之后，他的书对读者的影响仍持续增强。而且，如今关于施特劳斯的书，比以往任何时候都多，似乎全世界的人，至少欧洲人都在接受他的影响。我再给你举个例子：最近有个年轻的中国人从新加坡来到圣约翰，他是新加坡的一名教师，深受施特劳斯作品的吸引。他在学院里到处问：谁知道一些施特劳斯的事？许多人向他提起我，所以他就到我这来，我们现在已经组成一个研究小组。我让他们接受施特劳斯的基本训练：《自然正当与历史》（*Natural Right and History*）中的部分章节；① 后来我们非常缓慢细致地读了《进步还是回归？》（"Progress or Return?"）。②

我觉得，我们从阅读施特劳斯——细致地读他——中学到的第一

---

① ［译注］中译参施特劳斯，《自然权利与历史》，彭刚译，第3版，北京：生活·读书·新知三联书店，2016。

② ［译注］中译参施特劳斯著，潘戈编，《古典政治理性主义的重生——施特劳斯思想入门》（重订本），郭振华等译，叶然校，北京：华夏出版社，2017，页295–344。

件事就是学习细致地阅读。他写的东西十分致密（packed）。他在浓缩自己的思想这件事上天赋异禀。举个例子，如果他要上一门课，比如一门关于霍布斯的课（我看到那有一幅霍布斯的画像，跟你说话时我正想到霍布斯），这会是一门非常好的课，我会尽可能多做笔记。但在他发心脏病之前，他有时讲得太快，我根本记不全。他发过心脏病之后，说话稍微慢了点。思想的质量没有变，变的只是传达的速度。我忘了我要说什么。

格雷戈里：没关系。

伯恩斯：我怎么讲到这里的？

格雷戈里：你刚才在讲那个新加坡人和读书小组。

伯恩斯：哦，对。他就来了，于是我们组了一个学习小组，花两个小时一起读书。一个人把某段话大声读出来，就像我们以前读霍布斯、洛克、柏拉图和亚里士多德的书那样。由于在这个班上我比其他人都更了解施特劳斯，并且在这个班上我思考这些东西的经验比其他人都多大概六十年，所以我是班长。在两个小时内，我们有时会读一页半，有时读两页，或者三页。只要有任何不清楚的地方，[我们便会提出问题，]有时是我提出问题，但往往是学生提出问题。我总喜欢学生先提问题，但如果他们不提，我就会提。以这种方式阅读施特劳斯，令人获益匪浅，因为在他写的所有东西中，都有高度浓缩的思想。

哦，我想起来刚才要告诉你什么了。对。有时上完一堂课后，比如我会下午去办公室见他，问他跟课有关的问题。然后我们会再讨论一个小时，也许一个半小时。如果天色已晚，我会陪他步行回家，路上继续讨论。他有个习惯，每当他获得一个真正有趣的想法，就会停下来。不管走到哪里，他都会停下来，于是我们就会站定在街上或某个角落或别的什么地方，等他讲完。到他家后，我们会站在屋子前，可能会再谈20分钟，然后互道晚安。他从不疲倦。在他的课上，我也从不疲倦，我发现他真的非常有趣和令人激动。

格雷戈里：这些在他办公室和回家路上的长谈，是在芝加哥还是圣约翰？

伯恩斯：都有。不过我记得在芝加哥更多，因为他住的地方离学校不远，步行可达。他就住在埃利斯（Ellis）前面的一个街区，我忘了街道名。我离开芝加哥有一段时间了，不过我过去对这些街道非常熟。

还有一个故事，我觉得你会感兴趣。这是个有趣的故事。他住过伍德朗大道（Woodlawn Avenue）。他老搬家，所以有固定的搬家工，但他不会让搬家工碰他的书，他说他不放心让他们碰他的书。他想让他的学生搬他的书。所以他让我安排一帮学生，为此我们弄了几辆车，还有人搞了辆货车。我们搬完书后，他邀请我们大家去街角的一家小酒吧。我想是在第61街。那个酒吧有个特别的房间，相当大，几乎从来不用，人们可以点些食物。于是我们去了那个房间，点了汉堡之类的东西，还有奶昔。如果想喝啤酒，当然也可以。这是我为他安排的，因为那个酒吧我偶尔会去，我认识酒吧的老板和酒保，那次我们往外走时，施特劳斯像往常一样（那是在他发心脏病之前），正在跟大概四个不同的人非常快速地交谈。我们陪他去付账时，施特劳斯还在说话。他把手伸进口袋。他从来不把钱折起来，全是一堆混在一起的票子，他拿出一大堆绿票子，继续讲着话，迅速扫了一眼就把钱丢到柜台上。酒吧老板看着我。施特劳斯根本没听他，因为正在说话。老板说："天啊，他简直把这玩意当生菜。"绝对如此！他如果沉迷于谈话，简直，他真的把钱当成生菜，把这堆绿钞往那一扔。老板慢慢地把那堆钱理出来。里面有几张十块的，几张五块的，可能还有两张二十的，一堆一块的。他把餐费取出，然后说"谢谢"。施特劳斯转过去，看到还有钱剩。他把手往钱上一放，抓成一团，又塞进口袋，说声"非常感谢"就走。他一直彬彬有礼，但对实际事务极不上心。可以说，在我见过的人中，他在日常事务上最不实际。

我再给你讲个故事，或许能说明这一点。一次他让我陪他走路去看牙医，离他住的地方有点远。这是一次非常愉快的步行。他预约过，我们得走四十分钟。还是老样子，他对某个点来兴趣的时候，就会停下来把那个点解释清楚再挪步，然后我们再走一段。这种事发生过许多次。难点过去后，我们还会继续聊。最后我们终于到了牙医的诊室。我坐在外面等候。牙医那里只有施特劳斯一个人，我听到下面的对话。

牙医说："哦，哦，施特劳斯先生，我告诉过你，你应该……"施特劳斯说："我太傻了。我太傻了。我太傻了。我太傻了。"沉默。然后："哦，我也告诉过你那个。""我太傻了，我太傻了。"然后，这个"哦"再次响起，回答还是"我太傻了"。牙医最后说："施特劳斯先生，你不傻，你只是不在意而已。"

我觉得就是这样，凡跟他的研究和思考无关的东西，他都不在意。不过我不能说他对人的事满不在乎，他绝非满不在乎，他对每个人尊重有加，对各类学生都相当友好，不只对好学生好。他有时会花时间在不太好的学生身上，花时间真的尝试为他们弄清一些事情。他是个相当好相处的人。他的才智让各种各样的人折服，他们似乎把他塑造成一个非常令人敬畏的角色，但我觉得他对待自己认识的全部或至少大部分人时其实并没有那么令人敬畏。

举个例子，他不只对学生如此，对秘书也是如此。我跟他读研究生的时候，政治系的秘书是赫利希（Doreen Herlihy），她人非常好。施特劳斯对她极为尊敬，据我所知，两人相处融洽。赫利希非常高效，且有一定的组织能力。

格雷戈里：听到施特劳斯在办公室或路上花那么多时间跟学生聊天，我大吃一惊。如今大家已经习惯于看到大学教授分秒必争，他们根本不会花这么多时间在学生身上。

伯恩斯：我认为他不会觉得谈话是在浪费时间，因为他一直在做自己喜欢的事情。我跟他上一堂课之后，下午会去他办公室，跟他谈谈刚才课上的内容，我们会聊一阵。然后我会走路送他回家，在他家门前我们还会聊大概二十分钟，主要是他在讲，我偶尔提问，或许说点什么，但极少。第二天，他会就上堂课的内容作一个"概述"。这一概述绝不会跟之前完全相同，往往经过深化和扩展。他总在谈话中学到更多东西。他晚上在家研究，也学到更多。新的东西总会跟原先课堂上的东西不太一样，会更加深入。

他确实有一种不断深入的方法。他的阅读量和知识量非常大，但显然他的主要目标不是扩展他读过的东西的长度和宽度，而是将其深化，完全聚焦于那些最重要的作家，深化他自己和他的学生对这些作家的理解。

格雷戈里：我记得施特劳斯去圣约翰学院是在1970年。^① 这离你第一次见到他，已经过去许多年。既然他在圣约翰学院当教授……

伯恩斯：他从未正式在圣约翰学院任教。他被聘为布坎南（Scott Buchanan）杰出人物^②或什么，我记不太清了。不过他从未正式进入圣约翰学院的教师队伍。每周三下午，我记得大概从三点或三点半开始，他会开一堂两小时的课。在我看来，那些课跟他在芝加哥开的课质量上没有差别。唯一的差别是，他在芝加哥曾任教于正规的政治学系，常常觉得自己有义务给出某种解释，说明我们为什么要读古书，为什么要转向那些古书，为什么现代的书是不够的。从施特劳斯的这些申辩中，你常常会听到对现代哲学非常深刻而有趣的批判，尤其是对现代政治哲学和伦理哲学。你能知道我们为什么要读那些书。不过，他到圣约翰学院后说：我既然是在圣约翰这所以阅读伟大著作闻名的学院，就无需申辩为何要读诸如色诺芬和柏拉图。在某种程度上，我有点失望，因为我发现那些解释我们为何要读这些古书的申辩十分引人入胜，因为这些申辩通常包含对现代哲学和现代政治哲学非常深刻而有趣的批判。不过我只是小有不满，因为课堂几乎没什么变化。

格雷戈里：你不再是一名研究生了，你现在独当一面，他在你生命中的位置变了，我想，他去圣约翰学院之后你有几年没见到他吧，跟你在芝加哥认识他时相比，你对他的印象有什么不同吗？

---

① 施特劳斯最早于1969年秋在圣约翰学院教课。

② 施特劳斯的正式头衔是布坎南杰出驻校学者。

伯恩斯：没有［笑］。他还是老样子，一个有趣而不实际的人。顺便说，他知道自己不实际。有一次，他做了某件事，在我这个吹毛求疵的年轻人看来，他的那些学生如果知道这件事，肯定会产生误会。我就提醒他，你懂的，没太直接，不过你用不着对他直接，他能领会任何暗示。他说："不，伯恩斯先生。毕竟，我是个非常有趣的人。"你看，他知道如果谁真的像他那样行事，就会非常奇怪。他说："我是个非常有趣的人。"

格雷戈里：施特劳斯是否在你面前以其他方式谈论过自己？

伯恩斯：我们一般不谈论自己。不过我可以告诉你一件事。我会讲成一个故事，因为我对故事记性最好。有一次，他正在讲卢梭。我记得有个学生——我认识这个学生，是个留学生——他说了对卢梭的一些评价，大概三四句话，然后说："施特劳斯先生，要是有人这么说卢梭，你会怎么说？"施特劳斯说："我会说他是个白痴。这么说的人是个白痴。"然后，这个留学生说："这些话正是您的同事（这里我会用某某代替）某某教授说的，他两个小时前就在这同一栋楼里说过这些话。"可能就是同一栋楼，但不是旧的社会学楼。

格雷戈里：社会学楼在隔壁。

伯恩斯：不，那是新社会学楼。我忘了是哪儿。也可能是这儿，嗯，我不知道是哪儿。我刚才说到，他说："这些东西正是您的同事某某教授在这同一栋楼里说的。"于是施特劳斯马上说："你肯定误解了我的同事。"多年以后，实际上是在我们回到圣约翰学院之后，我把这个故事告诉施特劳斯。他已经完全忘了这件事，他说："哦，我不知道自己原来这么审慎。"我觉得不错，"你肯定误解了我的同事"，他马上就反应过来。

格雷戈里：他在五十年代因为对政治学这门学科以及社会科学的基础直言不讳而出名，而别人可能会觉得如此直言不讳不够审慎。有这回事吧？如今回头看，你怎么看那些争论？

伯恩斯：这都是些无谓的争论。他对现代社会科学作了非常细致的批判。我上学的时候，社会科学的主导教条是价值中立、事实判断，用的是韦伯的区分。这种区分占据上风。在遇到施特劳斯之前，我自己对那些东西的批判可能没那么政治。我一直觉得，他对此相当理性。他偶尔会借题发挥，比如"它在罗马着火时胡闹"①，诸如此类。但是，他是个非常谨慎的作者，不用这类东西。这些话或许能表达深刻的激情，我觉得他确实感受到这种激情，但是，他从来不为激情所战胜。他的妻子有时为他的逻辑性所恼——她也是个非常聪明的女人。她不是笨，只是为施特劳斯一贯的逻辑性所恼。施特劳斯是个头脑非常清楚的人。

格雷戈里：在大家的印象中，在二十世纪五十年代，施特劳斯对社会科学的批判卓有成效，从而招致社会科学家和政治科学家相当严厉的回应。

伯恩斯：是的，我觉得这超好理解，因为对那些自以为遵循某一传统的人而言，如果你冒犯那一传统的圣典，你肯定会有麻烦，除非他们自己有勇气质疑各种基础和传统。他当然在质疑一大堆传统研究的基础。我不觉得他的批判有过度之处。他的批判有时力度大，如果你把理论立场的基础当成圣书，你必然会觉得受到冒犯。有时你会看到这样的人，他们非常努力地使自己适应这个模式，突然出来个人告诉他们那实际上是在浪费时间，这样他们必然会有点恼怒。

但我不觉得他真的担心这一点。另外，每个认识他的人，包括他的同事，我敢保证不少人从来没有读过他的书上的一个字，但他们认识他——在教职工会议上，在与学生的讨论中，总之，在教职工不得不做的那类事情中。他显然跟几乎每个人都融洽相处。让我想想当时都有哪些人——我记得甚至有里斯曼（David Riesman），他的观点跟

---

① *Essays on the Scientific Study of Politics*, ed. Herbert J. Storing (New York: Holt, Rinehart and Winston, 1962)一书中由施特劳斯撰写的"后记"一章如此结尾："只有大傻瓜才会说这种新政治学似魔鬼一般：它没有堕落天使特有的属性，甚至并非马基雅维利式，因为马基雅维利的教诲优雅、微妙而多彩。它也并非尼禄式。不过，有人会说，它在罗马着火时胡闹。两个事实可以排除这一点：首先，它不知道自己胡闹；其次，它不知道罗马着火。"

施特劳斯相当不同。里斯曼的办公室离施特劳斯不是太远。我记得有一次施特劳斯[①]从过道走来，里斯曼有点突然地冲出办公室，他看到施特劳斯就说："你好，列奥！"施特劳斯回道："你好，戴夫。"然后他转向我说："那就是戴夫。"他多少像个小男孩。但他从来不对严肃的问题开玩笑，比如严肃的理论问题。但在一切别的事情上，他有点放松，容易相处，除了……我已经说过，而且我觉得我可以说十多遍，极少美国人能够理解，他在几乎任何美国人都觉得理所当然的一切事情上是多么不实际。我可以给你讲个故事说明这一点吗？你还有时间吗？

格雷戈里：当然。只要你有时间，我就有时间。

伯恩斯：好的。有一次，他邀请我们一帮人去一家叫 Le Mix 的饭店，我记得是在第51街，他让我开车带他。不过，我当时没有车，就从朋友那借了一辆，那位朋友也曾是施特劳斯的学生。我载着施特劳斯，施特劳斯坐前排，我记得布鲁姆也在车里，还有两个人跟他一块坐在后排。车是辆老爷车，大冬天的，不是一月份就是二月份。我们美餐一顿，吃得非常开心。我们吃了一大桌，聊天，主要是施特劳斯在说。然后我们上了汽车，但车子不动——半天打不着火。施特劳斯正聊到一半。两三分钟后，他突然注意到汽车。汽车没有起动，只不过在一次又一次地打火。我就稍微跟他打了个手势：抱歉，但总会好的（但愿如此）。最后他转向我说："先生们，这事挺严重。我觉得我们应该保持沉默。"于是，一片沉默，只听到马达转动，但一直打不着。最后，施特劳斯开始弯腰——紧张地向前弯腰。好吧，当时我们都有点紧张，他让我们变得更加紧张。最后终于打着了火。于是我们所有人都放松下来，不再紧张，只有一个人例外——施特劳斯还坐在那里，保持着原来的紧张姿势。车子动起来之后，他才放松下来。对他来说，他不知道汽车的工作原理。直到车子动了，而非打着火的时候，他才像我们其他人一样放松下来。这件事相当有趣。

---

① ［译注］"施特劳斯"原文作"里斯曼"，疑误。

格雷戈里：你累吗？

伯恩斯：我可以继续，如果你想继续。

格雷戈里：那我们再谈一会。施特劳斯来芝加哥大学教书的时候，你觉得他对自己的教学有什么特别的抱负吗？

伯恩斯：这不好说。身在芝加哥这么一所杰出的大学，这里显然有一大堆聪明的人和一大堆聪明的学生——我觉得他会有所期待；他希望并期待遇到好的学生。我觉得他有长期的希望，比如稍微扭转政治学的方向，对政治学施加某种影响，好让政治学变得更哲学一些，而非简单地屈从于传统的科学概念，极少有人仔细检验过这些概念——换句话说，某种科学传统。我不想用"科学"一词，因为我觉得这里配不上这个词。

所以我认为，他觉得自己或许会对政治学的转向产生某种影响，退而求其次，至少对如何研究政治和社会事物产生某种影响。但他敏锐地意识到，一位好老师的影响总是对个体的影响：让一个人更细致、更深入、更充分地思考。我觉得那一直是他的目标。他说过好多次：在进入教室前，他总会想象课堂上有一位学生的心智和灵魂远胜于他自己，他会努力让课堂满足那位学生的要求。所以他一直尽力而为，他的尽力而为确实非常厉害。

格雷戈里：我听过施特劳斯的另外一位学生说，施特劳斯早年在芝加哥时确实全心投入课堂，但在大概最后六年，他不再那么投入。这位学生说，他觉得施特劳斯对课堂的态度变了。你看到这类变化了吗？

伯恩斯：我没有看到这类变化。他确实犯过心脏病，犯过病后，他不再像以前那样精力旺盛。但在我们的私下交谈中，我觉得没有什么变化。唯一的变化是，随着我年龄渐长，尤其到了他的晚年，我觉察到他希望我比原来还是年轻学生的时候多说一些。我会从命。这不是问题。

还有个人非常像施特劳斯，他就是施特劳斯非常好的朋友克莱因。我注意到，他晚年时，我跟他交谈时也是如此，当然我也在变老。克莱因比施特劳斯长寿一些。早年间，克莱因是施特劳斯真正满怀敬意与之交谈的学者，施特劳斯把他视作柏拉图权威。克莱因也这样看待施特劳斯。在我最初认识克莱因的时候，我会提问，而他会开始谈论，情形通常跟我与施特劳斯谈话非常类似。我们会谈一个小时或几个小时，主要是他在讲。但随着我年龄渐长，他也希望我多说一点。

格雷戈里：据你所知，在圣约翰学院的最后时光，施特劳斯思考过他本人的影响或他会留下的遗产吗？

伯恩斯：嗯，我觉得他显然想过这件事，他也一直希望至少给政治哲学带来一种改变，或许甚至给哲学本身带来某种改变。但他其实不［那么在乎这种事］，至少在我看来是这样。我和施特劳斯无所不谈——他似乎一直更关心他当时在学什么，而不知老之将至。因此，比如说，他在上色诺芬的课，我们就多聊点色诺芬，他在上尼采的课，我们就多聊点尼采，上柏拉图或亚里士多德的课，就多聊聊柏拉图或亚里士多德。显然，他觉得对真正的思想者而言，明白古典作家，尽管不是唯一重要的事，也是最重要的事，比如柏拉图和亚里士多德比大家听说或研究过的大部分人都更加深刻。

但与此同时，他还开过比如讲康德的课。如果他讲康德，你就得在那些课上努力像康德那样思考。如果他讲霍布斯，你就得努力像霍布斯那样思考。同样，他讲柏拉图、亚里士多德也是如此，你就得努力像柏拉图或亚里士多德那样思考。他总想把那些东西表达出来。我觉得他的著作和谈话都清楚表明，他把古人视为典范，视为思考之人的至高典范，但他从不刻意为之。这种事情你只需让证据自己说话。他是个非常高明的演说家，如果说修辞术差不多是最充分地沟通的艺术，那他就是出色的沟通者，他不反对高贵或明智的修辞，但他从不宣传。这种事跟他这个人格格不入。有些人就此抱怨，但没有意识到……有一次，施特劳斯的妻子向我抱怨，说他太理性。

格雷戈里：他们抱怨施特劳斯不够像宣传家？

伯恩斯：既然如此，当然——如果你这么问的话，虽然这听起来荒唐。但他确实不固执于任何事。他试图使自己说的一切可以从内在的证据得到证明：这必须讲得通，必须清楚，大家得能够把这跟自己的经验联系起来。

一些人好像在抱怨，因为施特劳斯不怎么刻意把他认为对的或错的东西加诸人，用最清楚的术语。我觉得那是个错误，因为在他的著作中，他有时会摆出某个他其实在批判的人的论证。一些非常聪明的人读了同一个段落之后会说：这是施特劳斯的观点；那是施特劳斯对那件事的观点。但那其实是他在批判的观点，因为他只不过摆出那些论证，而他们没有发现，两三页之后，他会给出论证表明原先的论证错在哪。他在提出原先的论证时，会以最恰当的措辞摆出那个论证。但有时难以看清，他摆出的论证中，什么是他说的对的东西，什么是他批判的不对的东西。

格雷戈里：我熟悉对施特劳斯的那种误读。这非常常见。

伯恩斯：是这样。

格雷戈里：我觉得在某种意义上，这个下午我一直在就施特劳斯问错误的问题，问他怎么看自己，而他似乎不怎么花时间考虑自己。但让我再问一个这样的问题。他跟你在一块的时候有没有提到过，在他的生命中是什么把他变成这般有趣的人——施特劳斯的起源？

伯恩斯：我觉得没有。真的没有。我的意思是，我听他说过，次数不多，但在早年间，他说过，世界上有三个人：他本人、科耶夫和克莱因。我记得他把这个写在私人信件里，可能在给科耶夫的信里。这听起来好像在说，他们是世界上仅有的真正的人。但他绝没有用这么粗鲁的方式直说。就算他确实说过，也是通过暗示。他与科耶夫意见相左，但显然他非常尊重科耶夫的智识，并与他展开长期的论争。我觉得对任何认识施特劳斯的人而言，这都意味着一种敬意。

我刚才说过，从早年起，克莱因可能有时会被他视作唯一的柏拉图权威。布鲁姆讲过一个科耶夫的故事。如今科耶夫跟施特劳斯非常不同。布鲁姆在巴黎待了一年左右，他在巴黎的时候听过科耶夫的讲座。科耶夫的一群学生觉得可以带他去吃一顿真正高档的晚宴，于是带他去了一家非常高档的餐厅。没有人提付钱的事，当他们出门的时候，科耶夫注意到他们付了多少小费，就对那个貌似带头的学生说："你觉得那就够了吗？"

我想跟你讲另一个科耶夫的故事。布鲁姆说（这个故事涉及施特劳斯和克莱因）："科耶夫先生，您如何比较您自己与施特劳斯先生和克莱因先生？"我记得他说："'啊，施特劳斯，il est le philosophe。'他是哲人。""克莱因呢？""'Le sage.'他是圣人。""您自己呢，科耶夫先生？""'Moi? Moi? Je suis Dieu.'我是神。"施特劳斯绝不会说这类东西。

格雷戈里：感谢你今天下午拨冗接受采访。

伯恩斯：这是我的荣幸。我总喜欢谈论施特劳斯。

格雷戈里：希望下次有机会再谈。

伯恩斯：当然，当然。好的。

古热维奇访谈录

2011年4月25日

周之为　译　赵宇飞　校

格雷戈里：这里与我共坐的是古热维奇，他是维思大学（Wesleyan University）的威廉·格里芬哲学荣休教授（William Griffin Professor Emeritus of Philosophy）。我们正处在芝加哥大学的施特劳斯中心。维克托，欢迎你。

古热维奇：十分感谢。我很荣幸来到这里。

格雷戈里：你一定是施特劳斯在芝加哥大学这里的第一批学生吧。

古热维奇：没错，是的。

格雷戈里：他是1949年来到这里的。

古热维奇：没错，我也是。

格雷戈里：那么你与施特劳斯教授初次打交道的经历是怎么样的？

古热维奇：就像我在会议①上说过的，我大约在来学校的第一个星期里拜访了他，请他给我上关于斯宾诺莎的辅导课。

格雷戈里：所以那就应该是在1949年秋了？

古热维奇：是的，我记得是这样。应该不可能发生在冬天，我认为就是在1949年秋。

格雷戈里：没错，那个时候他还没怎么打开他的行李箱呐。

古热维奇：完全没错。

------

① "施特劳斯之为师"，于2011年4月22日至23日在芝加哥大学举办。

格雷戈里：那么他怎么回应的？

古热维奇："可以，我会给你上。"他非常乐意和热情。这些文献都是他肯定了解且仔细思索过的。我们一起研究了《伦理学》，而非斯宾诺莎的政治著作。我之前在威斯康星读本科的时候，曾在一门哲学史的课上读过《伦理学》——我忘记是跟谁上的这门课了，所以我觉得这不是一个完全未涉足过的领域。但是施特劳斯几乎立刻就逼问了我一些问题：将上帝与自然等同起来究竟意味着什么，以及那个唯一的本质究竟是什么？我当时觉得，该怎么说呢，窘迫不安，但也不完全是。我认为，事实上我之前的老师似乎都是从外部来研究哲学领域的伟大人物，他们说"这就是思考事物之道"。然而，施特劳斯几乎毫不迟疑地真正带着我从内部思考事物。这对我来说很（［译注］着重标记为原文所加，下同）新鲜，从某种角度来说也很陌生。这不容易。

格雷戈里：对。

古热维奇：一边随着斯宾诺莎思考，一边心里想着所有他的替代人物，你懂的［笑］。同时我想施特劳斯多少以为我在语言上更加老练和得心应手，特别是他期望我能够流利地阅读德文。我十岁就不再学习德语了，因此我觉得我似乎得重学一遍。我记得他给了我一些资料翻阅，而这并非为了让我理解文本，而是为了让我掌握他认为第一流的信息来源：两卷杜宁－波科夫斯基（Stanislaus Dunin-Borkowski）的斯宾诺莎传记。①我只是不觉得我当时能够投入精力同时处理好这两件事。研究斯宾诺莎就足够难了。

我们一道推进。我觉得在我关于斯宾诺莎研究（辅导课）的记忆里，有两个地方比较突出。其中之一是对个体事物之首要性的强调，

---

① 斯坦尼斯洛斯·杜宁–波科夫斯基著，《斯宾诺莎》，共四卷（*Spinoza, 4 vols*，Münster: Aschendorff, 1933—1936）。杜宁–波科夫斯基还写了《青年斯宾诺莎：世界哲学之光中的生活和事业》（*Der Junge Spinoza: Leben und Werdegang im Lichte der Weltphilosophie*, Münster: Aschendorff, 1910）。

[施特劳斯眼中的]斯宾诺莎对普遍事物并不像对个体事物一样感兴趣。另一个在于他眼中的斯宾诺莎是一个真正的唯物主义者。这对我来说十分震撼，让我大开眼界。但如你所知，所有这些都真的是很久很久以前的事了。

格雷戈里：没错。他什么时候和你会面，是怎么会面的？

古热维奇：我想我们应该是一周见一次。我不太记得每次是多久，好像是一两个小时。他安排章节给我读，这样我们就可以根据文本推进。我也真的不记得我被要求写过论文——至少我没有相关论文的记录。所以我就是汇报我的阅读，然后他会对其中一些部分逐句研读并且阐释，向我揭示了很多我不曾意料到的东西。[笑]

格雷戈里：你在他逐句研读的过程中有没有感觉到他是在回应你的理解——维克托·古热维奇的理解？

古热维奇：哦是的。同时我确实觉得他高估了我的理解。但是没错，我觉得他总是对别人很敏感。

格雷戈里：拉尔夫·勒纳在他1973年的纪念文中谈到，当施特劳斯1949年到这里的时候，人们还不像如今那样认为他是大师级的老师。

古热维奇：是的。

格雷戈里：据你观察，是这样的吗？

古热维奇：不是，但我很肯定这是真的，在会议上有人提到一些故事——比如他在试讲时被告知，或者被人们评价说，他不适合教书而适合搞研究。

格雷戈里：是的。有些不具名的史学教授评论：这个人是个学者，但不是一个老师。

古热维奇：类似于这样吧。这是一门辅导课，但是总会有一些私人的成分，如果我能这么说的话。我不是说这实际上是私人性的，类如这个人那个人，而是说我们在文本和相关事项上进行接触。我得说我很感激，他会根据我的水平来调整，因为我不能调整到他的水平。

格雷戈里：你说他高估了你的基础，你觉得这与他作为欧洲移民的身份以及他跟美国学生打交道的经历有关吗？

古热维奇：我不这么认为。我当时比我的同学稍微年长，同时我懂德语、法语以及一点拉丁语，所以他认为，"好吧，也许他能处理这些材料"。他没有充分意识到我有多么不扎实。让我跟你讲一个当时的趣事。我来芝大的时候曾被告知，芝大在开辅导课方面十分大方，特别是社思委①。我在这个特别的［辅导课］目录中看到一个东方研究所（Oriental Institute）开的关于灵知教派（Gnosticism）的课，我觉得这太棒了，我必须去听这个课。但是这个课要求的预备知识有希腊语、拉丁语、希伯来语、阿拉姆语和科普特语。所以我就去见了那个教授，我记得他的名字是马库斯（Marcus），他当时高坐在他书房的椅子上。然后我说："我可以旁听吗？因为你知道［对于我来说］希腊语和拉丁语，没问题；但是阿拉姆语、科普特语和希伯来语，我不懂。"他说："没关系，你懂法语和德语吗？"我说："懂。"他说："几乎所有相关文本都是翻译过的。""好的，十分感谢您。咱们什么时候上课？""你说个时间吧，还没人有这个胆［选这个课］。"

格雷戈里：［笑］但是你有胆量在施特劳斯刚来的时候去找他？

古热维奇：是的，我有。

格雷戈里：你是怎么知道他的？

古热维奇：是陶布斯（Taubes）告诉我的。②

格雷戈里：陶布斯这个名字我没听过。

古热维奇：他当时很年轻，有天赋，是最近培养出来的哲学博士，家庭来自维也纳，但是他在瑞士一个叫柯尼希（König）的人门下取得学位——应该是在苏黎世。陶布斯当时在美国游历，到处找

---

①　社会思想委员会（The Committee on Social Thought）。

②　陶布斯（1923—1987）在二十世纪六十年代中期前一直在美国教授犹太研究，随后他担任德国自由大学的犹太研究与诠释学教授。他是《西方末世论》（*Occidental Eschatology*, Stanford University Press, 2009）以及《保罗的政治神学》（*Political Theology of Paul*, Stanford University Press, 2004）的作者。

工作。他写了一本书，《西方末世论》（*Abendländische Eschatologie*）。
这是一本某种方面来说十分大胆的道德哲学和神学史，至少从奥古斯
丁（Augustine）写到马克思。我觉得他知道施特劳斯那本关于斯宾
诺莎的书。他到美国后不久后就去拜访施特劳斯，并且参加了施特劳
斯在犹太神学院举办的关于迈蒙尼德的讲座。

格雷戈里："进步和回归"（Progress and Return），① 我觉得是
这个。

古热维奇：不是这个，这个要晚得多，而且那个是关于迈蒙尼德
的。当时在那里的其他学生还有亚瑟·海曼（Arthur Hayman）和埃
米尔·法肯海姆（Emil Fackenheim）。传记里面几乎从没有提到过他
[施特劳斯]举办过这个[讲座]，而且这个讲座也没有办很久。他从
那以后陆陆续续地获得一些访问教职，然后去了新学院。陶布斯深深
地受此影响，他迅速地认识到施特劳斯教学有多么出色，并且有某种
原创性和深度。我觉得他是第一个提醒我还需关注《哲学与律法》一
书的人，[主要是]第一卷。②

当时我大概21岁，陶布斯邀请我加入一个小组，这个小组是他
当时组织的一个学习小组，其中有奈特·格雷泽（Nat Glazer）、艾弗
（Irv）和贝亚·克里斯托尔（Bea Kristol）夫妇；③ 这是一个私人的学
习小组。所以这就是整个介绍，以及他们对施特劳斯的介绍。

格雷戈里：这是哪一年？

古热维奇：大概是在1947年吧。

---

① [译注]此处为口误，应为"进步还是回归？"（Progress or
Return?）。这是施特劳斯于1952年11月9日在芝加哥大学希勒尔基金会
举办的一次讲座。讲座资料可见芝加哥大学施特劳斯中心网站：https://
leostrausscenter.uchicago.edu/progress–or–return–november–1952.

② [译注]中译参列奥·施特劳斯，《哲学与律法——论迈蒙尼德及其
先驱》，黄瑞成译，北京：华夏出版社，2012。古热维奇或许指第一章。

③ 欧文·克里斯托尔和他的妻子格特鲁德·希梅尔法布（Gertrude
Himmelfarb），她常被称为贝亚（Bea）。

格雷戈里：明白了。所以你在施特劳斯来芝加哥大学之前就认识他？

古热维奇：不是，我跟他私下并不认识。我只是知道他。

格雷戈里：你知道他。好吧。这是一个很有意思的时间线。

古热维奇：这个［读书会］基本上没被提过。

格雷戈里：好吧。

古热维奇：我觉得比尔·克里斯托尔①不太知道这个。

格雷戈里：除了跟着施特劳斯上的关于斯宾诺莎的辅导课之外，你当时应该还选了其他的常规课程吧？

古热维奇：我选了。我记得我选的第一门课似乎是关于《王制》的。他由于这门课程第一次出了名。我们从未见过这样的细节，从未梳理出这么多微小细节。"昨天我下到……"等等，"什么是佩莱坞（Piraeus）？"，就是一个港口，等等。接着就是关于助友伤敌的定义。随后我们学着通过某种特定的方式读书——带着一种新的批判——这种方式基于对文本总体一贯性以及完整性的严格尊重。这就是这堂课。我还在第二个学期，好像是春季学期，选了他另一门关于黑格尔《现象学》的辅导课。我当时不知道他最近才重读了《现象学》，因为他参加了科耶夫的一些讲座并且准备回应他。所以这门辅导课的内容真的很丰富。

格雷戈里：你有没有发现，你对他在教室里作为一名教师的感觉肯定与对他主持辅导课的感觉从某种方面来说十分不同？

古热维奇：是的。但是这似乎对他来说是一个完全自然的设定。另外，也不是完全不同。我们就根据文本来说吧。《王制》成为全少他当时那代学生最丰富的文本。这种探索正义问题的方式对我们来说非常新颖。我之前没在这所大学②，所以，怎么说呢，我以前没有接

---

① 威廉·克里斯托尔，政治评论家，《标准周刊》的创始人和编辑，欧文·克里斯托尔之子。

② 芝加哥大学。

受过关于伟大书籍的教育。我之前是从一种系统地对正义的讨论来探索或者说了解这些东西的，而不是从这个文本里。另外，你说讲座课和辅导课有差异，是的，但是对他来说真正重要的文本是对话，所以他在课堂上也延续了对话的方式。

格雷戈里：没错。

古热维奇：这影响了他的教学吗？很难说。这影响了他的教学或者说他的教学被他对课堂的态度影响了吗？我不太认为这影响了他的教学。

格雷戈里：当你跟他一起读《现象学》的时候，他讨论科耶夫了吗？

古热维奇：当时没和我谈过。但是我们后面谈过吗？可能吧。我之前读过科耶夫，所以……但是我不太清楚，我不觉得我们直接地谈过。在给科耶夫的信里有一封是对科耶夫的批评——我认为这封信没有送到。

格雷戈里：我明白了。好的。

古热维奇：让我再补充一件事吧。较早的时候，我不太清楚这是在第一个学年还是更早，他在根本上对自然——人的自然——的强调十分令人震撼且别具一格。如果你现在问我他当时认为的自然是什么，我可能回答不出来，但是那个时候他的看法很有说服力。

格雷戈里：〔笑〕所以从你提到的几个方面来说，施特劳斯似乎是你的经历中史无前例的一个人。我不想替你下定论。

古热维奇：没错，你说的完全正确，但是我之前也有过一些很不错的思维敏捷的老师。我不知道你对这些名字有没有了解，譬如威斯康星的埃利塞奥·维瓦斯（Eliseo Vivas）以及其他一些人。①

————

① 维瓦斯（1901—1993），1951年至1969年任西北大学的约翰·埃文斯道德和知识哲学教授（John Evans Professor of Moral and Intellectual Philosophy），著有数本哲学（主要是美学和价值论）和文艺批评著作。

格雷戈里：我在想施特劳斯对自然一词的使用，他有关自然的教导，你提到一些细节，他解读《王制》情节的某种特定方式。

古热维奇：就像很多人说的，他用一种特别的方式来探索这些文本，就像它们在教导某种真理。同时如果我们用心推敲这些文本，它们就会传达出某种类似真理的东西。

格雷戈里：从内部传达出来，就像你说的。

古热维奇：是的，这非常不同。譬如说，就像理查德·麦基翁说的：亚里士多德划分知识的方式是，用一个整齐的纲目来划分。我猜你可以从——我不想听起来像在贬低它——比如托马斯神学中找到这种传统的学术路径采取的最佳形式，即一个非常彻底和深思熟虑的纲目。

格雷戈里：这就是一个几乎从外部得到的结构……

古热维奇：绝对是的。

格雷戈里：对的，对的。

古热维奇：完全没错。

格雷戈里：施特劳斯怎么看待他在芝加哥大学的学生？

古热维奇：后来他对这些学生看得非常重，看得非常重。他肯定非常看重他第一批的那些年轻学生，他的第一批学生里我能想到的就是瑟特。

格雷戈里：伯纳德特。

古热维奇：伯纳德特和布鲁姆，我想他们是第一批学生。我试着回忆一下还有哪些是第一批学生。比如肯宁顿是后面才来的，但他在新学院的时候就认识肯宁顿，肯宁顿也是在新学院的时候就知道施特劳斯。这是一代人——毕竟施特劳斯是在政治科学系，但我觉得这并不是什么幸运的事——他们都是退伍军人，十分成熟，十分严肃，他未曾料到这一点。他认为拥有这样一群多元化且成熟——人性上成熟——的学生很幸运，他们已经做过一些研究，然后上了战场，或以某种方式参与过战争，现在回来之后又加入《军人复员法案》①，人们一般很难获得这种层次的学生。这些学生自我投入的热情让他倍感钦佩。他常说他从没想过能有比他在芝加哥大学更好的学生。这些学生肯定和那些说自己是在克莱蒙特认识他的学生不同。②

格雷戈里：此话怎讲？

古热维奇：那些学生更年轻，就这么简单。

格雷戈里：了解，了解。你觉得他是否在他这里的美国学生身上学到一些东西，而这些东西是他如果有机会留在欧洲并且只教了欧洲学生的情况下学不到的？这是一个很复杂的反事实问题。他作为一个欧洲人，赴美教书，接触了美利坚合众国，这对他来说具有什么特别的意义吗？

古热维奇：我能想象一下。我不能说我知道，但是我能想象他和那些他认为意气相投的学生之间的关系是随和的。他对待这些学生是很随和的。他会邀请他的学生，我之前说过我认为他跟他的学生很亲近，跟他们在一起的时间比和同事还要多，他和同事并不是很亲近。

我是社思委里出来的。我在社思委待了一年后，拿到去巴黎一年的资助金（当时有人阻挠他拿资助金）。我当时跟着战时在那里教书的让·华尔（Jean Wahl）上课。③ 华尔上课的时候会问学生有没有什么问题，而学生则沉默不语。这时他就会说："我认为，你们必须对现在讲的东西有所回应。"接着学生就会更加恭敬地沉默不语。然后他就感慨："我的天，我好想念美国学生！"这〔种给美国学生上课

---

① ［译注］《军人复员法案》（Servicemen's Readjustment Act of 1944，又称 G. I. Bill）是美国政府为了帮助退伍军人战后更好地适应生活而通过的法案。这项法案不仅降低退伍军人的失业率，还使退伍军人在社会上更好地发挥他们在战时培养的能力，为美国在战后的经济技术发展提供了重要支撑。

② 指的是在"施特劳斯之为师"会议上这么说的人。

③ 让·华尔（1888—1974），法国哲学家，1936年至1967年任索邦大学教授。他主办了《形而上学与道德杂志》（*Revue of Métaphysique et de Morale*）。

的经历〕肯定是施特劳斯想要的，他不仅仅在芝加哥而且可能在新学院也有过这种经历。我想，他觉得这真的很符合他的气质，并且给了他很大激励。他从中学到了什么吗？是的，他们都是很不错的人。

格雷戈里：〔笑〕这确实很重要。

古热维奇：但是——我不想陷入一些政治上的讨论——我的意思是，德性和资本主义并不相伴而生。

格雷戈里：〔笑〕你觉得他怎么看待他在这里作为老师的角色？他当时准备做些什么？

古热维奇：〔停顿〕你在把我推向关于组建一个学派的问题。我并不认为他当时想要组建一个学派。

格雷戈里：〔对于他是否想组建学派的问题〕存在着其他回答。①

古热维奇：如果你想的话你可以把这段话编辑一下：我觉得他不久后被一群我愿称之为维齐尔（viziers）的人掌控，②并觉得舒服。然后这就成了一个苏丹国，其中有要么深要么浅的关系，要么多要么少的偏袒，等等，还有嫉妒和内斗。我觉得他允许这件事发生是很可怕的。同时，我认为他是允许这件事发生的，而非有意促成，但是能有个人开车送你去中途机场（Midway International Airport）③，能有人帮你做口述笔录，等等，是很方便的。你比我更了解这些陷阱。我跟这些事毫无瓜葛，但是做他的助手是一种能讨好他的方式。我的

---

① 〔校者注〕例如德国慕尼黑大学教授迈尔就持有不同看法。在《为何是施特劳斯》一文中，迈尔认为："照施特劳斯的理解，唯一的政治意图、唯一有影响的政治行动，就是创建一个学派，当芝加哥大学1949年聘请施特劳斯到政治系执教时，就给他提供了这样一个机会。在做出这一政治抉择时，施特劳斯就已经意识到自己必须付出的代价。"（迈尔，《为何是施特劳斯》，卢白羽译，见《回归古典政治哲学——施特劳斯通信集》，华夏出版社，2006，页iv）

② 〔译注〕维齐尔，伊斯兰国家历史上对"宰相"和"宫廷大臣"的称谓，此处带贬义。

③ 〔译注〕中途机场，芝加哥附近的机场。

意思是，或多或少人们会把这个当作荣誉勋章一样戴在身上。我不想谈……［音频不可识别］。这很清楚。我认为这不是一个学派。

另外一个问题：他是否至少在某种程度上以某种方式引导了学生在博士论文等方面的兴趣？可能从某种程度上说，就是通过拉尔夫·勒纳昨天或前天在会上①说的那种方式：如果你懂希伯来语，对宪法感兴趣，而且是一个爱国者，那么就搞美国建国研究吧。这对很多人来说是引人入胜的。他本身就有去教或者鼓励搞美国建国研究的想法吗？我会对此感到惊讶。也许他这么做的唯一一点意图，是想要表明，三十年代和四十年代的进步自由主义——这些学生是在这种思想下长大的——并非如今这一切产生的根源，而我们最好去看看它的真正根源所在。我就是这么看的，但是我也可能错了，其他人或许有不同看法。

格雷戈里：令人震撼的是，他的学生完成了一些十分卓越的关于美国建国和犹太以及阿拉伯文本的研究，这些文本和主题都是他从没教过的。

古热维奇：是的，没错。

格雷戈里：他从没教授过美国建国。他从没教授过迈蒙尼德。他从没教授过阿尔法拉比。

古热维奇：没错，完全没错。但是他从某种程度上说鼓励［我们去研究］这些东西。是的，我会这么说，我之前说过这个，但我要借此机会重复一遍。他在许多方面对许多学生来说都是一个榜样，但对犹太学生来说尤其如此，因为他是唯一带着强烈尊严并毫不妥协地承担其犹太身份并进行犹太研究的人。我记得希勒尔馆（Hillel House）的拉比，②佩卡斯基（Maurice Pekarsky），一个非常卓越的人，曾说："让我们把犹太教职工叫过来，一起参加希勒尔馆的活动，把人们聚

---

① 在"施特劳斯之为师"会议上。

② ［译注］希勒尔馆，一个供犹太教徒进行活动的场所，许多美国大学里都有。

集起来。"那个时候我刚在学校找到工作，我也属于教职工，不然我就不会知道这件事。我记得那里还有社会学的辛格（Singer）①和哲学系的一个人，当时我们在希勒尔馆的一间密室里，施特劳斯也在那儿。他们感到极度不自在，有点像他们被看到进了妓院一样——我的意思是："我不想被看见进了希勒尔馆。"在那里一般做些什么呢？会举办逾越节家宴（seders）或者其他类似的事情。但仅此而已，不是吗？"犹太"一词对他们来说意味着小生意、下东区（Lower East side）②以及卑鄙的生活。施特劳斯说："哈利路亚，这词也是犹太的。"然后他们就偷偷溜出去了。但他说的话振聋发聩，对他来说，这么做也是自然的。

　　格雷戈里：如你所知，他在希勒尔馆开了一系列重要的讲座。

　　古热维奇：当然，没错。

　　格雷戈里：这是他在这个学校教学的重要部分，尽管……

　　古热维奇：显得不尽如人意，没错。那是他和佩卡斯基一起办的，所以应该同时归功于他们。

　　格雷戈里：施特劳斯是怎么看待他作为老师的角色的？撇开有关学派的问题不谈，我的意思是，有其他方面……

　　古热维奇：你指的是一个施特劳斯学派。行，好吧。

　　格雷戈里：你知道，施特劳斯以高度的严肃对待哲学家这个概念：谁是哲学家，什么是哲学家。这成了一个复杂的问题。他是在教导潜在的哲学家吗？他是否把他自己理解为在为哲学服务，从而让它保持生机？但是这也许不是必须通过找寻他认为的那个可以成为哲学家的罕见个体。在哲学和教学方面，他是怎么理解自己的？他想做什么？

―――――――――

　　①　［校者注］这里似乎指米尔顿·辛格（Milton Singer，1912—1994），美国著名的人类学家，出生于波兰，童年时随父母移民美国，1941年起在芝加哥大学任教，直到1979年退休，主要以印度相关的研究而闻名。

　　②　［校者注］下东区位于纽约曼哈顿的东南角，为犹太人在纽约的主要聚居区之一，这片街区过去以贫民窟和廉价公寓而闻名。

古热维奇：是的，当然是让哲学保持生机。我之前经常思考你刚刚问的问题，我并不确定我能够很好地回答。如果我没弄错的话，他实际上在迈尔出版的一封信件[①]——我想是稍晚的一封——的某一处里说道："我愿意认为我自己是一个哲学家，但我又看到约纳斯（Jonas）[②]自称为哲学家，所以我不那么确定。"这就是施特劳斯私底下的样子。

派内斯（Pines）在一篇非常动人的纪念文章中谈到作为哲学家的施特劳斯。[③]他在教授哲学吗？他是在教授哲学家、哲学的至高重要性，以及对哲学的尊重，并且教导我们不应该屈服于这样的诱惑，即相信所谓的同质文化，或者社会科学，或者说取缔哲学的诱惑。我认为在《迫害与写作艺术》的开篇，他谈到他极力批判［卡尔·曼海姆（Karl Mannheim）的］知识社会学，[④]他说他们永远不会考虑哲学的可能。我觉得这是对的，这对他来说是一个可怕的威胁。

他认为美国或者芝加哥大学尤其是一方培育哲学的沃土吗？这是他拥有的土地。还可以吧。有其他更好的地方吗？我不能完全确定他是否认真思考过这个问题，除非在某种意义上，例如，这更加

---

① 这封信是给索勒姆的，日期为1973年9月30日。"之前我说过我比你更像一个哲学家……但是自从我听说你的朋友……约纳斯开始自我标榜为哲学家的宣传时，我更愿成为一个鞋匠或裤子裁缝。"施特劳斯，《施特劳斯文集》（*Gesammelte Schriften*），Bd. 3, hrsg. Heinrich Meier (Stuttgart: Verlag J. B. Metzler, 2001/2008), 771。

② 约纳斯（Hans Jonas，逝于1993年），1955年至1976年曾任社会研究新学院的阿尔文·约翰逊哲学教授（Alvin Johnson Professor of Philosophy）。

③ Shlomo Pines, *On Leo Strauss, Independent Journal of Philosophy* 5/6 (1988): 169–171. 由阿里耶·列奥·莫茨金（Aryeh Leo Motzkin）翻译自希伯来语。

④ 曼海姆（1893—1947），社会学家，知名著作有《思考的结构》（*Structures of Thinking*, Routledge Kegan Paul, 1980）和《意识形态与乌托邦》（*Ideology and Utopia*, Routledge, 1936）。

重要，当他被请去耶路撒冷的学校当讲席教授的时候，他没去，不是因为他热爱芝加哥，只是因为他不想搬动，搬动会打乱他工作的连续性。在特定的阶段，最好的工作方式比什么都重要。我认为这在某种奇特的意义上对特定的年龄阶段来说，完全自然而然就具有决定性。

格雷戈里：我理解。

古热维奇：我希望这回答了你的问题。

格雷戈里：确实如此。我听一个施特劳斯后来的学生说，他在芝加哥大学的前十年里非常投入于教学，课堂常常会持续四小时之久。

古热维奇：完全是这样。

格雷戈里：他会解答每一个问题。

古热维奇：完全是这样。没错。

格雷戈里：然后，从某一刻起，他开始没那么拼命了，这应该跟他的心脏病有关。

古热维奇：是的。

格雷戈里：或者因为他对他想要做的事情的理解有一些变动，或者因为在某种意义上他需要节省精力来投入一些比教学更重要的自己的工作当中。

古热维奇：我想是后者，另外可能还有健康方面的原因。但是没错，他这方面确实名声不太好：他的课会拖堂一两个小时。他在希勒尔的讲座［也是如此］。［下课后］他会邀请我们一群人去他的公寓，我们席地而坐，然后他会开始继续讲，可能会缩短点时间——也许因为他的健康，也许因为时间，也许因为施特劳斯夫人。

格雷戈里：我想我没必要问最后一个原因。［笑］

古热维奇：是的，因为夫人操心他，在这种情况下一个操心的妻子会要求什么？

格雷戈里：那肯定。你觉得他为什么会这么上课？我听过一种说法是，一旦他开启对问题的讨论，他就会回答每一个问题，直到没有问题需要回答——你知道，就像你说的，拖堂一个小时。你觉得他为什么会这么上课？

古热维奇：这是出于他对学生及其兴趣的尊重。我的确认为这就是［这种上课方式］所传达的东西。他几乎从来没有让任何人失望过。他有时很严格，打分很严，但他不会说"这［问题或想法］很蠢"或"很笨"。尊重，这种对他人近乎康德式的尊重。他的学生也感觉得到。

格雷戈里：是的。那些来到他课上的学生会想，施特劳斯教授对他们选择来到他的课堂上并学习他教授的东西深感尊重。

古热维奇：你在谈这个的时候总是说他因为学生在他的教学中感到快乐而感到快乐。但事实并非如此。他自己并非关键。

格雷戈里：是的，我想的是他们受到尊重并不是因为选择去听他讲课，而是因为选择去学习这本书。

古热维奇：是的。他们的兴趣才是中心。再一次强调，他与麦基翁的区别很大，这里是拿麦基翁举个例子。顺便我想到那个上周末被提到好几次的问题，即他为什么研究政治哲学而非狭义上的哲学，我对这个问题感触很深，我知道其他人也是。施特劳斯通晓整个哲学史，他偶尔也教教类似于黑格尔《哲学史讲演录》之类的书。但是《哲学科学百科全书纲要》呢？《逻辑学》呢？《纯粹理性批判》呢？为什么不讲这些？我想他有种感觉，就是他无权（not entitled）僭越到哲学系的领域。他和麦基翁的关系很紧张，请允许我对这件事提一句。大部分人都知道这事，但无论如何这值得记录下来。麦基翁也是一个训练有素的研究中世纪的学者。

格雷戈里：没错。

古热维奇：他从某种方面来说学识渊博，他是拉丁语文献方面的专家，懂希腊语和拉丁语。但他不懂希伯来语或阿拉伯语之类，这在他的知识范围之外。要是有人对两方面都懂，而且还坐在方庭的对面，这是非常令人不爽的。麦基翁还领导过思想史委员会

（Committee on the History of Ideas）。

格雷戈里：没错。

古热维奇：我认为他不曾接纳施特劳斯。施特劳斯对此心存芥蒂。在某种程度上，施特劳斯可能期待自己会在所谓的"新亚里士多德主义的背景"中受到欢迎。他随后不久便意识到校园政治占了上风。但是我肯定那［背景］是芝加哥大学对他的吸引力之一。可以说，麦基翁的最高目标是所有体系之间的哲学秩序，这个秩序在某种意义上是中立的，这是一个所有其他体系之外的体系。这在某个最一般的层次上和施特劳斯很像。这个事业对他来说并没有那么陌生。所以这种智识上的怀疑（如果不是冲突的话）和警惕会比在谈到例如怎样解读托马斯·阿奎那某篇特定的文章时更加明显。

格雷戈里：因为这里有很多东西至关重要。你心里有一整个体系，所以……

古热维奇：对于哲学的总体看法，以及如何把哲学整合起来。麦基翁和施特劳斯很难达成一致。例如麦基翁的体系就把杜威和亚里士多德放在一起。

格雷戈里：但是在施特劳斯这边，人们认为他挑选到了他心目中最高明的对话者。你提到他为了回应科耶夫而研究《现象学》。他和科耶夫有着迥异的哲学观点，但施特劳斯没有回避他，而把他拎了出来。

古热维奇：好吧，这里我想说两件事——能说的远远不止两件事。我认为施特劳斯和科耶夫彼此意气相投。其中一件事是，他们都聪慧得无与伦比，并且都毫不留情地激进。这让他们惺惺相惜。第二件事是，这事皮平（Robert Pippin）[①] 曾说过，他认为施特劳斯之所以选择和科耶夫进行一场公开辩论，是因为他是一个跟海德格尔相比更

---

① 皮平，哲学家，任职于芝加哥大学哲学系和本科生院，社会思想委员会杰出贡献教授。

容易处理一些的替身。我认为这也是对的。我觉得皮平这个想法很聪明。这就像一次试赛，你懂吧？

格雷戈里：没错。

古热维奇：你同不同意不重要；重要的是你们是不是能合适地匹配上，你们得是同一水平的人，而这非常非常难。在这个意义上，清楚的是，从哲学的角度来说，他把海德格尔看得比他所有的同代人都要高。

格雷戈里：我现在回到接地气一点的话题，关于芝加哥大学。你前面提到他和麦基翁的关系，以及这种不幸的校园政治……

古热维奇：我不确定［这是什么感觉］。但这肯定是在抢占［学术］地盘。

格雷戈里：是的。当我们想到施特劳斯的朋友时，一般主要会想到德国人，可能还有他的一些老朋友。

古热维奇：是的，绝对没错。

格雷戈里：在芝加哥大学，你觉得谁算得上他的朋友，或者比较亲近的同事？

古热维奇：你懂的，我不太敢说。我毕竟是个晚辈……

格雷戈里：我们可以把这个问题剪掉。

古热维奇：你知道我在他生活中的参与是有限的。我和他的关系并不像其他一些人那样亲近。我认为他最亲近的朋友就是布兰肯哈根、大卫·格勒内和艾德·班菲尔德。肯定还有其他我不知道的人。我记得有一次我跟他和摩根索一起吃晚饭，但那只是我们碰巧被邀请到了一起。我认为他和摩根索不是特别亲近。他和布兰肯哈根以及大卫·格勒内的共同点就是［都具有］欧洲以及非常深远的古典文化底蕴。不过最终，这个共同点不起作用了。

布兰肯哈根觉得很难（甚至不可能）去接受施特劳斯对保守主义，尤其对审查制度之类的东西的同情。尽管施特劳斯不是那种喜欢道德说教的人，但是他肯定觉得审查制度的某些方面是值得考虑的。而布兰肯哈根觉得这完全无法接受。后来布兰肯哈根去了纽约，然后他们几乎不再碰面。我觉得这肯定产生了隔阂。还有大卫·格勒内。你认识他吗？

格雷戈里：认识。

古热维奇：你可能不认识布兰肯哈根。

格雷戈里：我不认识布兰肯哈根。我跟着大卫·格勒内学习过几年。

古热维奇：哦，是这样。大卫认为关键的是自由的精神，以及允许人性去抒情、诗意地抒发自己。他称施特劳斯是"一个无情的理性主义者"。从他的角度来说，他是完全正确的［笑］。然而这个评价根本上还是不准确。

格雷戈里：在施特劳斯要离开芝加哥大学的时候，政治科学系里似乎对此已经急不可耐。

古热维奇：或许是吧，那时我已经离校很久。

格雷戈里：这是我从别处了解到的，显然我当时不在这儿。

古热维奇：我也不在。这里肯定存在着争斗，甚至也许我还在系里的时候就已经有了。我现在说的是一段特定时期，比如说，大部分是1955年之前的情况。会更长一点，但主要是1955年之前。那个时候社思委刚成立不久，里面的人员组成非常奇怪。施特劳斯不在社思委里，部分原因可能是——回到刚才的问题——他希望在一个没有争议的环境中做哲学研究。由于大卫的事和其他一些原因，社思委和哲学系关系糟糕。但你知道大卫是怎样被哲学系辞退的吧。哈钦斯之前在他的文件上作过一条批注：如果发生什么，告诉我。所以后来哈钦斯把他放在社思委。但是……

格雷戈里：是古典学系，对吗？

古热维奇：也许是古典学系。我的印象里他好像在哲学系也有过任职。也许我搞错了。

格雷戈里：最后他只在社思委有任职。

古热维奇：是的，我知道。政治科学系有个很有权势的秘书；我不太了解教职工，只了解其中一些……天啊，你让我回忆起了一些我很久都没想过的事！她是赫利希夫人（Mrs. Herlihy）。你知道这个名字吗？

格雷戈里：我听说过。

古热维奇：她就像个军士长一样［苛刻］。阿兰准确地看到，靠社思委的学位找到工作或者教职的机会很小，所以他结交了政治科学系的朋友，并参加了一个政治科学系的会，是他的一个朋友帮他在那儿注册的。他突然以一个政治科学学者的身份从政治科学系的会上回来，赫利希夫人对这种闯入者侵入圣地的行为怒火中烧。

对于你的问题，这个系是不是乐意看到施特劳斯离开，这不是一个直接的回答，但是他们认为这是一个国中之国；无论他是否有意建立，它还是发展成了这样。他们可能在想："这已经够了！"这是我能看到的。

格雷戈里：但是施特劳斯也有一些来自社思委的学生：你、伯纳德特、布鲁姆。你有没有发现他在社思委的学生和在政治科学系的学生之间有不同之处？

古热维奇：那些我能想到的社思委的学生的确通过某种方式最后都去了哲学系，我们当时没有想到这能做得到，真的。罗森是第一个，罗森给肯宁顿安排了工作，肯宁顿给我安排了工作。

古热维奇：另外就只有迈赫迪。迈赫迪现在被吹捧为一个非常伟大的学者等等，他把他关于法拉比的大作献给施特劳斯，这成了一段美谈。我在另一个晚上指出过，他献给的是 L. S.，他没提施特劳斯的名字。至于那本书，据我所知，就是用英语写成的施特劳斯［的思想］。很多学生仅仅靠着施特劳斯的教导以及他的手稿吃饭。你可以试着想象一下其他人做这种事，然后看看这多大程度上会被别的圈子称为剽窃。这真的很令人震惊：仅仅改写一下讲座的笔记。同时我对把这些讲座公之于众的做法有很复杂的感觉。我的意思是，这比把学期论文传上网更加糟糕。这可以说就是教授们从网上抄学期论文。好吧，这是另一回事。

社思委的其他学生有什么不同吗？肯宁顿后来去了社思委。他之前是施特劳斯在新学院的学生，是一个狂热的施特劳斯派，如果可以这么说的话。他的人生很艰辛，他的灵魂久经煎熬，他是一个值得尊敬的人。其他人呢？巴特沃斯，我想他当时在社思委。当时还有没有其他社思委的是施特劳斯的学生？马斯特斯（Masters）在社思委吗？我不清楚，他当时也许在。

格雷戈里：我不这么认为。我认为他当时不在社思委。

古热维奇：我也不这么认为，但是我不清楚。那是一个相较而言比较小的团体。其中一个区别是，在大多数情况下我们不上政治科学的课。我们会上施特劳斯的课等等，我们认为这些课不是政治科学的课。但是我们不上宪法学或者政府结构之类的课等等，这些我不太清楚。

格雷戈里：没错。

古热维奇：同时我们认为这对于我们付出的代价而言是值得的。

格雷戈里：就像你提到的，施特劳斯刚好是社思委刚创立的时候来的芝大。

古热维奇：对的。

格雷戈里：这是一个有趣的问题：为什么［一开始］约翰·奈夫①不邀请他加入呢？

古热维奇：他不喜欢犹太人——这只是第一个原因。我知道他当时更偏向于贝特朗·德·儒弗内尔（Bertrand de Jouvenel）。社思委中一个哲学方面的学者是伊维斯·西蒙（Yves Simon），他是马里坦（Maritain）的门徒，一个真正的门徒：如果有"施特劳斯派"这种说法的话，那么就应该有"马里坦派"这种说法。与其说他是托马斯主义者，还不如说他是马里坦派。他还是一个很不错的人，很不错并且有思想。虽然他在我看来是一个枯燥无味的老师，但有些人觉得他是个很有意思的老师。毫无疑问，他很友善，这就是奈夫想要的。

---

① 约翰·奈夫（John U. Nef，卒于1988年），经济史学家，1941年芝加哥大学社会思想委员会的创始人之一。

施特劳斯那时候还不太出名。为什么奈夫后来邀请他？奈夫邀请的是有名气的人。施特劳斯后来在这里成了有名气的人。之前在德国的时候，他在一群学生和年轻学者那里是有名气的，他当时作为一名中世纪研究者在法国是有名气的，但是那些都没起什么作用。比如，玛辛侬（Massignon）对施特劳斯印象很好，这对奈夫来说会产生一点影响，但我认为这没有干预奈夫［的决策］。吉尔森（Gilson）跟施特劳斯关系还不错，但是也没起到作用。我不知道奥托·辛姆森[1]是怎么被社思委聘请的，但他叫冯·辛姆森，同时他的密友兼同事布兰肯哈根是冯·布兰肯哈根。[2]

格雷戈里：没错。施特劳斯在你的博士论文答辩委员会里吗？

古热维奇：不在。他好像读了我的论文，然后推荐了个审稿人。我的答辩是由辛姆森主持的。瓦赫（Joachim Wach）当时也以某种方式参与进来。

格雷戈里：施特劳斯对你的论文有评价吗？

古热维奇：据我了解没有。你知道，我的论文是这样产生的。我当时师从雷德菲尔德，他是一个很伟大的绅士。

格雷戈里：罗伯特·雷德菲尔德（Robert Redfield）[3]。

古热维奇：对。就是这个雷德菲尔德。后来夏季开始的时候，我资金不够了。雷德菲尔德说："我会给你一个研究项目。你夏天写一篇关于狄尔泰（Dilthey）的论文给我，鲁思·本尼迪克特（Ruth Benedict）的《文化模式》提到了他；我对此一直很好奇。"所以我就安顿下来，开始阅读和研究狄尔泰。我觉得十分引人入胜。几年后，我把我的报告交给雷德菲尔德，这就是一篇博士毕业论文。

---

① 奥托·冯·辛姆森（Otto Von Simson，卒于1993年），中世纪与文艺复兴建筑史以及艺术史学者；1945年至1957年任芝加哥大学教授。

② ［译注］冯是旧时德国贵族的中间名，此处强调他们不是犹太人。

③ 罗伯特·雷德菲尔德（Robert Redfield，卒于1958年），人类学家，1927年至1958年任芝加哥大学教授。

格雷戈里：他肯定很欣慰。

古热维奇：我觉得他是为我松了口气。[笑]是的，我对此没有轻易忘怀。

格雷戈里：1968年，你在《形而上学评论》（*Review of Metaphysics*）上发表论文《哲学和政治》。①我相信这是施特劳斯第一次被当作一位思想家来看待。

古热维奇：是的。

格雷戈里：第一次被他之前的学生当作思想家来看待。

古热维奇：是的。

格雷戈里：你为什么写那篇文章？

古热维奇：《形而上学评论》的编辑迪克·伯恩斯坦（Dick Bernstein）跟我说："写篇《论僭政》的评论吧。"

格雷戈里：然后呢？

古热维奇：然后我就写了。我为此刻苦工作了很久。我认为我是第一个读了施特劳斯著作的人，这是相对于我那些听过施特劳斯课但没真正读过他的书的同学和朋友而言的，他们根据课堂来看待他，但是不知道他的著作说了些什么。对我来说这是一个极大的反差。言简意赅地说：[他在]写作上显得更加谨慎；某些地方虽更加激进，但也更为谨慎；同时还有更加广阔的视野。

在我最后完成终稿的时候，我不太清楚这篇文章是忠实于施特劳斯的，还是此时从某一方面来说过于疏离？我面对我之前的老师时，真的感到很尴尬。我在付印之前给他发了一份副本，一份稿件，都不敢说是为了让他认可这篇文章："如果文章里有不公正或者不准确的地方，请告知我。"他非常慷慨地说，这是他见过最好的文章，而且前所未有。他完全认可这篇文章，只说了一点："有时你把别人的观

---

① 这篇评论分两部分发表："Philosophy and Politics, I"，*The Review of Metaphysics* 22 (1968): 58–84; "Philosophy and Politics II"，*The Review of Metaphysics* 22 (1969): 281–328。

点说成我的。"不过清楚的是，他说得不那么严肃。因为他知道对此他也有错。[笑]

格雷戈里：我的印象里，那篇文章使施特劳斯的其他学生茅塞顿开，他们开始认真思考施特劳斯其人。你觉得这么说恰当吗？

古热维奇：噢，我觉得是恰当的。打个比方，塔科夫（Tarcov）对这篇文章作了一些很正面的评价。文章发表时，施特劳斯恰好差不多刚到克莱蒙特，所以当时那里的人大受震撼。之前没有过这种事。我觉得后面的事有趣得惊人：尽管有很多对施特劳斯的不同解读，但这些解读背后都是我[那篇文章]。主要的东西真的是：探究精神（zeteticism），对许多人之前根本没意识到的探究精神的强调。

格雷戈里：这听起来真令人吃惊。

古热维奇：确实。

格雷戈里：难以想象有其他情况。

古热维奇：在他那儿好像真的有某种"自然"。顺便提一下，他一直研究一种明晰无疑的、目的论的自然，还有其他各种东西。他在其所有著作里特意做的一些保留，则从未在课堂上出现过。这可不是偶然。[笑]

格雷戈里：这话有意思。你为什么觉得这不是偶然？你认为他在课堂上所展现的以及他身为老师所做的与他在书本上所展现的有何不同？

古热维奇：他在颠覆一种根深蒂固的虔诚——我指的是现在被叫作"政治正确"的东西。

格雷戈里：这是他身为老师的行为还是身为作家的行为？

古热维奇：我认为这是他身为老师的行为。身为一名作家的他更加谨慎。

格雷戈里：没错。

古热维奇：我就是这个意思。出于谨慎我补充一下。我不是说他[身为老师]不谨慎。我觉得一些老一辈人读了我们的访谈稿或者笔记后很可能会说："嘿！他明明是谨慎的，但是我没听到你说这个。"

格雷戈里：但施特劳斯提出一个目的论的自然，这也许是为了让他那些学生从轻易接纳历史主义的陷阱中醒悟过来，他对这种历史主义……

古热维奇：噢，是的。当然。

格雷戈里：这两种选择之间反差很大。

古热维奇：噢，是的。这很难忽略。那些论断可能是对的，但是不太成熟。

格雷戈里：也许这个周末唤起了你的一些记忆和回想，但回过头来谈施特劳斯，你是怎么看待他的？

古热维奇：［笑］一个伟大的老师，而且肯定拥有一颗伟大的心灵。我们彼此不熟。我的很多（甚至大部分）关于哲学或者永恒问题的认识，也肯定是从施特劳斯那里学到的。我从他那儿学到很多为师之道。从他那里，我从未学到关于政治决策或者说如何做出明智的政治决策的知识。当我看到一些被认为是他高徒的人把他的名字用于政治用途时，看到这些人拥护的政治人物时，我怀疑我从来没搞懂过他从事的事业。这令我不安。

格雷戈里：如果我能勉强你回答一下的话，你认为他的高徒中有哪些在政治的意义上使用施特劳斯［的思想］？

古热维奇：噢，你这真的很勉强我。［笑］

格雷戈里：你可以不回答。

古热维奇：好吧，艾布拉姆·舒尔斯基（Abram Shulsky）昨天发言的方式就是一种［政治的方式］。我认为哈维·曼斯菲尔德也是。幸运的是，我不知道还有其他人，真的。

格雷戈里：好的。我希望——在接下来一两年里的某个时候——我能有机会采访一下哈维·曼斯菲尔德对施特劳斯之为师的印象，尽管哈维没有师从过他。

古热维奇：没错。

格雷戈里：但是哈维从他那儿学到很多。

古热维奇：是的。

　　格雷戈里：曼斯菲尔德教授，我应该这么称呼。

　　古热维奇：哦，天啊。

　　格雷戈里：无论如何，如果有机会，我会问问他关于恰当以及不恰当使用施特劳斯的问题。

　　古热维奇：好的，这很公平。

　　格雷戈里：我们谈了很多方面。你还有什么问题或者主题想谈吗？

　　古热维奇：没了。我觉得你真的谈到很多方面。也许我该提一句，我没有在我的发言里说到这个，但是歌德《浮士德》的献词有言："久远的回忆再次涌上心头，这次你是否试图紧紧抓住它们。"这句话一直萦绕在我的心头。所有这些使我回想起半个多世纪前的事。这让我用不同的方式思考。我认为——这有点蠢——那些自称为施特劳斯的学生和/或门徒的人所说的话不时地让我恼怒郁闷，我在另一天晚餐的时候把其中一些感受清楚地说了出来。但是施特劳斯起了他的作用。没关系，他无需承担责任。我的意思是，他需要在某种程度上承担责任。但是他在活着的时候起了他的作用。我震惊于竟然没有人提到：他作为成年人，在已经定型的时候从头来过，在某种程度上成为一种新语言的使用大师。他的英文并不完美，但实际上他是一个很厉害的英文写作者。

　　格雷戈里：他是一个杰出的英文写作者。

　　古热维奇：他曾给克莱因写信："我不能想象用德文之外的语言思考和写作。"德语仍留存在他的血液里，整个德国的生活也自然地留存在他的血液里。人们现在会说："行吧，他在他人生的中间阶段或者更晚的阶段——比如说五六十岁的时候——改变了他的想法，他看到了美国的好处。"是的，他看到了这些好处，但他有他的角度。

　　格雷戈里：而且他眼里的美国似乎并不是一个不适宜搞哲学的地方。

　　古热维奇：噢，当然。是的，当然。

　　格雷戈里：没错。美国是一片重塑之地，代表第二次机会。我觉得不应该说施特劳斯重塑了他自己，但是就像你指出的，了不起之处在于他习得一门全新的语言并且获得一个新家。

古热维奇：当然。我不记得他说过他对被迫学习英语非常感激。他说可能是命运的眷顾让他来到这里，这［和感激被迫学习英语］有所不同。我记得卡尔纳普①还有其他一些人说他们对被迫学习英语和被迫用英语思考发自内心地感激，因为这能明晰他们的思考。你知道是怎么回事。

格雷戈里：好吧。非常感谢你。

古热维奇：谢谢你。我希望我谈到你想要我谈的东西。

格雷戈里：我认为我和其他很多人都会感激这场谈话。

古热维奇：你太客气了。

---

① 鲁道夫·卡尔纳普（Rudolf Carnap，卒于1970年），二十世纪三十年代移民至美国的德国哲学家。

丹豪瑟访谈录

2011年5月3日

张培均　译

格雷戈里：我是格雷戈里。我跟丹豪瑟坐在一块，就在宾夕法尼亚州的科利奇维尔（Collegeville）的郊外。你好，维尔纳。感谢你接受采访。

丹豪瑟：你好，史蒂夫。幸会。

格雷戈里：施特劳斯来芝加哥大学之后不久，你就开始跟他学习？

丹豪瑟：不，我到芝加哥已经是1955年或1956年。

格雷戈里：你来芝加哥是为了跟施特劳斯学习吗？你来之前知道他吗？

丹豪瑟：嗯，我知道他——我在克利夫兰长大，那里的年轻犹太知识分子都更向往芝加哥而非哈佛、哥伦比亚或耶鲁。我申了三次芝加哥大学，每次都被录取，但没有奖学金。所以我去了别的学校，但我对施特劳斯有所耳闻。我先听说哈钦斯，然后听说施特劳斯。当时我在欧洲，靠的是一笔富布赖特奖学金（on a Fulbright），我决定再给芝加哥一次机会，于是我申到社会思想委员会的一笔非常丰厚的奖学金。那正是我想去的地方，因为这样可以跟施特劳斯学习，还能避开一大堆要求。

格雷戈里：所以你1955年来到社会思想委员会？

丹豪瑟：现在我想起来，应该是1956年。

格雷戈里：你第一次见到施特劳斯的感受是什么？

丹豪瑟：我从新学院来到［社会思想委员会］。一个星期三的晚上，我记得叫作研究生研讨会。他从芝加哥过来，开一个讲修昔底德的讲座，我当时还没读过修昔底德。我并不觉得他是个异常出色的演讲者，但之后，研究生部开始提问，令我感到惊讶的是，他十分友善，以及我觉得他的心智极为警醒——而且他比世界上任何人都更懂修昔底德，尽管当时我从未读过修昔底德。

格雷戈里：所以你听了施特劳斯讲修昔底德的讲座，然后不久就去了社会思想委员会？

丹豪瑟：他来开讲座之后，我就去了社会思想委员会，推荐人是新学院的霍华德·怀特。我去了施特劳斯的办公室，霍华德在推荐信上写了些我的情况。施特劳斯说他希望我喜欢这里，如果我只选一门课，就来听他的霍布斯研讨课——当时我也没读过霍布斯。我就报了这门课。

格雷戈里：你们第一次见面时他怎么样？

丹豪瑟：他极其和蔼可亲。他忙得很，当时是注册周，但他给人一种从容不迫的感觉、乐于为师之人的氛围。

格雷戈里：霍布斯的课怎么样？

丹豪瑟：我讨厌陈词滥调。这门课让我大开眼界。我对霍布斯一无所知，除了他是——你懂的——邪恶版的洛克。施特劳斯会先提出一个好问题："我们为什么读霍布斯？"然后引入正题。

课程要求是写一篇7页的论文，因为长期的经验告诉他，20分钟差不多能读7页。我对要求如此之轻感到惊讶。如果我没记错的话，甚至不用交东西，他会随即对论文作出批评。

格雷戈里：你们不用交论文？当堂读？

丹豪瑟：当堂读，然后他会对论文作出评论。每篇论文都论述霍布斯文本的某一段。他的一些课有期末作业（但我记得这门课没有），但都是常规的问题，比如《利维坦》的主旨是什么。你可以想写什么就写什么。

格雷戈里：你们当堂读完论文后，他会给哪种反馈？他没有机会提前读论文吗？

丹豪瑟：没有。他只会说我对罪恶扮演的角色的讨论是错的，诸如此类。除此之外，对于这篇论文，我记得他用的词是"警醒"（alert）。下课后，我离开教室时，他笑着对我说："怀特看对了你。"我喜出望外。

格雷戈里：他经常称赞学生吗？

丹豪瑟：不，那会失去称赞的价值。他也从不刻薄；多年以来，我听过他说的最刻薄的话是："现在，我们将转向对文本的连贯讨论。"一般他只会说类似"非常感谢"之类的话。我还得再自吹一次。第二学期讲的是修昔底德，我确实渐入佳境。我读完论文，他一言不发，在黑板上画了一张详尽而难解的表，然后突然转过身来说："话说，十分精彩的论文。"我再次喜出望外。

格雷戈里：你一共选过或旁听过他的多少课？他的课你上了多久？

丹豪瑟：很长一段时间。我们那代人认为，太快念完博士不是好事，所以我花了二十年。但他的课是你很久以后还会去听的那种。没人在乎学分之类的东西；我们只想着学点东西，或听听课上在讲什么。

格雷戈里：施特劳斯是个怎样的老师？在你看来，他作为老师的突出之处是什么？

丹豪瑟：我马上想到的一件事情是——我的许多朋友也一样，他们也跟施特劳斯学过，也注意到这一点——他作为老师跟我们自己作为老师非常不同。他和我们都不反对使用表演效果：提高嗓音，故作生气，略带恶意地跟学生争辩。但他温文尔雅得多，他能够恰到好处地向我们传达我们正在做的事情的价值和爱。再说一次，他和蔼（kind），但并不可亲（loving）；他对学生相当正式。他从来不直呼我们的大名——那简直不可想象，除了拉里·伯恩斯。我不知道那背后的故事。

他还非常受欢迎。你找他问问题，他从容不迫；通常对于某个学术问题，他会笑着说："你竟敢问我这个问题。我上次读这个已经是

40年前，别怪我记性不好。"然后，他往往能毫不费力地说出其中最惊人的地方。就是这样。

格雷戈里：我听说，至少在五十年代，他着实全身心地投入教学；他的课经常超时好久，他会不断回答问题，直到大家没问题可问。

丹豪瑟：确实。他下课的唯一理由是施特劳斯夫人来接他。他会给一个善意的警告："好，课堂到此结束，但如果谁还有问题，抓紧。"

格雷戈里：你觉得他为什么如此全身心地投入教学？这些课有时显然会持续三到四个小时。

丹豪瑟：用一种极度简化的说法来说，他非常享受［上课的］氛围，这让他高兴，也让我们高兴。他的课上有许多玩笑和欢笑。他相当尊重学生。我记得，在讲霍布斯的课上，我提问题要花好长时间，因为我永远无法确定这是不是个愚蠢的问题，我以前是个木讷安静的人。但令我惊讶的是，他说："你提了一个非常难的问题。"当时他有个习惯，类似高级介入（super-involvement）——会突然来到你的桌子面前，走上来单独跟你说。通常，我一动不动，15分钟——我不清楚——或5分钟之后，我就不再能清楚地知道他在说什么。但我印象深刻。然后，事情第一次差不多水落石出，于是他说："你知道，那不是一个完全正确的回答，但只能如此。"这不是假装谦虚，他是在评判自己。

格雷戈里：你的意思是，你们上他的课的时候，他会把注意力放在个体的学生身上，去理解他们对他正在教的东西的倾向？如果某个学生提问，他不会用一种公式化的方式回答，而是回答那个特定的学生的问题？

丹豪瑟：对。我称之为默契（rapport）。许多老师，可能也包括我在内，会给人一种这是自命不凡、这是装腔作势之类的感觉。但施特劳斯总是针对你和你的问题。

格雷戈里：你觉得他怎么看待自己的教师角色？

丹豪瑟：我觉得他拥有的优秀学生信念万殊、意见各异，我猜他只想而且打心底确实想让学生学会如何阅读。而这意味着深深投入一本书中，差不多试着浸入其中。克罗波西曾经说，你不是就（about）这些书学习，而是从（from）这些书中学习。这令我印象深刻。我想他对学生的各种选择持开放态度。

格雷戈里：上周末在施特劳斯中心召开的会议表明，他觉得学生最好从亚里士多德的《政治学》或《伦理学》开始［学习］。他最常教《政治学》。这不是个好问题，不过你觉得他为什么更喜欢从《政治学》开始并不断回到《政治学》？

丹豪瑟：我可以给你一个非常简化的答复，我觉得他确实喜欢那本书。这是个奇怪的选择。你会注意到，我会从霍布斯的《利维坦》开始。他确实喜欢《政治学》。而这个选择之所以奇怪和令人困惑，是因为它在某种程度上是本天书（forbidding text），没有一页读起来像小说。里面还有各种问题，比如各部分的顺序真的对吗？而且某些部分着实枯燥。但他为我们指明正道。尽管你现在问我这个问题，但如果我是他，或者如果他问我从哪本书开始，我会建议他说《伦理学》，因为（这绝非我独有的看法）我觉得《伦理学》能非常迅速地进入，尤其在他的温和指引下。比起《政治学》，我们确实能更快地学会爱上《伦理学》。

格雷戈里：在1949年致克莱因①的一封信中，我不确定那是在他得到芝加哥的聘用后还是在他得知芝加哥的聘用后，他向克莱因抱怨说，他需要给学生一种政治理论（political teaching）。

丹豪瑟：他需要什么？

格雷戈里：他需要给学生一种政治理论，学生想要一种政治理论，所以他不得不提出一种。你觉得他的课存在一种理论吗？

---

① ［译注］当指1949年7月12日致克莱因的信，此时施特劳斯已任教于芝加哥大学。此信中译见迈尔夫妇编，《回归古典政治哲学——施特劳斯通信集》，朱雁冰、何鸿藻译，北京：华夏出版社，2017，页344-345。

丹豪瑟：我觉得没有。我们有时间聊聊其他施特劳斯派的轶事吗？

格雷戈里：时间多得是。

丹豪瑟：就在两天前，我跟亚瑟·梅尔泽（Arthur Melzer）聊过，经过许多年［的努力］，他现在已经快写完一本论隐微术和施特劳斯的书，他说他正在处理施特劳斯是否有一种政治理论的问题。亚瑟在密歇根州立大学教授一切日光底下的东西。令他印象深刻的是，施特劳斯比亚瑟自己更不政治——施特劳斯极少甚至从未谈到过今日的政治事务或当前的政治事务。我觉得那是对的。或者像我们以前说的：引用兰德斯（Anne Landers）①的次数是引用柏拉图的十倍。

格雷戈里：如果看［施特劳斯］上课的记录稿，会发现一件惊人的事：他多次提到新闻上的人物而非政治上的大人物，［比如］凯利（Grace Kelly）。②

丹豪瑟：是吗？

格雷戈里：嗯，还有别人。我怀疑她甚至出现不止一次——似乎这是他的教学的一个重要部分。我的意思是，这就是他的教学方式，能近取譬。

丹豪瑟：对。

格雷戈里：你觉得他对自己教的学生有什么特别的期望吗？

---

① ［译注］兰德斯的真名是莱德勒（Eppie Lederer，1918—2002）。兰德斯是美国家喻户晓的笔名，在 Ask Ann Landers 专栏接受读者来信提问生活问题，曾在北美各报纸同时刊登达47年之久。

② ［译注］凯利（1929年11月12日—1982年9月14日），出生于费城，美国影视演员。1949年，凯利毕业于美国戏剧艺术学院，1950年出演第一部电影《十四小时》，1952年作为女主角出演《正午》。之后，她接连主演希区柯克的3部作品：1953年的《电话谋杀案》、1954年的《后窗》以及1955年的《捉贼记》。1955年，她凭借在《乡下姑娘》的表演获得第27届奥斯卡最佳女主角奖。1956年，凯利与雷尼尔三世结婚，成为摩纳哥王妃。1982年9月14日，凯利因车祸去世，享年52岁。

丹豪瑟：我觉得他开发（developed）他们——我要说些非常自私的话：我觉得他的学生非常幸运，他一直喜欢我们且为此感到满足。当然不是每个人——我可以举出几个无赖，不过我会封住自己的嘴巴——但他们最后也不错，或者说，至少，他们学的东西使他们在某种程度上更完满、更幸福。

格雷戈里：也就是说，如果他确实有个目标的话，那就是让学生能够以严肃的方式研究政治哲学，由此变得更完满、更幸福？

丹豪瑟：对，而且完全不教条。可以说，作为一名博士生，我经历过几次危机。但最初的几次都是［因为］，我一开始就觉得尼采正确。顺便说，他似乎觉得有点无聊。他说：好吧，在你这个阶段，你还可以想些什么？诸如此类。"尼采对吗？"当然是个必须处理的问题；就尼采而言，这是个非常非常痛苦的问题，除非你喜欢法西斯分子。

格雷戈里：他在芝加哥可能教了三到四次尼采。有两门讲尼采的课，还有一两次他把尼采列入阅读书单。当然，作为年轻人，施特劳斯跟你一样，在教学中对尼采非常感兴趣。他是否觉得尼采是个学生绕不开的特殊人物？

丹豪瑟：我愿意这么想，但其实不。用我觉得他思考的方式思考——借用蒙田的话说，殊途同归。我当然觉得马克思可以发挥某些作用，如果深入十九世纪且有些感觉，或者读过巴尔扎克或司汤达的一些小说，或随便别的什么，或者福楼拜，［就会发现］资产阶级有些下流之处（seedy）。

格雷戈里：施特劳斯本人似乎从不抱有这种偏见。

丹豪瑟：对。如果只考虑现代人的话，我觉得他的英雄是歌德。歌德当然知道资产阶级的一切问题。这也是为何［歌德的］文本中有那么多狂野的女人，不过他写得恰如其分。这条路——这是个有趣的问题——历史上两头都通。一方面，歌德在某种程度上让尼采感到羞愧，但是另一方面，尼采是歌德非常强有力的批判者，比如，歌德从来不懂希腊人，他也从来不懂希腊肃剧。

格雷戈里：施特劳斯的有些学生属于社会思想委员会，你觉得这些学生与政治系的学生之间有什么差别吗？

丹豪瑟：没有。我觉得那是我们学生的功劳。那根本不重要。我的意思是，现在回想起来，当时有中国或犹太研究专业，还有别的各种专业。但我觉得我们不太在意这些。现在我已经一把年纪，我根本不记得某某在政治系还是社思委，尽管我怀疑社思委的人更傲慢些。

格雷戈里：你在跟施特劳斯学习时是否遇到过一些制度上的障碍，既然你不在政治系？

丹豪瑟：没有。本来可能会有，因为资助我、掌管奖学金的人是哈耶克（Friedrich Hayek，1899—1992）。[①] 可以这么说，哈耶克当然知道他跟施特劳斯之间毫无共同之处。据我所知，他俩不太了解彼此。但是，哈耶克是个非常老派的奥地利人，温文尔雅。我就在社思委，是施特劳斯的学生，这对他来说根本没关系。今天老有人问，你怎么可能既是格勒内的学生 又是施特劳斯的学生，当时这根本不是问题，即便我们知道格勒内在《论坛报》（*Tribune*）上称施特劳斯为疯子。[②]

格雷戈里：确实。格勒内曾在某段时间不把施特劳斯视为密友？

丹豪瑟：他俩过去挺友好。我觉得他俩喜欢彼此，尽管施特劳斯主义可能有过分之处。我上过格勒内在市中心开的一门课。这门课讲莎士比亚的某些剧，而格勒内是教莎士比亚的高手。但是，当时——我已经熬过他不喜欢我的那段时间，有了足够的勇气——我举手发了一通言，就（我甚至记不得是哪部剧）某一小节作了非常复杂且实际上错误但（我觉得）绝对施特劳斯式的解读。他困惑地看着我，然后说："维尔纳，你真的相信这套无稽之谈吗？"那非常非常格勒内，我当时非常机智地说："你这样说的时候我就不信。"

---

① 哈耶克，诺贝尔经济学奖得主，1950—1962年任芝加哥大学社会思想委员会教授。

② 我们找不到这篇文章。

格雷戈里：施特劳斯在你的论文［答辩］委员会中吗？

丹豪瑟：对，他在。

格雷戈里：他就论文给了你反馈吗？

丹豪瑟：他不只给了反馈，他非常非常迅速地读了论文，并给我写了一封非常漂亮的信，说论文不错，但随后依然好像是半打建议，然后是一句挽回式的结语："这些都微不足道，随你处置。"所以我称之为理想的论文读者。

格雷戈里：迅速、详细的反馈，且允许你忽略。

丹豪瑟：对。

格雷戈里：你也这样指导论文吗？

丹豪瑟：不，我做不到。

格雷戈里：施特劳斯是个流亡者（émigré）。他如何看待他的美国学生？与他可能会有的欧洲学生（如果他可以留在德国的话）相比，他认为他的美国学生怎么样？

丹豪瑟：我觉得他喜欢美国学生。我觉得他确实喜欢美国。尽管这是一个可以讨论的点，他或许喜欢英国更多一点——因为我对那些信件的记忆是，他第一次来到英国时，有点爱上英国人。不过这可能跟他早期在希特勒时代的经历有关，因为不列颠是最后的希望。我觉得他没有爱上过美国，但他欣赏美国。

格雷戈里：他欣赏美国学生的什么品质，如果有的话？

丹豪瑟：我觉得［是］他们的好天性。简单地说，我觉得美国学生不像大多数国家的大多数学生那么酸。用一个不精确的词来形容的话，他们更甜，我猜也可以用天真这个词。

格雷戈里：有施特劳斯派这么一回事吗？

丹豪瑟：有。

格雷戈里：是什么？

丹豪瑟：嗯，你眼前就有一个。

格雷戈里：好吧，那什么是施特劳斯派？

丹豪瑟：倾向于认为施特劳斯正确的人，认为施特劳斯看待事物的方式优于周围任何老师的人。

格雷戈里：他在世时，有机会看到有人自称施特劳斯派，有人被别人称为施特劳斯派。他还活着时，就施特劳斯派就有著名的争论。你觉得他乐意看到有人被称作施特劳斯派吗，还是无所谓，或者是其他？

丹豪瑟：我觉得他乐意。我充满温暖的记忆，他确实喜欢我们，而且我们中间确实存在某种内部圈子。我们喜欢施特劳斯这种称呼，这像某种荣誉徽章，而别人不会这么想。但我记得，我们闲聊——一种非常重要的德性——时，我觉得任何人都不会因为被当面称为施特劳斯派而感到尴尬。这就是一个带有相当公正的身份标记的称呼。

格雷戈里：除了芝加哥大学的教学［工作］，施特劳斯还在希勒尔馆就犹太主题开过一系列出色的讲座。他的犹太人身份是否融入他的教学或观点之中？

丹豪瑟：哦，确实。但我的意思是，如果我像一个非常虔诚的犹太人，倾向于认为我喜欢的每个人以某种神秘的方式都是秘密的犹太人，便可能会有某种部落感。但这是个复杂的问题，解释起来并不总是那么容易。但是，施特劳斯极少去犹太会堂，当然，一段时间后，他再也不遵守犹太人的宗教仪式和饮食教规。但他非常非常犹太，在希勒尔馆，他把这个传达出来。施特劳斯——我当然不是在泄露什么内部秘密——是个吝啬的人，他有自己的缺点，而且他显然不喜欢开没有报酬的讲座，他更愿意得到报酬。当然，看起来他会为希勒尔馆做任何事情。有一次讲座，我觉得绝非他最好的讲座，题目就抓住［当时的形势］"为什么我们仍然是犹太人"。[①] 我们会认为这理所当然。

但请允许我离题一分钟（我本人是犹太人，你肯定猜不到）：他通过简单的途径把我们中的许多人变成更好的犹太人，他这么做绝不

---

① ［译注］此文中译见刘小枫编，《犹太哲人与启蒙：施特劳斯讲演与论文集·卷一》，张缨等译，北京：华夏出版社，2010，页385–440。

是在屈尊于犹太传统。我来芝加哥大学时，当然 [带着这样的想法]：那些旧书，是些古董。但是，你如果够幸运的话，只需听听他讲迈蒙尼德。这里根本就没有一点屈尊附就的样子。他非常严肃地对待这件事，他也教我们非常严肃地对待。也许我们犹太人可能从未足够严肃地对待圣托马斯或奥古斯丁，但我们确实学到犹太人的东西。此外，他在犹太人身份中没有屈尊俯就。

我也恰好是个德国犹太人。几百年来，德国犹太人非常讨厌波兰犹太人和其他人，且非常蔑视作为一门语言的意第绪语。我的意思是，意第绪语是街头巷尾的语言。但施特劳斯或索勒姆从未对意第绪语表现出任何居高临下的态度，施特劳斯赞赏阿莱赫姆（Sholem Aleichem，1859—1916）。① 而德国犹太人宁愿跟卡夫卡打交道。

格雷戈里：值得注意的是，施特劳斯的一些学生继续写犹太主题，但他除了在希勒尔馆开了几场讲座，从未教过犹太主题。

丹豪瑟：不完全是，[如果] 你把斯宾诺莎视为犹太人。

格雷戈里：好的。

丹豪瑟：不是吗？

格雷戈里：当然是。

丹豪瑟：好，我们已解决这个问题。他是个坏犹太人。

格雷戈里：你跟他课下说话的时候，谈话中会出现犹太思想吗？

丹豪瑟：哦，会，但有些不直接 [出现]，因为我俩都是德国难民，所以德国问题和犹太问题往往并肩出现。此外，施特劳斯夫人喜欢我的一个理由，我觉得（不只是因为我那么讨人喜欢）是她跟许多德国犹太人一样，想跟人讲德语。这也是为什么在以色列，德国犹太人在极大程度上继续说德语，在不少以色列的咖啡馆只能听到德语。而施特劳斯夫人往往稍一兴奋就会蹦出德语。我甚至还见过施特劳斯

---

① 阿莱赫姆，意第绪语作家拉比诺维奇（Solomon Naumovich Rabinovich）的笔名，著有《卖牛奶的台维》（*Stories About Tevye the Dairyman*），音乐剧《屋顶上的提琴手》（*Fiddler on the Roof*）据此改编而来。

谈在得飞快的时候，知道我是个德国人，就会蹦一会儿德语。

他也喜欢犹太人，喜欢以色列。这给我一种温暖的感觉。我知道的最令人印象深刻的一件事是，[他]在《国家评论》上发表为以色列辩护的信以示抗议。[①]他几乎威胁要取消他的免费订阅。

格雷戈里：除了不教犹太作家，施特劳斯也从未教过歌德，据我所知，至少在芝加哥大学没有教过。

丹豪瑟：对，据我所知，他没教过。

格雷戈里：歌德是你从他那里学到的另外一些东西，但不是在课堂上？

丹豪瑟：对。不仅如此，施特劳斯夫人对德国文学有着惊人的了解，尤其诗歌，她似乎什么都读过，所以我从她那里学到不少——没付学费。但我不知道课程数目有多可靠。比如，纳坦后来才告诉我——在我提了一个托克维尔的问题之后——说施特劳斯从未开过托克维尔的课。当然，在他的学生中，托克维尔是个热门话题。所以我不知道沉默到底意味着什么。作为一个施特劳斯派，当然，我觉得意味深长。

格雷戈里：你离开芝加哥之后，跟施特劳斯保持着联系？

丹豪瑟：对。

格雷戈里：他跟自己以前的学生保持着何种关系？我的意思是，他是那种你会跟他通信的人吗？

丹豪瑟：哦，是。我离开后，我们定期通信，但不管我什么时候在芝加哥，或者他在纽约，当然不只是我，我们便会互相联系。你知道，他来为《评论》（*Commentary*）开过讲座，于是，[我们]跟他度过了一个充满喧闹争论的晚上。当我终于回到我的论文时，我已结婚，并育有一子。我需要跟他联系，所以我们去安纳波利斯的圣约翰学院拜访他，得到了非常热情的接待，尽管我觉得他并非真的喜欢孩子，而且，喧闹的法尼娅（Fanya）不停地往他身上撞时，他有点紧张。

———————

① 《国家评论》，1956年1月5日。

格雷戈里：那些日子里，你把施特劳斯当作一个朋友？

丹豪瑟：不。因为亚里士多德说过，友谊意味着平等，但我从不觉得自己跟他平等；我一直觉得他是我的前辈。

格雷戈里：是什么让施特劳斯在这方面与众不同？我是说，也许他的学生没有一个觉得自己跟他平等。

丹豪瑟：顺便说，我觉得这不对。你知道，流言蜚语远超我的想象，但我知道有些学生觉得，或者说确实觉得，他们跟他平等。我这么说丝毫不带恶意：罗森马上出现在我的脑海中。

格雷戈里：你觉得施特劳斯与其他人的差别是什么？他远远高出大多数人。

丹豪瑟：对。

格雷戈里：你觉得差别是什么？是什么让施特劳斯与众不同？

丹豪瑟：第一个答案听起来可能有点蠢。我觉得他就是更聪明。他就是我接触过的最强大脑。就是如此。

格雷戈里：嗯，我们已经讲了不少。你还想说点什么吗？还有我们应该讨论但没有触及的东西吗？

丹豪瑟：没了。你已经倒空我的杯子。我想我已经说了值得说的一切。

罗森访谈录

2011年5月

张培均　译

格雷戈里：我现在在罗森家中。斯坦利，幸会幸会。

罗森：非常感谢。幸会。

格雷戈里：斯坦利，你师从施特劳斯教授。你是什么时候开始跟施特劳斯学习的？

罗森：1948年。

格雷戈里：是在新社学院吗？

罗森：不是，在芝加哥大学的本科生院。

格雷戈里：明白，好的。1948年。你肯定是他最早的一批学生。

罗森：确实。有一些纽约的学生我不认识；他们比我年长，像雅法和克罗波西等人，但在芝加哥的几代学生中，我是最早的一批。我通过施特劳斯的儿子瓦尔特见到他。他刚来芝加哥，我跟他作了一次长谈，持续好几个小时，他非常好心地邀请我做他的学生。他刚来城里，还没有那么多追随者，而那马上将成为他的命运。当时我无法接受他的提议，因为我已经准备去新学院上学。但在那里待了几周后，我意识到那里不适合我，就离开学校，工作一段时间，然后尽快回到芝加哥。我在芝加哥待了五年。

格雷戈里：所以你先遇到施特劳斯的儿子，他使你对他父亲产生兴趣，而你之前从未听说过这个人？

罗森：从没听说过。

格雷戈里：明白。

罗森：我可以说出克利夫兰印第安人（Cleveland Indians）棒球

队的整个花名册，但我从来没听说过什么教授和哲学家。但施特劳斯在芝加哥看到一些东西，他一直支持我。我一直有点异端，但这对他来说无伤大雅。

请允许我非常快地讲一个小故事，这是施特劳斯的一个朋友布兰肯哈根告诉我的。在聚会上，几杯酒下肚，布兰肯哈根对我说："嘿，你知道吗，斯坦利，我得告诉你，你来芝加哥时，我不喜欢你。"当时我有点不舒服。每次他跟施特劳斯提这茬的时候，施特劳斯都会说："好啦，他正在变好。"所以我的［学术］生涯，尽管也就这样，应当归功于冷漠——一种真正独特的智力（intelligence），即施特劳斯的智力——对上流社会、学术社会的冷漠。他想要料（goods），可以说，为此我会永远尊敬他。

格雷戈里：你说他想要料，他在学生身上寻找什么？

罗森：由于布鲁姆和我是跟他最亲近的两个学生，这不好说。他的一些学生穿成布鲁克斯兄弟（Brooks Brothers）的样子，看起来像英国公爵，而其他人看起来像来自纽约的衣冠不整的中下层犹太人。我呢，我觉得比他们都要高级，因为我来自克利夫兰。这使我能够消除各类种族和哲学运动间的距离。嗯，他寻找智力。我觉得这一点无需赘言，他寻找智力。他还寻找某种庄重（decency），在此种庄重中，跟他一起工作、一起学习的人，能获得在自己的哲学研究中取得进步的每一个机会，不管他们［原来］的想法多么外行。这是个有趣的点——我想再详细讲一下，如果可以的话。

他想要的是尊重文本这种意义上的庄重。哲学史上伟大文本的作者只要值得研究，就值得尽可能详尽地研究。太多教授会说：我对真理的看法如此这般；我在下述六个点上跟康德不同。这听起来不正式，却是在会议中讨论哲学的典型模式，在当代会议中，在论文阅读中。施特劳斯想要我们知道，必须掌握文本，如果我可以这么说的话。你必须知道文本，希腊哲人、希腊思想家的文本，因为文本是一切的基础。这要求某种庄重。你绝不能对自己的能力感到太骄傲，尤其对自己的科研能力，骄傲到相信你说的东西比康德或黑格尔说的更重要。如今这不是一个好懂的点，甚至可能不完全正确；或者说，如果想对传统中的伟大人物表示尊敬，最后不会变成纯粹的门徒或纯粹的奴隶吗？如何在保持自身完整的同时保持文本的完整？

施特劳斯在找的人，需要具备某种节制（sobriety），以及上述意义上的庄重，能够把自己的全副精力和关注点集中在阐释文本这一任务上。我说的不是别喝太多酒精饮料，别跟自己邻居的妻子瞎搞等等，那些事情还都在其次。用古人的某个观点说，当然我最早从施特劳斯那里听到这个观点，他想要表达的就是这个对柏拉图式的哲人来说，家庭尚在其次。现代人极难理解，也不容易尊崇这一点。但我觉得这里没有任何问题。在施特劳斯的某次柏拉图研讨课上，我听到他委婉地说，他本人毫不怀疑，对柏拉图来说，浪漫的爱情愚蠢、幼稚。由于曾陷入爱河且不止一次，我对施特劳斯的看法一开始带着偏见。但是，他稍稍纠正我，他想让我明白，如果你想做些你做不到的事情，那么，你就不是一个庄重的人——在我使用这个词的意义上。这会不会太复杂？

格雷戈里：不会。

罗森：好的。

格雷戈里：我在想你说的廉义（probity）这一德性。

罗森：嗯哼，我可没说。［笑］继续吧。

格雷戈里：所以施特劳斯在他的学生中寻找某种庄重、节制，当然还有高智力？

罗森：对。他希望理论和实践得到重视。实践可能像也可能不像理论那么容易传播，但在主流政治思想中，为了成功，必须明智（sensible）。而我觉得明智的意思非常接近你说的廉义。比如，施特劳斯以前经常引用派瑞·梅森（Perry Mason）①，加德纳是他最爱的一

---

① 梅森，一名虚构的刑事辩护律师，出现在厄尔·斯坦利·加德纳（Erle Stanley Gardner）写的一系列小说和故事中。从1957年至1966年，有一部受欢迎的电视连续剧改编过梅森的一些案件，施特劳斯是这部剧的拥趸。

位作家，加德纳说他的主角梅森像剃刀一样锋利，像猎犬的牙齿一样
干净。你听过这句话吗？

格雷戈里：听过。

罗森：我觉得这句话在施特劳斯圈子里挺有名。

格雷戈里：我不知道，但我自己读过加德纳……

罗森：所以我想确认，我回答你的问题的言辞并没有过于虔诚。
换句话说，廉义是一种明察秋毫的能力。尚可讨论的是，这是不是一
种道德［德性］……

格雷戈里：是的，我理解。

罗森：对施特劳斯来说，这不是。这是某种别的东西。我们可以
总结一下。作为年轻人的教师的施特劳斯，他想要的人，是那些会创
造出能使哲学本身更安全的政治环境的人。

格雷戈里：据说，他在芝加哥教书时，在课堂教学中强调哲学文
本中的道德教诲。对此你听着耳熟吗？

罗森：是的，我是说，在你的来访中，我们至今尚未提到的整个
"勾当"——整个隐微论的"勾当"，在此出场。我不想长篇大论，你
可以给我们解释清楚。

格雷戈里：好吧，据说他在芝加哥教授哲学文本时，经常强调道
德教诲。

罗森：是的，因为理论教诲毫无用处。对亚里士多德来说，这完
全不是一项实践活动。政治是一项实践活动。因此，让我们的同时代
人感到如此奇怪的隐微论问题，仅仅意味着具备管理人类同胞的事务
的真实聪明的那些人，必须小心地这么做。我的意思是，每个理智的
人都会这么想。我有时这么说会把人们惊到。我说：施特劳斯的隐微
论学说简单到幼稚。任何一个像我本人这样在俄亥俄州克利夫兰的贫
民区长大的人，都绝不会太把这当回事。这跟政治无关，或者，就
此而言，跟理性无关。所以确实，施特劳斯强调实践方面。这就是施
特劳斯如何施教。直截了当点吧。我之前讲过对施特劳斯的某次拜

访，①在这次或另一次拜访中……

　　格雷戈里：1971年或1972年左右在圣约翰？

　　罗森：是的，差不多吧。今天，这个问题的表达方式似乎是，就任何事向任何人隐瞒任何东西都不道德。而施特劳斯往往指出，如果你这么做，你会把社会碾平到自由本身不再可能的地步。我们称为伟大艺术作品的东西将不再存在，科学事业将不再存在。顺便说，我觉得这会发生。如果这确实发生，请告诉我一声。我是说，那会儿我已经死了，但激活这个猜想会挺有趣。继续吧。

　　格雷戈里：好，你把隐微论问题跟施特劳斯的教诲连在一起提出来，我想问你他的教诲的实践或道德方面，好让你品评隐微论。施特劳斯在教学中实践隐微论这一简单原则吗？

　　罗森：我觉得在某些点上是。

　　格雷戈里：在某些点上？

　　罗森：是的。我的意思是，施特劳斯确实会被误解为一个虔诚之人或一位拉比，一位真正的拉比。肯宁顿在社会思想委员会研究笛卡尔时，就笛卡尔写过一篇非常有趣的论文，当时我很年轻，哪怕在当时的大学生中，我也算非常年轻，但我着迷于他的说法，他说笛卡尔不相信上帝。施特劳斯对我说：哲人的报酬是不去信仰。我会永远记住这一点。[笑]永远记住这一点。我就施特劳斯在芝加哥写过一篇文章，里面的材料我都给了你。②无论如何，这就是要点。当然，智慧者确实存在，不管他们是古人还是来者。当然，他们实践隐微论，不实践才怪。

　　格雷戈里：1949年左右，大概在施特劳斯得到芝加哥的聘用前后，他给克莱因写过一封信，在那封信中，他向克莱因抱怨说，学生需要一种政治理论，于是他不得不想出一种政治理论。我的理解是，

---

①　在某次谈话中，但不在这次访谈中。

②　Stanley Rosen, "Leo Strauss in Chicago", *Daedalus* 135 (2006): 104-113.

这不必然意味着党派政治；但你是否觉得，你还是学生时，他为了自己的学生的缘故搞了一种理论？

罗森：是的。这对我来说显而易见，［但］别让我论证。

格雷戈里：当然。

罗森：但施特劳斯相信，政治学、政治智慧，在某种意义上与静观智慧相关，但在另一种意义上必须拎出来，好让人们自由地从事静观。你可以从亚里士多德那里知道这一点。人们必须自由地从事静观。如果他们没法这么做，如果他们不具备这种能力，那么哲学就会毁灭。我们自己的时代几乎已经发生这样的事。我是说这种非理智地痴迷于脑电波——在美国哲学协会，如果你不会引用控制论和脑外科手术方面的专家，你就会被视为文盲。这就是哲学的终结，如果那种东西占了上风，而我们就只是脑电波的跳跃。施特劳斯知道这个吗？我跟他曾有一次谈话，当时他的办公室只有我和他，我们正好在谈这个主题，我问他：你对政治共同体的计划是什么？我甚至不确定我当时是否像我刚才对你那样直率。但在这次谈话中，施特劳斯非常清楚明确地说，他的政治意图是形成一种教诲，能使政治活动对哲学无害。这意味着没有公开演讲。你知道，我非常爱公开演讲。如果没有公开演讲，我该怎么讲我的笑话？

秘密教诲并不神秘。只有傻瓜，施特劳斯的三等学生，在这个国家的不同地方，才会把自己视为智慧者，他们边走边笑，眼睛闪耀。在过去，他们还叼着烟管。这是他们的工具的一部分。他们在走路时还会不时停下来说：是，是。这就是对哲人的一种低级模仿，是多数人就哲学所知的一切。没错，施特劳斯心中有某种政治理论的构想，极大程度上取自亚里士多德和洛克。我确定他喜欢卢梭胜过洛克——谁会不喜欢卢梭胜过洛克呢？但这不是问题所在；问题是，什么在政治上行得通。在卢梭作出贡献的那条脉络里，尼采或许是下一个人，他们俩灭了现代文明。我更加感兴趣的是尼采、海德格尔、科耶夫这类人。

你听过或见过施特劳斯谈论自己年轻时代的材料吗？他说，他跟他最好的朋友克莱因会去聪明人云集的咖啡店，他们会安静几分钟，然后突然隔着房间互相大喊：尼采！海德格尔！这是精神高昂的嬉闹的迹象，但这不全是嬉闹。施特劳斯本人，我非常肯定，更喜欢读海德格尔而非洛克。我希望你不会觉得这是亵渎。

格雷戈里：我不知道他在课堂中教授过海德格尔，我听说他从不提他。

罗森：这几乎正确。例如，我〔刚〕到那里的时候，就是如此。

格雷戈里：好吧。如果海德格尔最有趣，且或许最重要，那么，施特劳斯为什么不教授海德格尔？或者说，他为什么不更公开地讨论他？

罗森：他觉得这太危险。别怪我，这是他的看法。他从未教授过海德格尔；他从来不提他的名字，直到大概二十世纪五十年代中期。

我觉得施特劳斯在某种程度上对〔自己〕广受关注感到惊讶，而且我觉得他曾试图获得关注，尽管他并不对此抱太大希望。但他如愿以偿。或许你在这里这件事就是有力的例子，证明施特劳斯始终对年轻人具有超凡魅力和吸引力。你觉得呢？我是说，你可能比我更接近于此。

格雷戈里：我觉得我们在最近十年看到的最值得注意的事情是，世界上大量严肃的学者，他们从未师从施特劳斯的某个学生，如今正在对施特劳斯的思想做有趣的研究。施特劳斯的思想已经变成一个研究主题，他正在被视作一位名副其实的思想家，与任何"运动"无关：这些人主要在欧洲，中国也有，他们正在各自独立地接近〔施特劳斯〕。

罗森：隐微论就在这里。这算成功吗？

格雷戈里：嗯，我的理解是，你想说的是，他的成功与他实践隐微论和给学生某种教诲有关。

罗森：对，这是他的解释学计划的一部分。

格雷戈里：让我暂时从这些高度退下来一会儿。施特劳斯刚开始芝加哥的教学生涯时，你就在那儿吗？

罗森：是的。

格雷戈里：有个故事说，他来参加工作面试时，有个大学历史学家说：这人会成为一位研究者，但永远不会成为一名教师。在你看来，在1948年和1949年里，施特劳斯是一名出色的教师吗？还是说，他是在任教芝加哥的这段时间里学会成为一名出色的教师的？

罗森：我不确定是否能就此给你最终的答案，但我可以告诉你，只需见识施特劳斯15分钟，我就知道他是什么样的人，我在跟谁打交道。他是第一等真正聪明的人——我现在说的不是数学逻辑学家这类人——他是我见过的哲学教师中第一等的最聪明的人。首先，他什么都知道。在我们看来就是如此。其次，他可以回答向他提出的任何问题。哲学系的那帮人，要么一无所知，要么无所发明，他们——你不是犹太人，显然——仅仅是畜群（flocken）。这是个漂亮的犹太词，意思是野兽，田里的野兽，诸如此类。我立马就对此一清二楚。

格雷戈里：但我认为，尤其在芝加哥的早期岁月，至少有十年，他以拖堂一到两个小时出名。

罗森：确实。

格雷戈里：那段时间，施特劳斯显然全身心投入教学，我是说，在一堂课上花四个小时，回答提出的每个问题。你觉得他为什么这么做？

罗森：我可以回答这个问题。我不知道你是否会喜欢这个答案。施特劳斯非常胆小。当时，他的课在第62街还是第63街的广场上，附近民风彪悍。他往往让某个大个子的研究生送他回家。我是听一些比我跟他更亲近的人说的。所以我是认真的。我没法告诉你是否确实如此，但……

格雷戈里：他本来也可以按时下课，让某个研究生送他回家。

罗森：他是可以。他本来也可以做点别的。他可以三点钟下课回家。当然，芝加哥冬天的天气不好。所以不管怎样，要是你问我的是他为什么拖堂或……

格雷戈里：这背后有某种意图吗？他是否想做点什么？

罗森：我从没想过这个。我想到的是，他是个爱说话的人。施特劳斯对说话充满真正的热情，他沉迷于此。我们说他是个超级天才。他的一个局限是，他像孩子一般天真，这非常迷人。这是他的爱欲技艺的一部分，如果我可以这么说的话。这当然没法糊弄我，因为我从十岁起就写爱欲方面的诗。但毫无疑问，这就是他在那儿做的事情：他沉迷于此。但施特劳斯必须面对一个大困难，即，他知道哲学高于诗歌。实际上，从诗歌的原初意义上讲，他几乎没什么诗歌天赋。我觉得他在努力发展我们刚刚暗示过的这群政治干部，而我觉得他没有成功。

我可以向你保证，我对你描述的施特劳斯，比我知道的别人的描述更准确。他真的就是非常狡猾，同时又像个孩子。他来到美国时，美国给他留下非常深刻的印象。某个晚上，当时他到城里才几个月，在他家里，他告诉我们说，美国，一个奇妙的国家。他说，美国人民买报纸把零钱留在硬币盘上。他说，好神奇；如此诚实，如此有德。这绝不会发生在欧洲：如果你把钱留在托盘上，人们会马上拿走。这是他的最佳之一。他是非常、非常、非常好的人。

他一开始就是卓越的教师，拥有难以置信的知识。这个人可以转化形形色色的人。我说我当时觉得我比施特劳斯聪明。三个月之后，我当然不再有那种看法。他经常告诉我们：我不是个哲学家。我坐在教室里多次听到他说这个：我不是个哲学家；我只是个哲学研究者。他没在开玩笑。在他用这个词的意义上，他不是个哲学家。谁是哲学家？洛克、莱布尼茨——你知道的那些经常出现的名字。他没有把自己放在这一行列附近的任何地方，在我认识他的二十年间，他把这说得非常清楚。

格雷戈里：你怎么看施特劳斯身上结合的孩子般的天真和狡猾？

罗森：我不知道。我们必须从资料开始，如福尔摩斯所言。施特劳斯和我都喜欢这段话。华生说：这是怎么回事，福尔摩斯？福尔摩斯说：华生，资料、资料，我必须掌握资料。你抽不出血，除非……〔这是〕施特劳斯过去经常引用的一段有趣的话。我不知道他从中得出什么，但这就是他的目的。

格雷戈里：你给出了惊人的观察，说施特劳斯兼具孩子般的天真和狡猾。他狡猾得很，月复一月，你捉摸不透他。我只是想请你再想一下这个问题，这些看似对立的东西如何结合在施特劳斯身上。

罗森：如果你认识不少流亡国外的德国或一般而言欧洲的学者、思想家和艺术家，便会发现这非常普遍。他们在某种程度上非常世故，但他们也是天真的人，没有明确的政治观点。我觉得施特劳斯需要把一切事物以哲学的方式重述一遍，这样一来事物才对他有意义。我还想说，天真与理论才华根本不分离也不对立。我觉得两者并行不悖。我甚至还想说，得到恰切理解的实践哲学，就是静观哲学。但别引用我的话。我不喜欢这种表达法。

所以，［施特劳斯是］一个绝对了不起的人。我从施特劳斯身上学到的东西，通过上学或读他的书根本学不到。施特劳斯校正了我。你知道康德写在他的某封信上或某篇文章中的那个著名的故事。他说：我年轻的时候敬畏休谟（或诸如此类的话）。休谟是第一号热门人物。但当我成熟一些，我发现根本不是这个原因，而是（我突然想不起来是哪个词）因为美德，是美德。

嗯，在过去的20分钟内，我想方设法使你确信，我对施特劳斯的钦佩在某种意义上无边无际。

格雷戈里：好的，我会把你带上另一条轨道，但让我先回到另一件事，你说施特劳斯不把自我理解为哲学家。你觉得他对吗？

罗森：如果你问我是否觉得施特劳斯是莱布尼茨，答案当然是"不"。施特劳斯一生致力于研究哲学史，即别人的书，因为他们的书比他的书更好，或者说，他们教给他某些他需要知道的东西。他当然也十分严厉地批评。没有哪个学者可以永远不批评自己的老师或同事而不发疯。我们都有这些浮夸的概念，觉得自己比自己的老师更优秀。海德格尔提到过这个，但你不需要海德格尔来告诉你这个，这相当清楚。尼采就此说过非常漂亮的话：老师能为自己的学生做的最好的事情就是杀死自己或切断脐带。这是那个故事的略微不同的版本。

我觉得，这事关乎世界历史上存在 12 位哲人：在我看来，这是浪漫主义。当然，你也可以说，美国哲学协会有 2500 名会员，这就是这儿有多少哲学家的答案——除非，但愿上帝不会让这种事发生，其中有些人就在刚才去世，他们都是哲学家——我是说，他们的哲学博士学位，他们的专长，他们的文章。好吧，当然，他们是哲学家。如果你在教授会议上提出这样的观点，就会被视为极端无礼，但施特劳斯经常公开这么说。这正合我的傲慢。施特劳斯让我喜欢的一点就是他非常傲慢。施特劳斯会花两个小时就谦虚、审慎等［主题］搞个讲座；然后，我们一起吃饭的时候，他会跟我说：我们去书店看看，因为有人告诉我说，我的新书今天面市，我想看看橱窗陈列是否合适。你刚刚告诉我谦虚等美德。格雷戈里先生，尼古拉斯（Nicholas）：① 施特劳斯是精英中的一员。就学识而言，他是精英中的一员：无人可及。

格雷戈里：就学生与自己的哲学教师的竞争关系，我记得在施特劳斯对《回忆》（*Memorabilia*）的解释中指出，色诺芬这部作品的题目也可以翻译作"怨恨回忆"（Memories of Resentment）。你在施特劳斯的学生中见到过这种情况吗？

罗森：我在施特劳斯身上比在他的学生身上见得更多。

格雷戈里：对什么的怨恨？

罗森：他们的一般生命状态。

格雷戈里：对他的学生还是对他的前辈。

罗森：我觉得施特劳斯的绝大部分学生都属于这样一类人，他们一下子就被他催眠，然后，躲在他的燕尾服下传播以下观点：我当然一无所知，但施特劳斯无所不知；我是施特劳斯的学生，因此我知道这个秘密。隐微论的奥秘是什么？我们前面碰过这个问题：根本没有奥秘。你活个几年然后死掉。你知道这些事情因人而异。没有一套普遍原则。

---

① 罗森错误地把格雷戈里叫成"尼古拉斯"。

格雷戈里：施特劳斯与学生的关系中的怨恨要素，是不是因为施特劳斯的高高在上、他的全然掌控？

罗森：在他的同事的层面，确实如此。[至于]他的学生，我从不知道[有这样的事]。你的表述让我无语。我从不知道任何人嫉妒施特劳斯。但这可能是因为他们觉得自己已经跟施特劳斯平等，不管他们如何获得那个尊贵的地位。或许哲学家喋喋不休地谈论适度、审慎、节制、谦虚的一个理由是，他们不具备这些品质中的任何一种。

格雷戈里：是否可以恰当地谈论施特劳斯派？如果可以，那么，什么是施特劳斯派？听起来你好像是在用这个词来形容那些二流选手，那些跟施特劳斯学过但从未变得独立的人。

罗森：施特劳斯主义已经开始在公共领域产生影响，但我不属于其中。所以，如果我用打引号的"施特劳斯派"这个词，那么我是在开玩笑，因为施特劳斯派这个概念，就像维特根斯坦派、康德派或胡塞尔派，从当前讨论的立场看，这类概念都指向同一回事。这些人使自己的思考从属于别的某个人，从而不听从理性，或者拒绝把任何针对他们的师父的批评视作理性的，诸如此类。我说施特劳斯派时就是这个意思。当然，我绝不是认为，任何以友好的方式使用施特劳斯[派]（Strauss）①这个词的人都是施特劳斯的敌人。这恰恰和我的观点相反。我不喜欢被归类，尤其不喜欢被那些对我一无所知的人归类。

格雷戈里：让我就施特劳斯派这一现象再作深入。施特劳斯生前已经看到有人自称施特劳斯派。你觉得这是他想要的吗？他想要从自己的教诲中发展出一个学派或一场运动吗？

罗森：是的，出于政治原因。他的正式哲学学说是某种苏格拉底式的怀疑论。大谈特谈各种思想，几乎没有启发。如果某人产生怀疑并受到施特劳斯的积极影响，那么，他一旦看到并不存在思想教条，就应该开始重新思考这整件事情。于是，这整件事情不再单纯，我们

---

① [译注]此处的Strauss疑为Straussian之误。

进入真正的本质。你能理解吗？

格雷戈里：如果所谓的"施特劳斯学派"背后没有形而上学，那么，这一学派就没有基础。这是我对你刚才说的话的重述。

罗森：没错。真正有趣的事情是，我们可以在没有基础的情况下运作。我的意思是，邪恶与道德、聪慧与愚蠢之间存在明显差别，这么说完全没问题。但是，如果你在寻找理由，那么，为什么我们应该过好的生活，并视之为一种哲学成就？当且仅当生活确实好，我们才应该过好的生活。如果生活不好，那么，你就该离开。

格雷戈里：我想请你再重述一次，出于政治原因，施特劳斯想要一个学派，这是什么意思？因为人们对政治一词的意思理解各异。这些政治原因是什么？他想干什么？

罗森：把世界从现代哲学的院系中解放出来。他想为哲学创造一个安全的世界。顺便说，我一直想说这句话，但没找到机会。你没法真正理解施特劳斯，除非你了解另外两个人，克莱因和科耶夫。科耶夫的计划是什么？科耶夫的雄心是什么？

格雷戈里：你是说施特劳斯想为哲学创造一个安全的世界。

罗森：科耶夫也是如此。有一天，我坐在科耶夫的办公室，然后笑了起来，他说："什么事这么有趣？"我说："你听起来就像施特劳斯。首先，你相信隐微教诲，不是吗？"我看过他那篇著名的论阿弗罗狄西亚的亚历山大（Alexander of Aphrodisias）的文章。"首先，你显然相信秘密教诲。你的主要目标是征服世界，变成世界之王、宇宙之王。"施特劳斯不想征服世界，只想全然理解世界；科耶夫想理解世界，也想征服世界。从科耶夫的立场看，你在产生幻觉。他说："好吧，我有下述哲学观点，但没有教条，也没有人能真正证实。"

你知道那一大堆拜物教的论据。如果你问我（你够聪明，肯定会问我），那么，最需要明白的事情是，75%的官方哲学都是垃圾。没有任何健全的人会相信这套哲学，你也不会。不过首先，哲学不会简单地坍塌成垃圾。在健康的食物、健康的营养中有一种冷静的张力。这种张力让哲学继续下去。我是说，我的上帝啊，要是没有哲学，我们会有什么？我们必须通过这么说来作一限定：由于多数人从来不会去获得哲学，因而要么存在某种比哲学更高的东西，要么存在某种比哲学更低的东西。我们自然想获取比哲学更高的东西。那么，那会是什么？我年轻时从未获得对此问题的答案，我也不是在暗示我现在有了答案。换句话说，没有任何东西回应隐藏在哲学之名下的基本人类欲望。如果我们不知道什么是最高的言辞，什么是最低的言辞，诸如此类，那么，最高的言辞这种意义上的哲学如何可能？

格雷戈里：施特劳斯是你的论文导师？

罗森：是。

格雷戈里：但你在社会思想委员会？

罗森：是。

格雷戈里：而他可以是你的导师？

罗森：是。伯纳德特也是同样的情况。

格雷戈里：你写的是什么？

罗森：《热爱智慧［哲学］的自由》（*Libertatum philosophandi*），常常被误译作言论自由，好像斯宾诺莎是个罗尔斯派之类的人。我的论文讨论的是斯宾诺莎对政治自由的论证。

格雷戈里：你的论文题目是怎么定的？

罗森：施特劳斯让我写这个。

格雷戈里：是他精挑细选的吗？

罗森：我不知道。我没有跟任何人说过这个事。我在意大利的一份学术刊物上发表过一篇基于这篇论文的文章。那是我最后一次认真看这篇论文。说来也巧，我的确在纽约的耶什华大学（Yeshiva University）①的一次会议上讲过这个话题。

格雷戈里：你觉得施特劳斯为什么向你建议这个题目？

罗森：因为这是我能处理的东西。他相信专业化，这有点反讽，因为他与专业人群格格不入。但他的学生必须懂点什么。他们如果写

---

① ［译注］一所犹太大学。

福柯，就得知道福柯是谁，得能够就福柯作品的自然特性说点什么，诸如此类。所以他出奇地传统。当时他在以色列，在耶路撒冷，远程收到我的论文。我写了350页，按今天的标准是非常非常短小的。我写完论文，寄到以色列。施特劳斯很快写了回信。他说：亲爱的罗森先生，我真希望（could wish）——我永远忘不了他使用的语法——我真希望你以较早版本的第53页第3段的风格写了整篇论文。这是来自老师何等的谴责！我领会暗示的能力不逊于别人，因此我回家以第53页第3段（不管哪一段）的风格［改］写我的论文。我迅速改完论文。我并不觉得自己干了什么了不起的事情。我对此没有兴趣。我想毕业。我从未对斯宾诺莎感兴趣。整整两年，我不得不在这个国家到处跑，就我不感兴趣的东西搞讲座。跟施特劳斯分开时——我不是说以某种争吵的方式，只不过是成长——我能够朝施特劳斯的大部分学生无法做到的方向发展。

有一次，我去圣约翰拜访他，施特劳斯夫人备了一些好吃的，而我说：不用，谢谢，我什么也不想吃。她指着施特劳斯：你看看你的学生，你没有把他们喂好。他说：看，我的学生来看我，不是来吃［东西］。

格雷戈里：在你的生涯中，在你转向研究海德格尔时，你是否觉得自己受到施特劳斯的教诲的影响，当你……

罗森：没有。

格雷戈里：没有？

罗森：我从芝加哥毕业后，像我一小时之前告诉你的，每周六和伯纳德特、吉尔丁见面，读海德格尔，当然，读的是英文版。当时，据我所知（我的知识范围有限），在芝加哥，没有别人哪怕听说过海德格尔，更别提特意读他。施特劳斯不会赞同。他觉得我们太年轻，或者太容易在读这个可怕的怪物时受到伤害，尽管这个怪物是二十世纪最伟大的思想家。他对海德格尔真的又爱又恨，而且他确实尽了自己的努力——我是说，他觉得自己不如海德格尔。更具体点，他说：海德格尔是个哲学家，而我只是个哲学教授。你看，再直白不过。

格雷戈里：你说施特劳斯当老师的努力没有成功？

罗森：嗯，只在下述意义上：他永远不可能提出一种教义上纯粹的政治哲学教义。你能想出一些成功的例子吗？

格雷戈里：就他的成功，我觉得我想问的是，他是否传授过一种清醒的精神，至今尚存，与你描述的尼采和海德格尔的疯狂背道而驰，后者可以说是学术界的主导声音。或者说，他传授过一种清醒的精神吗？他确实有一些可以成为哲学家的学生，他们如果没有他这么一位老师，就绝不会有机会知道哲学是什么。这就是我就成功想问的两个问题，就基于我们今晚的谈话。

罗森：好，我尝试为施特劳斯回答，我觉得可以公允地说，他从一开始就希望产生政治影响和教育影响。就此而言，我觉得他做梦也不会想到自己会获得［如今］实际上发生在公共世界中的那种成功，我是说，以对美国世界的政治影响出名。但他确实有［这种影响］。不幸的是，这种影响遭到扭曲，这是另一种说他不可能成功的方式。

那么，这是在建议我们放弃哲学吗？不。我当然没这个意思。但是，在产生一个比两千年前更好的社会这件事上，施特劳斯成功了吗？在某些方面是，在某些方面否。我一直在把自己对讨论的参与减到最少，以便告诉你我跟他如何相互作用——我如何跟施特劳斯相处。这是你想知道的东西。我可以告诉你，施特劳斯是位伟大的老师。从某种意义上讲，他救了我五年的教育。我通过施特劳斯和他的圈子交到一些出色的朋友，无论如何我都不想失去。我支持施特劳斯教的一切吗？不。我大可以是个现代人。令人震惊吗？但在我看来，这绝不会贬低我对施特劳斯的感情。

格雷戈里：你离开芝加哥后，不再上他的课。你把施特劳斯视为朋友吗？

罗森：是。显然，在某种意义上，他不可能是朋友，因为我们是他的学生。不过，我们也是一个被逐［团体］的成员，这让我们所有人更加亲密。这有些坏影响。但我们属于我们自己的小世界，作为施特劳斯的学生沉醉于施特劳斯。我的确想强调，我不确定这是不是全然好，但这比周围的任何其他东西都更好。

格雷戈里：让我就这种教诲再问你一件事。在你跟他上课的五六年中，哪门课特别突出，对你产生影响？

罗森：《治邦者》(*Statesman*)。

格雷戈里：为什么？

罗森：因为这是施特劳斯第一次在课堂上详细讨论柏拉图可能的思想学说。放在今天看，我对《治邦者》这部分的评价可能不会这么高。我花了二十年写一本论《治邦者》的书，所以，如果因为施特劳斯的书，我的书不值得拥有，那我就没必要写。是的，《治邦者》是我最爱的书，我们都对这本书充满热情。吉尔丁如此，伯纳德特如此，所有大人物 (bigguns) 都如此。

再提一次我对施特劳斯夫妇的有趣拜访。施特劳斯和我在椅子上坐下来喝咖啡，他说，你在研究什么。我说：黑格尔，黑格尔的《精神现象学》(*Phenomenology*)，我在写一本论黑格尔的书。施特劳斯说，请帮我个忙。在你写作出版你的作品前，一定要看《精神现象学》第一部分的第123页。我笑出声来——我的意思是，他怎么可能知道我在写——他不可能提前准备。我回家把这个神奇的故事告诉弗朗索瓦丝 (Françoise)，然后我想，我也可以看看那个段落。这［一看］带来全新的光亮。非常有趣。

格雷戈里：你知道吗，你对施特劳斯的描述中，让我印象深刻的一件事情是，你把自己描述为一个粗野的美国小伙。布兰肯哈根是个欧洲人，施特劳斯也是个欧洲人，但施特劳斯对美国的东西保持开放。

罗森：对。

格雷戈里：你是否觉得他从自己的美国学生那里学到某些东西，而他要是仅仅待在欧洲，或者有机会待在欧洲并在欧洲教书，就不会学到这些东西？

罗森：我当然无法确定地回答这个问题，但我觉得他在内心里是个欧洲人。他年轻时，在他找工作时，这一点当然毫无疑问。我觉得施特劳斯不曾想过他需要从美国学点什么。我觉得在文化层面上，他更喜欢欧洲而非美国。现在他也许会说，他也喜欢美国的民主。因此，他受到新左派的崇拜。他可以轻易地说他喜欢美国的民主。但他学到什么？没有。

格雷戈里：如果我跟施特劳斯以前的学生在一块，你会建议我就施特劳斯问点什么？

罗森：我觉得当然应该包含理论与实践的关系这个问题，用亚里士多德的话说。这在我们的讨论中一再出现。

格雷戈里：对。

罗森：而且这并非偶然，我觉得这是事物的核心。我们对施特劳斯之为师感兴趣（原谅我说"我们"），我们对展示施特劳斯的这一面感兴趣——想要解决这个问题或促成这个问题的解决：施特劳斯是否有一种教诲，一种政治教诲，或者这一切都是修辞，他只不过想跟他的柏拉图著作孤独终老。而且我觉得你应该问他们，在古今之争中站在哪一边。这是施特劳斯的教诲的核心和灵魂。

吉尔丁访谈录

2011年5月

赵宇飞　译

格雷戈里：我正坐在吉尔丁教授家中。感谢你邀请我来这儿。

吉尔丁：乐意之至，我很期待这次采访。

格雷戈里：你是在芝加哥大学跟随施特劳斯教授学习吗？

吉尔丁：是的。

格雷戈里：［始于］1950年左右？

吉尔丁：1952年。实际上，我是在1953年的冬季学季才开始的。但我听过他在希勒尔馆开的题为"进步还是回归？"的讲座，这让我有兴趣跟随他学习。

格雷戈里：所以你先在希勒尔馆听过他的讲座，然后才觉得或许可以上他的课。

吉尔丁：我选了他的课。

格雷戈里：你跟他上的第一门课是什么？

吉尔丁：我不确定，我只记得前三门课是关于马基雅维利、霍布斯和柏拉图的《治邦者》的。之后又有关于卢梭和孟德斯鸠的课程。在这之后，我想他就去了以色列。

格雷戈里：没错。

吉尔丁：这就是我印象中的顺序。

格雷戈里：你觉得施特劳斯作为一名老师怎么样？

吉尔丁：发人深省。不用说，他讲课是有备而来，比我之前遇到的任何老师准备得都更加充分。他讲授的内容，以及他用来说明提出的观点时举的例子，都通俗易懂。他擅长处理学生提出的问题，并且我发现，在他的课堂营造的氛围中，学生能比在其他氛围时提出更好的问题。这是因为他会确立一套框架。我确信，在你们公之于众的录音带和正在出版的录音整理稿中，能看出这一点。①

格雷戈里：这个说法有意思，你说学生在课堂上提出的问题比他们在课堂外提出的问题更好。

吉尔丁：是的。施特劳斯会为讨论的主题确立一套框架。

格雷戈里：我听说他在上课的时候，通常会布置写一篇短文。

吉尔丁：没错。

格雷戈里：他会读你们的随堂论文吗？

吉尔丁：我们会在课上宣读论文，他会点评。

格雷戈里：这会成为判定你们课程成绩的依据吗？

吉尔丁：除了随堂论文外，还要加上期末考试。这就是每堂课的开场方式。现在我从录音整理稿中得知，随着班级变得越来越大，每堂课就有必要布置几篇论文。因此，不可能宣读所有论文。我不知道如何决定［在课上］宣读和评论谁的论文，但我确信，所有论文都会收到评论。

格雷戈里：我从来没有上过这种形式的课，他会如何在课上评论这些论文呢？

吉尔丁：他的评论会引向与论文作者之间的有趣讨论。你们在录音带上能找到这些内容。

格雷戈里：对。在学生宣读论文时，他们会［把录音机］关掉，等到施特劳斯开始评论时，就会打开录音机；但你常常会不知道他在评论谁［的论文］。你不了解评论的语境，因为你没有听到宣读那篇文章。

吉尔丁：我现在想起来了。我之前以为所有课程都遵循这套结构，但讲解《会饮》（*Symposium*）的课程并未遵循这套结构。也就

---

① 即施特劳斯录音整理稿项目（Leo Strauss Transcript Project）。见：https://leostrausscenter.uchicago.edu/about-transcripts-project。

是说，在《会饮》那门课上，我不记得课程开场时宣读过任何论文。有的时候，学生会被要求对尚未在课堂上讨论过的段落作评论；还有的时候，论文就是总结上一堂课讲过的内容。我确实想起来这一点。但是我已经无法准确告诉你，到底在哪些课上采取了这种方式，在哪些课上采取了另一种方式。

格雷戈里：嗯。所以他的评论会引向与论文作者之间的有趣讨论。

吉尔丁：有一些课程录音稿，一些较旧的课程录音稿，包含这些评论。

格雷戈里：明白。你说施特劳斯非常平易近人。下课后你会去找他吗？

吉尔丁：这取决于他的健康状况。随着他年龄的增长，情况有所变化。但课程会比预定的时间更长。我不知道你是否有过这样的经历。我会安排答疑时间。学生想来和我交流的时间是在下课之后，此时往往会有一位教授直接进教室［准备上下一节课］——而一旦你走进大厅，或者走上楼梯，诸如此类，由于某些原因，那就不是一回事了。我记得有那么几次，我去他的办公室见他。我已记得当时的情形，但在下课之后，常会有长时间的讨论。有些时候，讨论持续的时间会远远超过指定的时间。

格雷戈里：我听说，至少在二十世纪五十年代，他下课之后的答疑时间会长达一两个小时。

吉尔丁：是的，课后是大家最有动力去提问的时间段，因为材料［在脑海里］都还鲜活，并且……

格雷戈里：你觉得他为什么在那些年里花那么多精力在教学上？这是极大的投入，意味着他要花上四五个小时，站着回答问题、提问和讲课。

吉尔丁：我有一次听珍妮说，他享受教学，我觉得确实如此。随着年龄的增长，他可能不得不在一定程度上减少［投入的时间］，但他享受教学。这也是为什么他办了这些阅读小组。

格雷戈里：他办过独立于课程之外的阅读小组，独立于他讲授的正式课程之外？

　　吉尔丁：是的，哪怕是他在帕洛阿尔托（Palo Alto）的那一年，当人们认为他可能远离所有人时，还有一些其他人在他身边，还有一个阅读小组在运作。马丁·戴蒙德就在那里。

　　格雷戈里：他在阅读小组上的表现，和他在课堂上的表现，有所不同吗？

　　吉尔丁：在阅读小组上，参与者通常上过他的课。他们不需要确立一套框架，比如：为什么我们要在政治科学系里研究这个问题？从我看到的来自圣约翰学院的一些录音整理稿来看，他会觉得：既然我是在这里，我就不必那样做——实际上，在其中一份录音整理稿中，他就说过这样的话。

　　格雷戈里：没错。但后来他还是那样做了。我是说，他没有为为什么［要在］政治科学［系里研究这个问题］提供理由，而是为为什么要读这本书提供理由。

　　吉尔丁：没错，没错，没错。是这本书的重要性。

　　格雷戈里：所以在阅读小组中，他觉得没有必要构建一套框架。他对学生的态度有什么不同吗？

　　吉尔丁：我想形式会有所不同。我读过［一篇］简短的柏拉图对话，我们只是逐段推进，推进到哪儿就讨论到哪儿，他则引导着讨论。那不像一门有关康德的课程，每节课都是事先安排好的，有人会被选来宣读论文；下一次课大家必须读到哪里，再下一次课又必须读到哪里。在这个意义上，阅读小组的结构更为松散，我们读完一篇作品后，就转而读另一篇作品。

　　格雷戈里：你跟施特劳斯上了大约六年的课？

　　吉尔丁：是的。

　　格雷戈里：你觉得施特劳斯如何理解他自己的活动？你觉得他如何理解自己作为教师的角色？

　　吉尔丁：显然，他认为政治科学至少已误入歧途。并且，他想要鼓励对政治生活真实的理解，比另外一些思路更为真实的理解。后者受到将其转变为一门自然科学的理想的激励，试图让政治科学立足于业已站稳脚跟的各种可敬的自然科学的身侧，获得一席之地。但他显然在试图获取对政治生活更真实的理解，并且让我们重新认识到人们不得不称之为常识的东西［从而实现这种更真实的理解］。在与沙尔（Schaar）和沃林（Wolin）的辩论中，① 其中有一个人向他发起挑战，问他什么是常识。这是世上最难回答的问题之一，他说他会满足于对常识的常识性理解。但无可否认，在后记中，他称之为根本的谜团（fundamental riddle）。他的措辞相当强硬。当人们想到施特劳斯时，这并不是人们通常认为的根本的谜团。

格雷戈里：因此，他心目中自己作为教师的方式之一是：努力鼓励或恢复对政治生活的更好理解，比科学化的政治科学（scientific political science）所能获得的理解要更好。

吉尔丁：打引号的"科学化"，但不是科学。我记得国父们在著作中提到政治科学方面的最新进展，那里没有打上引号。布鲁姆可以毫不尴尬地谈及政治科学，他谈论的东西丝毫不会让人联想到数学化的物理学。

格雷戈里：他有没有和他的学生讨论过什么是教师的角色？也许甚至是在你跟他读某些书时，我是说，当然是在他讨论柏拉图对话时。

吉尔丁：嗯，我的意思是，苏格拉底一直在那儿……我记得从别人那里听到过，甚至读到过他的看法，我想是在《自由教育与责任》②中。他给将要出去当老师的学生的经验法则是：总是要假定班上有一位沉默寡言的学生，他在思想和心灵上要优于你；认真对待你

---

① John H. Schaar and Sheldon S. Wolin, "Review: Essays on the Scientific Study of Politics: A Critique," *American Political Science Review* 57 (1963), pp.125–150.

② "Liberal Education and Responsibility," in Leo Strauss, *Liberalism Ancient and Modern* (Chicago: University of Chicago Press, 1968), pp.9–25.［译注］中译见施特劳斯，《古今自由主义》，叶然等译，上海：华东师范大学出版社，2019；另见刘小枫选编，《西方民主与文明危机：施特劳斯读本》，北京：华夏出版社，2018，页323–347。

正在做的事，但不要把你自己看得太重。我是这么记得的，可以再查一下这一点。

格雷戈里：好的。

吉尔丁：这是写在书里的话。

格雷戈里：我可以称之为谦虚原则吗？你在他的教学中是否看到这一点？你觉得他是否遵循他自己的建议？

吉尔丁：嗯，对于他正在讲授的思想家，他总是宁肯信其高明，虽然我必须说，在有些地方他在讲授某人的同时也对他加以批评。我记得在关于格劳秀斯（Grotius）的课程录音整理稿中有这样的地方，他觉得自己有点过分炫耀自己的学问，或者在关于维柯（Vico）的课程录音整理稿中，他反复强调某个要点——诸如此类的评论。

我跟他上过的课程，也必须包含我在录音整理稿上读到的东西，其中有些课我没有听，［里面有］让我感兴趣的主题等等。虽然我没有亲临课堂，但这些也必须算作［我跟他上课的］经验。

他不觉得有足够多的人理解他关于《治邦者》的课程，这一点我确实记得。所以我认为他不会［再次讲授］这个文本。至于其他文本，他是会回顾的。

格雷戈里：在所有文本中，他讲授《政治学》的次数最多。我怀疑就课程数量而言，讲授《王制》的课程或许仅次于《政治学》，位列第二，尽管我觉得其中有几门课我们没有记录。我有必要回去看一下课程记录。我不知道他在新学院教了哪些课，不知道是否有人手上有新学院的课程记录。

吉尔丁：你们还没有采访过洛文塔尔？

格雷戈里：还没有。①

吉尔丁：他比我更病快快（mortal），但我可能先他而去，正如

----

① 格雷戈里后来采访了洛文塔尔。该访谈的音频文件和录音整理稿收录在施特劳斯中心的网站上，属于施特劳斯过往学生访谈录的一部分。［译注］中译见本书。

人们通常理解那样。他可能有弥足珍贵的回忆。其他人已经过世。亨利·马吉德（Henry Magid）^① 早已［过世］。

格雷戈里：施特劳斯1949年写信给克莱因抱怨说，学生需要政治理论，于是他为了教学不得不提出一套政治理论。你见到过这封信吗？已经出版。

吉尔丁：这是迈尔^②为我们提供的宝库，我还没有通读过。我一直全职在皇后学院教书，并试图确认［在］我能教的哲学课程中，应当包括什么样的导论性内容。总之，我没读过这封信。你［提这封信］想说什么？

格雷戈里：只是因为他说的这句话颇为挑衅，即他觉得自己需要提出一套政治理论，是为了学生的缘故。这应该是在1949年，当时他刚开始在芝加哥大学任教。我不太明白，在这种情形和语境下，政治是不是指共和党或民主党——我的意思是，我觉得在这种语境下，政治这个词有远为更广泛的含义。

吉尔丁：我要坦诚地说，如果说他提出过一套政治理论，我不知道那指的是什么。我只记得，他引用过马克斯·韦伯的一句话：要在政治舞台上完成一些事情，就好像要在极硬的木头上徒手钻出一个洞。但显然，哪怕你知道放肆之徒就在那里，他们也要因其所作所为，才能被认定为放肆之徒。当他讲授尼采的时候，他并不是在作反尼采的论战。就霍布斯和马基雅维利而言，也同样如此。如果说我们确能从思想家那儿学到一些东西，他就想传达那究竟是什么。

至于讨论《政治学》的课程，我想那或许是在1960年，我不知道是谁的主意，让他给本科生上课，而非通常而言年纪更大的研究生。当他讲授《政治学》时，涌入教室的是一群年纪较轻的学生。

---

① 马吉德（1917—1973），纽约城市学院（City College of New York）哲学教授。

② 吉尔丁指的是由迈尔编辑的三卷本《全集》（*Gesammelte Schriften*）。

格雷戈里：这个问题有意思。在你参加的课程中，有多少人来听课，有多少人在听他的课，你知道吗？

吉尔丁：在我的印象里，后来课堂规模变得大得多。有人说了什么话，让我想起《治邦者》那门课，它有个副标题："柏拉图政治哲学的形而上学基础"（Metaphysical Foundations of the Political Philosophy of Plato）。我的记忆或许并不完全准确，但"形而上学基础"确实在副标题里。许多人涌进教室，他们想要听听他在这方面会说些什么，这不同寻常；于是必须搬到比他通常授课的教室更大的教室里去上课。但我跟他学习时，上课的人并不太多。据我所知，在随后几年里，由于他的学生开始把他们自己的学生送到他那里去求学，学生规模变得尤为庞大。

格雷戈里：你觉得，通过讲授政治哲学，施特劳斯想达成什么目标呢？我的意思是，或许可以做一个有趣的思想实验：如果有人过来说，他们会给他一笔津贴，让他的余生可以在阅读、研究和写作中度过，他再也不必教书，他会接受这个条件吗？还是说，他觉得教学是在达成有必要的目标，就和他需要写书一样？

吉尔丁：这个问题有意思。但那些跟他学习并对他的课印象深刻的学生，会去阅读他的书。如果这些书只是躺在书架上，并且鉴于噪音的量级，不会有太多人意识到其中包含什么内容。我的意思是，在我的印象里，如果你去问普通的政治科学家，谁是更为杰出的思想家，是罗尔斯还是施特劳斯，你得到的回答可能是罗尔斯。如此一来，你该如何与这种情形作斗争呢？

他并非不喜欢教书，他确实喜欢教书。我记得我听说过一件事。魏因施泰因，施特劳斯最早的学生之一，也是他最有能力的学生之一，少有发表，却成了宪法领域的专家，通过讲授宪法方面的课程来传授自己的观点。我刚从接待①的某个人那里得知，魏因施泰因参与了用录音带给施特劳斯录音的计划。但他刚开始非常反对施特劳斯。

---

① 应当指2011年4月举办的"施特劳斯之为师"会议后的接待。

施特劳斯和我聊过这件事。他能力很强，非常聪明，不断提出反对意见，而到了学期结束时，施特劳斯已经说服他。

格雷戈里：学季。

吉尔丁：你说什么？

格雷戈里：学季。[笑][1]

吉尔丁：这颇不容易，在我看来，早先的时候他可能花了不少功夫，来让他自己和他看待政治生活的方式得以立足，反对芝加哥[大学]的流行观点。

格雷戈里：是的。你跟他学习时，他已经[在芝加哥大学]教了三四年的课。我听说他的头几节课没什么人来听，是这样吗？

吉尔丁：嗯，我记得有一堂关于卢梭的研讨课。那甚至不能算是一门课。如果我没记错的话，房间很小，我们围坐在一张小桌子旁，我不记得具体的空间布局了。但与此同时，其他课的教室里满满当当，人们知道他写了一本关于霍布斯的书，并且获得了声誉，所以他开设霍布斯的课程时，来听课的人就非常多。关于卢梭的研讨课，我想那门课没有录音，我从中学到很多东西。[2]我还记得在一门关于孟德斯鸠的研讨课上，我的论文写得太长——并非有意傲慢，我只是没有意识到太长。

格雷戈里：所以魏因施泰因参与了给施特劳斯的课程录音的计划。你对此了解多少？

吉尔丁：我是听人说的。那个在罗斯福大学（Roosevelt College）的人是谁呢？

---

① [译注]和中国绝大多数高校一样，美国许多高校也施行学期（semester）制，一年有两个学期，每学期的时间相对较长。但芝加哥大学的安排与此不同，采用学季（quarter）制，一年有三个学季（秋、冬、春），每学季的时间较短，一般仅9-10周。

② [译注]施特劳斯1962年的卢梭研讨课有录音，整理稿中译见列奥·施特劳斯讲疏，马克斯编订，《卢梭导读》，曹聪译，上海：华东师范大学出版社，2022。

格雷戈里：斯图尔特·沃纳（Stuart Warner）？[①]

吉尔丁：沃纳。他说，卡罗尔·勒纳（Carol Lerner）[②]告诉魏因施泰因（这是多么久远的事情）和罗伯特·霍维茨，他们不仅必须得到施特劳斯的许可，还必须得到一封信，是经过公证的书面许可。那是我第一次听说魏因施泰因和这件事有关，但我可以想象，因为他看到了旧有的研究政治生活的方式与施特劳斯鼓励的研究政治生活的方式之间的区别。

格雷戈里：所以是魏因施泰因和霍维茨这两位学生推动了录音的工作？

吉尔丁：这是我从沃纳那儿听说的，我并不［确切］知道。我知道霍维茨在其中起了作用，而我传达的是我从他那里获得的版本：施特劳斯说可以，如果我理解得没错，我想他的意思是，如果他不必阅读录音整理稿并做修订之类的事。但魏因施泰因和卡罗尔·勒纳很久以前就参与其中，这一点我并不［确切］知道。

格雷戈里：这很有意思。

吉尔丁：是的。你之前听说过这事吗？

格雷戈里：有人和我说过施特劳斯的学生们在背后推动这个计划，但据我所知，这个计划的组织工作是斯托林在做，我听说还有克罗波西，克罗波西来到芝加哥后，负责这个项目的组织工作，并且获得雷尔姆基金会（Relm Foundation）的资助。我猜想，他们可能申请过那些资助。我不知道在背后推动录音整理稿项目的到底是哪些学生。可以问问卡罗尔·勒纳对这件事的回忆，和卡罗尔聊一聊应该会很有意思。

吉尔丁：显然，沃纳对我印象不佳，因为我说施特劳斯说过这样的话：只要与我无关，就去做吧。

---

① 沃纳，位于芝加哥的罗斯福大学的哲学教授，同时也是孟德斯鸠公民生活研究论坛（Montesquieu Forum for the Study of Civic Life）的主任。

② 卡罗尔·勒纳是拉尔夫·勒纳（Ralph Lerner）的妻子。

格雷戈里：嗯。

吉尔丁：于是沃纳说：我的公文包里有这封信的副本。你知道，当我得知这封信确实存在，卡罗尔·勒纳和魏因施泰因与之有关，而沃纳确实有这封信的副本时，我感到十分惊讶。

格雷戈里：沃纳真的有这封信的副本吗？

吉尔丁：他是这么说的！我没有要求看一眼那个副本。

格雷戈里：明白。好吧，那我还得给斯图尔特打个电话，看看他知道些什么。这非常有意思。因此，魏因施泰因对施特劳斯讲授的内容既颇有敌意，又很感兴趣，于是他来听了施特劳斯的课。到学季结束时，他已转变观点，和霍维茨一起，希望这些教诲保留下来。

吉尔丁：是的。

格雷戈里：你认为他们的兴趣在于让这种教诲得以保留，还是仅仅为了将其提供给参加课程的学生，以便作为讲座笔记，供他们个人研习？你觉得他们安排录音的动机是什么？

吉尔丁：他们看到正在发生之事极为重要，而他们想为这项事业的成功尽一份力。存在一种对政治生活的常识性理解，是被践踏在脚下的常识。事实上，霍维茨曾经跟我说过一些话，表明施特劳斯觉得他自己似乎正在参与某项政治科学专业的改革，但当然啦，施特劳斯没有明确说出来的是，他试图恢复一种更为古老的哲学观念，一种包括柏拉图、马基雅维利、亚里士多德和霍布斯在内的哲学观念。

格雷戈里：所以施特劳斯从事的是一项恢复〔古老哲学观念的〕工程？

吉尔丁：是的，当然同时他也发现，随着历史发展，人们学到一些东西，这使现代人至少在一段时间里颇感自信，觉得自己已经超越古人。这也意味着，有必要对古人在绝大多数方面提供的解决方案重新加以考量……

格雷戈里：在施特劳斯还活着的时候，一个新的术语进入政治科学的词库：施特劳斯派。现在有一些人到处活动，被别人称作施派。

对此施特劳斯怎么看？

吉尔丁：我不记得他讨论过这个问题。我不记得他就这件事明确谈过任何看法。关于当代事务，他对不同意见的态度尤为开放。在是否应该设立单一税（flat tax）以取代目前晦涩难懂的所得税结构这件事上与他有不同意见，与不同意他对迈蒙尼德的某些论述，是极为不同的。但人们确实混淆了这两种不同的事，并且觉得这样做没什么问题。

格雷戈里：所以从你与施特劳斯实际交谈的经验来看，［他在］谈话［时］是相当开明的？

吉尔丁：是的。

格雷戈里：你现在提及这一点，说明施特劳斯派这个词在你心目中的含义是相反的。

吉尔丁：是的，是错误的。

格雷戈里：所指的含义是错误的。

吉尔丁：既然我们对罗尔斯评价不高，既然我们不接受科学主义或日常语言哲学（你知道，后者也不接受科学主义），那么这些怪人到底是谁？

格雷戈里：你认为施特劳斯派这个术语有用吗？

吉尔丁：康德派、黑格尔派——这些词都是误导性的。有人和我说，新黑格尔派并不是真正的新黑格尔派。所以我认为，相比于其他术语，这些术语可能更需要明智地加以理解。但当我接受这个标签时，这就意味着我不会否认我觉得具有启发性的东西。

格雷戈里：这个词对你意味着什么呢？如果有人走过来问你（就像我现在这样）什么是施特劳斯派，你怎么说？

吉尔丁：我会先回顾历史主义、新实证主义（neo-positivism）、旧实证主义（paleo-positivism）等低端路径，考察其替代方案是什么。除此之外，［我也会介绍］理解人类事务对理解哲学中伟大问题的可能回答的重要性。这又回到如下问题：我们应该如何理解人类事务？我不得不说：不是这种理解方式，不是那种理解方式，也不是另一种理解方式。然后就是我们必须面对的问题——我们又回到这个问题。某位学生提出，施特劳斯最看重的历史主义者是海德格尔，他认为反对历史主义的一般论点——即他们视自己为例外，声称［自己的观点］是永恒有效的——不足以驳倒海德格尔，因为海德格尔就代表命运分配给我们这个时代的东西。他表明，这未能正视有关好与坏、对与错的问题及其源头——可敬与可鄙。顺便说一下，《什么是政治哲学》(*What is Political Philosophy?*)第一部分的结尾有一段话，他说，深思熟虑的历史主义者们意识到这些东西，但没有给予这些东西应有的充分重视。① 这就是源头，所以他们并非认为不存在勇气或傲慢这种东西。这就变得非常微妙。不过，与恢复对政治生活的正确理解相关联的，确实是恢复对哲学的正确理解。前者把我们带入伟大的古人与伟大的现代人之间的对抗。这一点始终在他的脑海中挥之不去。

格雷戈里：因此，如果我要不太公平地只用一句话来概括你的回答：如果有人要使用，如果有人想要指称施特劳斯派，那么施特劳斯派就是那些希望采用某种［方式］恢复对哲学的健康理解，同时参与到最大的挑战之中——我们今天面临的最大的哲学挑战［之中的人］。诸如此类。我想我没太跟上你的回答，抱歉。

吉尔丁：我的意思是对政治、道德和宗教事务的关注，以及面对这些事物提出问题的正确方式，然后是由此带来的更大范围的影响。

格雷戈里：当我第一次提到施特劳斯派这个词时，你立刻回应说：嗯，也有康德派、黑格尔派——或许曾经有过［这些派别］，［但］我不知道今天还有没有［这些派别］。你认为施特劳斯希望存在一个施特劳斯学派吗？就像存在一个康德学派或新康德学派，或黑格尔学派，或者古时候的雅典学园。

吉尔丁：他肯定没有向我们讲授过任何信仰条款，倘若他确实有

---

① ［译注］中译见施特劳斯，《什么是政治哲学》(第二版)，李世祥等译，北京：华夏出版社，2019，页16–17。

[任何信仰条款]的话。这不是我们经历的情况。

格雷戈里：你是在社会思想委员会跟他学习吗？

吉尔丁：是的。

格雷戈里：但你能够上施特劳斯的课？施特劳斯是你的[博士毕业]论文委员会成员吗？

吉尔丁：是的。

格雷戈里：你的论文是写什么的？

吉尔丁：斯宾诺莎的《神学－政治论》（*Theological-Political Treatise*）。

格雷戈里：你是怎么想到要写这个主题的呢？

吉尔丁：最初他提议的是沙夫茨伯里（Shaftesbury），但我想研究一位比沙夫茨伯里更伟大的哲学家，所以我提议研究莱布尼茨。他知道那不可行，一直等到我[也]意识到[这一点]，然后我们就确定[要研究]《神学－政治论》。我曾上过他讲这本书的课。①

格雷戈里：当然，他也写过关于这本书的著作。

吉尔丁：我读过他的书，我也上了他讲这本书的课。

格雷戈里：他是你的答辩委员会的主席吗？

吉尔丁：是的。

格雷戈里：那么他作为主席，表现得如何呢？他都做了些什么工作？

吉尔丁：他[安排得]十分周密。

格雷戈里：他读过你的论文草稿吗？他是等到你完成初稿才读了你的论文吗？他写过评语吗？

吉尔丁：对不起，他认可完整的论文文稿。我想，论文中有些地方应该写得还不错，值得出版。后来马乔里·格勒内（Marjorie

---

① [译注]1959年的斯宾诺莎研讨课有录音，整理稿中译见施特劳斯讲疏，沃伦伯格整理，《斯宾诺莎的政治哲学》，贺晴川译，北京：华夏出版社，2022。

Grene）^① 曾请他提交一篇作品，放入她为多佛出版社（Dover）编的一本有关斯宾诺莎的文集，^② 他解释说自己无法提交，但他推荐了我。我在某个地方给大卫·格勒内留下不错的印象。博士毕业论文中凡是有价值的地方，我都放进那篇文章中。我不忍直视那篇论文。我知道其他人也有过类似的经历。戴蒙德说他是捏着鼻子写的，但许多年后他重新回顾时，他说原来那篇论文也并不那么糟糕。我教过一门关于《神学 – 政治论》的课，我讲课时意识到我错过一个我过去提到过的非常关键的点：为什么会有人叛变真正的上帝？为什么会出现各种供奉恶神和偶像之类的仪式？为什么国王想要立法，又被阻止？遵从事物被构建的方式，这就是斯宾诺莎给出的分析。我完全错过这一点。

格雷戈里：施特劳斯有没有给你完整版的论文文稿提意见？

吉尔丁：有，但我现在不记得整个过程和其中的细节了。我记得有批评，但我不记得我有没有向他提交过草稿，然后不得不作些修改。我知道我不必重新提交文稿。按照芝加哥大学的标准录入这篇作品时，我遇到更多的问题。

格雷戈里：芝加哥大学在这一点上的要求相当严格：必须留出正确的四分之一英寸的页边空白。［笑］

吉尔丁：我不得不雇一位打字员，以便搞定这件事。即便如此，事情仍然不甚顺利。有的地方我不仅引用了页数，还引用了行数，但在其他地方，我没有这样做。于是就有规定：要么都这样做，要么都不这样做。于是我不得不在所有地方都这样做。

格雷戈里：斯宾诺莎不仅是一位伟大的早期现代思想家，他也是一位犹太人。当你和施特劳斯聊起毕业论文的选题时，你认为他受到

---

① 马乔里·格勒内（卒于2009年），哲学家，曾跟海德格尔和雅斯贝尔斯学习；1965年至1978年在加利福尼亚大学戴维斯分校（University of California at Davis）担任教授。［译注］自1938年至1961年，马乔里·格勒内是大卫·格勒内的妻子。

② *Spinoza: A Collection of Critical Essays* (1973).

斯宾诺莎犹太人身份的影响吗？

吉尔丁：不，我不这么觉得。

格雷戈里：我提出这个问题，是因为你是从《进步还是回归？》初识施特劳斯的。所以，在某种程度上，你会遇到施特劳斯，首先是因为他对犹太教的看法。

吉尔丁：你提出来这一点是对的，因为那次讲座一开始看起来像要明确选择回归，然后转向这一回归与斯宾诺莎之间的辩论，而这一点又出现在他后来为《斯宾诺莎的宗教批判》（*Spinoza's Critique of Religion*）新译本①撰写的前言中。但我认为这一点没有影响［施特劳斯的建议］。我怀疑他是在说：干脆利落把事情了结。你知道，我选了一门关于斯宾诺莎《神学–政治论》的课。他读过我在课上写的东西。这些话他并没有说出口。

格雷戈里：随着你多年以来逐渐更加了解施特劳斯，你觉得他的犹太人身份对你在芝加哥大学课堂上遇到的这个人有什么影响吗？在希勒尔馆，他不仅讲过《进步还是回归？》，还另外做了几次有关犹太话题的杰出演讲。

吉尔丁：我想不出来有什么影响，但这或许并不意味着这种影响不存在。我不知道该如何更好地回答这个问题。

格雷戈里：好的，没关系。

格雷戈里：你有过作为政治科学或政治哲学教授的完整职业生涯，你也担任过编辑，［吉尔丁呵呵一笑］是《解释》［这份期刊］的创刊人。在你创办这份期刊后，施特劳斯经常在《解释》上发表文章。②

吉尔丁：是的。

---

① Leo Strauss, *Spinoza's Critique of Religion*, trans. Elsa Sinclair (University of Chicago Press, 1965).［译注］中译参施特劳斯，《斯宾诺莎的宗教批判》，李永晶译，北京：华夏出版社，2013，"英译本前言"。

② 《解释》创办于1970年。

格雷戈里：那是他生命中的最后几年。就创办《解释》一事，你跟施特劳斯商量过吗？还是说，你是独立做的这件事？其中的关系是怎样的？

吉尔丁：伯纳德特、怀特和我，我们几个想出这个主意。我记得那会儿和施特劳斯一起坐出租车，我不太记得清到底是什么场合；他来过几次纽约。我说我们还没有决定起什么名字，他提议取名为"解释"。

格雷戈里：嗯。

吉尔丁：我觉得这个名字不错：《解释：政治哲学学刊》。

格雷戈里：施特劳斯提议这个名字。

吉尔丁：他提议"解释"这个名字；我不太记得他是不是提议"解释：政治哲学学刊"这个名字。我们创办了这份期刊。这份期刊最初由倪霍夫出版社（Nijhoff）①出版，因为当时的汇率不错。等到汇率不太好的时候，他们缩减了编辑工作，克莱因对此很不满意。

格雷戈里：你和怀特以及伯纳德特讨论这份期刊的时候，最初的想法是什么？［创办］这份期刊的最初想法是什么？

吉尔丁：有一些不错的想法，我们没有实施。伯纳德特提议，我们应该回顾旧书。他指的并不是柏拉图和亚里士多德，而是十九世纪学术界的一些重要作品，人们已经遗忘这些作品，但这些作品中有一些能引起人们注意的东西。我们从来没有真的去落实这个想法，只是，一旦手上有了一份期刊，就会［迫使］我们继续做下去。我们必须处理出现的紧急情况，而且紧急情况会不断出现，而做长期规划的时间几乎没有。我们能做的，往往顶多只是把头伸出水面［而不被各种事务淹死］。这是我不得不学到的一点，在项目启动之后，我也始终在忍受着这种情形。

格雷戈里：没错。施特劳斯在《解释》上发表文章时，他会不会

---

① ［译注］倪霍夫出版社过去是一家独立学术出版公司，历史可追溯到十九世纪。目前倪霍夫出版社是博睿出版社（Brill Publishers）的一个分支。

联系你说：我有一篇文章［想在这份期刊上发表］？

吉尔丁：会的。然后这篇文章就会发表在上面。

格雷戈里：嗯，好的。许多施特劳斯的学生都在《解释》上发表过文章。

吉尔丁：确实如此。我的意思是，从他们开始，现在他们的学生也在为我们写书评。《解释》这份期刊面临经济衰退，我意识到我们没有从大学图书馆获得足够多的订阅量，而这个项目还要继续运作下去，大学图书馆在削减他们的预算，削减他们订阅期刊的预算，情势变得紧张起来。因此，我们做了电子化。目前我正在处理一个眼下的危机：寻找一位编辑来接替我们之前那位优秀的编辑，我们这位编辑花了很长时间终于找到教学岗位，现在准备全职投入到他需要做的教学工作之中。这是目前的紧急情况，这让我无法开展任何长期规划，其中必须包括：为什么我们还没有给《施特劳斯恐惧症》[1]写过书评。

格雷戈里：［笑］你是否觉得《解释》始终与施特劳斯及其学生有着某种特殊关系，而并非完全偶然？你认为在施特劳斯及其学生的思想之中，这份期刊起了特殊的作用吗？

吉尔丁：我认为他们代表一股健康的潮流。我觉得他们遭到误解，人们错误地认为他们都是步调一致地前进。但凡有最起码的了解，都不应该有这样的误解。

格雷戈里：拉尔夫·勒纳向我推荐福尔坦神父对莎迪亚·德鲁里（Shadia Drury）关于施特劳斯的书[2]的评论。在这篇评论中，福尔坦神父讨论了什么是施特劳斯派，然后提供了14种不同的分类。他的分类法造成的结果是，一旦完成这个分类，［施特劳斯派］这个词就已经没有任何意义，因为存在这么多不同的变种。

---

[1]　Peter Minowitz, *Straussophobia: Defending Leo Strauss and Straussians against Shadia Drury and Other Accusers* (Lexington Books, 2009).

[2]　Shadia Drury, *The Political Ideas of Leo Strauss* (St. Martin's Press, 1988).

吉尔丁：有可能。我可以预测，或者说，我知道有一些人，他们把罗尔斯视为过去四十年来政治理论领域的引路之光。换句话说，有负面的特质，但没有正面的特质。

格雷戈里：施特劳斯是一位哲学家吗？

吉尔丁：我想是的。

格雷戈里：这意味着什么？哲学家是一个术语……

吉尔丁：哦，他确实思考过重要的哲学问题，而且在一些地方讨论过这些问题：在《城邦与人》（*City and Man*）的开头，[①] 在《自然正当与历史》中。他确实倾向于对整全的某种看法。但他没有写过像《奠基》（*Grundlegung*）[②] 或黑格尔的《逻辑学》（*Logic*）这样的作品。在有些地方，他阐述过柏拉图–苏格拉底式的观点。我的意思是，我们必须在这里探讨他的思想与克莱因的思想之间的关系，两者有哪些重要的一致之处，两者之间的分歧意味着什么，我不确定我是否有能力做到这一点。但确实，这个词一直在不断出现：哲学，更宽泛意义上的哲学。

格雷戈里：据说，他本人曾说自己不是一位哲学家，而是一位政治哲学领域的教师或学者。

吉尔丁：［他］在那些关于海德格尔的讲座中［说］：我知道我只是一个学者。如果哲学家仅指柏拉图、亚里士多德、康德、黑格尔那样的思想家，那么他认为自己不是那种等级的思想家。但如果把卢梭、孟德斯鸠、休谟、贝克莱（Berkeley）包括进来，情形就会有所不同。

格雷戈里：在你离开芝加哥后，显然你与施特劳斯教授仍然保持着联系。

---

① ［译注］此书中译参施特劳斯，《城邦与人》，黄俊松译，上海：华东师范大学出版社，2022。

② ［译注］此处应指康德的《道德形而上学奠基》（*Grundlegung zur Metaphysik der Sitten*）。

吉尔丁：是的。

格雷戈里：你认为他是你的朋友吗？

吉尔丁：不。我们始终保持着师生关系。或者这么说吧，他是我年纪更长的朋友。

格雷戈里：师生关系是较早先的时候。但我猜你总是会称呼他为施特劳斯教授。

吉尔丁：我从来没有叫过他列奥。

格雷戈里：或者你会叫他施特劳斯先生。

吉尔丁：施特劳斯先生。

格雷戈里：施特劳斯先生。没错，在芝加哥大学，你会叫他施特劳斯先生。

吉尔丁：施特劳斯先生，没错。我认为他的任何学生都不会直接叫他的名字。

格雷戈里：在过去的一小时里，我们已经涵盖许多内容。关于施特劳斯，以及你是如何认识他的，你还有别的想聊的事情吗？

吉尔丁：我想我们已经涵盖许多重要的主题。

格雷戈里：好的。嗯，非常感谢你。

吉尔丁：客气。

雅法访谈录

张培均　译

一

2012年12月18日①

格雷戈里：施特劳斯中心正在发布保存下来的录音带和原始手稿，以及由重新数码录制的施特劳斯课程录音带转写而成的文字稿。我们已经在中心网站上发布重新数码录制的录音带，只要施特劳斯的某盘录音带留了下来，任何人都可以在我们的网站上听。我们正在……②

雅法：在七年间，我听了施特劳斯所有的课，共19门。

格雷戈里：好。

雅法：你认识塔科夫吗？

格雷戈里：认识，我刚来芝加哥大学时就认识纳坦。他是施特劳斯中心的主任。我们的主要项目是出版那些录音带，我们在编辑施特劳斯的讲课记录稿，并出版那些打印或在线的稿件。次要项目是采访那些跟施特劳斯学习过的人，他们对施特劳斯之为师的记忆。我们目前已采访过古热维奇、吉尔丁、劳伦斯·伯恩斯、罗森和丹豪瑟。我打算下个月去采访勒纳和阿纳斯塔普罗。我还打算去采访福克纳。

雅法：谁？福克纳？他在波士顿？

格雷戈里：嗯。他们可能就是我知道的施特劳斯的还在世的第一

---

①　施特劳斯中心感谢埃勒（Edward Erler）阅读本次访谈的文字稿，并感谢他在细节上提供的帮助。

②　谈话被电话打断。

代学生。

雅法：不是第一代。你提到的那些都是第二代。

格雷戈里：好吧。

雅法：因为他的教学生涯一半在新学院，另一半在芝加哥大学。

格雷戈里：对。

雅法：我在纽约跟他待了五年。

格雷戈里：你最早是怎么知道施特劳斯的？

雅法：说来话长。我把这个故事写在了我的新书[①]里。这是一本文集，跨度长达35年，我新写了一章来介绍整部文集，这整个故事就在这一章里。我一开始去了耶鲁，在耶鲁念了一年研究生。1940年春，我离开耶鲁，因为我对耶鲁的研究生项目的学习课程完全不满意。我本科念的是英语专业，我不太清楚该如何继续学业。从大学一年级开始，我唯一的人生抱负就是从事学术工作。在耶鲁，大一那年的春天（应该是1936年），我正在制定计划，我对我的指导老师说，作为大一新生，我在耶鲁只会上两门值得上的课，政治学和英语。我告诉他，我会以其中一个为专业，无论哪个，然后在研究生院念另一个。于是他问我：干吗要去研究生院？我说：为了从事学术工作。他说：你不可能从事学术工作。

格雷戈里：他为什么这么说？

雅法：因为我是个犹太人。第二次世界大战之前，文科院校中99%的人谋不到教职。我的意思是，爱因斯坦可以找到教职，但非常著名的社会学家中，有教职的极少。但是，我决定不顾一切地朝前走，看看会发生什么。15年后，我去参加面试，对面是我大一时在耶鲁的指导老师。我得到我的第一个助理教授职位。录取我的这个人就是我当年的指导老师。你可能通过他的儿子而非他本人熟悉他的名字，他儿子就是哈维·曼斯菲尔德。

---

① *Crisis of the Strauss Divided: Essays on Leo Strauss and Straussianism, East and West* (Rowman & Littlefield, 2012).

格雷戈里：是。

雅法：不管怎样，1940年，我找不到工作。工作形势比此时此地糟得多。我的当务之急是找到一份工作，我的父亲更加这么想：在耶鲁待了五年，竟然还找不到工作。于是我找到我知道的唯一一份有利可图的工作：美国公务员叙用委员会（U.S. Civil Service Commission）有一个叫初级专业助理的项目，正在招募大学毕业生进入联邦政府。对我来说，唯一可选的就是公共管理，这是一个我鄙视、厌恶且憎恨的领域。但这是唯一的机会……①

格雷戈里：所以你是说，你找了份公共政策方面的公务员工作。

雅法：不，我所做的是找到一种途径，通过公务员项目找到工作的一种手段。但我得考试。我认识一些耶鲁公共管理专业的毕业生，他们没通过这个考试。我对考试相当在行，但我知道我得学一下这个，于是我就去学。我发现有个叫新学院的地方，有人在那儿教授两学期的公共管理课程。他的名字是布雷希特（Arnold Brecht）。②你知道这个人吗？他在当时相当出名。他是个伟大的老师，也是我的好朋友。于是我选了他的课，考了试，我想那是在1941年的4月，还考过了。我不知道我考了几分，但我榜上有名。于是我下到华盛顿，给自己弄了份工作。

当时我在华盛顿没地方可住，只能栖身一家寄宿公寓，这家公寓的老板是我父亲的某个调酒师的老表。我记得那是某个星期天或星期一的早晨——我觉得是星期一早晨，1941年7月14日。我下来吃早饭。我是前一天晚上入住的。餐厅里只有一个人，她走过来，欢迎我来到寄宿公寓。我发现自己眼前的是这个世界上最漂亮的姑娘的脸。我这儿有张照片，可以给你看一下。我始料未及：我是来找工作的，不是

---

① 谈话被电话打断。

② 布雷希特（卒于1977年），德意志法学家，1933年移民美国，之前一直担任魏玛民国的政府官员。他是新学院的讲师。第二次世界大战后，他回到德意志。

来找老婆的。[笑] 但我知道妻子无论如何都比工作更加重要，我们八个月后就结了婚。她去世于2010年9月27日。总之，那时以及之后，我的好运都源于我参加的公共管理的考试和课程。

我的妻子在战争部（War Department）上班；我在各种部门上班，各种战争部门。我从没做过任何值得一提的工作，只有一两个例外。我开始讨厌政府部门的工作，只想回到学校。

我跟布雷希特关系不错，顺便说，他是个非常好的老师。我上过他的另一门课，讲的是末期魏玛民国。他在魏玛德国当过法官。他个子高，非常英俊，看起来像megalopsychon。你知道这个词的意思吧？伟岸之人，在《尼各马可伦理学》（*Nicomachean Ethics*）里。布雷希特高大威武；而施特劳斯恰恰相反，他是个小个子，身材一点也不出众。

1944年秋，我们回到纽约，我入读研究生院。那里有门课，一位叫作施特劳斯的讲卢梭。我觉得那是我的菜，就选了这门课。

格雷戈里：所以你只是拿起课表，看到里面有门讲卢梭的课？

雅法：嗯，对。

格雷戈里：你就是这么撞上施特劳斯的？

雅法：嗯，在漫长的一生中，我的兴趣一以贯之，我从英语专业毕业时，只有三位作者在我的生命中最为重要，我也最想学：柏拉图、亚里士多德和莎士比亚。当然，还有林肯。我从没上过美国史方面的课，实际上，要是我上过，我可能不会是个好的林肯学者，因为我如何发现林肯是另一个故事。

格雷戈里：你上那门课之前，从没听说过施特劳斯？

雅法：没，当时没人听说过。实际上，要是他没去芝加哥，我想我也不可能有自己的事业，因为他是我在新学院的首席教授。但没人知道他。大概有十年时间，我觉得有史以来聚集在同一个屋顶下的最伟大的教师团队，是在新学院，不过这段时间大概只有十年。而在这十年中，我至少在那里待了五年。那是个神奇的地方。来自德国大学的所有顶尖教授都是难民。所以，要是我是有钱人的孩子，来一趟著名的欧洲之旅，去欧洲待一阵子，那么我将无论如何都不会知道他们是谁。所以，在施特劳斯去芝加哥之前，他的推荐不会对我有任何好处。芝加哥给了他一个平台和更多的学生。新学院的大部分学生都是高中老师，修额外的学分———一到两个。洛文塔尔就是其中之一。他在你的访谈名单上吗？他在波士顿，在那里当了许多年系主任。

格雷戈里：啊，谢谢你提醒我，我把他给漏了。说实话，我不知道他还活着。

雅法：我一直从他那里得到东西。

格雷戈里：我相信你是对的，我会查一下。你第一次上那门课时，施特劳斯给你留下什么印象？

雅法：在我的书中，在这个自传介绍中，我写道，我对施特劳斯毫无准备。纯粹智力的力量。压倒一切。我的第一印象是，这是个有趣的、带着微弱嗓音的小个子男人。当时，他有一点点胖。后来，他犯了一次心脏病，我觉得轻了一些。但他刚刚四十出头。我们来算一下，他出生于1899年，1944年应该45岁。总之，我在书中写道："每一本书都是一座宝岛，且有一张藏宝图，但你得认得出陷阱。"

格雷戈里：地图。

雅法：地图。他的整个隐微理论，简单来说就是这个。顺便说，我听说过施特劳斯生命中两位最伟大的英雄，你知道他们是谁吗？

格雷戈里：我猜不出来。

雅法：一位是丘吉尔。另一位我拿不准名字，那位伟大的德意志首相。

格雷戈里：俾斯麦？

雅法：俾斯麦，对。

格雷戈里：我或许能猜到丘吉尔，但我猜不到俾斯麦。这非常有趣。

雅法：嗯。在施特劳斯身上，也有大量德意志爱国主义，尽管他清楚地表明，在这个世界上，唯一可以救赎他珍视之物的就是美利坚合众国和以色列。

格雷戈里：对。俾斯麦的精神似乎跟这两者都相去甚远。

雅法：我出过一本论丘吉尔的文集，题为《政治家风度：丘吉尔爵士纪念文集》(*Statesmanship: Essays in Honor of Sir Winston Churchill*)，[①] 本打算献礼丘吉尔的100周年诞辰。我们晚了大约十年，但里面有一些出色的文章，比如汤普森（Wayne Thompson）那篇论第一次世界大战之前的德意志海军条约的文章，从中可以看到俾斯麦的智慧。有幅著名的漫画，我相信你肯定在哪里看过，叫《丢下领航员》(Dropping the Pilot)。[②] 漫画表现的是德皇甩掉俾斯麦。但不管怎样，施特劳斯爱丘吉尔，我可以说，我介绍给施特劳斯的一本大书——不是他介绍给我，而是我介绍给他——是丘吉尔的《马尔伯勒》[③]。我在一个春天开始读这本书，我忘了是哪一年。有一段时间，丘吉尔的战争回忆录的第一卷——以及一份摘录，每天在《纽约时报》(*The New York Times*)上连载。《生活》(*Life*)杂志则每周连载。那会儿，施特劳斯和我，每个早晨都要找来看丘吉尔的《风雨欲来》(*The Gathering Storm*)的摘录。我还记得，摘录停载后，我对丘吉尔仍如饥似渴，就找到他的《马尔伯勒》，我觉得这是他最伟大的书。我当时在皇后学院任教，学校图书馆有一套，一套五卷本，我记得我用的是这个版本，并告诉施特劳斯有这么一本书。现在我还有一套这个版本。然后，当然，他去找了这本书。

他的阅读范围令人惊叹。他出版的著作往往高度集中于文本，而且他几乎从来不引用跟那个文本相关的学术成果，或者说，多数情况下都不引用。他推荐过的唯一的二手文献，我能想起来的，是一部非

---

① *Statesmanship: Essays in Honor of Sir Winston Churchill*, ed. Harry Jaffa (Carolina Academic Press, 1982).

② 作者是坦尼尔爵士（Sir John Tenniel），1890年登在《笨拙周报》(*Punch*)上。

③ *Marlborough: His Life and Times* (1933).

常重要的作品，库朗日（Fustel de Coulanges）的《古代城邦》（*The Ancient City*）①。他常常提到这本书。但我记得，有一天，我走进他在芝加哥的办公室，看到那里有一套托洛茨基（Trotsky）的《俄国革命史》（*History of the Russian Revolution*）②的新译本。我跟他说："人生苦短，不够我们读所有想读的东西。"他说："说得对，我只是重读一下这本书。"

就是这样。在美国政治、美国史方面，他的主要资料是查恩伍德的《林肯传》③，这本书至今仍是对林肯的最佳介绍。不管怎样，我不知道这是否让你大概明白我如何……

格雷戈里：当然。你还记得他在新学院怎样上课吗？

雅法：嗯，每堂课我都在。他有当天的文本。他用那种又小又短的铅笔在上面写笔记。你知道他的铅笔吗？

格雷戈里：嗯，我听说他会把铅笔用到完全没法再写。

雅法：对，他好像更喜欢小铅笔头。他的所有笔记都是用这种铅笔写的。他有一次告诉我，整整两周，他看不清自己的任何笔记。他得把笔记转录一下。我从录音机上把《自然正当与历史》的前面三四章转写下来。我打字不行，但如果我不需要来回看，我可以打得相当快。就是这样。跟他的笔记形成对比，他有那种小小的螺旋笔记本，他会誊写在上面，他还能看得清自己在笔记本上的字迹。在他的隐微论与他若隐若现的字迹之间，显然存在某种微妙的心理学联系。有一次，他一支铅笔也找不到，就走出来指责我偷他的铅笔。[笑]我说："施特劳斯先生，谁会偷你的铅笔？在这个世界上，你是唯一会用这种铅笔的人。"[显然在模仿施特劳斯：]"哦，是的，是的，是的。"

---

① ［译注］中译本参库朗日，《古代城邦》，谭立铸译，上海：华东师范大学出版社，2006。

② ［译注］中译本参托洛茨基，《俄国革命史》，丁笃本译，北京：商务印书馆，2018。

③ Lord Charnwood, *Abraham Lincoln* (1916).

格雷戈里：他在新学院适应得怎么样？跟新学院的其他老师关系怎么样？

雅法：不太好。他对付过去；他总是彬彬有礼。确实跟他关系密切的只有布兰肯哈根。布兰肯哈根让他确信，可以用施特劳斯读一部柏拉图对话的方式读一尊雕像。应该有人研究一下布兰肯哈根。我不知道他是否有档案，也不知道在哪。

格雷戈里：我也不知道。

雅法：他肯定有篇文章。有一阵子，有本杂志叫《芝加哥杂志》（*Chicago Magazine*），你听说过吗？我记得这本杂志只办了几年，但我知道布兰肯哈根有篇论《卖艺人家》（*La Famille de saltimbanques*）的文章，不过跟施特劳斯论柏拉图的著作不在一个层面上。但这篇文章非常非常好。你知道《卖艺人家》是什么吗？有一长段时间，你进到芝加哥博物馆就能看到毕加索的这幅画。[1]

格雷戈里：艺术学院。

雅法：一个小丑之家，还有一块非常大的帆布。找时间去看一下，再看看你能不能找到布兰肯哈根的那篇文章。你知道布兰肯哈根长什么样吗？

格雷戈里：我只听过他的一些故事，不知道他的样子。

雅法：他有残疾，我觉得他体重大概不超过60磅，[2] 皮包骨头，但他的神情非常精神，这大概是因为他实在太瘦。我总后悔没跟他上过课，不过我只在那待了两年，然后施特劳斯去了芝加哥。顺便说，我有封施特劳斯的信，写于1948年。我当时跟我的妻子还有我们的一个孩子待在密苏里我妻子的农场，或者说我岳母的农场。我跟那位老太太处不来，所以没在那待太多时间。施特劳斯告诉我芝加哥的录用通知。当时，我没有任何工作。我在皇后学院的三年已经到期，1948年到1949年，我压根没有任何定期付薪的工作，但我需要养家。

---

① 这幅画是华盛顿国家美术馆的藏品。

② 1磅等于0.45359千克。

实际上，我也教点书。我在乔·克罗波西教书的城市学院分到三节经济学导论课，虽然我一点也不懂，但是乔确实救了我。

施特劳斯像我一样清楚我的窘境，真的，他说他会接受芝加哥的工作，条件是他们也给我弄一份工作。他说他到那儿后安排起来会更容易……他实际上是在鼓舞我的士气，让我知道我在他心中的分量，我觉得这比什么都重要。他于1949年1月到达芝加哥后，做的第一件事就是正式拜访哈钦斯①。哈钦斯说：施特劳斯教授，有什么我能帮你的吗？他说：有，你可以给雅法一份工作。所以接下来，我收到来自整所大学的各种录用通知。我选了市中心的学院，因为我还在写论文。事情进展得相当顺利。

格雷戈里：施特劳斯为什么从新学院转到芝加哥？

雅法：嗯，确实不是为了钱，因为他当时在芝加哥拿的薪水，我记得是10000美元——这是耶鲁的斯特林教席（Sterling Professor）在二十世纪三十年代拿的薪水。耶鲁的讲师，我记得拿到的起薪就是2500美元，我1945年在皇后学院也拿这么多。

他每年还有犹太神学院（Jewish Theological Seminary）的补贴。他没有任何渠道发表他的东西；能确保让他一年发一篇文章的地方只有《社会研究》（*Social Research*），还有《犹太研究学院年鉴》（*Annals of the Academy of Jewish Research*），他每年在那儿开一次讲座。

我想讲个施特劳斯的故事，发生在他在犹太学院的某次讲座上，我是从我在俄亥俄州立大学的朋友福克斯（Marvin Fox）那儿听来的。某次讲座后，听众离场时，有人无意中听到在场的某位非常有名的学者，我不知道他是谁，说："可惜。可惜。真可惜。他本来可以成为多么伟大的塔木德学者，可是他把生命浪费在哲学上。"［笑］所以由此你能了解他所处的环境……嗯，他在犹太人圈子里如鱼得水。他对犹太人的权利极为忠诚，就像内塔尼亚胡（Benjamin

① 哈钦斯，1929年至1951年任芝加哥大学校长。

Netanyahu）① 一样，一直都在谈犹太国家。我告诉我的学生，要么是犹太的，要么是哲学的，两者不可兼得。

格雷戈里：施特劳斯的犹太人身份对他的学生重要吗？

雅法：对我重要，这我知道。

格雷戈里：怎么说？

雅法：我从未就此话题跟他直接谈过，但我经常听他讲对他来说最亲近的东西。所以我可以说，苏格拉底这么说的时候呈现的是同样的东西：我不是从石头里蹦出来的——从石头或树木里。你有你的根，且只有一个根。你知道他写于1960年的自传体前言吗，他谈到魏玛民国的一个犹太青年？他还在那一段中说到，他的全部工作，神学–政治的困境的各个维度，我记得他用了"困境"一词。② 如何成为忠诚之人？顺便说，在我发表的某篇文章中——我忘了发在哪儿，是为了纪念施特劳斯的百年诞辰——这篇文章大部分都收在我的新书里，我在这篇文章中谈到一下事实，据我所知，我是唯一注意到下面这个事实的施派。在1959年《城邦与人》③ 的导论中，他谈到神圣的正义之城，雅典与耶路撒冷合而为一，某种他说不可能的事，［笑］同一些特性……就我有限的理解力而言。

我记得如果他的课恰好赶上赎罪日（High Holy Days），他就会取消。但他不去犹太会堂。［笑］我记得我对此感到疑惑，但又绝不敢问，只能到处打探。那一整天，他在读柏拉图。

你见过施特劳斯1956年就以色列写的信吗？④ 这封信最初写给肯德尔，然后给了《国家评论》，并发表在《国家评论》上。这是封漂亮的信。他从没做过不漂亮的事。这个又丑又小的男人。［笑］

---

① 施特劳斯可能对内塔尼亚胡本人知之甚少，后者生于1949年，1993年成为利库德党（Likud party）的领袖。

② ［译注］中译参施特劳斯，《斯宾诺莎的宗教批判》，李永晶译，北京：华夏出版社，2013，"英译本前言"。

③ *The City and Man* (Chicago: University of Chicago Press, 1964).

④ *The National Review*, January 5, 1956.

你见过珍妮写给《时代》的那封信吗？当时，一位英国古典学者就《城邦与人》给《纽约书评》(*New York Review of Books*)写了篇评论。[①]许多人都写了信，我也写了信，我记得克罗波西也写了一封。这篇评论既下流又愚蠢。除了发表的那些东西，我还跟那个家伙私下通过信，我忘了他到底说了什么。他属于那一类英国学者——他们喜欢柏拉图，但讨厌亚里士多德，因为柏拉图是个共产主义者。

我记得这位学者在其中一封信中说，根据亚里士多德，只有哲人可以成为自由的人。亚里士多德朝上看，有贵族式的自命不凡；而柏拉图，至少对共产主义持开放态度。他还引用……[②]我能够找出他使用的《政治学》中的段落，他完全误解了希腊文。我的希腊文现在没那么好了，但那会儿还相当好。那是三四十年之前。我希望我能找回所有的通信，不知道在不在我的硬盘里。在这篇评论所在的那一期《纽约书评》的封面上，有一张施特劳斯的漫画，画上的施特劳斯有两只右手。[笑]

格雷戈里：我记得这场论战，虽然不像你记得这样详细，但我读过那些发表的通信。回到施特劳斯从新学院转到芝加哥，你说这不是为了钱。那么是因为出版社吗？

雅法：苏格拉底说，他处于一千倍的贫穷当中。借用苏格拉底的话，在新学院，施特劳斯处于一千倍的默默无闻当中。他跟别人一样渴望得到承认。尽管他鄙视承认，但他想得到自己的那份承认。在常春藤盟校中，芝加哥最近，既不在西海岸也不在东海岸，我觉得他不会有一丝犹豫。他注定得到芝加哥大学，而且，上帝知道，他善于利用这个平台。

格雷戈里：你觉得施特劳斯对承认的渴望只是一种对名声的渴望

---

① M. F. Burnyeat, "Sphinx Without a Secret," *New York Review of Books*, May 30, 1985, a review of Strauss's *Studies in Platonic Political Philosophy* (Chicago: University of Chicago Press, 1983).

② 谈话被电话打断。

吗？或者说，你觉得他有没有可能想利用这种承认做某些事情？在这方面，你觉得真正重要的是什么？

雅法：他在好些地方说过，最明显的是在《城邦与人》的导论中，他说他做的一切都由西方的危机主导。我知道，在某一点上，他以某种确实令人不快的方式反对我，虽然他曾是我最亲近的朋友之一，这是我们持续争论的一部分。伯恩斯写道：雅法有种幻觉，觉得他能拯救西方。你瞧。我对此的回应是：是，尽管存在幻觉，但我需要做的只是把我面前的一个学生的灵魂从恶转向善。这就是施特劳斯。就让我这么说吧，最近我就此写了点东西。我的博士毕业论文写的是……

格雷戈里：阿奎那，对吗？

雅法：对阿奎那的《尼各马可伦理学》注疏的研究。

格雷戈里：我忘了。我也读过你的阿奎那著作。那是我读的第一本。

雅法：我会请你别读阿奎那的《尼各马可伦理学》，但是……

格雷戈里：在我家里的书架的某个地方，有这本书的一个大的油印副本，因为我想买的时候这本书已经停印。

雅法：我觉得这本书或许值得一提的地方在于，这是50周年版，而且我写了个新的导言。在这个导言中，我说我写这本书的时候觉得阿奎那是在试图让亚里士多德对基督教无害。现在我觉得他是在试图让基督教对亚里士多德无害。顺便说，施特劳斯对阿奎那的看法，还有我的——我不知道是否谁影响过谁，但他有相同的看法。他在《自然正当与历史》中就阿奎那所说的话不是他后来的看法。他批评阿奎那的东西，他后来认为是一些策略，以保存阿奎那的……

格雷戈里：所以，施特劳斯对名声的渴望，至少部分服务于某个拯救西方的更大计划？

雅法：是的，而且西方首先意味着雅典和耶路撒冷。

格雷戈里：是。他是否认真考虑过拯救西方的遗产，还是更像你刚才说的那样，接近某位学生并让他转向？我的意思是，他的想法是去接近少数人，让经典保持活力，还是去真的改变整个文化？

雅法：我不知道在多少个世纪中，亚里士多德被称为唯一的哲人。让阿奎那写一本讲伦理学的书，简直像发疯。你写一本讲伦理学的书，就是写《尼各马可伦理学》的注疏。你不能僭越。在施特劳斯和克罗波西主编的政治哲学史①中，讲亚里士多德的那章原来是我写的，在第三版中，那一章撤换成了别人的，因为……你或许对此一无所知？

格雷戈里：嗯，我不知道为什么撤换。我知道你那章后来没在那本书里。

雅法：这是唯一一次克罗波西和我真的产生分歧。在第三版还没影的时候，有一天我给克罗波西写了封信，我在信中说，如果要出第三版，我觉得你应该考虑增加讲林肯的一章以匹配讲柏克（Burke）的那章，增加讲莎士比亚的一章。在过去四百年中，只有两个人吸收马基雅维利的全部教诲后仍然拒绝这一教诲。第二个是施特劳斯，第一个是莎士比亚。在某种程度上，莎士比亚在某些方面是政治哲学史上最重要的人物。在阿尔维斯（Alvis）和韦斯特（West）主编的《政治思想家莎士比亚》②中，有两章是我写的。一章是一篇论《一报还一报》（*Measure for Measure*）的长文，另一章始于在达拉斯（Dallas）召开的莎士比亚会议结束时的一次即兴演讲，我取的题目是"论肃剧、谐剧与历史的统一"（On the Unity of Tragedy, Comedy, and History）。

苏格拉底在《会饮》的结尾说，真正的诗人既写谐剧也写肃剧。但没有哪个希腊诗人既写肃剧也写谐剧。唯一既写肃剧又写谐剧的诗人是莎士比亚。所以我就提了这一点，如果施特劳斯和克罗波西的政

---

① *History of Political Philosophy*, ed. Leo Strauss and Joseph Cropsey (University of Chicago Press, 1963). 第二版出版于1972年，第三版出版于1987年。

② *Shakespeare as a Political Thinker*, ed. John Alvis and Thomas G. West (Intercollegiate Studies Institute, 2000).

治哲学史要收入讲莎士比亚的一章，几乎就有现成的。但我不知道克罗波西是不是觉得我这是在夺权还是什么，反正他回信告诉我说不会有第三版，而且我的建议无关紧要。

但几年后，我从芝加哥大学出版社收到一张表格，请我把我写的亚里士多德章节授权给第三版。我发现第三版有大量改动。据我所知，这些改动都是好的。问题是，施特劳斯和克罗波西的政治哲学史正在逼近某个点：要么变成两卷，要么扩展。这让我不爽，所以我没在表格上签字。我对此非常后悔。我觉得这是我犯的大错。我们都犯了错，但这件事完全没有改变我们彼此之间的个人感情。

但如果要重印的话，我的亚里士多德章节应该在这本书里。洛德（Carnes Lord）写得不错，但他的篇幅只有我的一半，所以他无论如何都不可能写得跟我一样好。第一版出版后，我听到许多人说我的亚里士多德章节。顺便说，施特劳斯写柏拉图。天啊，我简直吓到瘫痪。

格雷戈里：亚里士多德这章是怎么分配给你的？是施特劳斯教授写信让你写这章，还是克罗波西联系的你？

雅法：肯定联系过，但据我所知，施派内部不存在任何不同观点。顺便提一句，可以说，我的文本，也就是我的毕业论文，据我所知是历史上唯一一篇在通过答辩之前就被出版社接受的论文。但我当时有施特劳斯的推荐信，而别人没有。而且，我找到俄亥俄州立大学的工作，当时我就决定去那儿，这也有施特劳斯的推荐信。而如果施特劳斯在新学院，不管芝加哥大学出版社还是俄亥俄州立大学，都不会搭理他的推荐信。

格雷戈里：是，我理解。

雅法：所以这是我人生中最大的突变之一。

格雷戈里：你可能知道，塔科夫现在是施特劳斯的遗稿保管人。克罗波西请他担负这一职责。我认识的人中还没人提过第四版，等我回到芝加哥我会跟他提一下，如果要出第四版，我希望他们考虑一下你的亚里士多德论文。

雅法：嗯，好，谢谢你。顺便说，这篇论文[1]也收在我那本 1975 年出版的《自由的条件》[2]中。那本书你也可以看一眼，它有个不同寻常的开篇，是对一位我心爱的学生的颂词，他死在越南，随后是对施特劳斯的颂词，然后是亚里士多德。这个故事自成一体，我向我的学生帕特森（Billy Patterson）致敬，我曾跟他一块儿骑行。他在海军服役，是海军一架武装直升机的机长，紧贴沼泽飞行的那种。一年服役期满后，他等着重新分配，他的未婚妻正在夏威夷等他，他们正要结婚。但他的替补没有及时到达，他自愿再次服役，而没有让队友去承担额外的任务。最后他的飞机被击落……总之，我的学生，我的老师，还有亚里士多德。

格雷戈里：嗯，我理解。施特劳斯从新学院转到芝加哥，那是 1949 年？

雅法：1949 年 1 月。顺便说件事，这是他离开的结果。新学院的惯例是，得先完成论文，然后参加综合口试。因为施特劳斯要去芝加哥，所以他们决定让我在完成论文之前口试。这个故事我写在对克罗波西的颂词里。我要考的科目有一门是经济学，考官是洛（Adolph Lowe），[3] 他是新学院当时的明星之一。所以克罗波西去读了洛的所有文章，然后逼我学。他无情地逼我，直到我变成一只鹦鹉，他摁某个按钮，我就说出答案。所以考试的时候，就是旧景重现。我只需要记住按钮。我大获成功，得了最高分。在我写的这部分颂词的最后一行，我说：手是以扫（Esau）的手，声音却是雅各（Jacob）的声音。

格雷戈里：原来如此。你紧随施特劳斯教授来到芝加哥？

雅法：只相隔一个学季，那是七年来唯一一段我没有上他的课的

---

① 指亚里士多德论文。

② *The Conditions of Freedom: Essays in Political Philosophy* (Johns Hopkins University Press, 1975).

③ 洛（1893—1995），德意志社会学家、经济学家。

时间。他1月去的那里，然后就开始教学，我想是春季学期。我7月到的那里。此后，他的每堂课我都去。

格雷戈里：他在芝加哥上课的方式跟在新学院有什么不同吗?

雅法：他教授文本的方式一点没变。

格雷戈里：我们文字稿的记录1954年才开始，其实是1956年才开始。1954年有一份，然后1956年有几份，之后就一直有，且相当规律。

雅法：这些课也录了音，而且我有那些录音带。

格雷戈里：嗯，我们有他在芝加哥的希勒尔馆开过的讲座的录音带。但我们对他在克莱蒙特讲课的录音带非常感兴趣，第一学期讲《申辩》和《克力同》，第二学期讲卢梭。

雅法：我完全不知道这回事。施特劳斯在这儿时，我没有去上他的课。我认为有两名高级教授会让人分心。那门卢梭的课没有那么重要，因为我认为《自然正当与历史》中论卢梭的那章代表他对卢梭的成熟观点。但至于柏拉图，你不能说……

格雷戈里：当然。我是说，就这些文字稿和录音带的价值，我们有过一大堆谈话、讨论，而且显然，大多数情况下，如果我们想知道他的成熟观点，我们只需要看他已出版的著作，他出版过关于色诺芬、柏拉图、亚里士多德的著作。

雅法：我没听讲有谁研究过施特劳斯的全部色诺芬作品。色诺芬是他的宠儿，第一号的宠儿。

格雷戈里：但是，在那些课程的文字稿中有东西可学，而且人们对这些稿子非常感兴趣。我们刚开始做这个事，就收到来自世界各地的咨询。人们想知道施特劳斯在做什么。他们非常想看这些文字稿。

所以你觉得施特劳斯在芝加哥的教学，用的是跟在新学院一样的方法?

雅法：对。

格雷戈里：从文字稿上看，第一堂课或前两堂课，他会对整个主题做个介绍，然后开始读文本，不管是哪个文本，让一个人读，每次读几句，然后施特劳斯评述。

雅法：就像阿奎那。那是阿奎那的做法。

格雷戈里：你觉得施特劳斯是在模仿吗？或者只是巧合？阿奎那给了他灵感？

雅法：我跟施特劳斯上的第一门课是讲卢梭的。他对卢梭的看法后来变得完全相反。卢梭是苏格拉底的秘密门徒，其他一切都是显白的。后来他完全拒绝这一看法。我上的第二门课是讲康德和亚里士多德的。在这门课上，我们先读康德的《道德形而上学》(*Metaphysics of Morals*)，然后读《尼各马可伦理学》。《尼各马可伦理学》有一段非常有名，1134b，亚里士多德提到自然正义：一切皆可变。现在我明白人们必须以这种方式理解 phronesis［实践智慧］这一德性。但是，施特劳斯引入阿威罗伊（Averroes）和阿奎那的注疏，当堂读出来并解释，那一刻我醍醐灌顶。我的上帝，我开始阅读中世纪的理论。我的拉丁文不太好，但读阿奎那用不着太好的拉丁文，就像基础英语。1945 年春我就开始写我的学位论文，即便我才上了一个学期。他当时就康德所说的内容，据我记忆所及，是定论。康德是亚里士多德的反面，亚里士多德说自然正义是可变的，但康德认为绝对命令是不可变的，诸目的或诸手段之间存在理性辨别的空间。所以不管怎样，我记得那门课；我就在那时变成一个全心全意的皈依者。可以说，对于我之前暂时不同意他这件事，施特劳斯负有责任，因为他本人对卢梭的想法发生过改变。但对于卢梭做了什么，他从未改变过自己的想法：卢梭是康德和黑格尔之父。

格雷戈里：据说施特劳斯刚到芝加哥的时候，还不是他后来成为的那种闪亮的老师。你有什么看法吗？

雅法：我不觉得。

格雷戈里：你觉得他一开始就是一位非常引人注目的老师？

雅法：毫无疑问。

格雷戈里：什么使他成为一名引人注目的老师？

雅法：我写过一篇文章，我现在手头没有这篇文章，我说施特劳斯的秘密就是，他不会让你觉得他在告诉你如何思考，你们共同思考。这是一项你们共享的事业。他是船长，你们一起航行。而且我觉得，在某个点上，与奥德修斯（Odysseus）经过某座岛屿相比……

格雷戈里：斯库拉（Scylla）和卡律布狄斯（Charybdis）……不对，对不起，是基尔克（Circe）的岛屿。

雅法：对，但你们都绑在桅杆上，张着耳朵。

格雷戈里：我说的是基尔克，但我想说的是塞壬。

雅法：对。塞壬的女王，她的名字是基尔克。还有一段插曲，当时，施特劳斯在芝加哥的学生，包括我自己，我们开始动辄称他为老人。他听说之后不太高兴。我们跟他解释说老人的意思是船长。他可以是船上最年轻的人，但他是指挥官，所以我们称他为老人。于是他非常满意。

格雷戈里：他教学时让学生觉得他们在跟他一起思考，这是个漂亮的表述。

雅法：就是这样，的确如此。

格雷戈里：你觉得这对他来说是自然而然的吗？或者，你觉得这种教学方式，他是通过自己的研究学来的吗？

雅法：施特劳斯的根错综复杂。我觉得，他的犹太教育与此密切相关。他或许本可以是个伟大的塔木德学者，至少他相当了解这一整套学问，而且他的阅读技巧显然得自塔木德训练。这里有悠久的犹太传统，无论如何都不是施特劳斯式的，但当那位塔木德学者说他把生命浪费在哲学上多么可惜的时候，这里存在某种非常敏锐的互动。我还记得他讲过一个故事。他在希伯来文学校时，在课堂上读到约瑟夫（Joseph）和他的兄弟们的故事，当约瑟夫向曾试图谋杀他的兄弟们表明真实身份，他们重新团聚的时候，全班都哭了。他们全都流下眼泪，因为太真实……这就是圣经研究：你不只是在读别人的事。

他写给《国家评论》的那封信旨在捍卫以色列：还有什么地方如此严肃地把圣经当作教育的基础？我觉得哪怕对犹太共同体中最偏激

的不信者来说，他们读圣经时，读的也是他们自己的故事。

我还提过我自己在耶鲁接受的教育，我是英语系的。我挚爱的一位教授，他的名字是威瑟斯庞（Alex Witherspoon），是他给我上的二年级英语。我发现他有个圣经读书小组，每周在他的房间碰面。他不广而告之，也不邀请别人，但如果有人找上门来，他来者不拒。整整四年，我一次聚会也没有错过，我觉得这是迄今为止我在耶鲁学到的最重要的东西。

当然，你知道是我把克罗波西介绍给施特劳斯的吧？

格雷戈里：他告诉过我，他说你俩在新学院……

雅法：他从没上过新学院。

格雷戈里：在城市学院。

雅法：对。

格雷戈里：但他认识你……

雅法：上高中前，我们同在希伯来文学校。我说过他是学校里最聪明的学生，而我是最差的。［笑］

格雷戈里：所以克罗波西是如何开始上施特劳斯的课的呢？

雅法：他在陆军待了五年，参加过对北非、西西里－意大利和法国南部的进攻。感谢上帝，他活了下来。他显然多次死里逃生。我不知道你对克罗波西了解多深：他是个非常顽固的人，对道德判断非常刻板，或者说至少在他一生中的大部分时间是如此。不管怎么说，他退役后做的第一件事就是结婚。这件事也跟我有点关系。我讲过这个故事。

然后，他唯一的念头，就是把他在陆军失去的五年补回来。他得竭尽所能，所以他会坐在那里，学习学习再学习，读那些可恶的经济学期刊与诸如此类的一切，而这其实是在浪费时间。他一退役，我就一直盯着他，当然，我告诉他的主要事情就是施特劳斯。［克罗波西：］"那样会分散注意力。你只是想让我重新回归［正常生活］。我真正需要做的是读过去五年出版的全部经济学文献。"然后，不知怎的，过了好多个月，我现在想不起来是多少个月，当时看来就像永远，他终于束手就擒。我的公寓就在华盛顿高地（Washington Heights）附近。在城市学院教书时，我在系里有张办公桌，可以直接从公寓走去上班。哥伦比亚大学就在同一街区。有一天晚上，我终于得以让他跟我一块儿去。

克罗波西一直对亚当·斯密（Adam Smith）感兴趣。我记得我们还在上高中的时候，他动了一个疝气手术，我去医院看他。他坐在床上读《国富论》（*The Wealth of Nations*）。所以他知道实体经济学之间的区别——要知道，斯密是个道德哲学教授。

总之，事情就是这样，他俩处得非常好。我原来替施特劳斯代写一些信件，后来由克罗波西接替。［笑］

格雷戈里：你认为施特劳斯想通过他的教学实现什么？有人告诉我，尤其在五十年代，他非常致力于教学。

雅法：他始终如此。

格雷戈里：你认为他想通过他的教学实现什么？有的学者致力于科研，是非常差劲的老师；有的老师致力于教学，几乎不著一词。施特劳斯非常多产，既写深刻的作品，也是伟大的老师。如此看来，他非常不同寻常。许多学者会对教书所需的精力心生怨恨，因为这确实会牵扯大量精力。

雅法：你知道我是什么时候开始全职教学的吗？你觉得我教了多久？

格雷戈里：相当久。

雅法：1945年。超过六十年。我的职业生涯比他长得多，但也慢得多。施特劳斯跟我在许多事情上亲密无间，但我们在一件事情上有分歧：什么是健康的生活方式。你知道吗，我曾是一名职业自行车赛车手。

格雷戈里：我不知道你还是一名职业自行车赛车手。

雅法：我第一次参加自行车比赛是在46岁。我的妻子和我一前一后骑了二十多年，超过十万里。我记得有一天，在骑行回来的路上，我停在11街施特劳斯家门口。他觉得我是个马戏团的小丑。我穿着一件条纹的……

　　格雷戈里：运动衫。

　　雅法：对，你骑车的时候，会希望自己显眼一点，这样汽车就可以看到你。他不懂。你知道芝加哥的戈尔德温会议吗？

　　格雷戈里：知道。

　　雅法：我参加过13次。戈尔德温最后成了我的敌人，真是遗憾。我们曾经非常亲密。去芝加哥的时候，我包里带着两副棒球手套和一个棒球。在某次茶歇期间，克罗波西和我走到外面，来回扔着棒球。戈尔德温把施特劳斯拉到窗边，说：你看到那两个在那儿玩球的男孩了吗？施特劳斯说：看到了，看到了。嗯，一个男孩是雅法教授，另一个是克罗波西教授。哦天啊……[这句话的其余部分被笑声淹没]

　　在纽约的研讨课上，他烟不离口。我去上课的时候，常常带一块巧克力，好把烟草味从我的口中赶走。现在，感谢上帝，禁止吸烟。话说回来，我经常谈教学与科研和写作的关系，这两件事之间没有分歧，至少在我的任何课堂上这从来不是问题。

　　格雷戈里：所以你觉得施特劳斯的教学是否有某种意图？他怎么想的？他想干什么？

　　雅法：我能做的只是告诉你我想干什么。我们这么开始说吧。他的自传体前言一开始就谈到生活在魏玛德国和1789年诸原则下的一个犹太青年。他写道那是1789年，指的是法国大革命和卢梭，而不是美国革命和洛克。施特劳斯的自由主义观念——他有本书以此为名……① 他谈到自己学术生涯的一个转折点是当他读到——是哪个德国保守派来着，著名的名字——我现在根本记不住名字。总之是他对自由主义的批判让施特劳斯转而反对自由主义。1789年之前有1670年。斯宾诺莎，他从斯宾诺莎那里解放出来，也从斯宾诺莎那

---

　　① 雅法指的可能是 *Liberalism Ancient and Modern* (University of Chicago, 1968, 1995)。

里学到了东西。斯宾诺莎是更大的青年败坏者，也是个大教师。《神学–政治论》在我看来是美国革命的终极基础，因为斯宾诺莎以犹太教结束他对圣经的批评。他不会接着批评基督教，那太危险。洛克的论文《基督教的合理性》（"The Reasonableness of Christianity"）是斯宾诺莎不会写的那种书，但它导向洛克的《宽容书简》（Letters on Toleration），由此又导向杰斐逊（Jefferson）。

在我的作品中，有件有趣的事，别的地方都没提过，甚至施特劳斯的作品中也没有：他的一篇真正定论性的文章就是《论古典政治哲学》[1]，他在那儿说过的东西后来从未改口，他写于1946年，是我跟他学习的那一年。《论古典政治哲学》的中心主题是这一主题：何为正义的政体？何为最佳的政体？施特劳斯在这篇文章里讨论这个问题，且关键的讨论位于这篇文章的中心。毫不夸张，就在文章的中心，可以数一下单词或者以其他任何方式来算。

那篇文章中，就最佳政体的自然，施特劳斯的一个定论性陈述是："我们得说，那种能够最有效地将自然aristoi［贤良］选入政府的政体乃是最佳政体。"你能认出这些话吗？

格雷戈里：不能。

雅法：你觉得这是谁的话？

格雷戈里：［停顿］不可能是杰斐逊的吧？

雅法：就是杰斐逊的。所以，在这个确定的点，施特劳斯写古典、写柏拉图和亚里士多德笔下的最佳政体的时候，用的是杰斐逊的话。从哲学上讲，谁是杰斐逊的灵感来源？首先，杰斐逊显然是《独立宣言》的主要作者。《宣言》只是某种洛克式的学说吗？到底是亚里士多德式的还是洛克式的？其实都是。

----

① "On Classical Political Philosophy," in *What is Political Philosophy? And Other Studies* (Chicago: University of Chicago Press, 1959), 78–94.［译注］中译参施特劳斯，《什么是政治哲学》，李世祥等译，第二版，北京：华夏出版社，2019，页66–82。

　　施特劳斯1949年秋举办沃尔格林讲座（Walgreen lectures），那场讲座我寸步未离，你知道他是怎么开场的吗？

　　格雷戈里：不知道。

　　雅法：任何文本都没有记录。他引用一句中世纪格言来开场："Solet Aristotles quaerere pugnam." 亚里士多德惯于寻求战斗。

　　格雷戈里：亚里士多德惯于寻求战斗。

　　雅法：对，pugnam［战斗］。不是因为他爱战斗，而是因为他爱真理。我觉得这就是施特劳斯的签名，我的紧随其后。因为别的施派不会这么做。他们仅仅互相交谈，但如果你发起一场战斗，你眼前的人可能会变成你的皈依者。我还是唯一注意到《城邦与人》的开头的人，他在那里说：处理西方的危机时，我们如何应对神圣的正义之城的危机？这些词他用了大写：神圣的正义之城（Divine City of Righteousness）。① 我们如何向异教徒传播这些［消息］？我不知道他在别的地方是否还用过异教徒一词。但在中世纪，亚里士多德被称为异教徒。他就是异教徒。所以施特劳斯把自己搞得像个手里拿着福音的浸礼宗牧师。当然，这类反讽在施特劳斯身上还没有消失，但据我所知在所有施派身上已经消失。

　　格雷戈里：施特劳斯对他在芝加哥的学生满意吗？

　　雅法：满意，但我觉得在某种程度上，他也为他们所骗。他们不像他想的那么优秀。这成了我［跟他们］的关系史的一部分。

　　我想说，那些戈尔德温会议真的是美好的时光。这里有段涉及施特劳斯的小插曲。施特劳斯没有参加全部的会议。他至少去了两三次。我们曾在芝加哥大学的校园里开会，然后去珀西（Chuck Percy）家吃饭。② 他在湖边有座精致的豪宅。也许你知道珀西的某

---

① ［译注］施特劳斯原文作 the Divine massage of the City of Righteousness, the Faithful City［正义之城、信仰之城的神圣消息］。

② 珀西（1919—2011），商人；他于1967—1985年担任伊利诺伊州的参议员。

些关系？他为这些会议出钱。对我来说，这些会议是重要的教育经验，会上都是非常顶尖的人。我在那儿遇见福特（Jerry Ford）。^①福特有一次提到我替尼克松（Richard Nixon）写的一篇演讲，但尼克松从未发表，福特说：要是尼克松发表这篇演讲，他可能会当选。确实如此。因为我是那个阵营中唯一不停地这样告诉尼克松的人：你必须模仿艾森豪威尔（Eisenhower）。但他从来不听。

不管怎么说，斯基普·杰克逊（Skip Jackson）……

格雷戈里：珀西。

雅法：杰克逊是当时共和党内的后起之秀，是我们寄予厚望的人之一。他也在那里。在某次圆桌会议上，他就坐在施特劳斯旁边。那天晚上，我们坐公交车去珀西家的时候，我跟杰克逊坐在一块儿。

格雷戈里：斯库普·杰克逊（Scoop Jackson）？^②

雅法：对，斯库普·杰克逊。不是斯基普，而是斯库普。

格雷戈里：民主党。如今他在共和党，当时在民主党。

雅法：对。这就是为什么整个五十年代我都是个民主党人，因为民主党参议员们是鹰派。

格雷戈里：冷战党，对吗？

雅法：对。不管怎样，杰克逊告诉我，他多么钦佩施特劳斯。他用了这些词：他从未见过这样一种结合——让我想想到底是什么……一个词是……不完全是仁慈（kindness）这个词，那个词的意思是，你可以这么说，举止得体；另一个词是强硬（toughness）。这就是杰克逊对施特劳斯的评价。

格雷戈里：感人啊，杰克逊竟会这么想。

雅法：有一次，杰克逊正在讲话时，施特劳斯想要说话，于

---

① 杰拉尔德·R.福特，1974—1977年任美国总统。

② 亨利·M.（"斯库普"）杰克逊既是国会议员也是参议员，代表华盛顿州。他曾两次获得民主党总统候选人提名。

是他就把手放在杰克逊的手臂上，看着他，然后杰克逊就知道施特劳斯想要说话。但他这么做的时候非常温和、文雅。文雅（Gentleness），我觉得就是［这个词］，还有强硬。所以施特劳斯本来可以发挥更大的影响，但他把自己的教师职业当成某种天职。我觉得他从来没有这么想过，但就是一种神授的天职。

格雷戈里：一种神授的天职。

雅法：对。

格雷戈里：去做什么？

雅法：拯救西方。

格雷戈里：拯救西方。

雅法：一个世界，在这个世界中，首先，犹太人可以和平生活。

我可以告诉你一个小插曲，对理解施特劳斯非常有用。在某些方面，施特劳斯是我认识的人当中最老练的一个，但在另一方面，他非常单纯。他有一次告诉我，他在这个国家有一些亲戚。我不知道他们是谁，他们每年会来拜访他一次，他们是非常愚蠢的人，但他们是他的亲戚。施特劳斯夫人会取笑他们，而这让他难受。我不知道他为什么要把这个告诉我。他会说，当然，他们是我的亲戚；他也会疑惑自己为什么觉得难受，因为他知道他们愚蠢。你瞧。他们一年只来一次。但施特劳斯夫人会对这些可怜的人嗤之以鼻，这件事仍然让施特劳斯难受。可怜的犹太人。你去采访过珍妮吗？

格雷戈里：还没有。

雅法：好吧，这非常重要。

格雷戈里：是。

雅法：她写过一篇东西，为她父亲作证。她这么叫他。据我所知，她从未提过自己的亲生父母。你知道她的经历吗？

格雷戈里：我知道她现在是弗吉尼亚大学的古典学教授，但不知道她的职业经历。

雅法：她当过一段时间系主任，作为古典学者，她声誉卓著。她不属于施派，但仍试图……她的希腊文和拉丁文显然非常好。他的丈夫克莱（Diskin Clay），我记得我上一次听到，他是约翰·霍普金斯大学的系主任。你也可以跟他聊聊。他参与主持翻译洛克论自然法则的信件，那本书已经出版。

珍妮给《纽约时报》写了一封信，这封信非常漂亮，除了她说施特劳斯丑，我觉得这是不对的。他不丑。他只是……可以说他貌不惊人。不显眼，是；但丑，不是。

格雷戈里：明白。

雅法：但他一开口说话，你就被带到一个不同的世界。他是个闪亮的骑士。

格雷戈里：他作为论文导师、博导，是个怎样的人？

雅法：他没告诉过我。我们从未聊过这个话题。

格雷戈里：他是否提过……

雅法：他看了我的论文。

格雷戈里：嗯？

雅法：他最后一次看我的论文时，我记得是第三还是第四次，当时他在这儿讲《尼各马可伦理学》，他告诉我：这次比我记得的要好得多。他在课堂上对我的唯一表扬，说的是同样的话：嗯，雅法先生，这比上次好。年底，我跟他学习的第一年的年底，1946年，我投了一百份简历找工作——没有得到任何回应。我只能找他当推荐人，除了他，我还能找谁？我得请他允许我用他的名字……我觉得我是个傻瓜。当然，他说，你是我最好的学生。我不知道他是否改变过这个看法。

我确实听说过……我不会提那个人的名字，他在芝加哥大学教书，不完全是我的朋友，但绝不是我的敌人，我跟他相当熟。系里就系里的一个空缺职位的人选有场讨论——我确定后来克罗波西占了这个空缺。施特劳斯有两张名单。别跟人讲这个故事，因为他们会说我撒谎，但这绝对是事实。我觉得每张名单上有四五个名字。一张是理论，另一张是实践，两张名单上的名字完全不同，只有一个例外。两张名单上的第一个名字都是我。但我确保让克罗波西得到了这一聘任。所以……

格雷戈里：你怎样安排克罗波西得到聘任？

雅法：我什么也没有安排。

格雷戈里：那你怎样确保他得到聘任？

雅法：施特劳斯知道我的想法，他非常感激我把克罗波西介绍给他，因为克罗波西对他非常有用。顺便说，克罗波西是位大师。写英语，他比我好十倍。但你不能这么说，因为他把这个隐藏在那种僵化的形式主义背后。但如果你知道他的信……我有封信——重要的信。克罗波西、我以及我的家人构成一个圈子，而克罗波西的父母完全不在这个圈子里。我母亲于1983年去世后，他给我写了封吊唁信——自林肯写给比克斯比女士（Ms. Bixby）的信①以来，从未有过写得这样漂亮的一封信。在信中，他称我母亲为弗朗西丝阿姨（Aunt Frances）。我从来没有叫过我母亲的名字，但他知道。我觉得他跟我母亲比跟他自己的母亲更亲，他母亲是个奇妙的女人，但她是个旧世界的人——可以说，她代表那种最讨厌的东正教传统。

我还有克罗波西战时写给我的信。他们怎么叫这些信来着？我想不起那个词。这封信是通过军事途径递送的。总之，他的信全都直截了当。我写的颂词以复述克罗波西写给我们劳伦斯高中（Lawrence High School）的高级英语班的一个小故事结尾。这个故事让他们印象深刻，永远都不会忘记。所以我以模仿克罗波西的声音讲这个故事结尾：一个有钱的小男孩，对快乐的无聊追求。你可以读读这个故事。

格雷戈里：你跟施特劳斯讨论过你的论文要写什么话题吗？

---

① 1864年11月21日写给一位5个儿子"光荣战死"的母亲的信。后来表明，比克斯比夫人撒了谎：她只有两个儿子死于战争。"三个幸存者中，一个投敌，另一个可能也投了敌，第三个光荣退役。"Michael Burlingame, "New Light on the Bixby Letter," *Journal of the Abraham Lincoln Association* 16 (1995): 59–71, 61.

雅法：没有。

格雷戈里：他看了论文。他有作评论吗？

雅法：没有。

格雷戈里：没作评论？［笑］

雅法：嗯，我记得我写了前面的四五章。那是1948年到1949年。克莱因那年休假。克莱因当时在新学院上课，讲十七世纪的科学和哲学。我们从来没有到过十七世纪，从来没有超出十六世纪。顺便说，克莱因是施特劳斯真正敬仰的人，他敬仰的唯一的同代人。他总是夸奖克莱因写的那本书……

格雷戈里：论希腊数学的。[①]

雅法：对。

格雷戈里：顺便说，你刚才提到的德国保守派是施米特（Carl Schmitt）。

雅法：对，对。

格雷戈里：不好意思，刚才我的脑子一时空白。你为戈德华特（Goldwater）效力的时候，跟施特劳斯讨论过你参与政治的事吗？

雅法：一点点，……我跟我的朋友阿纳斯塔普罗有点分歧，他反对把施特劳斯称作保守派，而我觉得他当然是个保守派。我列这张"支持戈德华特的学者"名单的时候，给施特劳斯打过电话，问他愿不愿意被放在上面。他说可以。我现在不确定他到底为什么说可以［笑］，但他确实说可以。我就把他的名字放在名单上。后来我又把他的名字从名单上拿掉，因为我觉得这会让他没法继续在芝加哥教书。但他当时没有犹豫。

也是这同一个愿意被称作支持戈德华特的学者的施特劳斯，在最高法院以布莱克（Hugo Black）非常著名的异议、以5比4的决议驳回阿纳斯塔普罗的诉讼之后，给阿纳斯塔普罗写了封信。施特劳斯写

---

① Jacob Klein, *Greek Mathematical Thought and the Origin of Algebra*, trans. Eva Brann (Cambridge, MA: MIT Press, 1968).

道：伊利诺伊州律师协会的人，应该跪着来求你原谅。在这两件事情上，他都几乎本能地维护自己的学生。

格雷戈里：你刚才提到你觉得他高估自己的学生？

雅法：对。我上过他在芝加哥的几门课，在提问和讨论中，我发现他们的理解程度低于施特劳斯所认为的他们的理解程度。他给他们的表扬稍稍多了一些。但也可以说，与施特劳斯栖身芝加哥相关的消极现象是，他的精英学生构成某种核心精英，看不起他们之外的任何人。施特劳斯不太知道这个，但这使他名声不好。事实上，他的一个学生，我不确定是谁，我想是布尔斯廷（Dan Boorstin）[1]，他有一次告诉我，我是唯一他觉得可以交谈的施派，因为其他人都自以为高高在上。这种事发生在每位伟大老师的周围。他的贴身门徒，就像耶稣身边的十二门徒，看不起别人。

格雷戈里：施特劳斯的学生觉得自己是门徒？

雅法：对。

格雷戈里：施特劳斯知道他们觉得自己是门徒吗？

雅法：我非常确定他知道。

格雷戈里：你认为他觉得这是一种积极的发展吗？

雅法：我认为他觉得这是某种他无法避免的消极的副产品。他当然没有把自己当作其他任何人的门徒。

我还想提一件事，谈谈肯德尔，我把这件事写在我的一本书里。肯德尔，在美国的政治学教授中名声最差，但他崇拜施特劳斯。要是肯德尔活得久些，他会成为一个循规蹈矩的施派。但肯德尔是他那代人中唯一关注施特劳斯的美国政治学家。你知道那位耶鲁教授吗？我不知道他是谁，那是在五十年代，他的这句话被人说了无数遍：只有两类人绝不应该授予终身教职——列宁派和施特劳斯派。

---

① 丹尼尔·布尔斯廷（卒于2004年），美国史学家，芝加哥大学教授。1975年至1987年，他曾担任美国国会图书馆馆长。或许他最著名的著作是《像》（*The Image*，1962）。

格雷戈里：哦，我认为他说这话是为了反对授予潘戈（Tom Pangle）①终身教职的决定。

雅法：这是那场争论的一部分。

格雷戈里：对。

雅法：我写了封信给……尽管我们之间存在分歧，但我们一直是好朋友。但他……好吧，那是另一个故事。潘戈在克罗波西授意下为施特劳斯的遗著《柏拉图式政治哲学研究》②写了那篇导言，以及……你知道德鲁里③的书吗？你看过吗？

格雷戈里：我知道德鲁里。我看过她的书，但一本也没有读完。我有别的事要做。我觉得她不值得特别关注。

雅法：你错了。她听过布鲁姆在多伦多的讲课，她有个观点是，施特劳斯的确是尼采式的、马基雅维利式的——那是施特劳斯的源头。潘戈在这儿、在国家政治科学荣誉学会（Pi Sigma Alpha）的晚宴上发表演讲的时候，说尼采和马基雅维利是施特劳斯的菜——德鲁里拾起这个观点，她没有发明这个观点。这是施特劳斯藏得不太好的秘密教诲，但人们轻易就相信且愿意相信施特劳斯就是如此。但源

---

① 托马斯·潘戈，得克萨斯大学奥斯汀分校政治系民主研究朗教席（Joe R. Long Chair），杰斐逊中心副主任，师从施特劳斯的学生布鲁姆、克罗波西和斯托林。

② *Studies in Platonic Political Philosophy* (Chicago: University of Chicago Press, 1983).［译注］中译本参施特劳斯，《柏拉图式政治哲学研究》，张缨等译，北京：华夏出版社，2012。

③ 德鲁里，里贾纳大学（萨斯喀彻温省）加拿大社会正义研究首席教授，著有《列奥·施特劳斯与美国右派》（*Leo Strauss and the American Right*, Palgrave Macmillan, 1999），《列奥·施特劳斯的政治观念》（*The Political Ideas of Leo Strauss: Updated Version*, Palgrave Macmillan, 2005）。［译注］中译本参德鲁里，《列奥·施特劳斯与美国右派》，刘华译，上海：华东师范大学出版社，2006；德鲁里，《列奥·施特劳斯的政治观念》，张新刚、张源译，王利校译，北京：新星出版社，2010。另参德鲁里，《亚历山大·科耶夫：后现代政治的根源》，赵琦译，北京：新星出版社，2007。

头……我第一次认识德鲁里是因为她发表在《政治学理论》(*Political Theory*)上的一篇文章。我读了这篇文章。文章的署名仅仅是S. B. Drury，所以我不知道这是位女性。我写了封信，说你表现出严肃阅读施特劳斯的真诚兴趣，但你搞错了。[①]

格雷戈里：所以你写信给德鲁里告诉她，她对施特劳斯有误解？

雅法：对，然后她给我写了回信，赞扬我对潘戈的回应，那篇回应发表在《克莱蒙特书评》(*Claremont Review of Books*)上，现在是刚出版的那本书的第二还是第三章。她把这篇回应夸上了天：从来没有人像我那样在与潘戈的竞赛中胜出。然后她邀请我去开讲座……我忘了她当时在加拿大哪所大学。她讨厌潘戈，不是因为他没说真相，而是因为他确实说了真相。但她仅仅把这写在她的书里。然后她写了本讲科耶夫的书，也是另一本讲施特劳斯的书。我跟她待了一个周末。她是个非常棒的东道主，我受到的招待好得不能更好。我跟她的家人吃了饭，完美。她继续不断地反施特劳斯；她发现有一大群观众为她鼓掌，所以她以此为业。她跟她的家人在克莱蒙特待了一个夏天，但我根本没有见她。但有点意思的是，她有科普特基督教(Coptic Christian)背景。她来自埃及。她来美国是为了逃避宗教迫害。现在她就是个奥巴马型的(Barack Obama-type)自由派，仅仅重复能赢得人们喝彩的那点事。可惜。她确实能力出众，还把自己的一些学生送到这里，他们都训练有素。她确实在阅读文本上成就斐然，但当她发现自己可以通过攻击施特劳斯而出名，一切就都一落千丈。她最后说起我是在美国政治科学协会(APSA)的一次会议上，她怎么能……她对我的敬佩从未动摇，但我是个绅士而不是哲学家。她教我哲学而教他们绅士风度。她在美国政治科学协会的会议上说了这些话，我没有回应，但我想说：你觉得施特劳斯认为我是个蠢人吗？我说我不蠢。这是涉及德鲁里的一小段插曲。

---

① 话谈被电话打断。

二

2012年12月19日

［雅法一开始在找什么东西。］

雅法：我给前言写了篇前言。

格雷戈里：施特劳斯给前言写了篇前言？

雅法：是我。

格雷戈里：你给前言写了篇前言。好的，懂了。

雅法：我觉得这特别施特劳斯。"以下内容旨在成为题为《分裂之施特劳斯危机》(*Crisis Of the Strauss Divided: Essays on Leo Strauss and Straussianism*）的论文集的前言。这些文章不构成统一的论文或著作的章节。这些文章跨越近四十年，按时间顺序排列，每一篇文章都代表当时似乎重要的某个洞见或观点。读者会从这些书页中提取出什么样的'不同时代的施特劳斯'［加引号——雅法］，将是读者的责任。"[1]［笑］我还有篇后记，我在那里做了我说没人能做的事：我说在政治哲学中，施特劳斯是上个世纪最伟大的头脑，算上别的世纪可能也是如此。但基本上，在施特劳斯支持的任何主要论点中，他往往会在某个地方制造一个矛盾，在某个地方会有一个矛盾的论点。对于不能承担为自己思考的责任的人，他不想成为他们的权威。

这儿我有一小段话。当时我在跟小奥尼尔（Eugene O'Neill Jr.）[2]做一项独立研究。他对我极其友善，也非常慷慨，但他什么也没有教我。一两年之后，即我师从施特劳斯之后，小奥尼尔在《纽约时报》上发了篇书评，评一本论柏拉图的《王制》的新书，但他错误百出。所以我给他写了封长信，向他展示《王制》的施特劳斯式解读，这种

---

① 雅法读他的《分裂之施特劳斯危机》的前言，页 xi。

② 小奥尼尔（卒于1950年），古典学家。他生前在新学院和狄金森学院（Fairleigh Dickenson College）教书，还是纽约的电台播音员。

解读教我们区分可欲之物与可能之物。但他一直没有回信。第二年1月，施特劳斯已经在芝加哥了，而我没有在芝加哥找到工作，所以我签约在新学院教另一门课。我在院长办公室碰到奥尼尔，他非常诚恳地跟我打招呼。我问他为什么不回我的信。他说：因为我无可回应。我希望再次见到他，但不久之后，我在早报上看到，他自杀了。

我得提一下，我在纽黑文的时候，去图书馆找过他的博士论文，他在耶鲁拿的古典学博士。他的论文是对《奥德修纪》中的500行诗和《伊利昂纪》中的500行诗的韵律分析，全是语法术语。我想，要是他上过施特劳斯的哪怕一门课，听过施特劳斯的一场讲座，他就会明白，为什么古典学给我们理由去活，而不是去自杀。我就说到这里。

你读过威尔斯（Garry Wills）讲葛底斯堡演说的那本书①吗？

格雷戈里：没读过。

雅法：我可以明确告诉你，这本书不值一读，就是因为他在这本书里引了肯德尔，而肯德尔说他认为葛底斯堡演说是个大骗局，强迫美国人民接受他们之前从未享有的平等理想。这本书里的一切都是错的。威尔斯才是真正的大骗子，因为他从右派出发。

格雷戈里：右派。作为一个天主教徒。他的出发点是一个天主教徒。他的身份是天主教知识分子。

雅法：我不记得天主教。我记得他在耶鲁跟肯德尔学过，巴克利（William F. Buckley）是在背后挺他的人之一。他写过一篇讲卡尔霍恩（Calhoun）的文章，这篇文章一无是处。

[雅法接了个电话，然后离开房间去找一篇他写施特劳斯的文章。]

文章在这。"我对施特劳斯毫无准备。跟他在芝加哥的学生不同，我遇到他时，他还没有突出的地位带来的光环。布雷希特是高大、庄

_____

① Garry Wills, *Lincoln at Gettysburg: The Words that Remade America* (Simon & Schuster, 2006).

严的存在，可能类似于亚里士多德的伟岸之人。跟布雷希特不同，施
特劳斯身材矮小，声音微弱，他的存在就像新学院的破教室那样平淡
无奇。但他有着纯粹的、压倒一切的智识力量。在他的研讨班中待
几分钟，就会发现这个矮小的男人成了巨人。每本大书都是一座宝
岛，或者更具体地说，是一张宝岛的地图。但你得破译地图，去发
现，去克服障碍，由此，与自然相仿的伟大艺术会把头脑训练得配
得上那份礼物。"让我把这句话再读一遍，我把一个世界凝结在里
面。"但你得破译地图，去发现，去克服障碍，由此，与自然相仿
的伟大艺术会把头脑训练得配得上那份礼物。施特劳斯的一个秘密
是，他会让你觉得你不是一个被动承受他的洞见的容器，而是他在
发现之旅中的同伴。他是船长，你是船员。你们一起航行。"而且，
我还说："扫罗在前往大马士革途中遇到的震惊和转变，不及我遇
到施特劳斯。"[1]

格雷戈里：说得非常漂亮。

雅法：对。

格雷戈里：第一次遇到是在哪一年？

雅法：我遇到他？1944年9月。

我觉得一起航行是我最棒的比喻，你可以带走。

格雷戈里：哦，非常感谢。

雅法：我想送你一本我的书，但这里一本也没有。

格雷戈里：哦，谢谢。

雅法：我在那里讨论的事情，据我所知还没有别人注意到过，就
是1949年的开场讲座与1953年出版的书之间的差异。我说过，在
1949年的讲座中，他以引用一句中世纪的拉丁文格言开场：solet
Aristotles quaerere pugnam，亚里士多德惯于寻求战斗。他说："我受
到同样的指责。"我为自己有个好榜样感到高兴。但他说，亚里士多

---

[1]　Harry Jaffa, "Straussian Geography: A Memoir and Commentary," in *Crisis
of the Strauss Divided*, 8.

德的兴趣在于真理。《王制》中的忒拉绪马霍斯（Thrasymachus）指责苏格拉底寻求胜利，而苏格拉底说：不，你寻求胜利是为了寻求真理。就是这样。

但当这本书在 1953 年出版的时候，开场白是《独立宣言》。他引用《宣言》，然后重述《宣言》的主题，这些话出自葛底斯堡演说，但没加引号。换句话说，施特劳斯把林肯［的话］当成无可置疑的学说来重述。整本书的主题就在开头那段话中。他后来再也没有回到这个话题，据我所知，他也没对《宣言》作过主题讨论。他或许还在别的地方引用过。但那已经变成我的课题。

格雷戈里：你跟施特劳斯教授讨论过林肯吗？

雅法：不见得。可能只偶尔提过。但我觉得他之所以在自己心里这么决定，是因为这是我的事业，他当然站在后面，但他不希望自己的理解交织在里面。我们各有各的身份。他觉得不谈这个对我更好。

格雷戈里：我理解。

雅法：但通过不带引号地重述林肯在葛底斯堡演说中说过的《宣言》的主题，他是在告诉我们他自己的观点。《自然正当与历史》的开篇也是如此，这里的课题是：美国人民为什么忘了在《宣言》中的遗产？他还引了一位德国作家①，我不知道是谁，说五十年前，美国人民把他们的政体等同于自然且神圣的正确。雅典和耶路撒冷都包含在这个课题里。

所以其他施派不喜欢这个，他们谁也不曾意识到这一点。但我没有对他们的作品发动过任何攻击。戈尔德温论《人权法案》（*Bill of Rights*）的书是施派学术的杰作，可能是最纯粹的例子之一，真的。他让你觉得他就坐在麦迪逊旁边，他们侃侃而谈。阿纳斯塔普罗解读《奴隶解放宣言》（*Emancipation Proclamation*）的作品也是如此，我非常欣赏。

---

① 特洛尔奇（Ernst Troeltsch）。See *Natural Right and History* (University of Chicago Press, 1953), 1–2.

　　格雷戈里：你觉得施特劳斯是否从自己与美国的相遇中学到了什么？我是说，他作为一个欧洲流亡者来到这里，是否有某些美国经历改变过他或使他以不同的方式看待事物？

　　雅法：对，非常非常多。

　　格雷戈里：以何种方式？

　　雅法：我记在那本书里的一段特殊插曲是，在我认识他的第一年，某一天，我们有一次私下谈话，他说（我想那是他第二次来这里）他发现了自己的宗教。我不这样认为，但他相信这件事。在美国，在礼貌的谈话中不能用无神论者这个词。他说当他发现这个的时候，他知道自己回到了家。这是他的原话。这意味着相当大的变化，因为他在1960年的前言中说，他把意味着好的现代性的自由主义等同于1789年的诸原则。他当时还没有……这是真心投入国父们的洛克观，那跟他本人的洛克观非常不同。但这就是国父们的意思。所以我在这本书里对此作了评论。扎科特夫妇[①]试图解释为什么施特劳斯的那么多学生专注于美国政制。好吧，他们是美国人。施特劳斯是个德国人，但在他自己心里，他已经不再是个德国人……当然，美国不赞成用无神论者这个词，好像无神论者真的已经不再存在，但那是因为他们与《宣言》诸原则的疏离。

　　我还有另一……这是……［雅法给格雷戈里看某个东西］。你可能知道这个：迈尔的……

　　格雷戈里：是的。

　　雅法：你知道迈尔吗？你见过他吗？

　　格雷戈里：见过。

　　雅法：我没见过。我的印象是，他让德国学术承受一个变形后的施特劳斯。而他没有看到这种变形。

　　格雷戈里：他与美国相遇之后发生的变形？

---

　　① Catherine H. and Michael P. Zuckert, *The Truth About Leo Strauss: Political Philosophy and American Democracy* (University of Chicago Press, 2006).

雅法：对。我引了林肯一长段话——他在1858年发表的演讲，谈公民权的整个话题。现在的美国公民不是最初的国父们的后代，所以他们没法通过血缘追溯到自己的传统。但当他们阅读《独立宣言》，里面如此云云，他们就会知道自己是那些革命者的亲生骨肉。而且他们确实就是。那就是林肯。那就是施特劳斯的归化过程，如林肯所描述的。但是……

好吧，我们能聊的东西那么多。你有什么问题？

格雷戈里：我有几个问题。我对你对施特劳斯与美国的相遇的评论非常感兴趣。你觉得，他教美国学生这件事，尤其对他发展自己的理解有所助益吗？要是他留在欧洲教欧洲学生，对他来说会有所不同吗？我的意思是，我们首先把他视为一个学者，一个扎根古典的学者，不太看得到他遇到的美国性（Americanness）会有多重要，但或许在某些方面，有一班美国学生让他有所不同。

雅法：我不知道美国学生，但……

格雷戈里：但美国？

雅法：他有我，他还有林肯。林肯和丘吉尔，还有俾斯麦。

格雷戈里：俾斯麦，对。

雅法：在整个十九世纪，人们常常拿林肯跟俾斯麦比较，因为他用血和铁而不仅仅用甜言蜜语把这个国家统一起来。

格雷戈里：昨天你谈到施特劳斯高估自己的学生？

雅法：对。

格雷戈里：在阅读文本上，我想到的第一件事情是施特劳斯非常强硬。根据杰克逊的评价，你在读他对文本的解释的时候，［会发现］他非常强硬。在对待学生的时候，你说他看起来没那么强硬。你觉得这是为什么？

雅法：我觉得我跟东岸施派之间的裂缝，包括跟克罗波西——他真的成了某个首席，是施特劳斯的君主制下的首相，［至少］在教室里——我觉得根本的分歧确实在于，他们怎么看待施特劳斯要往哪里走，以及一切秘密之秘密背后的终极秘密是什么。对他们来说，他们开始把柏拉图解释成海德格尔的先驱。这是海德格尔的角色。他们没人说过这个。曼斯菲尔德就施特劳斯和海德格尔写过一篇小文，在那篇文章里，他实际上说或至少暗示，施特劳斯是个秘密的海德格尔派，那就是终极秘密。

海德格尔统治着今日的美国——在今日的世界，他是最强大的智识力量，他现在还是自由主义的终极解释者。我忘了约纳斯（Hans Jonas）①哪一年来的这儿。他在神学院的赞助下开了场讲座。顺便说，我给这个学院改了名：克莱蒙特神学院（Claremont School of Theology），我称为精灵/魔灵 School of Demonology。因为我跟那里的院长起过争执，他指责我不尊重新马克思主义。我说带不带新字到底有什么区别。我说马克思如果是个马克思主义者，也是那种复杂深刻到可以变成海德格尔的人。

说回来，为什么会把约纳斯邀请到这儿来？因为他当过海德格尔的研究助理。我觉得约纳斯在某种程度上仍是个海德格尔派。他履历惊人：在第二次世界大战中，他先在英国军团中作战，然后制服都没换就加入以色列军队。所以他战绩颇丰，至少是为了犹太人的独立。但晚年的施特劳斯听说约纳斯去拜访海德格尔，从此以后，施特劳斯不会再跟他有任何瓜葛，尽管他们曾是相当亲密的朋友，据我所知。

格雷戈里：你称为分裂之施特劳斯危机的东西，我觉得在施特劳斯生前，分歧已然明显。就你所知，施特劳斯是否注意到这一点，或者是否试图干预或回应这一争议？

雅法：没有。他身体不好。在他晚年，他越来越专注于苏格拉底。你知道，他的大部分著作、他的色诺芬著作都关乎苏格拉底。

---

① 约纳斯（卒于1993年），1955年至1964年在新学院任哲学教授。1964年，约纳斯公然抨击自己在德国的老师海德格尔，说他依附纳粹党。约纳斯最著名的作品是 *The Imperative of Responsibility: In Search of an Ethics for the Technological Age* (Chicago: University of Chicago Press, 1985)。

格雷戈里：对，对。

雅法：而且他还回到尼采。在他晚年，他似乎在某种程度上回到他的德意志根源。好吧，当然，有一段时间，他是个尼采派。我从不否认这一点。

格雷戈里：他说他年轻时是。

雅法：其他成百上千的人也是如此。

格雷戈里：对。你知道，考虑到施特劳斯的好斗……他在1949年提到过，但没有出现在1953年的书中。当然，这一点在五十年代显而易见，你觉得那种好斗对他有好处吗？如果你想说施特劳斯主义，施特劳斯主义是否会在学术圈站得更稳，要是施特劳斯不那么……

雅法：好战。

格雷戈里：在他对待社会科学的态度上？

雅法：那会是对一切的背叛，真的。他发现自己就像霍刺提乌斯（Horatius），在桥上一夫当关。我觉得施特劳斯是最近二百年中独一无二的人物。当然还有别人。往回推三百年：卢梭是个非凡的天才，施特劳斯没有那种天才，但在大问题上，他是对的，而卢梭是错的，他俩之间没有别人。

我刚出版的那本书的最后一章，我把施特劳斯论相对主义的文章放在里面。我这么做是因为我印了跟伯林的通信，伯林抱怨说他听说施特劳斯就他写了一本书，但他找不到这本书或任何文章。所以我印了施特劳斯确实写过的那篇文章，那篇文章讲马克思和弗洛伊德比讲伯林多，但我还是想收录在册。所以我觉得来美国是一种把施特劳斯唤醒的方式，让他清醒地面对现代性的悖论。

毕竟，他来了这里；当时希特勒正如日中天，而且看起来希特勒也会赢得战争。

格雷戈里：整整一两年。

雅法：嗯，开讲座讲国际关系或真正的政治科学时，我常常以提出这一论点开场：1940年春，如果战争是一盘棋，则希特勒有全部……

　　格雷戈里：有全部棋子。

　　雅法：对。而丘吉尔一个棋子也没有。我还在我［编辑］的纪念丘吉尔的文集[①]中……我第一个在丘吉尔去世之后转印施特劳斯给丘吉尔的颂词。我认为那篇颂词比他出版的任何著作都更能揭示施特劳斯的个人立场。而且这篇东西是自发的；我确定他根本没有写下来。

　　格雷戈里：你认为他没有写下来并带到课堂上？

　　雅法：这篇东西在转写稿中。我是从那里看到的。

　　格雷戈里：我的意思是，你认为他并未写下来然后拿到课堂上宣读？

　　雅法：是的。我相当确定，丘吉尔去世这件事使他深受触动。他说我们教师的义务是教人伟大，那不仅仅意味着大书。丘吉尔是比如柏拉图或亚里士多德之外的一个伟大的例子。

　　顺便说，在随后重印的《分裂之家危机》的序言中，我突出的一件事情是，林肯与道格拉斯（Douglas）的论辩——这是在我后来的书中——与苏格拉底跟忒拉绪马霍斯的分歧如出一辙。经典之间的联系是绝对直接的，而不只是解释。

　　格雷戈里：这是事物的本质。

　　雅法：对。

　　格雷戈里：我理解。

　　雅法：美国政治经验的中心是柏拉图的《王制》的中心。

　　格雷戈里：有人自称施派，形成一个追溯到他的施特劳斯学派，你觉得施特劳斯会对此感到舒服、高兴或者顺其自然吗？

　　雅法：可能不会。我还写过一点别的，目前还是未出版的手稿。1996年，凯斯勒（Charles Kesler）在这儿办过一次讨论美国政

---

① *Statesmanship: Essays in Honor of Sir Winston S. Churchill*, ed. Harry V. Jaffa (Carolina Academic Press, 1982).

制的会。^① 我写了篇短文，大概一百页。我称之为"美国理念的衰亡"（Decline and Fall of the American Idea）。站在错误一边的人中，就有那些施派，他们把建国解释为一份经由洛克伪装的霍布斯式的文件，顺便说，他们全都把自己的立场追溯到施特劳斯在《自然正当与历史》中论洛克的那一章。那一章不好解释，因为那一章把洛克写成一切我们视为好的美国精神（Americanism）的反对者，而这种美国精神基于《独立宣言》，因而基于洛克。我对那种评论的回应是，在《自然正当与历史》中，施特劳斯提供给我们的是对洛克的解释，而非对华盛顿或杰斐逊的解释……^②

　　格雷戈里：原来如此。施特劳斯不会对所谓"施派"的存在感到高兴？

　　雅法：我［只］知道下面这些事情。我快写完这篇短文时，读到一篇小曼斯菲尔德的书评。他以前称自己为小［曼斯菲尔德］。我不知道他为什么把"小"去掉，因为他父亲也出过书，你搞不清谁是谁。出于或这或那的理由，他也曾把自己的一本书题献给他的父亲。他个人重感情，但在别的方面冷漠。不管怎样，他是研究施特劳斯主义的一个有趣的案例，而且他是个非常聪明的家伙、一个非常机灵的作家，既可以隐晦也可以清晰，取决于他想怎样。他在评的这本书，主编是哈佛著名的研究美国建国的学者。这是一本文件的汇编，涉及1787年至1789年对宪法的批准，^③ 大约两千页的文件。曼斯菲尔德开

---

　　① 这次会议是1996年4月18日至20日举办的萨尔瓦托里中心（Henry Salvatori Center）25周年研讨会，主题是对现代世界的个体自由的研究。凯斯勒是克莱蒙特－麦肯纳学院的政治系教授，也是当时萨尔瓦托里中心的主任。

　　② 谈话被电话打断。

　　③ Harvey C. Mansfield, Jr., "Returning to the Founders: the debate on the Constitution," *The New Criterion* 12 (1993): 48–54, a review of *The Debate on the Constitution: Federalist and Antifederalist Speeches, Articles, and Letters During the Struggle Over Ratification*, 2 vols., ed. Bernard Bailyn (NY: Library of America, 1993).

篇就赞赏这本书，称这是多么精彩的论述，而我们今天没有这类东西是多么遗憾。他没有对这本书的内容作任何真实的描述。但他随后继续……我不知道他是怎样转到《宣言》这个话题的，但他谈到了《独立宣言》自明的半真理，即非真理。但这不是半真理，而是真理。更糟的是，在讨论《宣言》的文献中，其他拒绝《宣言》的人，比如卡尔霍恩，他们之所以拒绝《宣言》是因为种族平等的观念，而曼斯菲尔德当然没有涉及黑人的权利；但那就是他就此所说的东西。然后他继续给出纯东岸施派的解释：洛克就是个披着面纱的霍布斯。沃尔特·伯恩斯也说过，《宣言》的开头和结尾互相矛盾，因为开头非常霍布斯，而这意味着勇气（courage）这一观念中毫无高贵可言。曼斯菲尔德后来接着就男子气概（manliness）写了一整本书。[①]当然，男子气概一词仅仅是对德性（virtue）一词的翻译。所以不管怎么说，我成了最大的例外。后来，在开会时……曼斯菲尔德当着听众的面对我作了十分可怕的人身攻击，他毫不解释为什么。那个家伙就是谁都攻击，最后找上了我。

自那以后，我写了三封公开信，我还有一本书的手稿，其中有两三页讨论这场争论。我还没决定要不要出版这本书。这本书最重要的特征是施特劳斯的讨论以及就古典友谊观给科耶夫的回应，施特劳斯在其中描述哲人为何必须有朋友：因为他们不可能知道自己在讲什么，除非他们得到某些反馈。于是，哲学上的朋友开始实际上形成某种由他们自己组成的俱乐部或阶层。但当哲人的联合变得教条，他们就会攻击外部的每一个人，也会有内部的不和。共产党是个完美的例子，始于哲学上的友谊，后来变成一个政党。施特劳斯用大概一页的篇幅谈过这整个过程——据我所知，这是唯一一处，他着实从最高意义上描述友谊的意义。他说，当哲人发现自己身处一个宗派的内部，他就不得不离开宗派，不得不回到市场。这是一个政治行动。根据施

---

① ［译注］中译本参曼斯菲尔德，《男性气概》，刘玮译，南京：译林出版社，2009。

特劳斯，一个政治行动是古典友谊观的完整性的基础，我觉得这是对我所做的一切的完全肯定。

曼斯菲尔德的父亲是我在耶鲁的老师。我记得我告诉过你。我于1951年秋去哥伦布（Columbus）的时候，我记得曼斯菲尔德还是哈佛的学生。但我们彼此认识，他常常来我的办公室跟我长谈。他为他在哈佛的教授帕森斯（Talcott Parsons）辩护，反对施特劳斯，这是场非常不平等的冲突。我最常说曼斯菲尔德的皈依是……艰难的皈依造成好的原则。然后，他到伯克利教书，当时施特劳斯在斯坦福行为科学研究所（Behavioral Sciences Institute），每周总是有一次研讨会。我觉得他没有研讨会就活不了，就像酒鬼离不了威士忌。[笑]我还记得曼斯菲尔德每周会从伯克利去参加研讨会，他给我写了封信，说与施特劳斯隔桌而坐时，他第一次发现什么叫从远处欣赏伟大。这话说得漂亮，他说得出来。总之，那件事之后，他来过这儿几次，他常常来这儿拜访我妻子，对此我非常感激。[雅法给格雷戈里看他妻子的照片。]

我的妻子去世后，曼斯菲尔德给我写了封诚挚的信，我相信他是在试图修补因那次爆发而倒塌的篱笆。他……非常不公正……这是对我完全无理智的攻击，就因为我不对，因为我攻击我的朋友。但什么是友谊的基础？在亚里士多德的《尼各马可伦理学》中，有一卷论正义，两卷论友谊。所以不管怎样，我有一大堆别的事情要做。我不知道是否……但从会议上的那次爆发可以轻易看出。后来潘戈有一次类似的爆发，他当着二百人的面告诉我，他要仗势欺我（pull rank on me）。我二十年的师弟要仗势欺我。施特劳斯信任他。顺便说，在那次晚宴上，潘戈继续说（这也揭示出东岸施派的不少东西），苏格拉底鼓励年轻人变成同性恋，以便（下面是他的原话）软化他们的灵魂，为哲学做好准备。他还提到《回忆》。我一回到家，就把《回忆》翻出来，里面并没有这类话。真正的哲人俯就道德，因为道德保护他们。但与此同时，他们继续享受"天然甜美的愉悦"。当然，这是在一本遗著中。你瞧，他们老把什么是真正的秘密挂在嘴上，当然，同性恋是其中的一个秘密。

格雷戈里：你说施特劳斯每周一次的研讨会就像酒鬼的酒。在那种意义上，教学对施特劳斯意味着什么？

雅法：生命。

格雷戈里：生命？

雅法：对，生命。不过我有一些事情非常想告诉你，你会明白为什么。这跟他个人有关。他住在里弗代尔的布朗克斯（Bronx, in Riverdale）的时候，下火车之后，得翻一座非常陡的山才能到他家。施特劳斯从来不运动，能免就免，但他既不会开车也打不起出租车，所以他得爬上爬下那座山至少一次，有时两次或者甚至更多。但他到了芝加哥之后，没有了必需的运动，这是他来到芝加哥的唯一坏处。他到芝加哥之后不久就犯了次心脏病，我记得是在1953年或1954年。……你是马克斯兄弟（Marx Brothers）[①]的粉丝吗？

格雷戈里：嗯，他们非常有趣。

雅法：对，是的。[笑] 在他们的一部早期电影中，格劳乔（Groucho）演一位伟大的非洲探险家。

格雷戈里：《椰子果》（Coconuts）。

雅法：什么？

格雷戈里：《椰子果》。

雅法：对，就是这一部，我一直拿不准叫什么名字。开场之后10到15分钟，格劳乔上场。他进场时坐在一顶轿子上，四个努比亚奴隶抬着。[笑] 施特劳斯要是能找到努比亚奴隶，就会这么来上课。走近道他都不愿意。当然，施特劳斯的每一位研究助理的主要工作就是开车接送他，干诸如此类的事，成为某个名头好听点的吉夫斯

————————

① ［译注］马克斯兄弟是知名美国喜剧演员。他们五人是亲生兄弟，常在歌舞集萃、舞台剧、电视、电影中演出。他们在美国电影学会评选的百年最伟大男演员中排第20位。

（Jeeves）^①。没有哪个研究助理做过什么研究，就是这样。^②

还有加尔斯顿（Bill Galston）。他是唯一拥护民主党的施派或者说据称的施派。而且我觉得从整体上看，他可能试图发挥同样的影响，就像大部分西岸施派对我们的影响……我写过一篇文章，无论出于政治原因还是哲学原因都非常重要。文章写于七十年代中期的某个时候，是在某次华盛顿会议上。文章的题目叫"保守主义的假先知"（"False Prophets of Conservatism"），我开篇就说，我认为拯救西方文明要靠美利坚合众国，拯救美利坚合众国要靠共和党，而且共和党要靠党内的保守主义运动。我还表明那场保守主义运动完全有负于自己的历史使命。我觉得这是因为我有另一种接触，柯克（Russell Kirk）是旧保守派的头，欧文·克里斯托尔是新保守派的头。他俩互不喜欢，我知道这一点，这主要是因为克里斯托尔是个犹太人。但他俩一致认为《独立宣言》虚伪且无关紧要。在我刚给你的这一篇文章中，我这么结尾……在克里斯托尔最近发表的一篇文章中，他说国父们对宗教这一主题不太感兴趣，几乎没人就宗教写过什么值得读的东西，尤其杰斐逊，他从未就《独立宣言》或别的什么写过任何值得读的东西。对《宣言》的这种彻底的谴责好像有什么……他比卡尔霍恩还卡尔霍恩。所以这就是保守主义运动的命运被导向的地方。你可以在那篇"假先知"中看到。我不是在试图预言政治史，但这是政治预言。

格雷戈里：我还有大概两个问题，然后就得赶往机场。1967年，施特劳斯本来可以留在芝加哥，但他选择退休并搬到克莱蒙特。他为什么搬到克莱蒙特？

雅法：首先，你得知道，他来找我并问我能不能为他在克莱蒙

① ［译注］英国作家沃德豪斯（P. G. Wodehouse）所著小说中的人物，用来指理想的男仆。中译参《万能管家吉夫斯》（1–5），王林园译，南京：江苏凤凰文艺出版社，2018。

② 谈话被电话打断。

特安排一个职位。当时，在实际操作中，戴蒙德那会儿还是我的朋友和搭档，本森（George Benson）①也帮了不少忙。埃尔哈特基金会（Earhart Foundation）也帮了忙。还有萨尔瓦托里（Henry Salvatori），他最后给施特劳斯付薪水。我们当然都很高兴，我还记得那是1967年的圣诞周。我记得去火车站。这儿是个小站（whistle stop）。我觉得当时施特劳斯夫妇都没有坐过飞机。我不知道他怎么去的以色列，肯定是坐飞机去的，但他真的信不过任何离地的东西。他喜欢双脚着地。

格雷戈里：所以施特劳斯为什么想从芝加哥搬到克莱蒙特？

雅法：我们从没真的讨论过这件事。而且我不想把太多功劳揽到自己身上……但我想说，我可能是最重要的一个原因。后来我们遇到点困难，是施特劳斯夫人完全不喜欢待在克莱蒙特，而不是他在学院的安排、他的学生或别的什么，那一切都完美。

格雷戈里：所以施特劳斯着手从这儿搬到圣约翰学院？

雅法：对。嗯，他的朋友克莱因……

格雷戈里：你觉得他搬去那儿是否为了好靠近克莱因？

雅法：我觉得可以说施特劳斯是风暴中的一杯茶，所有决定都是施特劳斯夫人做的。

格雷戈里：我懂。

雅法：但另一点是，施特劳斯夫人从未完全适应美国。她想跟能用德语交谈的人待在一起，而圣约翰学院有一个小的德语社区。但施特劳斯对主要由我做的一切安排感到再满意不过。而且他熟悉房子和一切。他不喜欢关心那些事情，但得有人关心。

格雷戈里：对，对。你是否把施特劳斯视为你的朋友？

雅法：我的朋友？

格雷戈里：对。

---

① 本森，1967年时任克莱蒙特男子学院校长。1976年学院改成男女同校后，改名为克莱蒙特–麦肯纳学院。

雅法：当然这里有个问题：对于两个看法完全一致（see eye to eye）的人，至少在我看来是如此，可以拥有哪些类型的友谊？我仰望他。如果说有人能变成神，他庶几近之。我发现，遇见他就像……通往大马士革的道路可能是个不完美的类比，因为最后没有耶稣。〔笑〕没人会为此责备他。

他写那封信告诉我，他接受聘用的条件是他们给我找一份工作，这就是他的个性，好像他有十足的把握。但毕竟，当他告诉我，他发现在美国不能胡乱使用无神论者一词，我不知道他让多少其他人也相信这一点。施特劳斯挺有趣的。他一直在谈论秘密，但从不保守秘密。他总是充满秘密，你瞧。这给他的谈话增添某种魅力，而且有时那些秘密相当不寻常。

但耶路撒冷与雅典的关系，是造成秘密的一切原因的动力核心：我完全清楚，至少可以说，他说每个人必须作出的这个决断，他从未作出。

格雷戈里：他从未在耶路撒冷与雅典之间作出决断？

雅法：对。这也是解释《城邦与人》的开头的基础，他在那里谈论西方的危机：医治西方危机的唯一药方，就是来自神圣的正义之城的教诲。他没说过这座城的名字。当然，听起来更像耶路撒冷而非雅典。但他有一次告诉我——我不确定他的原话是否如此——他的头在雅典而他的心在耶路撒冷。

格雷戈里：我理解。或许我们最好以这个想法作结。非常感谢。

勒纳访谈录

2013年1月14日

李旺成　译

格雷戈里：你最初是怎么知道施特劳斯的？

勒纳：甚至在他来芝加哥大学之前，我对他就有所耳闻。在我念本科或者可能念硕士的时候，虽然我很乐意待在哈钦斯学院（Hutchins College），但我经常翻翻其他院系的介绍手册，仿佛是在寻找别的地方可以去学习或更好地感受学术世界。

职业规划办公室——甭管那时候叫什么——在瑞诺兹俱乐部（Reynolds club）有个学院介绍手册的馆藏，就在二楼，我可以去借阅。当时我在想一些政治科学方面的东西，但也不确定是否就局限于政治科学。有一天，我翻到社会研究新学院的介绍手册。有个我在高中就略略认识的人，他早我好几年上高中，已经到了新学院学习，我从他的弟弟妹妹们那儿得到反馈：这个学院是一个特别激动人心的地方。所以我就翻看那本手册，但我并不知道那些列出来开课的欧洲教师是谁。那些名字对我来说没多大意义。他们大部分是德国难民，偶尔有意大利人，全都是从法西斯和纳粹那儿逃出来的难民。但有一样东西使我眼前一亮：有位老师开的课，课名只有一位政治科学（或政府学或无论那儿叫什么）人物的名字。尽管至少在那些年，看到某人开一门关于华兹华斯或诸如之类的课，人们不会感到震惊，但某人开一门关于马基雅维利或诸如此类的课，我之前见所未见，闻所未闻。当然，芝加哥大学也没有与此对应的东西，而只有种种综合课程，某某通史之类的课程。所以，有人要开一门柏克的课，纯粹而简洁，使［我］眼前一亮。我现在记不起对要读哪些作品的任何解释，只记得要读的是某位思想家的整体思想。这位老师就是施特劳斯。我记得的就是这些。我当时没打算去新学院，但我想，这种表现主题的方式多么非同寻常呐。

施特劳斯是什么时候来的？是哪一年的1月份来着？

格雷戈里：1949年吧，我感觉。

勒纳：1949年，对。当时我硕士快毕业。他不声不响地就来了，开了一门课，我记得应该是关于［卢梭的］"第一论"和"第二论"的。我当时就想：唔，我去旁听一下，看看在搞什么名堂（que pasa）。班里算上我只有四个人，我慌了。一个大教室，没什么遮挡，总共只有四个人，围着一张桌子。而且，我那次没有预先读那些作品，尽管两篇都不是太长——我当时在搞毕业论文。所以，几次会面后，我便悄悄溜走了。不过，我观察到一些东西。这是一种截然不同的东西。我不知道班里的另外两个人是不是那种特别出色的或逃避风险的学生，因为我知道自己不属于这两种。但我看到施特劳斯和他问问题的方式，涵泳玩味、深耕文本的方式。两次会面，我就看到这些。我没有进一步和他交往，直到那年5月或6月，我要参加论文答辩，而他会是答辩委员会中的一员（也就是会出席口试）。

格雷戈里：你的硕士论文是关于什么的？

勒纳：关于国家对科学的控制，不算一篇杰作。论文的缘起是，我听说国会正在建立国家科学基金会（National Science Foundation）。我指的是，这一切都源于曼哈顿计划（Manhattan Project）等名义下进行的巨额科研投入。但这儿也有一个理论问题。施特劳斯问道："柏拉图会怎么看待国家对科学的控制？"这超出我对科学探寻的理解深度，故而我回答说："他会反对。"施特劳斯说："那你错了。"他接着问："柏拉图会怎么看待科学成果的自由发表？"因为科学成果的自由发表是国家科学基金会等研究涉及的内容之一，当时颇有争辩。我自信地回答："他会表示反对。"施特劳斯说："你说对了。"所以这意味着我答对了一半？我不觉得。这些就是我与施特劳斯最初的交往。

那年6月后，我离开学校一年。我当时想去从事新闻工作，觉得那才是我的真爱。我离开的那年，政治科学系发生了一场剧变。我从朋友们的反应中感受到这场剧变。他们都比我年长得多。我太年轻了，所以没被征选去参加第二次世界大战，但他们所有人——都是成年人——不但在军中服役过，而且时间很长，有的长达6年。而我那会儿只是街区的一个小孩儿。施特劳斯在9月份，1949年秋季学季，遇到的就是这样的听众。我尽可能地回忆，也没想起他们中有谁的专业叫作政治理论。他们也许有学那个专业方向的意向，但因为在政治科学系有一项特殊规定，什么领域必须参加预备考试，而哪个领域则无须参加，因而他们未能以政治理论为专业。在你要写毕业论文的那个领域，就无须参加预备考试。但这意味着你必须学习其他四个领域，其中一个领域叫"政党与行为"（Political Parties and Behavior），由莱瑟森（Avery Leiserson）[①]——一个很难搞懂他在干什么的人教授。他对方法论问题感兴趣，每次他都会带一堆两尺厚的书到课堂，他的课通常就是谈论这些书的作者采用的各种方法，让你陷入其中。怎么处理他的考试可能会考到的那些问题呢？——这种不确定感使这些人变得焦虑，他们中很多人可见过真枪实弹哩！结果就是，他们选择在政党和政治行为［领域］写毕业论文，以免参加预备考试。

所以，这些行为社会科学［领域］、政治科学［领域］培养出来的学生，出于好奇或其他目的——或者是因为他们觉得自己最好去瞧瞧这个家伙，看看他会在考试中出什么题——成了施特劳斯的听众。但他们不是那种倾向于认为他正确的听众，绝不是。他们的倾向刚好相反，我知道这一点。我无需说那些人的名字，他们是我的朋友，当时还是学生。他们当然不是理想的听众，但非常聪明。在我离开那

---

① 莱瑟森（2014年卒），1952年离开芝加哥大学，到凡德布里特大学（Vanderblit University）担任政治科学系主任，直到1965年；1974年担任美国政治科学协会会长。著作包括 *Parties and Politics: An Institutional and Behavioral Approach* (New York: Alfred A. Knopf, 1958)。

年，他们一直在那儿——［施特劳斯］已经把他们争取过来。

施特劳斯展示了一些东西。翻看他那些旧录音稿，或者听他早些年的研讨课，就会注意到他们会以陈述政治科学中的问题开始，针对这个问题，某个具体人物（随便什么名字）可能会说什么。你兴许会说，他开始的方式是一段卡拉姆（kalām）——辩护神学（defensive theology）。他会说："我不是要将你们引向 cul de sac［死胡同］，而是要引领你们通过某个具体的作者或作品，加深或扩宽你们对某些早就觉得重要的问题之理解，或者使你们看到，你们认为重要的问题本身被想得太过狭隘，背负了太多前见甚至偏见来到你们跟前，阻挡你们看到那儿有什么东西。"

所以，当我回来的时候，情形就不再是两个学生和一个老师坐在一张超大的研讨桌前，而是人贴着人，仿佛是这儿新来了一只会跳舞的熊，什么把戏都能耍，快来看！有一些比较难对付的提问者。总之，［施特劳斯的课堂］绝对不是独白，而是成了一个非常激动人心的地方，尤其因为那儿有很多系里的其他老师——我尤其记得摩根索——还有其他人，包括那些更专注的社会科学家，施特劳斯并未回避拿他们的方法与他的那位具体作者在那一节中提出的观点作对比。

施特劳斯深得资产阶级的行为准则（bourgeois respectability）之精髓。我的意思是，他从未有不文明的举动，没有任何恶意批评，或任何其他之类的。但通过以这样的方式提出问题，结果是，当我上摩根索先生关于现代政治理论的政治理论课（我记得是这样叫的）时，听众提出了两三年前绝对不会出现的问题。所以，在智识上那是一个特别激动人心的时刻：有礼貌的冲突、难以对付的观点。要我说，这一切都归功于施特劳斯：他愿意提出来，并展示另一种方式。

格雷戈里：我听说当时课程原计划是上一个半小时，每周两次课，但实际上他们经常会上四或五个小时。施特劳斯会单纯地上课，然后讨论问题，再讨论问题，直到所有的问题都讨论完。是这样吗？

勒纳：五个小时太夸张了。我的意思是，我觉得施特劳斯和教室里的其他人在那段时间也许不得不去趟厕所。但确实，他准时开始上课，但从不按规定时间下课，就像我们刚刚说的那样。我们真的会有那种感觉：在热切地追求某个有趣而重要的东西时，时间便过去了。他可能会在任何时间开始上课，两点，或者下午一点半，我不晓得，直到五点，再与大家分别。之后，还有些人送他回家。这些人脑子中还有更多的东西想要释放。这是非常令人振奋的。那些讨论得很热的问题，每个学生，那些成熟的人，不得不全力以赴。

这些人中我知道的几乎全部都结了婚，有孩子，我的意思是，他们不是大二学生。施特劳斯讲的那些东西，真正颠覆了（destabilizing）他们的智识世界。但这不意味着他们所有人都会去研究政治理论，远非如此。想想其中最优秀的一些学生，像斯托林；还有几个去研究其他东西，像沃尔特·伯恩斯。但施特劳斯的方法，延伸到政治哲学及其历史，这种延伸产生了种种导致不安的、颠覆性的第二三四个想法，关于他们在做什么，以及将如何继续下去。对，这是非常剧烈的。

格雷戈里：根据课程录音稿，我们得知，施特劳斯早期的教学风格是这样的：他会先讲你提到的导论，解释他要讲的某个人物与当下关注点之间的（在政治科学方面或更一般的社会层面的）关联，然后开始疏解文本（无论是什么文本），每次一段，并作出评论，最后提出问题。这是他打一开始就采用的一般方式吗？

勒纳：是的，但稍有不同。第一次会面时，他按课程的不同时段分派任务，有主动要求的亦可。换句话说，我们这次课研读多少页或多少章等，下次课读多少，再下次课读多少，一直到整个十周读多少，他在心里或纸上已经计划好。学生需要对那次课的那个章节作一段十分钟的口头报告，还要提交一篇论文，基本是关于他们要讲的东西。这不是即兴演讲，而是每个后续时段的开始部分，然后施特劳斯再转到相应的段落上来。

之后，施特劳斯会稍作评论，有时如神谕般（Delphic），谈论用来解释的语言，以及他对一些东西的回应。有的时候，他的学生会提出一个重要的议题，他会加以应对。比如伯纳德特，他会说一些东西，施特劳斯当时会处理，然后在信件或私下交谈中反馈给他。这就是每节课的开始，学生对他发现的任意主题作十分钟的展示，可以是对一些问题及其解释的总结，或是关于某样东西大家都有的困惑，然后，施特劳斯会简要地作出回应，再继续自己的解释。

我坐得离他特别近，可以看到他怎样上课，我记得是：他拿着一小张纸（"不浪费，不缺乏"）、一小截铅笔，在上边写些东西，写完后，画一条贯穿纸面的水平线。这可不是为了进一步标黄而保留的标黄的笔记，而是鲜活的阅读之产物。可能有几本活页笔记本放在家里，里面写着他对所读文本的观察。我肯定这是事实。但确实，他知道自己上课要涉及哪些东西，而且，通常情况下，他掌舵之手坚实可靠。

格雷戈里：好的。他的教学有没有逐年完善？

勒纳：不好说。我觉得有改变，因为后期当我开始执教时，他还在那儿，我有时会去听一些课。我觉得，他感到没那么必要和时下的政治科学议题联系起来，而是直接进入作品本身。从某种程度上说，他采用的方法的新颖性无须反复说明；学生熟悉他在做什么时，就无须一次又一次地获取那些旧东西。当然，他写得也多了，还开大型讲座。学生更容易搞清他正在干什么，以及他要往什么地方去。确实，为《自然正当与历史》举办的那些讲座，通过让人跟得上的实例，让事情变得非常清楚。我说不准他的教学是否变得更好。

格雷戈里：你认为施特劳斯怎样理解自己作为教师的角色？有什么他特别想去实现的吗？

勒纳：我不得不说，我听说迈尔在不下一个场合说施特劳斯有意建立一个学派，这与我的直觉相反，或者说作为一个学生，至少我没有感觉到这一点。我只是一个小孩儿，我知道什么？施特劳斯尽量争取有能力的学生到这项工作中去（我说"这项工作"，是要区别于"这种思维方式"），这倒是事实，但我并不视之为一个学派。他试图去争取那些真正的好学生。他发现了某些东西，或揭示了某些东西，或迟来地重新发现了某些真正有价值的东西——这确实极为重要。我觉得，至少可以公正地说（这不是过分断言），他不想让这些东西随他而消亡。但我不觉得这是一个学派问题，像芝加哥社会学派或芝加哥经济学派那样。甚至他们也不完全是一整块，对吧？［这当然］适用于经济学，或许，也适合三十年代梅里亚姆①和戈斯内尔②等人在的时候的芝加哥政治科学学派。

他与克莱因等人的通信也许会为这个观点提供支持，但我不觉得那是一个学派，而且我仍然很难相信施特劳斯会觉得自己在创建一个学派，因为这太把他放到中心了。这种观点是一种日心说式（heliocentric）的视角，我不认为施特劳斯期望那样。

格雷戈里：施特劳斯没有自视为维持古典学问、维持西方文明之生命的最后一人或其他什么吗？

勒纳：没有。我认为这是别人、某个古典学系的人宣称的。施特劳斯不会。他的行为方式不像在暗示他严肃地投身于虚饰自己——绝对不是。教室里最大的人存在于我们面前的书中。在此意义上，我们都在学习。现在你可以说，他好精巧（artful）哦。我的意思是说，我们最深的思考——我说的"我们"指的是最优秀、最有能力的学生——比起他当时当地可以做的，只不过是儿戏。但那不是他呈现的方式，也不是由于某种对人类理解力之局限的信念，［真正的］意思是我们不得不靠自己挣得结论，而且，显然我们并不能在短时间内做到，甚至一生都做不到。所以说，这意味着一种谦逊，我相信施特劳斯试图示范的就是这种谦逊，而且不仅仅是出于审慎的原因。

---

① 梅里亚姆（Charles E. Merriam，1953年卒），1900年至1940年任芝加哥大学政治科学教授，以政治科学中的行为运动（behavioral movement）的创始人之一而闻名。他认为，政治过程应与实践活动联系起来。梅里亚姆作为市议员，供职于芝加哥市与其他几个国际委员会，包括罗斯福总统旗下的自然资源规划董事会（Natural Resources Planing Board）。

② 戈斯内尔（Harold F. Gosnell，1997年卒）从学于梅里亚姆，成为他在芝加哥大学政治科学系的同事，关系紧密。戈斯内尔出版过两本关于投票的研究专著，开使用数据分析之先，著有 *Negro Politicians: The Rise of Negro Politics and Chicago* (Chicago: University of Chicago Press, 1935)。

　　格雷戈里：所以说，存在一种在传统前的谦逊，他不愿意叫别人关注自己。在你看来，并没有什么计划隐藏在他的教学之后——仅仅只是理解某些东西。

　　勒纳：我可以说这就是我从中得到的东西：［理解某些东西］就是我们的最高呼召（highest calling）。谁能读懂人的心灵与灵魂呢？我的意思是，我不知道他自己的抱负是什么。就算找到他的信件，［意思］也要打折扣，这适用于所有东西。我的意思是，阅读这些作者中的任何一位，我们必须学会的一件事情是，他们预设某种特定的读者。施特劳斯不是世上最后一个想过这与他自己正在写的东西的关系的人。理解由他付诸工作的严格与专注而得到检验，就此而言，他倒颇有抱负。［其他的］我没看出来，也许这样说就够了：我没看出来。就这样。

　　格雷戈里：施特劳斯还活着的时候，会听到政治科学系的人开始叫他的学生施特劳斯派。他自己的学生也开始自称施特劳斯派，甚至还在内部争论成为一个施特劳斯派意味着什么。他对这一新术语——施特劳斯派——的出现有何评论吗？

　　勒纳：不知道。我自己从未使用这个术语，除了说我不信的时候。封闭的宗派团体的问题，迈克尔·扎科特称为秘密握手之类的所有东西，我想对此施特劳斯会说——他确实可能会说自己不是施特劳斯派，就像马克思本人曾经说过他不是马克思主义者。我的意思是，那些人，当他们看到一些与此类似的东西，也许有点晕了："我们进到了世上其他人都看不到的某些东西中；那不是错觉，亦非异象，而是蒙住我们双眼的鱼鳞被扯掉了。"①诸如此类。他们可以偏得

---

　　①　［译注］指经过长时间蒙蔽，突然明白某个真相，典自《新约·使徒行传》9:18："扫罗的眼睛上，好像有鳞立刻掉下来，他就能看见。于是起来受了洗。"扫罗（保罗）因为迫害基督徒，在去大马士革的路上见到基督的异象，双目失明三日三夜；基督指示亚拿尼亚为其医治，此时，扫罗的眼睛上仿佛有鳞片掉落，双眼顷刻复明。

相当远。而我觉得，盗用施特劳斯欣赏的一位作者的话说，他会把这当成小狗的行为。但我没看到 [施特劳斯这么评论]。

格雷戈里：好的。

勒纳：所有这些内部争论，我指的是福尔坦在一篇关于德鲁里的书的评论中[①] 提到的 "施特劳斯派" 分类法……

格雷戈里：114种？[②]

勒纳：对，她漏了一些。我认为这才是正确的办法：用机智彻底反驳之。

格雷戈里：好的。施特劳斯是你的博士论文导师？

勒纳：对。

格雷戈里：关于政治锡安主义（political Zionism）？

勒纳：对。不是一篇特别出色的作品。

格雷戈里：关于品斯克（Pinsker）与赫茨尔（Herzl）？

勒纳：是的。当施特劳斯向我提议这个选题时，在那个点他本可以写一本书，甚至不止一本书。他当然也部分涉猎该领域。对我来说，整件事的好处在于，施特劳斯引导我在阅读赫茨尔的五大卷《日志》（德文版）和品斯克（德文版）之外，到达了斯宾诺莎，甚至到达了对我更重要的迈蒙尼德。那是我的迈蒙尼德入门。

施特劳斯建议我做这个论文，还有一个原因是，他知道我懂一些希伯来文，对这内行。不一定是中古希伯来文，而是这方面相关的必学的专业术语（抛开天文学作品不论），并不是太多，所以我应该做这个题目。我觉得，他可能认为，他带的学生或向他咨询论文选题的人应该做自己擅长的题目。如果懂一些，就去做那个题目。这就把我

---

① Ernest L. Fortin, "Between the Lines: Was Leo Strauss a Secret Enemy of Morality?" in J. Brian Benested, ed., *Ernest Fortin: Collected Essays, vol. 2, Classical Christianity and the Political Order: Reflections on the Theologico-Political Problem* (Rowman & Littlefield, 1996), 312–327. "德鲁里的书" 指的是 Shadia Drury, *The Political Ideas of Leo Strauss* (Macmillan, 1988)。

② [译注] 过于夸张。福尔坦玩笑般的列出20种分类法、48种施派。

导向迈蒙尼德，这是论文中最重要的一点。对此我永远心怀感激。

格雷戈里：所以你就和他坐在一起，他说："勒纳，你可以考虑写政治锡安主义？"

勒纳：然后，他给我这个选题可能涉及的几类问题的一些线索：把对犹太民族处境的理解政治化，等等。

格雷戈里：他给了你这个题目可能涉及的几条线索。这些线索包含斯宾诺莎和迈蒙尼德的名字吗？

勒纳：对，包含。你可以读读关于这个题目的那份详细的内容提要，在他为《斯宾诺莎的宗教批判》英译本写的前言里。那儿全都有，甚至还包含成百上千更多的东西。

格雷戈里：他给你一个很具体的题目，然后你就着手写？

勒纳：施特劳斯给了一些东西供我思考。他认为这些都在我的能力之内。这也必须加以考虑。他显然觉得我能应付语言的负担。他可能甚至觉得，学生应该喜欢自己的选题——我在给研究生建议的时候也是这样想的，是真正的喜欢。结果证明，我确实喜欢 [自己的选题]。所以我说，我对此表示感激。

格雷戈里：你写论文时，施特劳斯读过其中的章节吗？

勒纳：没。他 [只是] 说：去写吧。这不是说我不能拿正在写的东西去询问他。有一个学季，至少一个学季，我是他的"助教"。我曾经打出他根据自己的笔记本口述的《自然正当与历史》关于柏克的那章和接下去的那精彩的一章。因此，我们有机会交谈。此外，围绕迈蒙尼德的某个文本，我和他曾多次碰面。当然，我参加过他在希勒尔 [馆] 开设的迈蒙尼德研讨会。所以，我有多次机会同他谈论我困惑的东西。但总的来说，我没太打搅他，当然，他也没缠着我。

格雷戈里：你写到最后一稿的时候，他给你评论了吗？

勒纳：我肯定他给了，但我记不得了，[因为] 还有其他事情。毫无疑问，他指出一些不是要重述就是要加以强调的点，因为，出于我自个儿的羞怯，我觉得我的论文具有极简主义文风，没有润饰。但毫无疑问施特劳斯细心读了。而且像在所有这些东西中，施特劳斯的批评直捣问题核心，并未被那些琐碎的细节分散注意力。

格雷戈里：在希勒尔，除了——我忘了是一次还是两三次——迈蒙尼德系列讲座外，施特劳斯还开过其他讲座，这些讲座后来形成著名的文章《进步还是回归？》和《雅典与耶路撒冷》（"Jerusalem and Athens"）。你知道这些在希勒尔馆的事是怎么发生的吗？是那会儿他碰巧正开始讲犹太题目或关于犹太主义的题目吗？

勒纳：要我说，这一切都源于施特劳斯与佩卡斯基拉比极其特殊的关系。佩卡斯基拉比当时是希勒尔基金会的主席，他的相貌在某种程度上让我想到摩西·门德尔松（Moses Mendelssohn），又矮又瘦，弯腰驼背，但他是一个很有魅力、虚怀若谷且极其聪明的人。显然他和施特劳斯的交情是出了名的。所以，佩卡斯基拉比一定会在某个时刻向施特劳斯提议：你可以来讲讲这个或者其他东西吗？而施特劳斯就讲了，讲了一次又一次，这说明他显然喜欢这样做。不是因为施特劳斯有时间攥在他手里，而是他显然觉得，或应该会相信，不仅仅对犹太学生——应该说是感到困惑的犹太学生——而且对其他人来说，这样是有用和有价值的。所以说，这些都是真实的时刻。S. R. O.［只有站的地儿。］①

格雷戈里：我猜不仅仅只有犹太人参加［研讨会］？

勒纳：不只！甚至这也是真事：不仅仅只有学生参加研讨会。奈特②就常来参加其中一些研讨会。

格雷戈里：［还有］希尔斯。③

---

① ［译注］英文缩写 S. R. O. 大概指 Standing Room Only。

② 奈特（Frank Knight，1972 年卒），芝加哥经济学派的创始人之一，也是芝加哥社会思想委员会的创始人之一。

③ 希尔斯（Edward Shils，1995 年卒），1947 年至 1995 年期间任芝加哥社会思想委员会教授、芝加哥社会学系教授，还联聘于英国多所大学以及莱顿大学。希尔斯致力于联结欧洲社会学方法与美国的社会学方法，著作等身。全国人文科学理事会（National Council on the Humanities）举办的杰斐逊讲座是人文科学领域的国家最高荣誉，1979 年希尔斯在此开设讲座。

勒纳：对，还有希尔斯。他们都不是到那儿来嘲讽的，尽管我肯定他们多持保留意见。有时，奈特还会在课堂上提问。我觉得这就是参加希勒尔研讨会的那些人一开始的样子。这些都是真事。

格雷戈里：你认为施特劳斯的犹太人身份与他的教学有关吗？［我指的是］他在大学里的教学，而不是在希勒尔馆的教学。他是犹太人，这有影响吗？

勒纳：我可以说，在希勒尔，倒是很明显有关系。我指的正是这种表述方式："为什么我们仍然是犹太人？"我想，一个安于自己犹太人身份的人，不会提出这样的问题，① 对他来说，这不会成为一种困难，不会有为什么的问题。因此，有这个问题就已经暗示一种从外部看里边的立场或平台。

另一方面，整个论证的要旨就是一种对犹太传承（Jewish heritage）的无声的骄傲；犹太传承不只是律法之类的东西，还包括面对迫害的坚韧不挠，这种坚韧就其本身而言被呈现为一种光荣。在其中一场讲座中，我记得一句话，施特劳斯说，毕竟我们不是吉普赛人（gypsies），换句话说，我们带着某种东西而来；这是一种政治不正确的说法。我们带着一种传承而来，对于这种传统，我们能正当地感到骄傲，而且，捍卫这种传统，我们无需感到抱歉。这并非迪斯雷利（Disraeli）被攻击是犹太人时于众议院中所言（当然，小时候他

————————

① 讲座的全名是"为什么我们仍然是犹太人：犹太信仰和犹太历史还能向我们言说吗？"在讲座开头，施特劳斯将自己与这次讲座主题的完全意义拉开距离："当佩卡斯基拉比第一次找到我，他就向我提议讲这个主题，我对这个主题虽说不上震惊，但也觉得反感。但随后稍作思索，我发现我们可以就此说两句……仅仅几天前，我才知道［这次讲座的］副标题……我可能无法适当地讨论副标题的主要内容，因为，毕竟每个人都是特殊的，而我的特殊性在于——用一个非常宽泛的、非专业的名称——社会科学，而非神学。"Leo Strauss, *Jewish Philosophy and the Crisis of Modernity: Essays and Lectures in Modern Jewish Thought,* ed. Kenneth Hart Green (Albany, New York: State University of New York Press, 1997), 312.

父亲就替他改了宗）——他说：当我的祖先作为大祭司在犹太圣殿中执政之时，你们的祖先还脸涂红漆、身披兽皮到处跑。并不是这样。

格雷戈里：在某种程度上，你回答了我的问题，但我还想问问，对犹太学生来说，施特劳斯的犹太身份对他们有影响吗？

勒纳：施特劳斯并不隐藏［自己的犹太身份］。我的意思是，你无须从他的姓或此类的东西来推测［他是犹太人］。但他在研讨会上当然不是站在犹太人的立场上来教学的。

格雷戈里：你觉得他为什么想要从新学院转到芝加哥大学？

勒纳：更好的工作。也许是更好的学生，更多的薪水，对吧？新学院——向它致敬——是个特别的地方。那些被剧烈的世变搞得漂泊不定的人，在这里找到安身之所。这里算不算一个家，我不好说。大学校长直接聘任［老师］到某个系①——我不知道当时他和政治科学系的主任商量与否、商量到何种程度——可是大的［荣誉］。这意味着某种恭维，我肯定施特劳斯也这么认为。别忘了，他是一个无国家的智识人（stateless intellectual），市场对这种人的需求非常小。

格雷戈里：我本来不会那样想，但是，好吧，施特劳斯开了关于"自然正当与历史"的讲座后，尤其在出版"后记"一文后，他就不再手下留情。他坚定地阐明对这个政治科学系和其他政治科学系中主流思想流派的强烈的、全力的批评。

勒纳：在专业领域内，你可以这么说。

格雷戈里：长期以来，他在系里的关系是怎样进展的？在芝加哥大学的政治科学系的教员中，存在针对施特劳斯的反动吗，因为他们不喜欢施特劳斯的批评？

勒纳：你说的反动是什么意思？将他驱逐到伯克利或其他地方？

格雷戈里：就是不想让他在周围晃悠，可能觉得他是个聪明但麻烦的讨厌鬼。

勒纳：这我不知道。我对那个世界的看法就像一条蚯蚓对欧几里

---

① 哈钦斯校长聘任施特劳斯为政治科学系的老师。

得几何学的看法。我本不会知道这些事情。系里有人当上主任，他也许真的将［施特劳斯的批评］视为某种程度的蔑视和警告，我不太清楚，而他当然不喜欢这样的信息，可以说，不喜欢这整个立场，这是确定的。另一方面，施特劳斯吸引着学生，他的智识活力无可否认。在所有这些事情上，施特劳斯都是一个好公民的模范。当我说这些的时候，你也许会轻蔑地想到，他遵守那些资产阶级礼节（bourgeois proprieties），但我的意思是，那是应该做的。对每一个你必须维持某种关系的人，你要保持好关系，没必要冒犯这些人。那种不同的腔调，《政治的科学研究论文集》的"后记"中不同的、蓄意的腔调，是对沃林和沙尔评论《文编》的书评[1]的回应。《论文集》由斯托林主编，收入各种人写的文章，最后以施特劳斯的后记收尾。这本书本来就是批判的，但我们期待这是对那些领头人物的作品的公正评估，他们中大多数当时还活着。本特利[2]已过世，但拉斯韦尔、[3]西蒙[4]等人当时还活着。

　而且我认为这一特别的努力，不是为了贬损或者说贬低这些作

---

① "*Essays on the Scientific Study of Politics*: a Critique," John H. Schaar and Sheldon S. Wolin 合著，载于 *American Political Science Review* 57 (1963): 125–150，附斯托林的回复。斯托林编辑《论文集》，并在其中著有一章，那本书的其他作者还有：沃尔特·伯恩斯、霍维茨、施特劳斯和魏因施泰因。

② 本特利（Arthur F. Bentley，1957年卒）发展出群组作为政治生活的根基的理论，见 *The Process of Government: A Study of Social Pressures* (Chicago: University of Chicago Press, 1908)。在《论文集》中，魏因施泰因的一章批评本特利的理论。

③ 拉斯韦尔（Harold D. Lasswell，1978年卒）被认为是"二战"后最具影响力的政治科学家，著作等身，尤其关注政治中的权力关系与性格角色。在《论文集》中，霍维茨的一篇文章批评他关于政治宣传的看法。

④ 西蒙（Herbert A. Simon，2001年卒）是一个著作等身、极有影响力的政治科学家，因其在数个不同领域、包括人工智能和信息处理领域的贡献而享有盛誉。在《论文集》的一章中，斯托林批评他的著作《管理行为》（*Administrative Behavior*, Macmillian, 1947）。

者，而是为了严肃对待他们，形象地说，抓住他们的双脚放到火上去烤（hold their feet on the fire）。所以说，那是一部非常好的批评文集：强调这些不同方法的不足之处，但无论如何都不是刻薄的或轻蔑的。这部文集激发沃林和沙尔的最不同寻常的评论，非常长，针对里面不同的文章，并且死缠烂打。那个时候《美国政治科学评论》（*APSR*）的编辑邀请作一个回应，因此你一共可以看到一篇评论和对这篇评论的回应，加起来可能有50页，也许还不止。然后整件事情——这些是在划战线，灵巧与礼貌在这次冲突中几乎丧失殆尽——造成很大的动静，真的是很大的动静：那本书本身、评论、对评论的回应。所以说，那不是被动的顺从或类似的什么。我确定那是一种高度紧张，但不会导致施特劳斯被驱逐之类的事。但这件事也许关系到芝加哥大学在多大程度上能确保他65岁退休后会得到返聘，同时我觉得，这件事确实关系到若干年后退休的施特劳斯决定离开芝加哥大学，因为他不想有那种不安全感。

格雷戈里：所以说，他决定去克莱蒙特学院的部分原因是，他不想留在政治系教席的压力之下？

勒纳：是的，也许还混合了某种好感和虚荣心，而不是在那儿他找到了幸福，但这是另外一回事。

格雷戈里：让我们回到你的博士论文上来。施特劳斯提出政治锡安主义的主题，然后向你展示去往迈蒙尼德的路。这条路导向你部分的学术生涯；你花了人生中大量、大多数时间研究迈蒙尼德。

勒纳：顺着边缘慢慢啃。

格雷戈里：施特劳斯在这之外做了更多的事吗？我的意思是，比如，假设你曾经对马基雅维利感兴趣，然后，在施特劳斯的课上，他对马基雅维利作了完全的解释。你知道他在芝加哥大学开过一两门关于马基雅维利的课。

勒纳：我记得其中的一门。

格雷戈里：嗯。但如果你感兴趣的是迈蒙尼德，对于如何进入这个作者就没有如此完全的架构。在与他的交谈中，他会引导你沿着一条进路去解释迈蒙尼德或如何看待迈蒙尼德吗？还是只给你一种对于这个人物之伟大的评鉴？在你开始研究迈蒙尼德之前，你知道他是谁吗？

勒纳：我从希伯来文学校对他有所了解，因为我们的作文笔记本上有一张迈蒙尼德的明显虚构的肖像，但我的确没有读过他的任何东西。

施特劳斯不会把我的注意力引到他已经写过的论迈蒙尼德的东西上。他已经用法语和德语，当然还有英语，写了不少。他说得足够多了，足以让我相信：一、那儿有横财可发，这对我来说容易相信；二、我也许可以靠自己挖出一点来。实际上，对于我们中的任何一个——我说的不是犹太学生，而是一般的施特劳斯的学生——当我们遇到一个施特劳斯处理过的主题，我都会说，如果我们凭兴趣发现我们能够研究的某个东西，我们应该感到快乐。我记得一篇评论，曼斯菲尔德写的关于某人处理马基雅维利的趣评，他说，在这座岛上无论你去什么地方，看看这儿、看看那儿，都会突然出现一个小硬币箱，写着：在此投币。①

格雷戈里：施特劳斯在此。

勒纳：说得漂亮。然后我会把自己的研究拿给他看，寻求批评。我是否选课无关紧要，这不用说；他会非常细心地读这些东西，而且特别能看到我吃力的地方，帮助我。我觉得最极端的例子是在我翻译阿威罗伊给柏拉图《王制》作的义疏的时候。希伯来译本非常之难，阿拉伯原文已佚。我咨询了迈赫迪和派内斯，仍然有些不确定或争议很多的文本，我在其中嵌了上百个问号，把译稿发给他。他不得不花

---

① 在《施特劳斯的马基雅维利》"Stranss's Machiavelli"中，曼斯菲尔德写道："研究马基雅维利的时候，每一次我被投放到一个我觉得可能没人探索过的无人岛，我都会遇到一个小牌子写着'在此投币'。我照做后，一个大牌子闪着霓虹灯，从大老远都能看到，写着一条信息：施特劳斯在此。" *Political Theory* 3 (1975): 372–384.

数个小时仔细检查我的手稿，然后对勘希伯来文。我被他的投入深深打动。而且这个时候他已经接近生命的终点，虚弱，各种各样的身体状况，他可能正在尽他所能赶紧完成手头的工作。我知道我是在以一种不同于学生对老师写信的腔调给他写信，我想他留着那封信，也许在档案馆中。但他很厚道。他的确对我很厚道，我不是他最有出息的学生，也不是他寄予最大希望的学生。但他倾其所有。我想这可能已经包含一些感情的元素。

格雷戈里：施特劳斯通过给你这个论文题目，展示给你这个题目与更深层的东西的联系，尤其与迈蒙尼德所想的东西的联系，然后给你一个这个想法可能真正是什么的观念，那儿有你的一席之地。

勒纳：是的，作为一个政治思想家。

格雷戈里：在你开始耕耘那片园地之后，在你学术生涯的进程中，你发现不仅他的作品非常有帮助，而且他会根据你所探寻、你所研究的回应你，给你反馈。

勒纳：对，是的。绝对是。

格雷戈里：你的学术生涯的另一个大主题是美国政治思想、美国的建国与托克维尔。你和施特劳斯教授讨论过这些话题吗？

勒纳：我一直对宪法感兴趣——过去那时候教的那种方式［的宪法］。我记不得［和施特劳斯讨论过这些话题］。当然在施特劳斯的学生中有人研究美国这个领域。我已经提到过斯托林、沃尔特·伯恩斯，当然还有雅法。

格雷戈里：还有戴蒙德。

勒纳：对。我想不出任何与此相类似的事情。这些人不是在将就（slumming），他们研究美国，不是因为他们只能做这个，完全不是。这个领域的研究被视为可敬的——还不只是可敬的——工作，由受过训练去意识到思考政治事务的更大语境的人来完成。我确实发给过他关于这些东西的论文，但没有缠着他帮我解决美国政府对印度的政策之类的事情。

格雷戈里：你让他知道你的行程，但没有要求指导你应该去哪儿。

勒纳：对。

格雷戈里：对我来说，一件特别的事是，你和斯托林、戴蒙德、雅法……

勒纳：还有沃尔特·伯恩斯。

格雷戈里：还有沃尔特·伯恩斯，好——你们对理解美国和美国思想有真正重大的贡献，而你们全都是施特劳斯的学生。但施特劳斯从未教授过美国的东西。我不清楚他是否就这些人物有太多东西可说。跟施特劳斯学习与你解读托克维尔或你关于《国父的政制》（*Founders' Constitution*）的研究工作有联系吗？[①]

勒纳：很难说。沃尔特［·伯恩斯］可能对此有另一种回答，因为他好像让施特劳斯当他的论文导师，或者导师之一；第一导师好像是普里切特或霍恩，一个不错的老师。我不知道怎么回答这个问题。

这仅仅表达了我的关注点，但也许是跟施特劳斯学的对这些东西的不完全的鉴识被带到了我对美国的东西的研究中。我会说对我思考美国的东西影响最大的是迈耶斯[②]，他以某种奇怪的方式成为"施特劳斯派"的旅友，却不成为他们中的一员。他是一个非常有洞察力的、细致入微的思想家，一个一本书读到底（one-book）的人。我学习他持续数年非常密集地看东西的方法。但是，如我说过的，我发给施特劳斯所有我写的有关美国的东西，因为：一、我知道他对美国的东西感兴趣——是他推荐查恩伍德的《林肯传》，不是向我，而是向所有人；二、凭我与他的友谊。

---

①　*The Founders' Constitution*, ed. Philip B. Kurland and Ralph Lerner (University of Chicago Press, 1987).

②　迈耶斯（Marvin Meyers，2000年卒），《杰克逊的劝说：政治与信念》（*The Jacksonian Persuasion: Politics and Belief*, Palo Alto, California: Stanford University Press, 1957）一书的作者。在芝加哥大学，迈耶斯因教学而得到荣誉，获得约翰-曼彻斯特本科教学杰出奖（Llewellyn John and Harriet Manchester Quantrell for Exellence in Undergraduate Teaching）。1963年任布兰迪斯大学（Brandeis University）史学教授，直到1985年退休。

我本非常感兴趣他对我早先发给他的一篇文章《红与白，对与错》（"Reds and Whites, Rights and Wrongs"）① 的反应。我知道他收到了这篇文章并给我回了信，但那封信丢了，也许是因为对邮局来说字迹难以辨认。这篇文章提出了一些非常有趣的问题，甚至是政治道德问题，我非常遗憾那封信被弄丢了。

格雷戈里：所以这是个奇怪的现象：几个施特劳斯的学生出场，做的都是关于美国建国和美国政治思想的有趣的研究工作。不知为何，所有这些工作都在某种程度上——就拿你举的迈耶斯的例子来佐证这一评论——受到施特劳斯的教学的启发，而其间的联系或因果关系却是不清楚的。施特劳斯主要教授柏拉图和亚里士多德，而没教授林肯、麦迪逊或托克维尔。

勒纳：尽管偶尔提及，以他们作为例子说明某个观点。

格雷戈里：而且你们中的每一个都理解，如你之前说的，这是一个值得理解的主题。在施特劳斯那边，并没有任何东西会让你感到你在做二流工作，如果你去花时间研究林肯而非柏拉图？

勒纳：一点儿也没有。

格雷戈里：这就是他的教学的一个有趣的层面：存在一种对林肯或麦迪逊的尊敬。他在传达对某种东西的尊敬，而非对那些以观念为主业的人的尊敬……

勒纳：对，对。我回忆起来，没有任何对位居顶端的政治从业者的玷污，一点也没有。

格雷戈里：如果有这样一种施特劳斯式的政治科学的话，那么存在一种你们这些绅士将施特劳斯式的政治科学应用到美国政治思想领域的方法吗？

勒纳：唔，这只是我的表述方式。你可能听到不同的东西——当然我们还没有提到其他研究美国这个领域的人，比如戈尔德温。

---

① In *The Thinking Revolutionary: Principle and Practice in the New Republic* (Cornell University Press, 1988).

格雷戈里：霍维茨。

勒纳：对，我正要说霍维茨。我认为，这个立场是对表达出来的严肃观点的恭敬而批评的注意，或者在表达之时强调这个观点。当斯托林让我读他的长篇介绍文章《反联邦党人造成什么》（"What The Anti-Federalists Were For"）[①]时，我对他说，这篇文章真是一个成就，你完成了反联邦党人自己做不成的事。这不是说他是非历史的或之类的。他真正把握住了让他们头疼的东西，并以一种在智识上可敬的强有力的形式陈述出来，如他们所说可以与麦迪逊、汉密尔顿、威尔逊并立。

格雷戈里：你认为施特劳斯与美国的遭遇以某种方式改变了他吗？改变了他的个性，改变了他处理事物的方法，或改变了他的理解？他是个欧洲流亡者，在最终潜逃到伦敦以及之后的纽约之前，他已经在欧洲完全成型。有什么与美国有关的东西也许会导致施特劳斯看待事情或行事不同于他之前有的方式？

勒纳：这只是一种猜测。一开始，我认为施特劳斯在去纽约新学院之前并未教过书，但严格来讲说得不对，因为二十世纪二十年代在德国的时候，他在弗朗茨·罗森茨威格[②]那儿——是一个研究所还是什么——曾搞过某种成人教育。也许是成人教育，但不是大学。我想那个研究所有自己的犹太或准锡安主义的日程安排。保罗·门德斯－弗洛尔[③]可以告诉你更多这方面的事。

---

① ［译注］中译见斯托林，《反联邦党人赞成什么——宪法反对者的政治思想》，汪庆华译，北京：北京大学出版社，2006。

② 罗森茨威格（Franz Rosenzweig, 1929年卒），神学和哲学领域的犹太思想家，尤以《救赎之星》（*The Star of Redemption*）著名，该著出版于1921年。1920年，罗森茨威格建立犹太学习社（House of Jewish Learning），该社1933年由马丁·布伯（Matin Buber）继续主持。

③ 门德斯－弗洛尔（Paul Mendes-Flohr, 1941—），芝加哥大学三一学院多西·格兰特·麦克利尔（Dorthy Grant Maclear）教授，研究犹太现代历史与思想。

所以我会说，如果他在汉堡大学当教授，就会是一种完全不同的教学方式。我想到的是德国教授到场，讲课，然后走人。他们在法国也是这样。但在美国就完全不是一回事：学生由各种不同的人组成，人们缺少谦逊，所以必须迁就他们自个儿的立场。实打实的教学、繁重的工作，在我对十九世纪德意志大学的印象中是怎么也设想不出来的。

格雷戈里：讲一堂课，然后就走人。

勒纳：对，他们就这样完事。也许这是夸张，但我不确定这种说法是否完全错误。但我确定当时芝大的智识环境与新学院的可能不同得很。施特劳斯是一个学得快的人，这毫无疑问——而且这与他真正意向的整个东西无关。他试图去争取灵魂（win souls）吗？不错，但是是在这个意义上：任何老师都试图让学生看到些什么并相信那是重要的，这和劝人改宗（proselytism）不是一码事。这是让人看到这儿有某些同样有价值的东西，我愿意分享给你，但是，换个比方说，你得搞点风险投资。

格雷戈里：他与芝加哥大学的首次相遇在某种程度上是与你的朋友们相遇——越战老兵，有家室的成年人。你觉得这以某种方式给他留下了深刻的印象吗？你看，他不是来这儿教黄口小儿的。

勒纳：是的，是的。很难相信这种遭遇没有产生大的影响。如我所说，他们中很多人都见过军事行动：有时是在战壕里，有时是在布满不怀好意的U型潜艇的大海上。他们都是成人，已经长大，做过一些可歌可泣的、有价值的事。所以，我推测施特劳斯不会去某个地方的四年制的学院做老师。施特劳斯给他们带来挑战，相应地，他们也给施特劳斯带来挑战。我认为他宁愿相信这对他来说是一段丰富的体验。

格雷戈里：我听说在其他场合你说施特劳斯总是对美国心存感激。

勒纳：嗯，是的。我感激我的父母离开内战中的俄国，否则我们会化为灰烬。

格雷戈里：你把施特劳斯视为朋友吗？

勒纳：我对他满怀深情，有一种报答的感觉，但不是"朋友有着或多或少的平等"这个意义上的友谊。斯托林写过一个有意思的小对话（重印于他的文集里），关于大学院系里的朋友的角色。这种角色不是一个哥们儿。存在着差异，而这种差异是值得保持的。如果我提升了自己，或者有能力做比我之前做过或如今在做的事更高尚的事，那么，这倒可能。但也未必。

格雷戈里：现在回看施特劳斯，你如何记住他？你的想法是什么？

勒纳：他是一个人。他具有小的特征（features of smallness），这些特征并未给他带来荣誉；但是他的大的东西是巨大的，他把一些东西带到我的可能性王国，我很难相信我能从其他人那儿得到这些东西。这不意味着不会发生。但我会过一种非常不同的生活，而且，我想在重要的方面我会成为一个不同的人。不过，这些都是不可重复的［思想］试验。

格雷戈里：当然。

勒纳：感激，这是大的东西。不是偶像崇拜，不是盲目吹捧，而是感激。

格雷戈里：还有什么东西你想补充吗？我们已经涉及很多方面。

勒纳：我的意思是，不仅仅我对施特劳斯是这样，而是我们对那些向我们展示某些方式、某些集中或再集中我们的心智的方式的人，有一种未尽的感激。幸运的是，或者你想说天意也行，我们能够有这种时刻，尤其如果我们的生命只有一次的话。我认为施特劳斯不会相信轮回。这是一种为了那未尽的、安静的感激的时刻。

格雷戈里：非常感谢，你真的非常友善。

勒纳：我乐意帮助你和任何好奇来探索这些事情的人。

福克纳访谈录

2013 年 1 月 20 日

陈子博　译

格雷戈里：你起初是怎么知道施特劳斯的？

福克纳：一个叫赫伯特·加芬克尔（Herbert Garfinkel）①的出色的家伙告诉我的。他曾在达特茅斯学院（Dartmouth College）任教。他对我说，假如我想研读政治理论，就应该去芝加哥大学。后来我受马歇尔奖学金资助去牛津大学过了几年，但读完《自然正当与历史》论霍布斯的一章后，我的直觉驱使我赶紧动身去芝加哥大学。第一个学期，我跟施特劳斯上了黑格尔的课，讲的是《历史哲学》（The Philosophy of History）。直到第二学期，受施特劳斯的启发，我才突然认识到自己的无知。

格雷戈里：这是哪一年？

福克纳：大约是我在芝加哥大学的 1958 年或 1959 年吧。

格雷戈里：好的。

福克纳：我记得我在 1962 年春天离开芝加哥大学，秋天在普林斯顿大学任教。

格雷戈里：你的第一印象是什么呢？你刚才说，你第一次了解施特劳斯是来自《自然正当与历史》论霍布斯的一章，但你亲自看见他是在 1958 年秋黑格尔课上。

---

① 加芬克尔是密歇根州立大学麦迪逊学院的创始院长，这一学院主要研究公共管理和国际关系，培养模式是博雅教育。他写有《当黑人游行》（When Negroes March，The Free Press, 1959）。

　　福克纳：是的，可以说在这门课上我并没有给施特劳斯留下什么印象。我记得，我第一次念我的课程论文，足足比正常时间要求多了一半，超过预定时间二十分钟，然后被打断了。直到第二学期，我才给施特劳斯留下印象，这当然归功于我的努力。需要提一下，黑格尔对我这个来自纽约市上城的小男孩来说还是太难了，我花了不少苦功。

　　我的第一印象如下：春季课程，他缓缓走过一间巨大教室的过道。他身上混合着机敏和严肃，绝大占比是严肃。他身材细小，轻柔而不造作，却看上去像要着手做严肃的事情。这就是我的第一印象。

　　格雷戈里：你那时候在政治学系？

　　福克纳：是的。

　　格雷戈里：1959年你开始念硕士？

　　福克纳：我记得是，不过具体我也记不太清楚。我写了硕士论文。施特劳斯给了我极好的建议，然而我忽略了。他建议我研读古典共和主义者，也就是被称作古典共和主义者的那个十七世纪的派别。莎拉·芬克（Zera Fink）[①] 研究他们，我是后来才关注他们的。这真的是个好主题，我真应该写的。他们的著作都是用英语写的，我的语言能力还过得去。这本可让我看到共和主义学说的马基雅维利转向，这会多有趣啊。可是，由于我研读过洛克，还兴致勃勃地将他跟理查德·胡克（Richard Hooker）对比，所以最后写了一篇有关胡克的硕士论文。不过，我还是在施特劳斯指导下完成的。

　　格雷戈里：你想过他为什么给你这个建议吗？

　　福克纳：我觉得他看到这是个重要的话题，而且在英语世界开始流行。他应该觉得我能胜任这个话题。我并不是古希腊语方面的学者。我对他的教诲非常感兴趣，但……就在这里打住吧。他觉得这适

---

　　① 芬克当时是研究生，后来成为西北大学的老师，一直到1970年退休，著《古典共和主义者》（*The Classical Republicans*, Northwestern University Press, 1945）。

合我，我也觉得可能如此。

格雷戈里：施特劳斯在芝加哥大学上课，他会让人朗读一小段文本，然后他会评论，邀请同学们问问题。你也经历过吧？

福克纳：是的。

格雷戈里：你之前上过类似的课吗？

福克纳：没有。施特劳斯的课是一种极大的解脱。你的描述漏了一点，没有提到施特劳斯在课堂开始前，总会出色地总结那本书、那段话或那个学说的来龙去脉。当然，有时他会上课上到一半作总结，于是突然就有了某种美妙的即兴重复。但这不是不相干的即兴重复，这是点评，是［施特劳斯］消化后的描述。不过，你说的是对的。我在牛津大学的老师以赛亚·伯林①和普拉门纳兹②等人都令人尊敬，不过他们在授课时总是想给出某种自己的全面描述，而不怎么评论文本。施特劳斯则带着学生看到那个文本是多么有穿透力，那个文本如何超越学生的原初印象。这可能就是最伟大的功课。

格雷戈里：也就是说，施特劳斯向你们展示语境、表面，然后带领你们越过表面？

福克纳：是的。而且施特劳斯经常阐明激进的地方——见识不够的学生可能看不到这些。施特劳斯能敞露其重要性，这源自他的深刻阅历。施特劳斯能显现纤微之别。我在牛津跟那些历史导向的学者学

---

① 伯林爵士（Isaiah Berlin，卒于1997年）在牛津开展学术活动，他在那里协助创办沃弗森学院（Wolfson College），并成为第一任院长。他是政治理论家、观念史家，也以散文著称。伯林有许多部作品，如《启蒙的时代：十八世纪哲学家》（*The Age of Enlightenment: The Eighteenth-Century Philosophers*，New American Library，1956）。

② 普拉门纳兹（John Petrov Plamenatz，卒于1975年）的大半段学术生涯在牛津度过，他在那里教授政治理论。他的作品之一为《人与社会：批判检审自马基雅维利到马克思的一些重要社会政治理论》（*Man & Society. A Critical Examination of Some Important Social & Political Theories from Machiavelli to Marx*，London: Longmans，1963）。

不到这样的东西。我提到的历史导向的学者，他们认为自己能够就思想家在历史中的位置给出某种完整的描述。

　　格雷戈里：你写完论洛克和胡克的硕士论文后，就马上转入写作博士论文的阶段？

　　福克纳：马上？我乐意听到这个说法。的确如此。坦率讲，我还怀疑过自己是否有能力在哲学领域写作。我想正如几乎所有施特劳斯的学生那样，我深深折服于斯托林这位良师。我一边上施特劳斯所有的课，一边写美国法理学领域的论文，最后写成一本论首席法官马歇尔（Chief Justice Marshall）的书。

　　然而，当我发现我需要一些比宪法律师更值得探索的事情时，我就不再对这方面抱有兴趣。也可以说，我只不过记不住所有案例。但或许可以更准确地说，我不太满意。坦率地说，我不得不迁就马歇尔。假如我研读严肃的思想家或哲学家，他们便会教给我不少东西。我不得不上升至他们的层次。

　　格雷戈里：施特劳斯在你的答辩委员会吗？

　　福克纳：在。

　　格雷戈里：就你的博士论文，他作过什么评论吗？

　　福克纳：不多，但这是我的错。我的答辩委员会没有太关心我。而且，基本上我可以说，我跑到外面去写我的博士论文了，我的妻子协助我写了博士论文。当我呈给斯托林，出乎他意料的是，这篇论文差不多已是完稿。

　　格雷戈里：你出去之前当过一段时间学术助理吧？

　　福克纳：是的。

　　格雷戈里：你的感受如何？

　　福克纳：非常开心。

　　格雷戈里：担任施特劳斯的学术助理需要做什么？

　　福克纳：我来说一下这份工作的重要性吧。我在一个炎热的夏天走进施特劳斯的研究世界，他不停冒汗，擦拭额头，说："福克纳先生啊，你能不能帮我对付下这可怕的高温？"我便径直走到窗边，用力打开，让新鲜空气涌入。施特劳斯马上就说："福克纳先生啊，你可是个天才。"顺便说，他没有在别的地方说过这话。

我不太记得那些重活了，比如说搬书。我会为他打字。我打字很差劲，但我还是做了。我会将手稿和口述录成文本。当然不会太多。这是一项工作，我也没有跑腿运过很多书。大多是陪着他：带他去坐上课的列车；带他一年进城一次去买一两条领带，就去那些杂货店，在城市的北边。除此以外，我还会高兴地陪着他下课走回公寓。这属实是一项优渥的待遇。

格雷戈里：在这些时候，陪他下课回家还有去杂货店，他会谈什么呢？

福克纳：他会讲一讲最近在教什么。这令我非常快乐。我本该更好地抓住这些机会。他非常好说话。我从未见过他暴躁或喋喋不休。要去见牙医是个例外。他讨厌看牙的痛苦。他非常敏感，身体脆弱，往轻点说，就不适宜运动，他走路回家非常慢。我认为，他的早逝就已经体现在这些地方。我好像没有详细地回答你的问题。

他也会评论别人。坦白说，不好意思，我不太记得与他的这类谈话的细节。

格雷戈里：没关系。你去上的课是在社会科学楼 122 教室，还是302 教室？

福克纳：我记不太清数字了。这个研讨室当然不同于大型碗状教室。他的课通常学生有很多，西塞罗课堂上却例外，不超过 15 个或10 个学生。可能是 10 个。

格雷戈里：上西塞罗课或黑格尔课，你们都会感觉到一些不同寻常的事情正在发生吧，比如他的教诲？这并不只是你一个人的感觉。

福克纳：噢，天哪，当然！每个人……毕竟，他的课程都录了下来。我上过的其他课都没有录下来。我们都清楚有伟大之事发生。当然并不是说有什么炫目的烟火表演等娱乐。我认定，布鲁姆也是这样的老师，他们身上充满探索精神。施特劳斯更安静。他身上有某种特质，在别的场合我也提到过这一点，他一往无前地追寻文本的论证，并借此在文本的推进中作出启发人的评论。与此同时，学生也洞见到论证的各个部分。所以某些非常重要的事情正在发生，我们，至少我自己，从未有过这样的经历，直到我在芝加哥的第二学期有此觉醒。

格雷戈里：我想问问你，施特劳斯如何理解自己的教师身份，他怎么看待自己做的事。

福克纳：最重要的事在于他向学生展现一位严肃思想家的深度和原创性。克服历史主义也许只是一项策略，也是他的一项重要关切。我在别的场合说过，施特劳斯很少反对某个思想家。他也绝不鄙视某位严肃思想家。我们需要将黑格尔放入他自身来理解。幼稚的学生会问，黑格尔是否准确地描述了某个时代。施特劳斯不太鼓励这种举动。他当然不是打压学生的原创性，只是他们的原创想法过于肤浅和表面，施特劳斯想让他们真正看到文本的论证。这是最重要的。这里面有着深刻的共鸣。这意味着，我们通过阅读来学习，得到鼓励，并严肃对待论证。

施特劳斯知道，我们中只有少数能成为伟大的哲学思考者，不过，我们这些后生仍能够在思考许多思想家时取得进步。他鼓励这种健康的发展，这也适用于拥有不同禀赋的学生。施特劳斯鼓励谦逊，也鼓励进取的抱负。

格雷戈里：他对学生的基本态度如何？似乎可以自然地说，不仅选课的学生，许多旁听的也特别愿意跟他求学。

福克纳：是的。我觉得最重要的事情是，施特劳斯对待学生十分认真。他认真对待学生的追求，认真思考学生的异见、问题、质疑。可以说，他严肃对待学习，也敬佩那些严肃对待学习的人，他乐于去学习。有些人会觉得，他偏爱某些学生。比如说，有个人负责记录，我忘了他的名字。我并不认为施特劳斯偏爱这个学生。施特劳斯在课堂上欢迎任何问题和看法。他从不取笑提问的学生。对于你的问题，我的第一反应便是，施特劳斯很友善。这个评论听起来很普通，不过他真的很友好，他想为学生做到最好，也很乐意帮助他们。然而，施特劳斯也有无言的矜持，因为他正在处理十分重要的事情，例如探索和教学。这是最重要的事。他当然不是完全沉浸在研究中。

　　格雷戈里：施特劳斯会洞穿学生的性情吗？比如了解学生需要理解什么或他们确实理解什么？

　　福克纳：他会。我前面提到我的例子：施特劳斯认为某项研究适合我。他有次提到他有点高兴能帮我明白自己的性情，而我自身却无法理解并阐释。施特劳斯的这番话真的让我大受震撼。

　　格雷戈里：他的话是不是说，他帮助你理解你感觉到却无法表达的东西？

　　福克纳：是的。你也可以说，他帮助我理解我无法捍卫的东西。

　　格雷戈里：也就是说你的性情让你看到一些事情，却无法说清楚或捍卫你能看到的那些东西？

　　福克纳：的确如此。

　　格雷戈里：也就是说，施特劳斯对学生的判断是有实际辨别力的，他也善于和学生相处？

　　福克纳：当然。

　　格雷戈里：勒纳有个词说过许多次，施特劳斯并不是一个luftmensch〔不接地气的人〕——他的脑子不在云中。

　　福克纳：当然。他的脑子可不在云中，也不在政治和观念论上。尽管他非常敬佩那些正派的人，但他知道政治中的局限。在某种意义上，他非常坚毅。但他的坚毅绝不是麻木不仁。我引用一下他的一番出色的话，这番话是在他给《国家评论》写信[①]抗议他们在某件事上对以色列的处理之后说的："我喜欢石油，但我更喜欢犹太人。"

---

　　①　这封信刊登于《国家评论》1956年1月5日版，批评该杂志反对以色列这个国家。其中一句为："但这个国家贫穷，缺乏石油和许多其他会带来大钱的东西；这个国家在冒着风险活下来，这似乎看起来不切实际；大学和政府建筑都在约旦的枪炮范围内；灾难性挫败的可能显而易见，并且总是迫在眉睫。"

格雷戈里：所以施特劳斯的教学希望鼓励某种他本人尽最大努力、在最高程度上从事的活动，是吧？假如他有某个计划，这应该就是？

福克纳：我得好好想想那个表述。他关心我们，因为他关心把事情思考明白，以及思考为我们带来的益处。他能够推着我们更进一步，他明白他可以帮助我们清理思考的障碍，并至少在眼下将我们引向高贵。他当然希望他的教学能有所作用。这并不奇怪。不过这并不是他的首要目的。他是思想家，他关心的是思考事物。我不知道该如何评判迈尔的一个观点，他认为施特劳斯想要创建一个学派。

施特劳斯似乎也认为一个严肃的思想家无可避免地会拥有追随者，这在某种程度上会成问题，因为会产生一个团体，团体内部又会分化，不同人对他又有不同的理解。他认为这不可避免。这在某种意义上会出问题，不过如他在一部作品中所说：一个学派，总好过一个文人共和国，所有不同都能在后者那里得到宽容，以至于我们不得不忍受一片乌烟瘴气。他真的想要把事情思考明白，也知道其他抱着同样目的的人会跟随他。我想说的是，在这个意义上他的确想要创立一个学派。不过我也不太确定，这到底意味着什么。

格雷戈里：他一生经历过许多辩论，在他的学院内部或在其他学院，在刊物上，也在他的学生之间。他也总会听到"施特劳斯派"这个词。

福克纳：没错。

格雷戈里：他也应该清楚，学生总会讨论"施特劳斯派"意味着什么，谁才是施特劳斯的正统继承人。我想听听你怎么看这件事，假如施特劳斯真的知道这些对话不断酝酿，他的立场又如何呢？

福克纳：他太忙了，可不会掺和进这些风言风语。大略而言，他知道他有许多严肃的学生。他对他们怀有信心。当然也有一些不太行的学生。而且严肃的学生也各不相同。他也深知这对一位伟大教师和他的追随者而言是不可避免的。我从未见他十分担忧他的学生，他对学生在做什么不会害怕、忧虑或满怀热忱。他也知道有的学生在做蠢事。这些学生学艺不精，或者把老师的教诲带偏了。不过，施特劳斯的教诲就是严肃对待各种观点，他的学生也上不同的课，他会让多样的观点互相碰撞，这也会抑制住愚蠢的狂热。

另一方面，他并不羞于阐释现代思想家之间的不同，更会阐明古今思想差异。他不会总是吹捧古人。然而，他认为现代思想在根子上出了严重问题。这一点不单单贯穿他的作品。这是另一个我需要提及的方面。

格雷戈里：我记得你以前提到过，他有时候称他的学生为小狗（puppies）。

福克纳：是的。

格雷戈里：这有什么意味吗？

福克纳：也没什么吧，就是开个玩笑。施特劳斯跟我认识的任何人一样不神经质。我还是第一次想到用这个词描述他。他当然和某些学生有过矛盾。我也听到过相关传闻。不过这极少发生。总体而言，与他相处，人们无需担心，根本用不着。也许有人会这样觉得，但据我所见，施特劳斯不担心他与学生的关系。用一句俚语来说：他有更大的鱼要炸（he had bigger fish to fry）。

格雷戈里：是的。即便施特劳斯周围有些骚乱，那也是学生带来的，而非施特劳斯自己引起的？

福克纳：我相信如此。

格雷戈里：好。

福克纳：他幽默（impish）、热情又友好。但从根本上说，他严苛地对待自己认定的人可从事的最为严肃的事业。因此，从那个角度看，其他事情便一目了然。他可能会犯些错误。但我从未见他在待人接物上犯错。不过我也没见过他如何与布鲁姆、罗森等人亲密相处——他们来得比我早。还有伯纳德特和雅法。

格雷戈里：施特劳斯对你的学业和事业有巨大影响，不过你的作品好像大多关乎他没教过的主题，我不太确定你是否跟他学过这些。

首先是马歇尔，然后是胡克；^① 我想你研究过《第一修正案》。施特劳斯也确实在课上提到过自由主义，他却没有教过一门讲自由主义的课。你怎么看待这一点？即便你没跟施特劳斯学过这些，施特劳斯也对你的研究有所影响？

福克纳：当然。

格雷戈里：有意思的是，许多施特劳斯的学生都研究美国建国、美国政治思想、政治理论，也为理解美国做出许多卓越贡献。

福克纳：他的确功不可没。

格雷戈里：虽然施特劳斯从未教过这些，但这却是施特劳斯的宝贵遗产。倘若真的有施特劳斯学派，那么施特劳斯的教诲的伟大遗产就在于启发人们去做他自己没有做或没有教的东西。

福克纳：是的。换别的人来说，就这些大事情可能有不同的说法。研究美国的还有戴蒙德、优秀的沃尔特·伯恩斯，以及雅法论林肯的非凡作品。他们都受施特劳斯启发，因为施特劳斯鼓励他们严肃对待政治，认真思考政治家。他也讲到过政制带来的持续影响。研究建国者并不是意外。这似乎说得有点夸张，不过施特劳斯促使我们去理解我们国家的形态，在某种意义上原初宪法就蕴含着这种形态。施特劳斯也敦促我们严肃对待法律和习俗。所以，刚才提到的伯恩斯等人，还有我自己［就投身于这个方向］。不可忽视斯托林的重要性，他有两方面的巨大影响，一是他非常严肃地对待这个国家，二是他坚持以一种不带先入之见或（如果可以这么说的话）非施特劳斯派的方式来阐释这个国家。

我们不会带着好古的先入之见来研究。我们必须真切地看到这个国家建立时的模样，严肃地审视这一切。这也是施特劳斯的根本关

---

① *The Jurisprudence of John Marshall* (Greenwood Press: Westport, 1980; reprint of edition of Princeton University Press: Princeton, 1968), and *Richard Hooker and the Politics of a Christian England* (Oakland, CA: University of California Press, 1981).

切。斯托林也在这方面对我有所影响，他是我的博士论文导师。胡克的书非常吸引我，我那时刚放下美国研究，需要扩充自身。不过我此前也研究过胡克。这让我能够作出评判，认为胡克是一个持有亚里士多德观点的基督徒，借此我也可以研读亚里士多德，而不必真的是一位顶级古典学者。这在当时确实非常有用。这是本好书，尽管主题非常冷门。

有一本论培根的书①对我非常重要，而你没有提到。这本书的启发来自施特劳斯的一番评论，他提到哲学中朝向某种可以帮助人类的行动主义的、实用的哲学的转向的重要性。用本杰明·富兰克林（Benjamin Franklin）的话来说，这就是有用的知识。我受此触动，也为培根所吸引。施特劳斯说过，研究培根不值当，因为他过于复杂和困难，需要大量时间。他是对的，不过这项工作适合我。他也说过，有必要理解自然科学。培根对自然科学真的感兴趣。

最新的一本书最为根本也最为明显地表明施特劳斯的影响，这本书就是《伟大的显露》②，探讨灵魂或抱负的大度或伟大，把目光投向柏拉图和色诺芬，开篇是古雅的亚里士多德。我这个小子充满自信去处理重大的主题，同时我也辩驳反对一方的论证，既有罗尔斯的，也有康德的。所以我认为自己从未脱离施特劳斯的影响。

格雷戈里：抱负，伟大灵魂的抱负之类，这就是施特劳斯在学生身上激发的东西？

福克纳：是的，相当正确。

格雷戈里：那就这样。

福克纳：嗯，你可以看到这一点。有一本书论述伊拉克战争时期新保守主义的作用，作者叫詹姆斯·曼（James Mann）。我读这本书，是因为那时候许多人，尤其施特劳斯的敌人都在说，施特劳斯在这场

---

① *Francis Bacon and the Project of Progress* (Rowman & Littlefield, 1993).

② *The Case for Greatness: Honorable Ambition and Its Critics* (Yale University Press, 2007).

战争中有着至关重要的影响。曼在这本叫《诸火神》^①的书中探讨这一点，他表明影响仅仅在于：某种对政治家才能或政治领导力的信心已经在一定程度上注入施特劳斯的某些学生。沃尔福威茨等人的学说或观点在我看来不是施特劳斯式的。可以说，存在某种偏激的爱国主义，或者说对我们的自由民主制的抱负。我觉得施特劳斯会将此看作不可取且不切实际。但与此同时，施特劳斯鼓舞正派、善意的人怀有最佳意义上的抱负，去做重要的事情，并以另一种方式对待重要的思想家。

格雷戈里：你认识施特劳斯的时候，他跟你讨论美国政治吗？

福克纳：非常少。也几乎不在课堂上讲。

格雷戈里：假如施特劳斯也有自己的政治看法，你觉得会是什么？

福克纳：他当然有自己的政治看法。一般来说，他害怕所谓现代自由派的软弱（softness），他也因此被叫作保守派。我觉得，他的政治观点比一般保守主义门派都要深刻得多。施特劳斯将正派、可敬、明断之人掌权看得非常重。大概就是这样。对外政策需要强硬，不一定得是帝国主义式的，但一定要强硬。他害怕苏联的势力，担心美国会过于软弱以致无法面对苏联。毕竟，这个大问题由来已久。1980年，里根的转折带来新的、更强硬的对外政策，此时施特劳斯已经去世多年。

格雷戈里：是的。施特劳斯警惕自由派的软弱，他们看待对外政策时头脑软弱。施特劳斯有没有进而怀疑福利国家的构想？这是否也包含在那种软弱之中？

福克纳：他极少公开讨论这些事，也没跟我讲过。我记得自己有一次幼稚地瞎评论罗斯福，施特劳斯就纠正我：罗斯福出色地预见到希特勒的崛起，并动员美国去对抗他。据我所知，他……我不想说他是杜鲁门的仰慕者，我不知道，我不想这么说，我自己是，但我不知道他是不是。例如，施特劳斯认为尼克松在许多方面非常卓越，他没

---

① *Rise of the Vulcans: The History of Bush's War Cabinet* (Penguin Books, 2004).

有抹黑尼克松，而这是当时学术圈的时髦。不过，他没有因水门事件而高兴，也没有十分敬佩尼克松的品性。

格雷戈里：施特劳斯是以德国难民的身份来到美国的，而且当时授课经历不多。

福克纳：是的。

格雷戈里：你觉得，他在美国的生活体验有没有给他带来重要改变？

福克纳：应该有。不过并没有根本改变他。施特劳斯早就说过，他这个人，抱负在于读柏拉图和养兔子。他全身心投入思考。但在这种意义上，他还说过他爱美国国旗。他能理解美国的有趣地方。他喜欢美国俚语的随和。他有次上课赞扬罗斯福的过人禀赋，赞扬罗斯福能将一个从拉丁文衍生的长词变成非常尖刻的盎格鲁–撒克逊短词。当然不是什么咒骂人的话，只是一个尖刻的评论。施特劳斯也看到罗斯福在大众演说中出色的辨别力。他大受震撼。

施特劳斯喜欢梅森（Perry Mason）[1]。他也喜欢美国生活中类似的随和。不过，施特劳斯非常得体。他对六十年代以后的随和有一个概括，叫什么来着？美国在燃烧，而社会科学家在拉小提琴？[2] 施特劳斯看到美国在燃烧。施特劳斯预测到也亲眼看到这件事。这种奇异地混杂着海德格尔和自由主义的叫作解放的东西，在许多许多方面能够撕裂和重创这个国家的自由宪政结构。

格雷戈里：我明白。施特劳斯上课有什么模式吗？我无法想象，假如他在德国大学会怎么上课。德国大学有人也像施特劳斯那样上课吗？

福克纳：不太清楚。我想，他也受德国教授影响，那些教授会拿

---

① 梅森是加德纳侦探小说里的一位辩护律师，后来被拍成电视连续剧。

② 斯托林主编的《政治学科学研究论文集》收入施特劳斯的一章"后记"，末尾说："只有大傻瓜才会说这种新政治学似魔鬼一般：它没有堕落天使特有的属性，甚至并非马基雅维利式，因为马基雅维利的教诲优雅、微妙而多彩。它也并非尼禄式。不过，有人会说，它在罗马着火时胡闹。两个事实可以排除这一点：首先，它不知道自己胡闹；其次，它不知道罗马着火。"

起文本，仔细阅读。但大为不同的是，他毅然与历史学派决裂，这也注定深刻影响他阅读经典的方式。不过，他也会跟沃格林等德国朋友交谈。他们更习惯非常认真、细致地研读文本，这也是德国的智识传统和学术传统。

格雷戈里：我在想，身处美国在某种程度上对他来说是不是解放？施特劳斯探索出来的教学方式是不是真的独一无二（sui generis）？

福克纳：我们可以这么说。我从未听他怀念往事。这不同寻常。我也从没听过他比较德国和美国大学。他大可以这么做。他没有提到过美国大学的肤浅。其实这没有回答你的问题，不过既然已经提到，只能说这有点奇怪。我的意思是，施特劳斯的英语写作非常出色：清晰、高雅地表述极具冲击力的观点。施特劳斯就是有这个天赋。他也并不像我们今天说的那样活在当下，他是在努力活出更好的生命。他有一次说过："我们根本不需要有一座大房子之类的。看看斯宾诺莎，他住在狭小的房间，靠打磨镜片谋生。"我觉得这就是施特劳斯自己的态度。外面有许多不利条件和可怕的危险。我们需要努力做到我们能够做的。

我认为，他非常厌恶大屠杀，他思考大屠杀和受害者也与此有关。他对生命怀有非凡的爱，如果可以这么理解的话。

格雷戈里：施特劳斯也看到美国学生的不足吧，跟"二战"前德国大学教育出来的学生比较就可以知道。

福克纳：是的。

格雷戈里：美国学生并无古典教育，他们没有对那个传统的理解，也不知道那个传统。

福克纳：是的。

格雷戈里：你觉得施特劳斯是否也看到在美国学生身上有一些欧洲学生所没有的德性或者说长处？

福克纳：嗯，是的。我希望我能援引某些词句，但我做不到。

格雷戈里：没事，没事。我理解。

福克纳：这是另一个缺乏相关比较的例子。有一点是明确的，施特劳斯欣赏、喜欢他的美国学生，比如沃尔特·伯恩斯、布鲁姆等人。我从未听他说过后悔［来美国］。美国学生身上有生气，他们无知，但充满生气且独立。戴蒙德和斯托林也是如此。加芬克尔不算。他主要跟大卫·伊斯顿（David Easton）学习。但他们都在商船队（Merchant Marines）里。他们都在周围。他们带来新鲜有趣的东西，施特劳斯深深为这些有趣的家伙所吸引。我想，我从没听过他对欧洲与美国学生的这类比较。

格雷戈里：好的。我理解。

福克纳：我有次跟他说要写点牛津的现代课程设置的肤浅之处，在牛津只上笛卡尔和霍布斯，根本没有一点古人踪迹。施特劳斯奇怪地看着我："我不会费心写大学（academia）的事。"他没说"大学"这个词，但说的是课程设置等事情。

格雷戈里：对，我懂。他有更大的鱼要炸。

福克纳：是的。

格雷戈里：他的犹太人身份对他的教师角色有什么重要影响吗？

福克纳：嗯，这是个复杂的问题。基本上没有。首先，我不是犹太人，而我发现他是个令人惊叹的教师。我从未有过与此类似的感觉。另一方面，他是犹太人，他关心犹太人，常常通过犹太文本来探讨重要主题，最重要的例子是迈蒙尼德。而且，他也熟悉基督教文本。他不太多谈这个，但他确实熟悉，至少远胜于我。这正是他的好学深思。就暂时回答到这里吧，针对这个复杂问题，我真的没有太多可答的。总之，他是个伟大的犹太学者。他的《迷途指津》导论[1]和

---

① "How to Begin to Study *The Guide of the Perplexed*," in Moses Maimonides, *The Guide of the Perplexed*, trans. Shlomo Pines (The University of Chicago Press, 1963).［译注］中译见施特劳斯，《古今自由主义》，前揭，页177–235；可参看施特劳斯，《迫害与写作艺术》，刘锋译，北京：华夏出版社，2012，页31–87。

其他作品都让我受益匪浅。

格雷戈里：你会把施特劳斯当作朋友吗？

福克纳：我会。这就是为什么你问我第一个问题时，我会回答：施特劳斯很友好。是的，我的意思是，我会跟他交谈。我可以相当直率地跟他交谈。他喜欢我妻子，因为她拥有一个独立的灵魂，会逗乐施特劳斯，也会跟他直言，比我更甚。我甚至想过在家附近给他租几周房子来过夏天。他应该会喜欢的。

格雷戈里：太棒了。如今回头看……

福克纳：我补充一点，施特劳斯是个处在上风的朋友。我只能说，我以一种处在下风的方式是他的朋友。

格雷戈里：与此对应，你觉得他认为你是他的朋友吗？我不知道你是否能够回答这个问题。

福克纳：也许是吧，稍微超过小狗阶段。

格雷戈里：如今回望施特劳斯，你对他有什么看法？不是你在1958年怎么看他，而是回顾你的生涯，回顾自他教书以来显露出来的东西，他在你心目中是什么样的？

福克纳：每次读完他的任何一部作品，我都会更加崇敬他。我总会看到以往看不到的。施特劳斯远远高于我所知道的任何思想家，也许除去那些伟人。施特劳斯首先从明显可信的或显得可信的地方开始，然后深入主题，向我们展现他从开始作出的论证的必要性。假如我后悔自己做过的事，那么这都是因为我没有按他的期望单纯而投入地钻研经典。

我认为我的生命根本上由施特劳斯形塑。许多人也这样认为。然而，我仍然未能展现施特劳斯的深刻。可以说，正因为他的教育，这个世界变得更温暖、更有趣、更清醒。他鼓励我们去做自己的工作，假如有人没做成，那应该是自己的错误而非他的。

格雷戈里：你的话让我想到，施特劳斯不仅激发学生的抱负，还在学生间构建一份珍贵的友谊。你前面也提过，有些学生间的确存在竞争。[①] 然而，更重要的是不同学生间的那份友谊。假如施特劳斯不是他们的老师，还会有这份友谊吗？这份友谊是施特劳斯引出来的吗？他是否让学生对这一点有所自觉？

福克纳：施特劳斯培育灵魂的慨然浩荡。用洛克的话来说，施特劳斯首先培育理智（understanding）和对理智的追求。这一点是学生共享的。区别在于不同学生对政治、抱负、政治冲突、学术冲突等有不同看法，这也不可避免。但首先是培育灵魂的伟大，因为我们都着眼于重要的事情，也欣赏志同道合者，我们会从彼此身上学习。我当然有所遗漏。总而言之，我不是抱负最大的，荣誉于我而言不那么重要。只能说我并不完全理解这一切，不过这都受施特劳斯鼓励。

他常常说，为数不多能够不含糊地分享的东西就是思想。我生命中最快乐的一件事就是在波士顿学院有一批杰出的同事。在这个国家，我还总能碰到克里福德·奥温（Clifford Orwin）[②] 或克里斯托弗·奈东（Christopher Nadon）[③] 等人。他们总能热情地倾听有趣的事。而且他们真诚对待别人的努力。我想这也跟施特劳斯有关系。这是多么与众不同。

有些英国历史学家评论过我的一些著作。他们非常关心有没有人没经过他们允许就进入他们的一亩三分地。施特劳斯最棒的学生都不是宗派分子。他们会赞赏好的论证，假如遇到不对的，他们不会受阻于关系或友谊。他们可不会坚持偏见，这可是错误。

格雷戈里：用你的话来说，施特劳斯主义就是献身非宗派主义的宗派。

---

① 在一次更早的谈话中。
② 奥温是多伦多大学的政治学教授，著有《修昔底德笔下的人性》（ *The Humanity of Thucydides* ，Princeton University Press, 1994 ）。
③ 奈东是克莱蒙特－麦肯纳学院政治系的副教授，著有《色诺芬的君主：〈居鲁士的教育〉中的共和国和帝国》（ *Xenophon's Prince: Republic and Empire in Xenophon's* Cyropaedia，University of California Press, 2001 ）。

福克纳：可以这样说。这个宗派有属人的脆弱。施特劳斯派里没有谁能与施特劳斯在思想上比肩。就此而言，我们都是追随者。施特劳斯最优秀的追随者正在审视施特劳斯开发过或认为可靠的前提。

格雷戈里：我明白了。非常感谢你。

福克纳：我很乐意。

洛文塔尔访谈录

2013年1月

周之为　译　赵宇飞　校

格雷戈里：我现在正坐在荣休教授洛文塔尔的书房里。今天是2013年1月21日，星期一。大卫，感谢你允许我来。你一开始是怎么认识施特劳斯的？

洛文塔尔：纯属偶然。我当时正等着入读耶鲁历史系的研究生院，想打发时间。我听说新学院是个有趣的地方，所以我注册成了那里的（研究生）学生，但没有打算留下来；然后完全偶然地选了一个叫施特劳斯的人的课，我当时对这个人一无所知。就这样我第一次上了他的课。

格雷戈里：你还记得那堂课的内容吗？

洛文塔尔：我记得那门课研究三篇简短的柏拉图对话，其中包括《申辩》和《游叙弗伦》。它开得很像一门讲座课，在我的记忆中，课上没有几个学生。这就是我跟随施特劳斯学习的开端。

格雷戈里：他是怎么教授那门课的？

洛文塔尔：逐字逐句通读对话。他课上既带着英文文本也带着希腊文本，并且会时不时地更正（英文）文本。读了一小段后，他会尝试着说明意思并展开论证；而这真成了一种论证，他会代入柏拉图或者苏格拉底的心境来解读文本。就是这样。这令人印象非常深刻，因为对作为学生的我来说，这是全新的体验。我之前在布鲁克林学院（Brooklyn College）有过很多非常优秀的老师，尤其是教历史的老师。但是［施特劳斯的课程］不仅仅是原本意义上的那种传递并分析信息的教学，而且是类似于随着柏拉图一起思考，一起推理

（reasoning）。我当时第一次被引导着去推理，去考虑其他可能，这种感觉把我震惊到了。所以自那以后，自然而然，我就想尽可能地多选施特劳斯的课。

格雷戈里：这是一件很不同寻常的事。你当时正等着一个研究生项目的录取；你之前有过很好的老师，但是你之前从来没有在课堂上见过推理。

洛文塔尔：真是这样。这么说听起来很蠢，因为毕竟除了推理之外，教育里还包括些什么呢？但在很大程度上，标准的教育是一种阐述，灌输给你一些事实并且让你去思考事物的原因。但是在［施特劳斯］这里，［教育是］思考人的问题（human problem），我们都能直接感觉到的重要的人的问题，是一点一点地、一步一步地展开所有可能，并用日常事例来思考。施特劳斯在这方面做得很妙。

偶尔他还会使用电影里的事例。他喜欢熬夜看西部片——当然这一点我是听说的。他时不时会蹦出几个电影里的表述，但这是为了阐述文本里的某些东西。这样一来，柏拉图就变得活灵活现了，就好像是我们正与苏格拉底坐在一起。这想来就是描述［这种教学方法］最好的方式了吧。这种教育体验在某个方面就感觉是你在对自己说：噢，你的教育才刚刚开始；来吧，尽管你是一个高年级的研究生，但你的教育才刚刚开始。

格雷戈里：你还记得你大概是哪一年上的这堂课吗，你上的第一堂他的课？

洛文塔尔：应该是在1945年或者1946年，大概就是那段时间。我之前在马里亚纳群岛的空军服役，在其中的提尼安岛（Tinian）。我当时实际上看到过"艾诺拉·盖"号（Enola Gay）[1]停在机场的另一端，但我那个时候不知道那是"艾诺拉·盖"号，也不知道它当时

---

① "艾诺拉·盖"号是第一架投放原子弹的美国飞机，原子弹于1945年8月6日在日本城市广岛投下。

停在那儿干什么。对日战争结束后，我们部队转移到了菲律宾。不久后我就复员回家了，再不久后我萌生了读研究生的想法。所以大概1946年更准确些吧，我想新学院的档案可能会记录他当时上的哪门课。再重复一遍，我当时根本不知道他。

格雷戈里：这些［档案］是可以调取的，没错。你知道，他在芝加哥大学的第一份课堂讲义从1954年开始，接着是1956年。他是1949年开始上课的，可以在他的讲义里看到一个相对标准化的［教学］方法：一般他会先对作品的重要性及其语境作一个总体介绍，然后朗读简短段落，并对每段话作评述，接着在他研读文本的时候会要求学生提问。看来在1945年关于几篇简短的柏拉图对话的所谓讲座课上，他已经在做类似的事。

洛文塔尔：好吧，我当时才刚刚入门，无法完全领略他的方法。但是我知道在那以后我又上了几门他的研讨课，规模更小、互动更紧密，我记得很清楚他是怎么上研讨课的，跟你提的方式几乎一样。经常会有学生对当天的阅读材料作报告——斯宾诺莎或什么的。施特劳斯对报告进行一些评述，在纸上草草地写些笔记——他会自己做一些之后会参考的小笔记，确保记录下一些东西。然后他会一点一点地仔细处理这些东西，这些东西更多是从文本中挑出来的，而不是从报告里。用某种方式来说，他就像在重新开始［处理文本］。学生会展示一些东西。他会评述，然后重头考察文本并尝试梳理出其内涵，重要的时候就引述。当然有人可能会问一些问题，接着就会有很多对话。我记得我自己就问过一些很蠢的问题。

格雷戈里：他是怎么回应你那些愚蠢的问题的？

洛文塔尔：他总是非常友善，有时也很幽默。你可能记得，在亚里士多德那里，一个男人最适合结婚的年纪是相当大的。你知道的，不是二十多岁；我记得实际上快四十岁才是最适合的年纪。所以有一次我问，那他在此之前应该做些什么，我得到一个回答，这个回答我还记得，但恐怕我不能说出来。［笑］这个回答并非猥琐，而是一个我当时看来很有趣、很震惊的回答。如果你问他一个搞笑的问题，他也从来不会取笑你，他从来不会取笑问问题的人。他有时候甚至要面对激进的相对主义者，激进的现代主义者（modernist）之类的人。他会一直跟他聊，那个人会一直反驳，然后施特劳斯就仅仅是一直跟着他聊，并且从不专横，这真的让我敬佩不已。这就像他的作品一样，施特劳斯总会给他的反对者提供一个比他们能够提出的更好的论据。这很常见，因为他并不只是急着想要赢得和某个人的某次争论（an argument）。他想要赢得争论本身（*the* argument），这使他总是直面某一特定的观点。

所以在这许多课中，有那么一两次课，施特劳斯会说他想要纠正他之前的某些东西，他可能在某个特定观念上过于激进，经过反思他想要跟我们一起重新考察这个观念，自我纠正。在我的记忆里这很罕见，当然更令人敬佩的是他会考虑这么做。我们从来没有想过他会在某些地方过于激进，但是在他自己看来，他对某个观点的强调超过了它本应受到强调的程度。

当然，就像你提到的那样，他一般会以谈起他要对付的两大观点开始：历史主义、相对主义，然后以某种方式来说还有实证主义。当然对我们来说，这些都是当时活生生的思潮。我本科出来的时候就是一个相对主义者。我记得［当时］举过太平洋岛民的例子，他们有不同的道德规范等。施特劳斯的回答后来看来很合理，但当时有点令人震惊。他说："你从道德规范存在差别这一事实得到什么结论？难道不可能是其中有些比其他的更好，有些比其他的于人类而言更相宜？比如说食人，你会把这当作一个真正的［道德］可能来考虑吗？不会。"

所以不久后，那些有学习能力的人就会发现他们无法辩护自己的理念。每个上他的课的人一开始都是一个历史主义者或者相对主义者，因为这是当时的支配性观点。当发现有人不接受这个观点并且愿意向你展示这个观点的缺陷时，一开始当然会觉得震惊。但是仔细一想，你又什么都做不了，他就像把你抓住了一样。所以我认为这个经历——对历史主义的拒斥，当然是对它最原始的形式的拒斥——每个人听到时都很有感触。他们会扪心自问：为什么我会相信这个观念如此之久，而这里明明有一个如此合理的答案？

无论如何，他经常会以展示当今时代的问题开始他的课程，我想这是你之前提过的。然后再深入事物本身。

格雷戈里：你跟他上课大概是在1945年到1949年吧？

洛文塔尔：直到他离开。

格雷戈里：去芝大？

洛文塔尔：是的，我当时陪着他的狗上了火车。

格雷戈里：他有一只狗吗？

洛文塔尔：叫施维奇（Schwulch）。

格雷戈里：这样啊。

洛文塔尔：是的。

格雷戈里：在芝加哥，我不认为……

洛文塔尔：我想［施维奇］是雾蒙蒙的意思，或者……是的，他养了只狗，叫施维奇。

格雷戈里：知道了。

洛文塔尔：到那个时候我自然而然地更加了解他了。在他离开之前，我跟他在一起只有两三年。不过我已经尽力选了我能选的所有课。

格雷戈里：在这些日子里，有没有经常上他课的学生会沿着同样的思路挑战他，比如学生会发言说："好吧，你怎么能说价值不是相对的呢？或者……"

洛文塔尔：有的。这些课里有两种学生：新来的学生和［已经上过他的课的］老生。老生在那个时候已经被说服，基本上会把这场论争当作自己已经经历过的事。但是新来的学生总是会这么做，他们一般不会太咄咄逼人，不会太好斗，而只是表达他们的观点，比如："教授，你怎么会相信存在一个绝对的标准呢？"他会耐心地尝试说服他们至少去开始关注其他的东西。我记得有一次，只有一次，一个学生花了很久时间［去接受］。他是我一个芝大的朋友，我是听说的。

你听说过魏因施泰因吗？

　　格雷戈里：没有，我不认识魏因施泰因。

　　洛文塔尔：我想魏因施泰因去世有一些年头了。他曾在史密斯学院（Smith College）任教，是个天才。我跟他相识已久；他住在康尼岛（Coney Island），离我在布鲁克林（Brooklyn）住的本森赫斯特（Bensonhurst）很近。他是一个天才生物学家，对现代科学的华丽图景深信不疑。施特劳斯去芝大的时候对现代科学持有种种质疑，魏因施泰因真的很把他当成敌人看待，当成一个论辩的对手。还有雅法，他当时一直跟着施特劳斯，也是一个同等够格的论辩对手。但是最后，也许是两三年后，或者至少是一整年后，魏因施泰因最终发现施特劳斯的观点是有些道理的。到最后他成了一个全面的追随者。魏因施泰因是个很奇怪的角色，或许是一个更符合自然的角色。他从来不写作。如果你想要去找他的文章或者著作，你是找不到的。但他是你可能见过的最有思想的人之一，并且在所有重要的文本方面都造诣很高，跟他聊天也感觉很棒，但有些原因让他无法动笔。我觉得——这只是猜测——应该是完美主义的原因；他总觉得不够完美。如果他没有透彻地弄懂一个东西，他就不会下笔去写。

　　这让我想起我和施特劳斯之间的事。我有一次写了一篇关于尼采的《历史的用途与滥用》的论文，交给施特劳斯，他回复道："这是我在这个方向上读过最好的文章，但先别发表。"——意思就是这里还有一些我没有弄懂的东西。我之后再也没有发表这篇文章。我觉得这〔也〕是魏因施泰因的本能倾向。

　　人们在一开始对施特劳斯有一种本能的抗拒。这种抗拒当时是不是一直存在？在某些情况下，这种抗拒会持续一段时间。但我从没见过一个人在听了施特劳斯几节课后最终还是没有被说服，施特劳斯是对的。

　　格雷戈里：施特劳斯是怎么看待他在新学院的学生的？他们是什么样的？和他的关系又是怎样的？

　　洛文塔尔：新学院里既有年纪比较大的学生，也有年纪比较小的

学生。这是一个有点特别的地方。人们会回到研究生院——我们这里
说的是研究生院，而不是成人教育中心——他们会在有过一些做其他
事情的经历后，回到研究生院读书，所以他们可能年纪比较大或者不
是本科应届毕业生。我记得他很喜欢克罗波西和雅法，对他们评价很
高。我当时年纪相对较小，显然不太了解他们那一届，他们是我的前
辈。我甚至对自己这一届也不太了解——顺便说一句，肯宁顿当时是
我的同班同学。

格雷戈里：噢，真的吗？

洛文塔尔：是的，我们在一些特定的课上会坐在一起交流想法。
新学院在某种程度上就像不存在一样，它只存在于它的课堂里，这里
大家在特定的时间学习，却不住在一起，[因此]没有一个通常意义
上的核心把他们稳定地团结起来，使他们有身份认同感，就像说"我
是这一届的一分子，47届或者48届"之类的。所以我们在某种意义
上就是一群个体，可能会认识其中的一些人，但不会认识太多。我从
来不知道我自己那一届有多少人——那一群人，那一个年级的人，我
至今不知道。但我也确实有些关系好的朋友，肯宁顿就是其中一个。
我们一起上了里茨勒的课，还一起上过施特劳斯的课。我的印象是，
施特劳斯对每个人都只是一种友善的态度，而非亲密的态度。没人叫
他施特劳斯，更从来没有人想过叫他列奥，我们都叫他施特劳斯先
生。没人能够想象他会让别人这么称呼，像个美国教授一样："叫我
乔就好。"他不会这么做。但他是友善的，并且偶尔——只会和几个
人，就像产生了友谊——他会和特定的学生走得近一点。

我知道在芝大，他们写的关于福克纳和布吕尔的信显示，这两个
孩子是他非常非常喜欢并且更亲近的学生。我认为这肯定也会发生在
新学院，[但]这更难，因为它自身没有芝加哥大学那样的凝聚力。
我们基本上不知道大家住在哪儿。我当时去过施特劳斯的公寓，但我
想那只是因为我跟他稍微熟一点。但是大家几乎住在城市各处，你根
本想不到。

我想跟你说一个新学院里的机构，我看见施特劳斯也在里面活动

过。这个机构叫综合研讨会（General Seminar），不过只在某个特别的意义上才是研讨会。它是研究生院教师的每月会议。所有的研究生院教师都会受到邀请，并且会有人发言，要么是某个教师，要么是校外的人，某些名人。但并不是每个研究生院教师都会出席这些活动，只有极少人去。校外的那些人并不只是受邀过来发言或做演讲的，还有其他机构的教师也受邀过来，所以经常会看到纽约大学、哥伦比亚大学的人坐在听众席里，有时还会参与互动。施特劳斯在那些会议里一般不说太多话，但有一次在一个发言者——我不太记得那是谁了——发言后的问答环节，施特劳斯站起身来，非常生气，非常愤慨，他纠正那个发言者，尝试告诉发言者他似乎忘了经历过纳粹的德国存在意味着什么。他的话大概的意思是："我并不觉得有必要让我站起来提醒你纳粹对德国来说意味着什么。"他真的投入进去了。我不记得其他发言的场合了，因为那些都是学术生活里的一些意见交换。但他从来都不只是站起来聊几句。只要他认为一个观点很重要，他就会表达出来。

据我所知，他和其他教师的关系还不错，但这很难从外面打听到。我知道埃里克·胡拉[①]是他很好的朋友，里茨勒也是他的好朋友——类似于一个德国人的圈子。但除此之外就不太好说了。施特劳斯是一个学者，一个转变为学者的哲人，他大部分时间都在家里思考和写作。

我还记得一些事。我不知道你感不感兴趣，有次他告诉过我他是怎么睡着的。我很感兴趣，因为我知道这永远不会发生在我身上。他说他会在思考柏拉图的洞穴喻和线喻并想要完全理解它们的时候睡着，这基于他觉得自己真的没有理解它们并且努力想要弄懂细节等等之类的事情。接着他就会在思考的时候睡着。［笑］

还有一次——只是因为它是那么不寻常，所以我会提到——我们

---

① 胡拉（Eric Hula，1900—1987），出生于奥地利的政治理论家，1938年以来任新学院教授。

当时正在新学院里上楼。他不喜欢乘电梯，他说因为爬楼有利于心脏。他坦白说他很喜欢吃冰淇淋，所以需要爬楼梯来抵消冰淇淋的［对心脏的不良］作用。当我们正要爬楼梯的时候，我问他是否相信演化论，因为我心里一直想着这事，我以为他会说他当然相信。但他作了个完全相反的回答，他说："当然不。"我记得我当时非常震惊，以至于忘了追问为什么。他是我见过的唯一一个在高等教育领域、具有高级知识的人，竟然说自己不相信演化论。我不敢相信。我想着他会说"我当然相信"然后就此听听他的意见，但是我没有想到会是这样的意见。在后来几年里，在我上过的课里，他再也没有讨论过那些你觉得他可能会在课堂上讨论的一些现代科学的显著例子，至少我不记得了。他可能讲过一两句关于从低级衍生出高级的困难，从猿类衍生出人类的困难，但没有作总体的评价。我认为他肯定是想对一个更加宏观的自然提出他的看法，所以他避免陷入细节。但是我知道他确实很关注这方面。他有他最喜欢的生物学家。我一下子记不起名字了。他是一个德国人，很有名，研究动物，写了很多关于动物的著作，[1] 是施特劳斯最喜欢的［科学家］。

你可以看到他关注一些特定的事项，却不以任何明显的方式将其引入课堂。但是，我认为我们可以看到，他从来不自视为精通数学以及一些需要认真学习的现代科学。我觉得他在这方面总是依赖于克莱因，他认为他自己做不到。

格雷戈里：你是怎么在那四年里碰巧跟他变熟的？我的意思是，你⋯⋯

洛文塔尔：我应该提一下另外有一次，他告诉我他要和施特劳斯夫人去科德角（Cape Cod）度假。我忘记是哪一年了，也许是1947年，1947年夏。曼斯菲尔德和我一起去拜访他，得到了热情的招

---

① 阿道夫·波特曼（Adolf Portmann，卒于1982年）。他的部分作品已经译为英文，例如《作为社会存在的动物》（*Animals as Social Beings*，NY：Viking Press，1961）。

待。^①你知道他对施特劳斯夫人的昵称是"Mama"。

格雷戈里：我不知道这个。

洛文塔尔：显然他对她非常非常好。他从来不会专横傲慢地对待她，就好像他地位更高一样。我的印象里他在和施特劳斯夫人的关系里要么是平等的，要么是地位更低的。她人非常好，非常安静。曼斯菲尔德和我，我记得我们当时拍了些照片，曼斯菲尔德可能还留存着其中一些。他当时给曼斯菲尔德起了个昵称，叫兔子（Rabbit）。曼斯菲尔德是杰斐逊奖（Jefferson Award）^②的获得者，但是那个时候他非常腼腆，非常安静，所以就有了这个昵称。我们在一起的时候关系非常友好，我记得他们做了一点午饭。在那些场合，施特劳斯无所不谈。换句话说，有些事不会出现在课堂里，就像他很少在课上谈论时事、政治，包括美国政治。非常少。但是在家里的非正式气氛里，他无所不谈。他会谈论其他学者，拿这个那个开玩笑，几乎任何事都会提到，任何事都会做，拿其他同事开玩笑之类的。

除此之外我就不太记得［我是怎么和施特劳斯变熟的］了。我甚至无法跟你描述……但我想有时候学生得表现出一种乐于帮忙的意愿或者想法，或者能够在某个特定的时候帮把手；然后一点一点，就会跟他更熟，类似于私交上的。除此之外，我就不太确定了。

对于其他学者，他有时会很刻薄。我不知道这是一种德国人的习性还是什么，总之他觉得他们（中的一些人）真的很蠢。当然，这是在私下的谈话里提及的。他不会这么对待学生。他对学生从来没有做过什么肮脏的事，但我觉得其他人可不一定。我的意思是，他对个人

---

① ［校者注］此处洛文塔尔明显记忆出错。根据曼斯菲尔德（生于1932年）在同一系列访谈中的回忆，他是在1956年作为研究生回到哈佛之后，才认识洛文塔尔。在同一篇访谈中，曼斯菲尔德也提到，他认识施特劳斯是在他于1960年赴加州任教之后。因此，洛文塔尔这里提到的这次拜访，绝不可能发生在1947年。

② ［译注］曼斯菲尔德的讲座《如何理解政治：人文学科能对科学说什么》曾于2007年获得杰斐逊讲座奖，该奖由美国国家人文基金委员会设立。

操守有很高的标准。如果他觉得你违反了这些标准，那么他是不会容忍你的。但除此之外，他的学生毕竟是他的学生，就像他的孩子一样。其中有些会比其他人更聪明。我在施特劳斯课上的表现并没有我认为我应该做到的那么好。我在大部分课上都表现得很好，但我记得好像有一门课我拿了B还是B+，当时我很懊恼，想着自己怎么会这么笨。无论如何，他有几个非常聪明的学生，像伯纳德特……

格雷戈里：伯纳德特当时在芝大。

洛文塔尔：后来他回到新学院和纽约大学教书。施特劳斯有一些如此出色的学生，就像奇迹一样。雅法革命性地创新了对美国思想的研究，特别是对林肯的。雅法是我的偶像。这种例子有一大堆，比如曼斯菲尔德。施特劳斯吸引了很多水平很高而且［对知识］久久求而不得的学生。所以芝大真的很关键：正处于国家的中心位置，总体而言作为一个学术机构拥有杰出声望，因此自然就吸引优秀的学生。［芝大］吸引着全国各地，甚至可能是世界各地的学生。我不知道施特劳斯［的影响力］是不是世界性的，但现在我觉得是。

他在新学院的学生主要是美国人，可能有一点点不准确，但我记得的主要是美国人。在这个曼哈顿的小地方①，你会在不知情的情况下突然发现某种珍宝。但在芝大，情况完全不同。两者的名声、位置等全都不同。我认为，这对他而言是理想的条件。幸运的是他还或多或少地引起哈钦斯的注意，得到了那些他应得的东西。

我想跟你提一件事，你肯定也多少思考过。你知道在他的写作里，施特劳斯会谈"哲人"（the philosopher）。哲人是一个谈论或者做这种事的人。我认为关键在于抽象地来说不存在一个这样的人。有柏拉图–亚里士多德式的哲人，但也有海德格尔［这样的］。二十世纪的哲学——我指的是完整且最佳意义上的哲学——能够说明：它有一个非常伟大的代表，那就是施特劳斯。想想其他人：海德格尔，一个纳粹分子；科耶夫，一个共产主义者的工具，斯大林的工具——就

———————————

① ［译注］新学院位于纽约曼哈顿。

像被证明的那样。但那仍然是哲学；他们因其智识深度而被施特劳斯钦佩，然而看看他们的下场［，又是另外一回事］。我认为，在施特劳斯使用的哲人一词的意义上，他自己是唯一那个真正捍卫哲学的人。他就是那个哲人。至于其他人，无论他们的知识从某些方面来说有多么高深，最后都证明在其他方面有严重的错误，用这些人来给哲学打广告，肯定不合格。这些人被钦佩或赞扬，是值得担忧的，是外行的看法。

格雷戈里：这件事非常有意思，感谢你。施特劳斯在教学方面下了很多功夫，他在教室里花了很多时间，你认为这对他意味着什么？他想要通过他的教学达成什么？

洛文塔尔：去找寻，如果他能够的话，去找寻哲人或者年轻的哲人，尽可能在最大程度上培养智识、敏锐性以及所有其他的品性。当年轻人在他身边的时候，他就像苏格拉底的角色一样，只有一处地方不同：施特劳斯班上有女性，而苏格拉底身边一个女性也没有。我记得尽管在色诺芬的《会饮》里，苏格拉底外出拜访过一些女性，但他没有女学生。我认为施特劳斯就是用那种方式处理教学的，去帮助他们尽可能成为沉思生活（thoughtful life）的践行者，一种致力于严肃事物的生活，其中也包括致力于自己的祖国。好吧，其实这一点从来没有包括在内。我记得有一大批想要投身政治哲学研究的学生。他总是会这么告诫："别这么做。要遵循你的自然禀赋。如果是美国政治的话，那么这是你的领域。在适合你的领域引入政治哲学，但不要抛弃你自己的领域。坚守那些你以某种方式本能地了解到并且最感兴趣的事物。不要都想成为以研究文本为生的学生。"我认为这对他来说很重要。

类似于人文教育（liberal arts）的古典目标：他想要培养沉思的人，最好是哲人，但是沉思的人也可以是贤人（gentleman）。他并未有意识地培养贤人精神，但是他期望人们去做的事，以及我们学习的作品带来的潜在影响，是培养一种高尚情操（high-mindedness）。你不会为金钱或名誉这种通常的诱惑所击败。话说回来，我从来没有听过他谈论这个，但是我看过他写的关于自由教育的作品，[自由教育]就是这么回事：最佳的形式就是[阅读]伟大的书籍。我曾带点开玩笑的意味问过："那些不那么伟大的书怎么办？"我肯定施特劳斯会同意，并不是所有人都有能力鉴赏康德关于形而上学的著作，但是每个人都应该更好地欣赏陀思妥耶夫斯基。顺便说一句，那些施特劳斯会在课上提到的东西是：伟大作家的作品。他不会有意这么做，但它们自然地出现。伟大的作品是留给那些最能领会它们的心灵的。当然，他是莎士比亚的忠实仰慕者。他也有一些很喜欢的现代作家。同时我觉得他的某些学生也同样领会到了那些我们意识到的线索。

我之前提到新学院的综合研讨会。有一次我听了一堂霍华德·怀特的讲座，他是施特劳斯的学生，那堂讲座是关于莎士比亚的——我记得是《亨利五世》。那是我听过最棒的讲座之一，因为从头到尾没有一个[用于补充解释的]说明：在一个小时的讲座里，文思敏捷流畅。在某种意义上，这就像让我直接成为莎士比亚的学生。当然施特劳斯也在课上时不时地提到莎士比亚，怀特延续了施特劳斯的某些想法，并且将其发展，把这些想法当作他自己研究里的核心部分。我觉得雅法也可能通过这种方式从施特劳斯关于林肯的观点那里获得了某些线索，得到一些启发。

但是，那些他不认为具有很高智识地位的作品仍是重要的作品，这就是为什么我当时开玩笑地提到那些不那么伟大的作品。但那些也很重要。在一般意义上还不错的教育里，那些不那么伟大的作品的占比令人生畏。每个人都可以理解像亚里士多德的《尼各马可伦理学》和《政治学》，但海德尔格的《存在与时间》呢，有多少人能够真正地读下去并理解？对很多人来说，降低标准可能是最佳的策略，但这仍然非常非常不错。我不想去苛责作者——歌德是施特劳斯钦佩的人，当然，莱辛是他最最伟大的老师之一。

这事很惊人，我不知道该不该公开谈论这事，我通过你来发表意见。但你要对此处理得小心谨慎一点。

格雷戈里：好的。我们晚点再商量怎么处理这事。咱们先接着讲，讲出来。

洛文塔尔：有个好玩的故事。在哈佛，弗里德里希（C. J. Friedrich）也是个德国难民，或许在政治理论领域很有名，但不是在哲学领域。当我被芝大①聘请的时候，他知道我有过跟施特劳斯的背景，经常会在我面前数落施特劳斯，我也不纠正他。他曾经说施特劳斯是一个阅历贫瘠且兴趣狭隘的人——他只研究伟大的文本，除此之外什么都不做。其实这是很不准确的。施特劳斯对文学有非常广泛的了解，他对历史也有非常广泛的了解。就"二战"而言，他经常推荐一些他认为在"二战"军事方面一流的书籍。我很难想象一个像施特劳斯一样兴趣广泛的人。然而这个哈佛的教授竟然会说他的兴趣是多么狭隘，以及他是多么远离日常经验。如果说有一个关注日常经验并能让学生意识到其重要性的老师，那么这个人只能是施特劳斯。

格雷戈里：你说他在生活中如此重视日常经验，这可能会让很多听众很震惊，因为这并不符合你对他作为一位哲人的描述。哲人总是谈论晦涩难懂的事物，而他却对日常事物侃侃而谈。

洛文塔尔：是的，这是因为我们都抱有这种对哲学的狭隘理解，让社会科学统治着所有的领域，忘了源于苏格拉底的伟大哲学或者说政治哲学传统。一个伟大的例子是亚里士多德的《伦理学》和《政治学》。在《伦理学》里，有非常多来自日常生活的关于美德与恶德的例子，关于要做什么和不要做什么。亚里士多德写了《形而上学》（*Metaphysics*），写了 *De Caelo*，《论天》，写了《逻辑学》，写了所有这些关于抽象主题的书，但他同样写了关于属人主题的书，写了《诗术》。我们已经忘却或者说偏离了一个事实，道德哲学和政治哲学是哲学的一部分伟大根源，或许还是哲学最核心的根源。这里是哲学最先展现自身的地方。在某种程度上，苏格拉底是这整个［探究日常事物的］事业的开端——这个事业一开始只是哲学的一个部分，或者说是一个关键的，也许是中心的元素，但如今已经被社会科学、史学以

_____

①　应为哈佛。

及其他所有诸如此类的东西占据。所以就是一个错误。思考日常事物，施特劳斯曾说，你必须审视事物的表面，只有在那里你才能找到事物最深层的部分。

我知道我自己的作品也是如此，通过对事物的初始印象以及事物的外表来开始对事物的审视。这就是为什么施特劳斯对日常生活如此感兴趣，他会为了放松去看西部片。为什么？因为这些电影都在考验人性，里面有坏人也有好人；人的品行被展现出来，相当明白地展现出来。现在的电影里充斥着暴力，每个人都陷入杀戮之中，但是在西部片里有这样一种设定：坏人当道，好人该怎么做，他们该如何对付这些坏人？

某种程度上这代表基本的属人经验——既有友善，也有敌意，两者结合。你可能会说美国公众已经……从某种意义上说，［现在的］电影已经给我们制造出一种假象，这种假象曲解自然的生活样貌。我们被自己［创造］的景象束缚得如此之深，以至于我们不知道自己过的是什么样的生活，是电影里的生活还是生活本身。你可能会说享受生活本身……前电影、前科技的生活总是非常非常重要的，尤其在我们搞［文化］入侵的时候；在加勒比地区各地以及世界上所有其他地方，就算是最偏远的地区，你也能看到摩天大楼和商品广告。那些地方都多少被美国化了。保留对生活中那些朴素的部分的直观感觉非常重要，我认为施特劳斯始终是这么做的。

因此他的课，即便上升到了要解释柏拉图的线喻或者整个洞穴隐喻的部分，变得困难且更加抽象，但也总是从我们最朴素的经验出发。你可以理解为什么我们是洞穴中的囚徒，以及我们是哪种洞穴的囚徒，你能够理解这些。施特劳斯通过重新经历哲学的创始人在思考事物时经历的同一过程，促成道德哲学和政治哲学的重生。施特劳斯就像在重新体会，他做的一切都是一种对生活原初经验的重新体会，对生活中日常事物的重新体会。

格雷戈里：照这么说，如果他在教学方面具有某种形式的计划或者目标，那么这是否体现在这种对事物的自然秩序的重新发现上，对自然事物（the natural）的重新发现上？

　　洛文塔尔：是的，维护属人生活的完整性，尽可能使这种生活延续下去并繁荣发展，这就是他的目标所在。这可以通过采取［履行］公民责任的形式来达成，通过成为一个积极行动的人，通过帮助自己的祖国，但是维护完整属人生活中的所有成分的工作，仍然是在一个属人生活会在你眼前转瞬即逝的时代进行的。纳粹颠覆那个最有文化的国家用了多久？四年，四年之后［整个国家］就是一支脑子里只有战争的庞大军队。这没花多久时间。所以从某种意义上说，必须注意到文明中的某种脆弱性，我认为施特劳斯完全意识到了这一点，这自然是因为他是一个热爱哲学并热衷于传递哲学的哲人；他喜欢看到学生眼中的光芒。我不会仅仅说他尽了一份力：他比我所知的任何作者都做得更多，比任何致力于这一目标的思想家都做得更多。

　　这就是为什么说，那些大错特错地评判他的文字，是非常残酷不公的：说他是希特勒的追随者（实际上他是希特勒最大的敌人），是这是那的；说他反对民主，反对这些那些；说他是个法西斯主义者。这是如此残酷不公，从某种意义上反映出我们的智识生活已经堕落到了这种地步，以至于我们愿意去……这只是因为他是个批判者。你看，我们现在经常谈论的开放之类的事，归根究底是一种狂热，这种狂热并未消散。但这对一个可以说拯救了西方文明同时也拯救了其宗教部分的人来说，是一种悲惨的命运。我们还没谈到过宗教，这在他的教学里也不总是重点，但从某种意义上说，相比于任何其他人，他仍然对宗教观点作了更伟大的论述，真的。

　　格雷戈里：根据你的观点，施特劳斯成功地拯救了西方文明？

　　洛文塔尔：如果在某种程度上有人能够拯救的话。很难知道他对人类的命运是完全悲观，是部分悲观，还是持中立态度。我觉得他自己肯定非常担忧我们的命运，不只因为原子弹，尽管这仍然是我们面临的迫切问题，还因为在大众社会的文化领域中发生的事。他一定深刻地察觉到了其中暗含的危险，并做了一个伟人会做的事。他在尽其所能地维持属人之卓越（human excellence）的火种。我也有同样的疑虑；你可能不太会觉得我们正进入某种黑暗时代，觉得也许我们并不是这样。也许某些东西会拯救我们，但这些东西看上去不会那么伟大。尽管有些零星的胜利，这里或者那里——当然这些是很重要的胜利，而且你必须得继续斗争——但事实仍然不会改变。

我看到发生在这个国家里的一些例子。我们在康涅狄格州的纽顿（Newtown, Connecticut）遇到一场屠杀，[①] 当时我们提到特定类型的影像和电影对年轻人产生的影响。从普通的常识来看，你可以问自己："这真的可能吗？"你时常会看着那些我们让年轻人——当然也包括年纪大一点的人——接触的东西，问道："这是否会明显地产生不良的影响？"这［种反思］甚至都不属于当今社会推崇的东西。人们对深层次的问题畏首畏尾，对表面的问题视而不见。你这么做的时候，你并没有意识到事情在某些方面正变得越来越糟糕。你不会意识到事情正变得越来越糟糕。关注这些事是否能在很大程度上改善它们，这取决于个人的想法。现在很难像在十九世纪那样完全乐观，那个时候生活看起来在很多方面都在进步，但现在你很难有这种信心。

我认为施特劳斯或许比任何人都更理解这个道理，更加担心［现状］，更加把使属人之卓越这一理念保持生机的事业放在心上，使之延续下去。我觉得我们并没有意识到他的事业开展起来有多么困难，类似于重构整个哲学史。

我还保留着一些政治理论的教科书。其中有一本乔治·萨拜因（George Sabine）[②] 写的老书。这些书讲了每个思想家的理论，然而是以最肤浅的方式，而且还总是带着一种告诫："这家伙受其时代影响。"施特劳斯在某种意义上推翻了这种观点，并且通过对每个思想家的研究，使这些理论生动起来。你想知道为什么吗？我有一次跟施

---

① 2012年12月，一名20岁的男子在康涅狄格州纽顿市的桑迪胡克小学（Sandy Hook Elementary School）射杀20名儿童和6名成人。

② 萨拜因，《政治学说史》（*A History of Political Theory*，1937）。后续还出了其他版本。

特劳斯的一个学生谈话，我说："噢，施特劳斯是什么？"他说："他是个史学家和学者。"然后我说："不，他是个哲人。""不，他是一个史学家和学者。你看看他的作品就知道。"好吧，那些看上去都像史学著作，这就是其全部内容。但他为什么这么做呢？因为，每个思想家都应当被赋予生机，每个思想家都应当被理解为在解决严肃的问题，并且对其给予自己的答案。施特劳斯有能力去这么处理［这些思想家］。不只是一个思想家，而且还要这么处理很多个伟大心灵。他知道这是为了达成他欲求的目标所必须做的，在某种意义上即让人们再次思考［严肃的问题］。这就是这么做的目的。

格雷戈里：施特劳斯当时是你的论文指导老师吗？

洛文塔尔：他当时本应该是，但事实上我的论文指导老师是怀特和里茨勒一起担任的。我的初稿被里茨勒整个打回，不知道这是幸运还是不幸。我记得他当时说："施特劳斯是不会认可这个的。"我觉得施特劳斯没有看过，但施特劳斯是不会认可的。我能够看到其中的原因：我把孟德斯鸠当作一个古典思想家，用了一些使他听上去像古典思想家的一些说法。后来我把文章重新捋了一遍，就通过了。他本应该是［论文指导老师］，但他不是。

格雷戈里：明白了。在你的学术生涯里，你出版了一本关于莎士比亚的书，一本关于《第一修正案》的书，翻译了孟德斯鸠的《罗马盛衰原因论》。你在处理这些项目的时候，有没有和施特劳斯联系？

洛文塔尔：让我想想。去年二月份的时候，关于林肯的书出版了：《林肯的心灵与技艺：哲人政治家》①，这是对林肯二十篇演讲逐篇的讨论，附有演讲的文本以及对演讲的评注。这都是受到雅法的启发，尽管我认为他不会喜欢其中的某些部分。但这是事实。

至于和施特劳斯的联系，关于那本讨论《第一修正案》的书，他知道我对这个问题感兴趣，我之前写过有关劳伦斯（D. H. Lawrence）

---

① *The Mind and Art of Abraham Lincoln: Philosopher Statesman. Texts and Interpretations of Twenty Great Speeches*，Lexington Books, 2012.

的《查泰莱夫人的情人》(*Lady Chatterley's Lover*)的东西。劳伦斯的这本书在英国被裁定为色情小说，我将其同《包法利夫人》(*Madame Bovary*)在法国受到的审判作了对比。他知道我写的这个东西，并且很喜欢，但这并不是我最终出版的关于《第一修正案》的书。我在对劳伦斯作品的写作中讨论了《第一修正案》——《第一修正案》真正涵盖什么，没有涵盖什么。所以他知道我在这方面的兴趣，同时他喜欢我的研究方法。但至于那本书，他并不知道。关于莎士比亚的书很大程度上是在施特劳斯去世后构思的，关于林肯的书也是，所以他完全不知道这些书。他知道我做的翻译。他可能把我的名字推荐给阿兰·布鲁姆过，因为布鲁姆是这一文集的编者……

格雷戈里："广场文集"(The Agora series)。

洛文塔尔：是的，我从布鲁姆那儿受益良多；他在法语方面比我懂得多。因此施特劳斯是知道这事的。对于前两本，他或多或少知道，但是后两本，他是不知道的。

格雷戈里：很多施特劳斯的学生后来专注于施特劳斯从未教过的主题、领域和作者，并在这些方面做了卓越的工作，这是很了不起的。我觉得有个问题是：当你完成关于莎士比亚或者林肯或《第一修正案》的作品的时候，你有没有感觉你写作的念头或多或少地来源于你同施特劳斯的学习？

洛文塔尔：当然，当然。

格雷戈里：这是怎么回事呢？你有一个就莎士比亚进行写作的念头，尽管施特劳斯颇为尊敬地提过他，但是他从未讲授过莎士比亚。

洛文塔尔：没错。施特劳斯第一批就莎士比亚进行写作的学生是雅法与布鲁姆。几乎在同时，怀特自己出了一本关于莎士比亚的书。雅法和布鲁姆一起写了《莎士比亚的政治》①。我记得只有一章是雅法

① 布鲁姆，《莎士比亚的政治》(*Shakespeare's Politics*)，附有雅法的一篇论文(University of Chicago Press, 1996)。[译注] 中译本参布鲁姆、雅法，《莎士比亚的政治》，潘望译，南京：江苏人民出版社，2009。

写的，并且……

格雷戈里：是的，关于《李尔王》(*King Lear*)。

洛文塔尔：大部分都是布鲁姆写的。在《王制》里哲人（和诗人）是势不两立的，但这里你会看到哲人–诗人(philosopher-poet)的概念。嗯，这就是布鲁姆在这部作品引言中的全部观点。雅法在处理《李尔王》的时候，也采取了同样的路径。所以我大概是通过这些人被施特劳斯启发的，这些人的作品已经被施特劳斯启发。但是，莎士比亚隐藏了他的思想，我不会说伟大的哲人们同样隐藏了他们的思想，但无论如何这是一种隐藏，你需要去思考它［哲人的隐藏］并且注意它。我一直在深处默默地想着施特劳斯［的教海］，所以当我思考《第一修正案》的时候，尽管据我所知施特劳斯从未谈论过《第一修正案》，然而我还是在想："这些家伙究竟是什么意思？他们说'国会不得制定法律'究竟意味着什么？"所以［施特劳斯给我的］启示便是：他们究竟是什么意思？就像他自己的启示是：这个哲人究竟是什么意思？所以我一直在想；从这个方面来说，我就像在想象自己按照施特劳斯期望的那样去思考这些事。这个启示不是直接的，显然是间接的。

这对研究林肯来说也适用。这种［林肯研究的］方法已经由雅法在《分裂之家危机》中阐明。但我还是想延续这个工作，并在某个方面纠正雅法的一些观点。先驱的工作已经由雅法完成，我只是在雅法后面接着工作，或者说慢慢摸索，只不过是沿着同样的方向。雅法在这方面的启示是什么？这条启示是不是［根本上］来自施特劳斯？我不知道。但思考"林肯在《葛底斯堡演说》("Gettysburg Address")中究竟想表达什么"，这是一回事，我从头到尾都是带着这个想法读的，想要搞清楚其中的含义。最终发现的就是雅法已经研究过的东西——前两篇研究，《持存演讲》("Perpetuation Speech")[①]和《禁酒令演讲》("Temperance Address")——最终发现这些演讲都是货真价实的具有哲学意义的文本。非常有思想，非常复杂深奥。从这种意

---

① ［译注］更常见的标题为《讲厅演讲》("Lyceum Address")。

义上说，施特劳斯期望你去做的事永远会存在［于你的思想里］；一旦看到这种视角的重要性，就永远不会忘却。

我有同样的感觉。我读美国宪法的时候，我看到总统的誓词是去恪守、维护和捍卫合众国宪法。誓词里说的不是"合众国"，而是"合众国宪法"。为什么是"恪守、维护和捍卫"？这些语词不同。这种针对语词的兴趣，我觉得来自施特劳斯，这种兴趣总会带来收获，因为你会严肃地对待这些语词，而非仅仅读一遍。我认为国会以及其他所有官员，根据宪法，都只是宣誓去捍卫和支持宪法。你看，这个誓言与维护、恪守和捍卫的誓言是完全不同的。那么为什么呢？

有趣的是，平常我有时只是去泛泛地阅读某些东西，而非细致地研读，我并没有去研读，因此细致地研读并不总是会参与到日常生活中。但在做一些严肃的事时，就会想要去细致地研读，想要尽可能地对其深思熟虑。如果阅读霍桑（Hawthorne）、梅尔维尔（Melville）或吐温（Twain），我便会去认真思索他们，并把他们结合在一起考量，从最表层的意义开始。这种总体的理念，一旦从施特劳斯那里获得，就会一直伴随着我。

格雷戈里：好的，听你这么一说，我又想起你谈到跟他上的第一次课，你说之前从未见过有人在课堂上推理。

洛文塔尔：是的。

格雷戈里：听到你的回答后，如果有人问我，洛文塔尔关于莎士比亚的书和施特劳斯之间有什么联系，我会说："洛文塔尔教授从施特劳斯那儿学到一个道理：理解事物是可能的。施特劳斯树立了一个榜样，洛文塔尔则想要向他看齐，他意欲这么去做。因此他从施特劳斯那获得了一些形式以及方法，他会想在学习中应用这些方法。"

洛文塔尔：是的，我觉得这完全正确。这可以应用在很多事情上。每个人都听说过，关于宇宙起源的大爆炸理论，而你跟着施特劳斯学习过，自然而然地，你大概无论如何都会想问：这个大爆炸是什么，他们是怎么得出这个结论的？然后你大概就会看到其证据，他们说这些证据可以追溯到120或者140亿年前，直到这个宇宙的起源。

他们就是这样子说的。这个宇宙（*the* universe）。

格雷戈里：没错。

洛文塔尔：那么，在那之前发生了什么呢？他们什么也不会说。那就是一切的起点。但这如何可能呢？需要提一下，你记得施特劳斯之前喜欢引用"Ex nihil, nihil fit"这句古老的拉丁谚语吧：无中不可生有。但他们好像已经忘了这句话。所以他们会说，这个宇宙起始于140亿年前，这整个宇宙。在那之前发生了什么呢？宇宙本身是由无而生的吗？并不是。我想说，我遇到过一位说宇宙确实是由无而生的科学家，所以他们似乎固执地持有这个观念。好吧，那之前呢？之前有某些东西，但那是什么东西呢？为什么［大爆炸］是从那儿开始的？如果大爆炸有充分的时间去预备，为什么是那个时候［才发生］？你会想发出一些疑问，这不仅仅来自你天生的好奇心，还来自你想要知道大爆炸理论的确切含义是什么。因此，这还是对这一观念的应用：严肃地对待语词，并探讨其含义。这只是一个笼统的观念。但你这么做肯定是没错的：你想要去理解，越深越好，但这只会从世界的表象开始。

格雷戈里：在你对施特劳斯的叙述中，这种对理解的欲求，是一种需要恢复以及需要重新使其变得可能的东西吗？

洛文塔尔：是的。

格雷戈里：通过施特劳斯的教学以及他的著作［恢复这一欲求］。

洛文塔尔：是的，我是这么认为的。比如说当你打开海德格尔的《存在与时间》时，你会看到很多奇怪的语词以及一些非常笼统的奇怪经验。但是树木在哪儿？动物在哪儿？日常生活中的各种事物在哪儿？那些并不在书中。这里没有关于那些事物的叙述，这里你以一种抽象的方式从属人经验出发。所以［在这本书里］属人经验以一种方式在发展，根据这种方式，我们身边所见的一切似乎都消失了。它们并不在此。我认为这是一种古人的非凡德性。当海德格尔想要摆脱感官知觉并更加深入时，他是为了发现我们真正在经验着什么，而这是在一个使整个世界消解的过程中实现的。所有外在于此的，就是自然，而外在于此的自然不再是一个主体。所以在海德格尔那里，不仅伦理和政治不是主体，自然本身也不是一个主体；它消解了。你有一种笼统的属人经验。所以，你是从自己在这个世界里通常就能留意到的东西开始的，但你也能留意到世界中不同类型的事物。这就是你的源始点。所以一旦你注意到了青蛙、树木，诸如此类——它们就在外面——你就永远不会抛弃这种笼统的经验。

你知道这是十分重要的。我认为，这种抛弃始于笛卡尔，在他那儿你会开始看向内部：我思故我在。你得依此来构建整个世界。如果你以这种方式开始的话，构建世界是很难的，因为你只是从属人经验的内部语境开始的。古典的方式比这好得多：你完全不需要以向内看开始；有一个世界就在外面，而你是其中的一部分。这是一个朴素的出发点，同时这（并不）是你会停留的地方，但你不要忘记这个出发点。所以从笛卡尔走向海德格尔的路径非常明了。我认为他们知道这一点；他们感受到了这一点。

格雷戈里：你在午餐时跟我说，施特劳斯是经由新学院一个伟大校长的救援计划来到美国的。我忘了他的名字。他叫什么？

洛文塔尔：阿尔文·约翰逊（Alvin Johnson）。

格雷戈里：约翰逊。施特劳斯和里茨勒还有其他移民，当时从欧洲可怕又黑暗的衰败中被拯救过来。假设施特劳斯留在德国，比如在德国某个大学当了教授，那么这样的施特劳斯，和我们所知的施特劳斯之间，会不会有什么显著的不同？在美国的经历有没有改变他？除了美国是一个安全且他能够繁荣发展的地方之外，来到美国对他还意味着什么？这的确是一些美好的事，但是在美国的经历对他来说有没有改变什么？

洛文塔尔：这是一个极好的问题。首先，根据一个粗略的观察，他在课堂上很少评论这个国家［美国］的时事，特别是政治，非常非常少。他也许会在私人的谈话里这么做，但在课堂上，他不会。不仅如此，在课堂上他还很少以他在欧洲的经历举例，比如他体验过的纳粹治下的生活是什么样的，或者当他去了英国后，事情是怎么样的。我从未听过这些事。你知道，美国教授无所不言，会谈论他自己，也会谈论他的经历。但施特劳斯不是这样的。这种处理文本的方式非常严格，其中文本是永恒的，而你并不重要。你不应该在你自己狭隘的个人经历上面说太多。

他是否学到或者经历到一些事——从他来到美国这件事上。这真的是一个非常好的问题。从阅读中得知一个地方，和亲自经历这个地方，总是有区别的。在我的印象里，施特劳斯享受美国的生活，尽管其中有种种陷阱和问题。说到陷阱，你总得担心人们尝试向你推销东西。据说，某天施特劳斯夫人穿着一条裙子回家，说售货员认为这条裙子多么适合她。然后施特劳斯反驳道："你没有意识到那个售货员是你天然的敌人，而非你的朋友吗？"还有一个关于施特劳斯自己的故事，你知道施特劳斯和左特服（Zoot suit）的故事吗？

格雷戈里：不知道。

洛文塔尔：我也只是听说。施特劳斯有次自己出门买套装。然后［笑］他不知道怎么着，最后竟然买了套左特服。你知道左特服吗？款式特别。

格雷戈里：我很久以前看过照片，我脑子里没印象。

洛文塔尔：裤子很窄，它能够让你一眼就看出来是左特服。在他不自知的情况下，他自己也成了销售员的猎物。［笑］最后回家——他当然还是得退掉。

关于施特劳斯和在美国生活的困难还有很多故事。雅法记得一堆这样的故事。你知道施特劳斯在汽车旅馆里的那些故事吗？我猜雅法当时肯定和他在同一个旅馆里；雅法接到施特劳斯的电话："过来，雅法先生，过来，我需要你的帮助。"当时那儿非常热，需要打开一扇窗，施特劳斯不知道怎么打开那个窗。你听过这个故事吗？

格雷戈里：我听过这个故事的不同版本，但请继续说。

洛文塔尔：说到一些美国生活的困惑之处，有很多比如换灯泡之类的事。这些事对普通美国人来说并不成问题，但施特劳斯在各方面都不熟练，确实造成一些麻烦。除此之外，我不知道如何回答你的问题，因为这真的是一个很好的问题；我得先更加了解他对我们［美国人］的看法，接着才能知道这里的生活对他有什么样的影响，但我不太知道怎么去了解［他对我们的看法］。尽管这里有各种动乱等，但他还是感激生活在民主制当中，我认为这是无疑的。但这如何影响他对我们的看法，我得再多思考一下。

格雷戈里：你是说他对我们的看法，还是一个总体的看法？

洛文塔尔：你知道，他得去经历他［在美国］的生活。学术生活是其中一部分，这个国家的学术生活和德国的或欧洲的很不一样。但是，没有足够的日常谈话能够让我们得知他对某些发生着的事情的看法。感激——你之前提到过且我们是这么假设的，但［他的态度］确实是非常感激的。不像很多其他难民，他们来到这里后放肆地抱怨美国的生活，他觉得自己没有资格这么做，没有资格公开谈论他认为可能存在于这个国家里的任何问题。

格雷戈里：好吧，令我震惊的是，在我读过的内容里，当他提到美国或民主的时候，他是在表达感激。

洛文塔尔：当然是。他被拯救了，还有很多其他人也被拯救了。我认为他感激这个国家作为避难之地的历史，这个国家确实是这样一处地方。

特别在当时，他是艾森豪威尔的忠实仰慕者，我不知道你是不是知道这事。他仰慕他在“二战”时凝聚起盟军的力量，不是因为他本身的军事才能，而是因为他使美国人和英国人以一种和谐的方式在法国人的帮助下共同奋斗。他对这种崇敬表达得如此公开。他对与斯大林治下的俄国妥协的任何行为都持批评态度，包括罗斯福的一些行为——但话说回来，这不是公开的，不是面向公众的。你知道，他会私下这么说。

话说回来，我只是个学生。我和他的地位并不对等，所以肯定有些话题是他认为在我的面前或者我在场时不太方便说的，所以我觉得回答那个问题很难。但这是一个非常好的问题。

格雷戈里：在施特劳斯的一生里，在他生命的最后阶段，他有一个非凡的经历，他看到他的名字成了一个范畴，存在一个叫施特劳斯派的东西。

洛文塔尔：是的。

格雷戈里：不只如此，他还见到一些他的学生之间的争论的开端，关于谁是谁不是施特劳斯派，关于谁是他遗产的最好继承者，还有一些诸如此类的。你觉得他对此是怎么看的？你有所了解吗？

洛文塔尔：很好的问题。你听说过恩斯特·福尔坦这个名字吗？

格雷戈里：当然。

洛文塔尔：好的。福尔坦以前是我的一个好朋友，在伍斯特（Worcester）的圣母升天学院（Assumption College）教书，他使我参与到圣母升天学院的董事会事务之中，他差不多是把我骗进去的，但我真的乐意。福尔坦在他的一本书里有一篇非常精彩的文章，谈到施特劳斯派的差异。你听说过这篇文章吗？东岸，西岸，然后……

格雷戈里：拉尔夫·勒纳非常欣赏这篇文章：施特劳斯派的114种变体……[①]

洛文塔尔：施特劳斯自己也谈宗派主义，他肯定是有个解决方案的，而非只是提出这个问题。我不清楚。我得直白地说：首先，对于施特劳斯关于这类事的评论，我没有一手资料。他肯定想过，在他的学生之间肯定会出现意见的分歧，因为他写了这么多关于晦涩主题的东西。他是否意识到这些分歧有时或偶尔会发展到那么尖锐的情形，我不知道。但他肯定意识到会有分歧。

但问题是，他能否避免这一点？他的作品里是否有某种东西会自然地将人们拽向宗派主义？有一个突出的方面就在于，这种研究哲学

---

① 福尔坦，《字里行间之中：施特劳斯是道德的隐秘敌人吗？》（"Between the Lines: Was Leo Strauss a Secret Enemy of Morality?"），in *Collected Essays*, vol. 2, *Classical Christianity and the Political Order: Reflections on the Theologico-Political Problem*, ed. J. Brian Benested (Rowman & Littlefield, 1996)。

以及研究哲学文本的方法是一种更加优越的东西，比现有的所有方法加起来都好。这曾是（was）更好的；这种优越感导致一些凶恶的纷争——他们想成为正确阐释这种优越方式的继承人，他们想要成为这种方式的代表。各方对施特劳斯的普遍钦佩，是这些纷争在一定程度上得到掩盖并得以削弱的原因；他所有的直系学生都是他的忠实仰慕者。唯一的问题是：他们在仰慕什么？如果你看看事情的全貌，我想其中有些是意料之中的，但并没有这么多。西岸施特劳斯派批评东岸施特劳斯派不够政治。但事实真是如此吗？这里有些是敌意，相当针对个人。所以总体上来说，我不知道施特劳斯是否……我们回过头来看的话，如果他在天上微笑着看着我们的话，他可能会说："哇，我开启的事业已经四分五裂……"我认为你无法真的发现一种强烈对抗的宗派主义。

但对于他的直接表述，我一点儿也不了解。他也许有过一些表述，但他对此的关注有多大程度，我不清楚。我从没有担心过这事。我大概是这么想的："他是个伟大的人，［因此人们］对他当然会有不同的理解。"我有时不会以一种过于个人化的方式来表达这种理解上的差异。但无论如何，我想总的来说也不是那么坏：事实上，我觉得这挺好，从某种意义上说，为什么不好呢？难道对黑格尔没有不同的理解吗？对这个或那个哲学家就没有不同的理解吗？所以——这大概是对这件事的一个结论——我认为施特劳斯没有想过：（1）这是可避免的，（2）这是糟糕的。同时我至今仍不知道谁和谁关系闹僵了，因为我并没有试着去跟进这些事情。我不知道。他们都是好人。

我之前写过一个报告，我为一本书写过一篇文章，这本书叫《政治哲学研究》（*Studies in Political Philosophy*）①。这是施特劳斯自己的作品。我需要提起汤姆·潘戈和雅法之间出现的对立。我尝

---

① ［译注］此处指的是《柏拉图式政治哲学研究》（*Studies in Platonic Political Philosophy*）。

试调和他们，展示他们之间的相同。然后在某一方面，我选取一方的立场；在另一方面，我选择另一方的立场。最后我说了这样的意思，类似于爱德华国王临死前留给家人的遗言，即并不需要让每个人都相互亲吻，只需要让他们对彼此友好。我不知道我是否达成这样好的效果。这是发生在施特劳斯死后的事。我意识到了这些事，但从未严肃地对待。时不时我就听到雅法侮辱了这个人或那个人。我担心，有很多这种故事围绕着雅法。最后连曼斯菲尔德都没有得到雅法的恰当对待，等等。但对我来说这些都不是什么大事。

格雷戈里：嗯，这个关于施特劳斯派或者施特劳斯主义的故事的另外一面，是在一开始的时候，在六十年代，也许早在五十年代，就存在某种质疑，在政治科学界普遍有对施特劳斯主义的质疑，如果说这不是某种直白的敌意。

洛文塔尔：是的。

格雷戈里：所以一方面，施特劳斯的学生开始自称为施特劳斯派；另一方面，学界开始称这些施特劳斯的学生为施特劳斯派。施特劳斯认为这是一件好事还是坏事，这是否必要，对此你有什么想法吗？

洛文塔尔：这是非常棒的问题。首先，我本人没这么做过。我不这么做是出于很多原因。第一，我不愿靠别人的名声抬高自己；第二，我也不想因此而损坏别人的名声，以防自己的名声不太好［而玷污别人的名声］。我不想让别人这么认为：他是施特劳斯的学生，他很烂，所以施特劳斯一定也很烂。就是这样。但原因有很多。

另一方面，我确实知道我的很多朋友不但没有隐瞒他们师从施特劳斯的事实，反而多次公开地谈论这件事。我必须说，我一直对应该在多大程度上这么做感到有点茫然。避免说这件事显得你在躲躲藏藏，看上去就好像你要么引以为耻，要么在躲藏，这显然是一种考虑；但你去说这件事的话，就会产生另外的倾向，好像你在依赖于他那种据称的伟大，你也不会想这么做。所以这是一个非常好的问题，因为这在施特劳斯派的实践中，经常有不同的表现。

　　施特劳斯派这个词本身，我很少使用。我在教学的时候会经常提到施特劳斯——我们所有人的大恩人。我应该这么做。但在写作里，我还是偏向于对此保持沉默。我在写作里担心这一点只是因为这么说会显得比较做作：我师从过施特劳斯。而且同时，无论我有什么缺点，都很容易扯到他身上，或者被归因于他。所以先就这样吧。我讨厌作选择：毕竟他们［上一段提到的朋友］不管怎样都是我的朋友，要去说他们一方做得好而另一方做得不好，这有点难。但是你肯定会对该不该提到师从过施特劳斯这件事有点感觉，我的感觉就是对其轻描淡写，随意一点，并且自己对自己的名声负责。顺其自然。我有过几次完全禁不住去那么做的时候，尤其在关于莎士比亚的那本书的导言部分，因为我将莎士比亚总体的哲学思想追溯到柏拉图和亚里士多德，这对当今的学者来说是非常震撼的。但当时我禁不住想谈那个比我们都更懂这一溯源的人。但我没有这么做，所以我在这件事上站了队……

　　格雷戈里：好的。

　　洛文塔尔：这个回答很糟糕。我得看看这［访谈稿］付印之后是什么样的。但先别管吧。

　　格雷戈里：当你年轻的时候，施特劳斯在某种程度上对你有好感，是吗？

　　洛文塔尔：是的，我觉得这没错。有时候这是以某种提供帮助的形式体现的，甚至是带书或者做一些特别的事。我记得我当时不是一个很外向的人，直到我年纪大点才好些。在读研究生的时候我不是非常外向，但早在本科的时候，我也有一些喜欢的老师，我会多跟他们相处，尝试着跟他们讲话。我觉得这也发生在施特劳斯身上，然后其他的事也就顺理成章。我喜欢狗，他喜欢狗。所以我们有很多共同点。他喜欢我的家庭，我在我所知的范围内也喜欢他的家庭。他会经常在他的信里注明，"对你的家庭致以友爱的问候"，因为我在我的信里也经常这么写。我对施特劳斯夫人不怎么了解，但基于有限的了解，我非常喜欢她。她非常热心，也非常安静。你对施特劳斯夫人听说得多吗?

格雷戈里:只听过一些零碎的评价。

洛文塔尔:是的,这就是我能够跟你透露的所有内容,除了他给她取的昵称,这个昵称从某种意义上说真的非常动人。[笑]他是一个非常伟大的人,而且他们的夫妻关系不像苏格拉底和他妻子的关系那样,而是完全相反的,因为施特劳斯夫人真的完全不是那样的。他们的感情真的很甜蜜。

格雷戈里:你认为施特劳斯是你的朋友吗?

洛文塔尔:当他在世的时候,是的。我当时一直在寻找基金会的资助或者想办法提升自己的职称,他总是非常热心地帮助我,跟我说,"当然,你可以提我的名字",你当然可以做这个或做那个。我当时并不是里茨勒或者胡拉这种层次的朋友,不是这些智识巨擘层次上的朋友,但在我有限的角色内,我的确认为我也是施特劳斯的朋友。我拥有在火车站牵他的狗的特权。你得留心着它,施维奇。我在想要不要给你拼写它的名字。施维奇。

格雷戈里:你说过这个词是雾蒙蒙的意思?

洛文塔尔:我觉得是。

格雷戈里:施特劳斯去世已经四十年,现在回过头来看,你怎么看待施特劳斯?

洛文塔尔:[停顿]你知道在《斐多》的最后,对于苏格拉底是这么描述的:最好的和最明智的。我认为对于施特劳斯,也应该这样[来描述]。我觉得如果历史以其应有的方式演进的话,施特劳斯将会被也应当被视为二十世纪最伟大的思想家。我甚至不愿给这一评价加以限制,因为他是十分伟大的人。

顺便说,在他对实践的判断里,我认为他做得非常好。我们完全没有谈到这个。从我了解的程度来说,他对政治的判断,甚至对军事的判断非常非常明智,他真的是最好的。在思想上是最好的,作为一个人,据我所知,他也是最好的。他是一个伟大的丈夫。作为我的朋友,他是一个不错的朋友。作为老师,迄今为止,甚至没有人和他是同一个级别。这不只是他在一定程度上比他们好。他就是绝对完美的。他是一个非凡卓越的人。

格雷戈里：我觉得你引用《斐多》的那句话来描述施特劳斯是极妙的。我们已经谈了很多方面。我要向你致以感谢。

洛文塔尔：你太客气了。希望其中一些内容能够对你以及你的项目有帮助，这是一个很棒的项目。

曼斯菲尔德访谈录

2013年2月19日

赵宇飞　张培均　译

格雷戈里：你是怎么认识施特劳斯的？

曼斯菲尔德：我正打算由此讲起。[笑]我得去结识他，因为我不是他的学生。我当时在哈佛。我的本科导师和研究生导师都是塞缪尔·贝尔①，他是个奇妙的人，富有男子气概，他的思想有些令人困惑，但他真的是位鼓舞人的教师。我当时在哈佛，而施特劳斯看不起哈佛。哈佛政治系那时是卡尔·弗里德里希的大本营，我记得他是施特劳斯在文理中学（Gymnasium）的多年伙伴。他俩互相认识，施特劳斯有一次告诉我，弗里德里希来美国来得太早。他不是犹太人，但他二十年代就来了[笑]，施特劳斯暗示，我猜他就是这么想的，这是因为弗里德里希在德国谋不到体面的教授职位。留在德国当然比不得不去美国可取得多。事实上，他说他在柏林的某个图书馆碰到弗里德里希，就问他近来如何。弗里德里希说："我打算去美国，去哈佛当教授。"施特劳斯点点头说："非常好。"然后自忖："哼，美国。他还不如去缅甸。"这就是施特劳斯对哈佛的看法。

我通过施派得以了解施特劳斯，首先是哈利·雅法，他在俄亥俄州立大学我父亲的系里担任助理教授。我说这是我父亲的系，是因为他是系主任，招聘主要由他决定。我父亲上任前，俄亥俄州立大学从没招过一个黑人或犹太人。我父亲把修复这两个缺陷视为己

---

① 贝尔（Samuel Beer，卒于2009年），研究不列颠政治和美国联邦制的学者。

任。他招了三个犹太人，雅法是其中之一。雅法到那儿后，我父亲想起他是耶鲁的本科生，而我父亲在三十年代曾是那里的教授，曾有一次，雅法来到我父亲的办公室，问他做学术工作的前景，我父亲看着他说："你是个犹太人，你连工作都找不到。"结果正好相反。

我就这样遇到雅法，雅法把辅导我视为己任，跟我谈他的教授施特劳斯，谈他自己的一些工作，我们变得相当亲密。我当时还在上高中。我记得那是1948或1949年，我在俄亥俄的哥伦布念高三。我跟他成了非常好的朋友。然后我去了哈佛；我1953年毕业，正是施特劳斯的《自然正当与历史》出版的那年。我还记得我抱着极大的兴趣读那本书，在书上写了大量笔记。在我看来，这就是我在找的东西。我厌恶自由派相对主义（liberal relativism），也不觉得自己信上帝或某种严格的自然法；这本书介于两者之间，所以我认为能在避免自然法的不变通和相对主义的和稀泥的同时，把那两种立场各自的洞见（如果确实有洞见的话）结合在一起。那就是我当时知道的两种立场，我试图二选一。

我谈论我自己，是因为我想解释我为什么以及如何遇到且结识施特劳斯。这之后，我于1953年从哈佛毕业，获得学士学位，然后去英国待了一年，在伦敦政治经济学院（London School of Economics and Political Science）上学，然后在部队待了两年，这段时间以来，我在政治上变得越发保守。作为一个哈佛本科生，我本来会成为像我父母那样的自由民主派。我一直记着施特劳斯，尽管我其实跟雅法联系不多……1956年我回到哈佛读研究生，我得知那里的两位讲师是施特劳斯的学生，理查德·考克斯和大卫·洛文塔尔。我尤其跟洛文塔尔走得相当近。我们常常在他家里会面。后来我把这件事告诉施特劳斯的时候，他问我："你们一起读书的时候，是在他家还是你家？"我们在一起就是读书。我说主要在他家，所以他是年长的一方。这就是他的问题暗示的东西；他想知道这个。[笑]

就是这样，我去找洛文塔尔，他是个脾气非常温和的人，是个奇妙的朋友，他引导我发展对施特劳斯的兴趣。他从来不像雅法那样强推施特劳斯，他只是做施特劳斯想让他的学生去做或他本人在做的事，也就是一起读大书。我们做的就是这个。然后，大概在1960年，戈尔德温，他是施特劳斯的学生，是个管理型的施派，组织了许多会议。他出钱办公共事务会议（Public Affairs Conference），当时他还得到伊利诺伊州参议员查尔斯·珀西的部分资助。我去参加某次在芝加哥举办的会议。我忘了会议主题［笑］。他有一大堆主题。他编了七八本书，出版施派论外交问题、代表制（我写的就是这个）的文章，还有些别的主题。他后来去了华盛顿的AEI，美国企业研究所，在那儿继续办会，出会议文集。他邀请我去芝加哥参加的那次会议属于他早年办的那些会议，施特劳斯本人也在那里。他并没有来参加所有的会议；事实上，我记得他只去了一次。所以我得以现场看到他，并接触到他。我觉得他听说过我，从哈佛的洛文塔尔那里。也大概在那时，我得以结识克罗波西和布鲁姆。布鲁姆把我介绍给伯纳德特，伯纳德特在当时或者也许稍晚一点，是哈佛的初级研究员。

我想附带谈谈伯纳德特，他是我见过的第二聪明的人，第一聪明的是施特劳斯。我跟伯纳德特吃过饭。他是哈佛的初级研究员，住在艾略特之家（Elliott House），我也住过哈佛的这栋宿舍楼。我是那里的辅导员（tutor），他们用的就是这个称呼。所以我们都在艾略特之家吃饭，我常常在那儿看到他，还有些学生会结伴而来，那真是值得回忆的经历。伯纳德特会吐露他发现的东西。他也会跟正在讨论某个主题的教授们或研究生们坐在一起，问他们问题，一两分钟之后，显而易见的是，伯纳德特进入了他们从未考虑过的领域。

这是些我见过的最强大的心智。我当时在哈佛，那里有好学生，聪明人；但这些是受施特劳斯吸引、在他身边的强大心智。当然，我肯定会说这是施特劳斯对我的部分吸引力。

但我并不真的了解施特劳斯，跟他也没太多交往，直到我于1960年去伯克利，在加利福尼亚大学任助理教授。我在那儿待了两年，即1960年至1962年。第一年，1960年至1961年，我得以结识施特劳斯，因为那年他去帕洛阿尔托，在高等研究与行为研究所（Institute for Advanced Research and Behavioral Studies）——大概是叫这个名字——研究或工作。换言之，他在社会科学家的某个大本营的巢穴中，而他曾如此激烈地批评他们。我得说，他甚至蔑视他们。但他们邀请他，他还说：好，条件是你们再邀请些别的人，我要带我的一些学生，这样我就不会是一个人。

所以我去参加施特劳斯主持的一个读书小组。小组里有勒纳、戴蒙德和吉尔丁，还有个姓布莱克（Black）的人，我给了他一份助教的工作。我不记得他叫什么。他大概是施特劳斯的学生，是个犹太人，本来姓布兰克（Blank），但他改为布莱克。每次他来，施特劳斯总是叫他布兰克。［笑］这个读书小组里可能还有一两个别的人，我只能想起这些。读书会是在周三晚上八点，在他的家里。

所以我的周三不好过。我有两节课要教，上午的讲座课和下午的研讨班。那是个柏克研讨班，是我教的第一个研讨班，从四点到六点。所以一到六点，我就得跳上我的汽车，开到帕洛阿尔托。那会儿这段路得开一个多小时——得走海湾大桥（Bay Bridge）——我边开车边吞下一个三明治。然后我就到了，那里是施特劳斯和这个读书小组。这一年，他正在写论苏格拉底与阿里斯托芬的书①，所以我们读了些阿里斯托芬的剧。我记得我们最早开始读的一本是《阿卡奈人》（Acharnians）。我们还读了柏拉图的《拉克斯》（Laches），以及阿里斯托芬的一些别的剧。他会在八点开始，读到十二点，那算早的，因为前一年他犯了次心脏病，施特劳斯夫人告诉他只能读到十二点。但晚上还没有结束，我们还会继续大概一个小时，闲聊，吃茶点。通常会有酒和冷肉端上来吃。施特劳斯会讲他的阅读，他在新闻上看到的东西，以及他五花八门的怪念头。他喜欢玩游戏。他有份政治学家

---

① *Socrates and Aristophanes* (Chicago: University of Chicago Press, 1966, 1980).

的名单，他们的姓跟一些美国政治家或哲学家相同。所以里面有汤姆·杜威（Tom Dewey）和约翰·杜威（John Dewey），这个我记得最清楚。［笑］

他的另一个怪念头是……当时当然是美国正在跟苏联打交道的时候，当时是自由派一直在说我们必须谈判。要谈判你就得显出诚意，这意味着你会向另一方作出初步的让步，以表明你在诚意谈判，然后他们就会到你这儿来，你再进行下一步。所以施特劳斯的这个怪念头是，美国可能向苏联作出的一个初步的让步，就是把德语中一切以"h"开头的专名，按俄语的方式读成"guh"，希特勒就会变成Ghitler，黑格尔会变成Ghegel。［笑］他跟我们玩了一会儿这个，把希拉勒·吉尔丁（Hilail Gildin）叫成Ghilail，诸如此类。我成了Gharvey。他就喜欢这样开玩笑。然后，大概一点或一点多的样子，我钻进汽车，一路开回伯克利，回到之后我已经相当累。

但这些读书会正是……我是说，最早让我惊掉下巴。东西我都读过，但他看到的比我多得多，而且进行得那么快。我得集中全副精力才能跟上或者说试图跟上他的想法。他有时会停下来问我们问题，偶尔直接地问我问题。他拿着铅笔，轻叩着桌子，我只记得这个，提醒我时间在过去，而我……我得想出点什么来。［笑］我以前没有过这种经历，这确实不同寻常。可以说，那就是我变成施派的时候。

格雷戈里：好的。

曼斯菲尔德：只是充分衡量，我是说我对他的想法的充分衡量。所以这就是我得到的东西。这就是我跟他在这些每周一次的会面中的接触，非常亲密。我不能说我跟他像他的学生那样亲密。事实上，他有时会故作平等地（with mock equality）对我，因为通常在场的其他人都是他的学生，而我像是个请来的同事，因为毕竟我俩有博士学位。［笑］他会像我刚才说的那样问我，给我一种高于这个房间中的其他人的错觉，好像他们都只是他的跟班和工具。他也会经常把我看成……因为我是唯一的新教徒或者说有新教背景的人，而这个房间里常常是犹太人和天主教徒的混杂。我成了新教方面的专家。所以他会看着我说：曼斯菲尔德先生会告诉我们，路德就这个主题会说什么[笑]。其实我对此一无所知。当然，他随后会补充，因为他知道。那就是发生在斯坦福的事。

然后还有，从那之后，从1961年直到他去世的1973年，这12年间，我跟他有些通信。我大概有他的8封信，我需要把这些信交给芝加哥的馆藏。他喜欢我的第一本书，我告诉他的，他就读了。我听说，他告诉戈尔德温，他读完这本书后在路上碰到戈尔德温，就说：我刚刚读了一本书，我真希望这本书是我写的。这一表扬令人难以置信，而且他从来没有直接跟我说过［笑］，但戈尔德温当然不是空穴来风。施特劳斯确实给我写过一封信谈我的书，他在信中没有说这个，他提了一些批评，不过他表示喜欢我的书；还有一些漂亮的段落，他表扬了我。不过，这些信都不长，也不像他跟比如伯纳德特或别人的通信那样事无巨细。

在他去世前，我跟波士顿学院的福克纳下到安纳波利斯去看他。他知道自己正在衰老、凋零，想在去世之前看看自己的朋友和学生。有人出钱支付旅费以促成此事。所以我和福克纳会在那里。我们大概在上午过半的时候到达，一直聊到午餐时间。然后他说：你们得出去自己找午饭吃，因为我没法给你们做饭。他说：我不确定我会不会煮鸡蛋。［笑］鲍勃和我的脑海里划过同样的想法：吃一顿施特劳斯做的煮鸡蛋，不也挺美妙？［笑］但他甚至没有遵循那个建议。

在这次会面中，鲍勃的妻子玛吉（Margie）给施特劳斯拍了张照片，这张照片后来出现在一些书的封面上。照片中，我像鬼影一样出现在他的一个肩膀的上方，他坐着，穿一件白衬衣，口袋里装着些钱，打算付给上门的清洁女工。他说：要不是钱在口袋里大家都能看到，我会记不得要付钱给她。这张照片有时会经过修饰把钱去掉，可能也会把我的脸去掉，我那隐在背景的黑暗中的咧着嘴笑的马基雅维利式的脸。

我当时正在研究马基雅维利，他对此颇感兴趣。他告诉我，我的书出版后他会看。他说："要是我有时间。"要是施特劳斯有时间。结果他却没有。我写马基雅维利的书直到大概1978年才出版，他去世已经五年。只有研究过马基雅维利的人——我研究过一点——才能领会到他走得多远，我每次重读《思考马基雅维利》，都会发现更多我之前忽视的东西，有时候还非常多。我觉得，他写的这本书向他的学生表明该如何隐微地阅读——向他的学生和其他想成为他的学生的人表明该如何隐微地阅读。里面有他本人的隐微写作，施特劳斯有点在照搬或模仿马基雅维利。但如果你想要一本要求你自己这一方大量的努力和洞见才会向你一点一点打开的书，我觉得这本书就是他最成功、最用心良苦的教学经验。

还有别的吗？哦，还有一个笑话，事关我跟他在安纳波利斯的挚友克莱因的一次遭遇。我邀请克莱因在美国政治科学协会的会议上发言，那年是在华盛顿开会，他从安纳波利斯开车过去相当方便。讲的是柏拉图作品中的logos，是他的某篇文章，可以在他的文集中看到。但在接受邀请时，他写信问我有没有酬金。我就想着要写一封相当鲁莽的回信，因为这真的是个非常天真的问题，专业会议从来都不付酬金。所以我说，这次没有酬金，你得把这看成推进你的学术生涯的机会。〔笑〕他当时已是七十老翁，学术生涯已经推进得相当好。所以显然（我从没直接听他说过）他对此感到生气，问戈尔德温那个管事的家伙是谁，还把这件事告诉他的朋友施特劳斯。有一次我给在安纳波利斯的施特劳斯打电话，他一听出我的声音，连招呼都没有打就说：哦，你真是给克莱因先生寄了封美妙的信。〔笑〕我稍稍跟克莱因开个玩笑让施特劳斯高兴不已。

我能提供的就是这些。

格雷戈里：在读书小组中，施特劳斯如何引导？你可能见过某些他的课程的转写稿，他的课程常常会这样开始：对问题作某种极为概括性的陈述，并解释为什么需要读那本具体的书。课程开始后，他会让某个人读一些段落，他会对读的内容作评述，然后提问。

曼斯菲尔德：读书会不是这样的。他不会作概括性的引导陈述。我不记得他是否让我们中的某个人读那些段落，他已经读过，只不过想跟我们再过一遍。跟施特劳斯的［课程］转写稿相比，读书会的教导成分少得多，对我们提问多得多。他想知道我们是否能看到他看到的东西或是否要提出某些他可能错失的看法，或者说或许我们的某些看法至少会开启在他脑海中盘旋但还没有看到的某些东西。所以这就是，像他们说的，把他的想法从我们那儿反弹回去。偶尔，我们会因为看到某些东西而受到表扬。我不记得我得到过表扬。［笑］不过这更亲密、更［是］他自己，不太正式，更接近他的思想。

格雷戈里：除了他超拔的智力，这些读书会给你什么印象？

曼斯菲尔德：他思维的敏捷，以及他工作的高效。他那会儿一直在写书；我们不知道这件事，或者说至少没有迹象表明这一点。他不会给我们看那些东西。但我觉得［他会］过一遍他看到的东西，我现在猜的话，就是回顾并看看我们是否跟得上。这会帮助他看到，他在多大程度上必须揭开自己的思考，以及我们对此的想法是什么，或者说，我们觉得这有多难。所以我觉得我们帮了他，或者说至少他觉得我们可以帮他测试他的读者。

格雷戈里：你怎么看那一圈学生？我是说，你是否有你在加入一个小组的感觉，还是这只不过是你获得的一群朋友？

曼斯菲尔德：不，是有一个小组。里面有领导者。我能看到克罗波西是个领导者，还有布鲁姆。伯纳德特处于［领导者之］外。他有朋友，但他直到后来才发展学生。他绝不是个聪明的演讲者，尽管他是个聪明人。但他不像某些人那样善于屈尊。所以这绝对是个小组，而且他们逐渐引起了带有敌意的注意。这尽管不是一种遭到围攻的感觉，但仍是被明确标记为"他的"的感觉。显然，施特劳斯想开创一个思想学派，他有所发现，他觉得需要把这些东西保护起来。

格雷戈里：你能说得稍微详细一点吗？你觉得施特劳斯脑子里在

想什么？想开创一个学派？他的目标是什么？

曼斯菲尔德：哲学的复兴。他看到哲学正处于遭到抛弃的危险中，真的；失去力量，失去令人铭记、使人确信或吸引人的能力；变成某种学术，纯粹的学术。所以他想做这个。我觉得他能看到这个世界不太会接受他说的东西，而且显然……我有一次听他评论道，他只让一两个他那个年纪的人信服。他只能吸引年轻人。有一个是肯德尔，跟他年纪差不多［笑］；还有一两个人被他打动，比如班菲尔德，但他们都不打算改变自己的生活，变成政治哲人。跟他年龄相仿的人个个都在思考或写作方式上守着自己的一亩三分地，还是老样子。所以，他知道要使他的洞见后继有人将是件难事，这一点有些吊诡，因为他是那个重新发现隐微写作与显白写作之区分的人。他向这个世界广而告之［笑］，但世界不听，尽管其中有某种你会觉得是学习某些秘密之事的具有吸引力的东西。

而且阅读神秘故事……顺便说，他喜欢读这个。人们为什么喜欢神秘故事？因为他们对奥秘感兴趣。现在你知道那些最伟大的作家写奥秘，他们对这些奥秘也有解答。但是你不仅拒绝、无视这一点，还攻击这么想的那些人。他生前已经有大量证据使他得出这一结论：这里需要的不是一个组织，而是一个小组。他得维持这个小组，而这意味着花大量时间跟这样的人亲密合作：他们的智力大大低于他，他们能向他表明忠诚之类的道德品质，但这样一来，在最高的层面上，他们不是他的朋友。

我忘了一件事，关乎我父亲和施特劳斯。我父亲是俄亥俄州立的政治学教授，最后退休于哥伦比亚。他在俄亥俄州立的时候，是《美国政治科学评论》（*American Political Science Review*）的编辑。他当编辑的时候——这也是因为他知道我对施特劳斯感兴趣——刊发过两篇施特劳斯论洛克的文章，而且这两篇文章让他印象深刻。他见了施特劳斯，施特劳斯大感惊讶：《美国政治科学评论》的编辑竟会这么做。所以，我父亲做的事情成了他对我的友谊的某种开端或者说某个部分。我父亲当了十年《美国政治科学评论》的编辑，我的书架上还有那些样刊，对此我感到无比自豪：里面不仅包含施特劳斯的两篇文章，也包含大量写得非常好还有趣的论美国政治以及其他政治的文章。我觉得这些代表政治学专业以及《美国政治科学评论》本身的某种进路，而他俩都属于这一进路。

但我父亲刊发的另一篇东西是伯克利的沃林和沙尔①对施特劳斯的批评。我记得这篇东西大概发表在1960年，就在我本人来到伯克利之前。[笑]他们批评他，主要不是因为他对哲学或政治哲学的看法，而是因为他对社会科学的攻击。他和斯托林，我猜……我不记得谁编了那卷施特劳斯的学生的文集，论当时各色各样的主要政治学家和社会学家，像拉斯威尔和阿瑟·本特利，②而且……③

格雷戈里：而且施特劳斯给文集写了篇"后记"。

曼斯菲尔德：对，施特劳斯给文集写了"后记"。所以这是那两位左翼政治理论家对那篇"后记"的攻击，他们其实极大程度上跟施特劳斯一样鄙视行为主义，但他们在利用下述事实的政治优势：他们觉得自己可以凭借把这个专业视为一个整体，通过攻击他的教海的这个方面或集中于这个方面，使他不得人心。施特劳斯本人没有回应，但我父亲发了篇克罗波西的回应。④

---

① John H. Scharr and Sheldon Wolin, "Review of Essays on the Scientific Study of Politics, ed. Herbert J. Storing," American Political Science Review 57 (1963): 125–150.

② 拉斯威尔（Laswell，卒于1978年），著有 *Politics: Who Gets What, When and How* (1936)；本特利（Arthur Bentley，卒于1957年），著有 *The Process of Government* (1908)。

③ *Essays on the Scientific Study of Politics*, ed. Herbert J. Storing (1952).

④ Joseph Cropsey, "A Reply to Rothman," *American Political Science Review* 56 (1962): 353–359, written in response to Stanley Rothman, "The Revival of Classical Political Philosophy: A Critique," *American Political Science Review* 56 (1962): 341–352. See also, Rothman, "A Rejoinder to Cropsey," *American Political Science Review* 56 (1962): 682–686.

当时我父亲还发了另一篇东西，斯坦利·罗斯曼①的一篇批评，他是哈佛的博士，我记得他也来捍卫行为主义或者说行为主义的方法论和政治学。在随后的人生中，罗斯曼成了史密斯学院（Smith College）的教授。我认识他，他后来改变自己的政治观点，成了保守派，全然懊悔他许多年前批评施特劳斯的文章。

格雷戈里：这似乎非常不同寻常。

曼斯菲尔德：确实不同寻常，且应该记为他的功劳。

格雷戈里：在你看来，施特劳斯是否觉得他已成功创建一个学派？

曼斯菲尔德：我不知道［笑］，但我觉得是。我觉得他有理由认为自己已经成功。

格雷戈里：在他生前，当你和其他人开始感觉到施特劳斯的学生被打上标签的时候，我想施特劳斯主义一词大概就在那时进入［我们的］语言。在你看来，施特劳斯是否对存在一种施特劳斯主义感到愉快？

曼斯菲尔德：不，他不，而且……

格雷戈里：他跟你说过这个吗？

曼斯菲尔德：没有。不过我记得克罗波西在某个地方作过书面评论，说确实存在某个类似施派的东西，但不存在某个类似施特劳斯主义的东西。这一点千真万确，可以把施特劳斯跟当时的其他保守派政治理论家作个比较，比如说迈克尔·奥克肖特（Michael Oakeshott）和沃格林，他们也有追随者，而且现在还有；但那些追随者把全部时间都花在分析沃格林的作品或奥克肖特的作品上，而施特劳斯让他的学生研究他本人研究的那些伟大作者。最近，当然，施派开始写施特劳斯，那也不是坏事，即便我觉得施特劳斯并不想这样，至少他生前不想这样。施特劳斯的著作是那么值得一读。人们会忘掉这一点。你读一遍就会印象深刻，如果你回头再读，你还

---

① 罗斯曼（Stanley Rothman，卒于2011年），史密斯学院政治系教授。

会发现更多的东西。我说过，这一直是我读《思考马基雅维利》的经验。

格雷戈里：在你看来，施特劳斯是否对施派一词感到愉快？

曼斯菲尔德：我记得他有一次说过这个。对，我觉得他是［笑］，尽管他被这个词逗乐。那是成功的标志。

格雷戈里：在你的一长段学术生涯中，你被贴上施派的标签。像你这样带着一个标签的代价是什么，如果有的话，或者好处是什么？你是否对有一个标签——或者说一个归给你的标签，好像能在某种程度上解释你的某些事情似的——感到愤怒？

曼斯菲尔德：不，我不愤怒，我对此感到自豪。当然，确实有代价，会遭到施特劳斯遭遇过的某种沉默对待：遭到无视，无人引用，不被列入参考文献。但我至少已经坦然经历过其中的一些，而且在某些方面，政治学专业已经变得对施特劳斯更宽容。可以从一些事情看出这一点。过去，施派只能在康奈尔大学出版社（Cornell Press）和芝加哥大学出版社（Chicago Press）出书。如今，他们相当普遍地在所有大学出版社出书。麻烦绝不是来自出版社，而是来自审稿人或编审，人们在判断施派作者的稿子时会求助于这些人。但是，一旦发现情况就是如此且确实存在有偏见的编审，而对一位处于这一争论之外的编辑来说，这些看起来是可读、有趣且机智的书，于是，人们开始寻找更合适的审稿人，并意识到那种稿子会遭到非难。所以我们得把这种情况考虑在内。现在形势已经大大好转。

还有更多人，他们不是施派，但愿意听听施派，甚至邀请他们。我开过一大堆讲座，成为教授也为时已久。在我受邀去开的所有讲座中，可以说只有三四次——而且实际上是最近的事——是受那些真心想听听另一边的自由派的邀请。其中一个是普林斯顿的乔治·卡提卜（George Kateb），另一个是剑桥的约翰·邓恩（John Dunn）。而事实上我邀请过许多自由派。所以这不只是受到点冷遇，而是遇到某种忘恩负义或者说不肯来往。这就是我的经历，也是某种代价。但如我所说，我觉得情况正在好转，随着时间推移或者常规化，施派已经为人所知且得到承认。比如说，我是《政治理论》（*Political Theory*）的编委。他们发过我的一篇文章，不过他们不常发施派［的文章］，尽管也发。所以这里就有某种承认。

保守派也已经看到施派是他们的朋友，到某种程度为止——不是在每件事上，也不是每个施派，因为当然有施派投票给民主党。做一个施派当然不同于——我会说远远高于——做一个保守派。［笑］但这不完全是种政治联盟；我记得施特劳斯有一次说，他的学生有种保守主义的味道。我觉得这有助益。这显然为我从1985年开始在哈佛开展的宪制政府项目（Program on Constitutional Government）搞到了资助，这个项目既邀请一些别的施派，也邀请自由派和保守派来试着做点小事，以削弱哈佛的政治正确。我觉得比尔·克里斯托尔也有某种影响力。他在共和党政治中非常杰出。他经营着一家杂志①，在影响保守派观点上非常成功，而他既是保守派又是施派。

格雷戈里：我猜对克里斯托尔的影响力的一个反应是把伊拉克战争的责任归给施特劳斯。

曼斯菲尔德：对，对。

格雷戈里：我不确定他是否想揽这个责任。

曼斯菲尔德：你说得对。［笑］但那确实由此引起。比尔自己从来不说：我想打伊拉克战争是因为我是个施派。"政制更迭"（regime change）这个短语进入美国政治无论如何有点奇怪或者说有趣；而政制肯定是施派的一项关切。事实上，要是有那么一样东西，施特劳斯可以教给一个普通的政治学家而不用让他接受伴随做一个施派而来的任何其他包袱，那就是政制这个概念。

格雷戈里：没人相信，在政治学中，施特劳斯攻击……但那似乎

---

① 《标准周刊》。

是针对他的这种敌意的源头，尽管这种敌意渐行渐弱。什么在刺激自由派和其他人去……

曼斯菲尔德：嗯，基本原则还是摆在那儿。对，行为主义不像以前那么强大，但理性选择理论或公共选择理论也有施特劳斯攻击过的大部分毛病：事实–价值区分（fact-value distinction）。施特劳斯的大量课程都始于（你提到的他的课程的引导性评论）攻击事实–价值区分。然而，大体而言，这一区分仍然存在，即便现代哲学家和当代哲学家已经开始拒绝之。奎因（Quine）就此作了些毁灭性的评论。① 哈佛的一位哲学家希拉里·帕特南（Hilary Putnam）最近出的一本书，我想是在2005年，题目是《事实–价值区分的崩溃》②。

格雷戈里：你离开斯坦福之后，会时不时和施特劳斯交谈吗？

曼斯菲尔德：偶尔，不过我从来不曾像比如说布鲁姆那样跟他打电话，所以我不曾有过像布鲁姆和其他人那样的［与施特劳斯的］长谈。我以前害羞，现在也一样；但我以前敬畏，现在还是一样。所以我不确定自己是否够资格去……他知道这个，所以他有时会主动联系我。在他去世前，我给他打过几次电话，当时他在安纳波利斯。

格雷戈里：我懂。在读书小组期间，读完阿里斯托芬之后，谈话变得更随意的时候，施特劳斯谈论政治吗？

曼斯菲尔德：哦，谈。

格雷戈里：你会怎么描述他的政见？

曼斯菲尔德：保守。非常、相当保守的共和党人。主要受到共产主义问题和跟苏联的冷战的刺激。他对福利国家或林登·贝恩斯·约

---

① Willard van Orman Quine, *From a Logical Point of View* (1953).

② Hilary Putnam, *The Collapse of the Fact/Value Dichotomy and Other Essays* (Harvard University Press, 2004).

翰逊（LBJ）^①的伟大社会（Great Society）不感冒，据我回忆，他只对那个词组中用到的伟大作了评论。伟大：哪怕自由主义也对伟大有些理解。

格雷戈里：在我们今天下午的谈话中，谈到了许多友谊的故事。可以说，你通过朋友找到通往施特劳斯的路，而在他去世前，他希望你去看他。

曼斯菲尔德：是。

格雷戈里：［他希望］再次见到你。在学术界有这类朋友，在你看来是否不同寻常？

曼斯菲尔德：哦，是。

格雷戈里：你如何解释这一点呢？

曼斯菲尔德：这并非不可理解。我从贝尔那儿得到过某种类似的东西。他是我的教授，且活得长寿得多：他活到90多岁，最近才去世。他非常友善，有点啰嗦，给过［我］一个我始终珍视的评价，说我是他最喜欢的学生。我不知道他跟多少人这么说过。［笑］这并非

---

①　［译注］林登·贝恩斯·约翰逊（Lyndon Baines Johnson，1908—1973），通常缩写成LBJ，美国第35任副总统和第36任总统，也曾是国会参议员。生于得克萨斯州基利斯比县。约翰逊家族曾参与约翰逊城的建设。1949年担任美国参议员，包括六次美国参议院政党领袖、两次参议院少数党领袖和两次参议院多数党领袖。约翰逊任内通过的法案至今仍影响美国社会。1960年被民主党总统候选人肯尼迪选为副总统候选人，作为他在1960年美国总统选举的竞选伙伴。肯尼迪遇刺案之后，约翰逊接任肯尼迪总统的职务。在1964年美国总统选举中，他轻松击败共和党获选总统。民主党大力支持约翰逊。约翰逊就任总统后，负责设计包括法律维护民权、公开广播、医疗保障、医疗补助、环境保护、对教育的援助和他著名的"向贫穷开战"。签署民权法并赋予黑人选举权的同时，他让美国积极介入越南战争。随着越南战争的拖延，约翰逊总统的声望持续下降，1968年被迫放弃连任。尽管约翰逊的外交政策遭受失败，但因为他的国内政策成绩斐然，越战泥沼也不是他所能控制，他在史学家对美国历届总统的评价中依然获得高排名，是美国人想起二十世纪六十年代时特别熟知的副总统、总统之一。

全然不可理解。教授们确实会对自己的学生产生感情。他们就像自己的孩子，在某种意义上。实际上，马基雅维利给过我们那个表达：你的自然的孩子（natural children）是你的心智的孩子，与你的身体的孩子相对。[笑] 所以这种事有其基础。但是 [停顿] 我不知道。他确实有这种温柔的关心。他极为老练，但他知道并非每种情形都能够或者说应该由老练掌控。

格雷戈里：对。

曼斯菲尔德：所以一个人如果总是温文尔雅，那么他有时也应该强硬并表明敌意。他就是这么做的，以这种方式给他的学生立了一个榜样。适量的直率。

格雷戈里：我明白。围绕施特劳斯发展起来的友谊，从某种角度看是不是他自己的精神（spirit）的一种反映，这是不是他需要的某种东西？他的部分活动——谈话、读书小组——从某种角度看是否自然而然会导向这种友谊？或许上述都是？

曼斯菲尔德：对，我猜上述都是。在他生前，他在创建一个学派这一事实给他动力去建立和维持与他同时代人的友谊。在此，我再跟马基雅维利作一个比较。马基雅维利在1513年写了封著名的信，在信中，他仅仅顺便提到，他刚刚写了这个叫《君主论》的小东西——异想天开的东西。不过他就他一天的生活给了某种描述。这是为了回复他的一位朋友，那位朋友当时在罗马，刚刚给他寄了封信，告诉马基雅维利他在罗马的一天的生活，所以 [这封信] 可能是为了胜过这个或与此匹配表现 [马基雅维利式的] 那种生活俗人（vulgar）——他用了这个说法——与他本人之间的截然两分。他白天跟俗人消磨时光，玩游戏、赌博、对他们大吼、争吵。然后他说，黄昏时分，他会回到他的书斋，他想象他会穿上朝服，在只属于他的食粮前坐下。①这就是他呈现自己的方式。还有另一级别的人，像他正在通信的韦托

---

① ［译注］此信中译见《马基雅维利全集·书信集：全2册》，段保良译，长春：吉林出版集团有限责任公司，2013，页509–513。

里（Vittori），或者圭恰迪尼，[①] 以及他那个时代的其他一些人，我想他们都高于俗人，但无论如何跟马基雅维利不是一个级别。不过，仍然可以看到马基雅维利心中的区分：那些理解他的人和那些他死后会理解他的人，与其他所有人的区分。施特劳斯［身边也］有这种中间层次的人。在一定程度上，施特劳斯当然在打开自己，通过揭露他对隐微写作的重新发现，这么一来，他可能使得这个专业的每个人比以往更接近那些伟大哲人。这是某种他觉得自己得详细说明的东西。他肯定乐于认定，把他的秘密说出来是件好事。他会乐于揭露马基雅维利没有揭露而仅仅实践的东西。马基雅维利只留下这么点话头，比如他有一次在一封信中说：我每天说那么多谎，我几乎不知道什么是真相。所以可以说，施特劳斯的历史处境给了他或许比马基雅维利这样的人更容易地创建一个学派的基础，马基雅维利不得不隐藏一切，也这么做了。

格雷戈里：在我们结束之前，我还想问：你为什么如此确定施特劳斯想创建一个学派？此事的基础是什么？

曼斯菲尔德：我觉得他的爱友谊背后有某种策略，而且他喜欢听到我们所有人的消息，他还喜欢我们互相交流，以便互相了解和接触。在他这一边，这似乎既是故意的［笑］又仅仅是真诚的吸引。

格雷戈里：明白。当你如今回忆施特劳斯，他给你何种印象？你已经谈过你认识他时对他的印象，但如今他去世已经四十年，当你回望，你怎么看他？

曼斯菲尔德：看成伟人中的一员，看成我们时代的杰出哲人，与他研究和写过的那些人同列。毫不逊色。

格雷戈里：好的。

曼斯菲尔德：有一次，我在伯克利介绍他，当时我还非常年轻。我称他为哲人，他登台后拒绝这个称呼。我觉得那是他出于政治考虑。

---

① 弗朗切斯科·圭恰迪尼（Guicciardini，卒于1540年），意大利史学家。

格雷戈里：他终其一生都拒绝这个称号。

曼斯菲尔德：对。

格雷戈里：不仅仅在伯克利对你。

曼斯菲尔德：对。

格雷戈里：但你觉得他有别的想法。

曼斯菲尔德：我觉得有。

格雷戈里：你还想补充什么吗？

曼斯菲尔德：我想目前就是这些。

格雷戈里：好的。非常感谢。

沃尔特·伯恩斯访谈录

2013年10月31日

张培均　译

沃尔特·伯恩斯：[进行中]……反施特劳斯的人。

格雷戈里：这是种诚实的兴趣。自我们开办自己的网站——我们把音频文件挂在上面——以来，我们已经收到来自哥伦比亚、南美以及东欧不同国家的感谢信。

伯恩斯：真的吗？

格雷戈里：[收到]来自德国、意大利和西班牙的学者[的信]。

施特劳斯：品质说话[笑]。所以……

伯恩斯：那是布鲁姆说的，而且这……

格雷戈里：美国高校中确实存在非常活跃的反施特劳斯的观点。对一个年轻的研究生来说，被认定为施派并不健康，这一点仍然正确。但如今，在德国、意大利、西班牙、法国，还有波兰，都有学者非常严肃地对待施特劳斯，他们在研究他，出版关于他的书，开关于他的会。

伯恩斯：我的天。

格雷戈里：就是这样。在美国，人们正在表现出对施特劳斯的某种假惺惺的（backhanded）尊敬。奈东在做关于色诺芬的居鲁士的论文时发现，古典学家在用施特劳斯的想法，但他们绝不会引他，他们会引施特劳斯的敌人，他们会引大量次要的古典学家。他们会把施特劳斯的解释整合进自己的解释却绝不承认这一点。所以在美国，事情正在发生改变，但改得不像你喜欢的那样诚实或迅速。

伯恩斯：你或许碰巧知道布吕尔现在怎么样，既然谈到色诺芬？

格雷戈里：他和妻子已经搬到新墨西哥——圣菲（Santa Fe），博洛京（David Bolotin）① 在那儿，他们在一起做某个项目。

伯恩斯：他和博洛京？

格雷戈里：对。

伯恩斯：你提起色诺芬让我想起［他］来，因为他和我跟布鲁姆读过《居鲁士的教育》，当然，当时我是教授，布吕尔是学生。我们大概是在某个周六下午读的。

格雷戈里：你的第一本书写的是《第一修正案》？②

伯恩斯：对（Yap）。③

格雷戈里：那本书是否源于学位论文？

伯恩斯：对。

格雷戈里：你的导师是谁？

伯恩斯：霍恩，施特劳斯也在委员会中。

格雷戈里：我明白。

伯恩斯：还有普里切特，我记得他也在委员会中。

格雷戈里：你最早是怎么知道施特劳斯的？你最早是怎么听说他的？

伯恩斯：我来芝加哥大学的时候对施特劳斯一无所知，可能从来没听说过他的名字。我跟戈尔德温一个班，还有其他人。事实上，这是个非常优秀的班级，里面还有斯托林这样的人。戈尔德温问我是否没上施特劳斯的课。我说是，我可能下学季会选他，诸如此类的一些蠢话。不管怎样，戈尔德温知道他，因为鲍勃跟圣约翰学院有关系。

---

① 博洛京，圣约翰学院圣菲的教师。1974年至1982年，他执教于圣约翰学院安纳波利斯。

② *Freedom, Virtue, and the First Amendment* (Greenwood Publishing Co., 1970).

③ 伯恩斯说的明显不是yeah、yup或yah。根据艾琳·伯恩斯（Irene Berns）的推荐，我们选了yap。如果这个词让读者感到困惑，向读者致歉。

然后当然，下学季我选了施特劳斯的课；然后再下学季，再下学季，一直选下去。这就是开始。

格雷戈里：这是哪一年？

伯恩斯：大概是1950年或1951年的样子。我刚入学。

格雷戈里：我记得施特劳斯来到芝加哥是在1949年。

伯恩斯：对。

格雷戈里：他当时还摸不清学校里的路。

伯恩斯：我能想象。我从来没听说过他，但鲍勃听说过，因为他跟圣约翰学院有关系。

格雷戈里：跟圣约翰学院的什么关系会让他知道施特劳斯？施特劳斯当时还没在圣约翰学院教书。

伯恩斯：施特劳斯跟圣约翰学院有着千丝万缕的关系，所以戈尔德温在圣约翰学院上学的时候，圣约翰学院的人肯定提到过施特劳斯。

格雷戈里：哦，克莱因和……

伯恩斯：对，主要是克莱因。

格雷戈里：我明白。

伯恩斯：当然那时我刚入学。

格雷戈里：所以在1950年或1951年，你跟戈尔德温一个班，他说：喂，你应该跟施特劳斯那个家伙上课。

伯恩斯：是。

格雷戈里：你说：好的，我会考虑。

伯恩斯：我下学季会考虑，而且我确实这么做了。我提到那件事是因为这真是句蠢话：我下学季会选他（I'll take him next quarter）。[笑]好吧，在某种意义上，这就是一个人对教授们的态度；也就是说，我的本科教育的开端没啥不同，而且我怀疑，甚至在政治理论这件事上，也有人期望在一个学季内从一个教授那里得到一切；我下学季会选他，就是这样。当然，在施特劳斯这件事上，我第一次去了施特劳斯的研讨班之后，才意识到这句话的愚蠢之处。

格雷戈里：第一门课讲了什么？

伯恩斯：我记得是一篇论文，卢梭的《论不平等》。

格雷戈里：他给你什么印象？你还记得你对他的第一印象吗？

伯恩斯：我想我记得。他跟我以前见过的任何教授都不一样，我猜他传达的是这一学科的严肃性。我之前跟教这教那的政治理论教授们上过课，大同小异：柏拉图是这个；亚里士多德教那个；下一个家伙教这个，诸如此类；而且他们全都互不同意，但我们现在生活在自由民主制这一幸福境况中，我们没什么可担心的，因为我们对这些老人的兴趣仅仅是历史兴趣，或许是某种谈资，但我们从他们那里什么也学不到。不过，跟施特劳斯在一块儿，人们会迅速驱散那种见解。人们意识到这一学科的严肃性，这门学科的重要性。当然，到一定的时候，人们开始意识到，施特劳斯可能既是自由民主制最好的活着的捍卫者，同时也是批评者，能够看到［自由民主制的］各种困难和缺陷，像托克维尔一样。

我想我最早意识到这一点，是在施特劳斯在芝加哥授课和开《自然正当与历史》讲座的时候。我记得，他提到某些德国人对自然正当（natural right）的攻击的时候，有人才第一次触及欧洲某些就自然正当，尤其就《独立宣言》的自然权利（natural rights）有些非常严肃的东西要说的严肃的人。有人开始意识到，合众国的基础事实上在《宣言》中才能找到，而且必须严肃地注意《宣言》说了什么，或许还意识到对自然权利的那一声明的各种缺陷。

有个家伙还顺带把施特劳斯跟托克维尔连在一起。这边是托克维尔在写美国的民主，而且他确实是美国的民主的好朋友，但也出于友谊［批评美国的民主］；然后，在施特劳斯身上，这一点当然也正确：出于友谊，他谈论各种缺陷。幸亏施特劳斯，有人开始意识到这一点。

格雷戈里：所以你早期对施特劳斯的印象是，他是自由民主制的好朋友？

伯恩斯：当然。而且这一印象在第二年得到证实。1952年，他让我陪他去当地的选举区登记，以便在1952年的总统选举中投票。当然，他想投给史蒂文森（Adlai Stevenson），跟芝加哥大学的其他每个人一样。史蒂文森是我们的人。

格雷戈里：我父亲是史蒂文森的忠实粉丝，无论他是否值得。

伯恩斯：我们当中有多少人会高兴……我猜我们当中有些人后来对史蒂文森不再抱有幻想，但他当时给人留下非常好的印象。

格雷戈里：对。

伯恩斯：施特劳斯想投给他，所以我尽职尽责地送他去当地的选举区。他跟我不住同一个选举区，我找得到他的［选举区］在哪里。他当时住在米德韦（Midway）的南侧。

艾琳·伯恩斯[①]：对，61号。

格雷戈里：伍德朗（Woodlawn）还是多切斯特（Dorchester）60号？

艾·伯恩斯：［伍德朗］60号，对。

伯恩斯：是的。

格雷戈里：阿纳斯塔普罗告诉我们，那栋楼几个月前拆了。他路过那个地方，看到他们正在拆施特劳斯以前住过的公寓楼，他获准拿了块砖。［笑］他给纳坦（Nathan）和我寄了张便条——他可真好——但在系里转手时丢了。我们三四周之后才拿到便条。他撺掇我们去捡砖头。

艾·伯恩斯：太迟了！

格雷戈里：事实上，自从我们启动施特劳斯中心以来，尤其每当对施特劳斯感兴趣的欧洲人过来的时候，他们都会对我们一脸迷惑。他们会说：标明施特劳斯住过的地方的牌匾在哪儿？好吧，在合众国，我们不给哲学家那玩意儿。

艾·伯恩斯：至少五十年之后吧。

格雷戈里：所以你带施特劳斯去选举区？

---

① ［译注］以下简称"艾·伯恩斯"。

伯恩斯：对。

格雷戈里：他登记投票是为了投给史蒂文森？

伯恩斯：对，他就是这么说的。我不知道，但我猜他去了那儿并尽职尽责地投了票。

格雷戈里：在他的沃尔格林讲座中，以及后来在《自然正当与历史》一书中，他是否非常突出地提到《宣言》？

伯恩斯：是。

格雷戈里：当然，《自然正当》几乎开篇就是《宣言》。在教学中，他是否把《宣言》描述成建国之源？

伯恩斯：不。他可能在跟学生聊天时这么说过。我猜你可能会对这件事感兴趣，就是那卷书的缘起，题目是……"政治学的新理论"……叫什么来着？

格雷戈里：我不知道。

伯恩斯：你肯定知道。斯托林编的。[①]

格雷戈里：哦……施特劳斯的后记放在最后。抱歉，我一时想不起名字。

伯恩斯：我也想不起名字。隔壁房间有这书。这本书源于跟某个基金会的董事的一次会面，洛克菲勒（Rockefeller）之类的。施特劳斯在谈话中对新政治科学，即行为主义，持批评态度。这个基金会的家伙说：你们何不就此写点什么？施特劳斯说：你们何不资助我们就此写点什么？他们便提供资助。于是，下一个问题是：把一群学生放在一块儿，分配任务。我分到投票研究（voting studies），我忘了斯托林分到什么，不过……

艾·伯恩斯：我去拿书。

伯恩斯：霍维茨在那儿谈论……我忘了。戴蒙德也在那儿。那个夏天，我们每周见一次面，在施特劳斯位于伍德朗60号的房子里见

---

① *Essays on the Scientific Study of Politics*, ed. Herbert J. Storing (NY: Holt, Rhinehart, & Winston, 1962).

面，我们说，施特劳斯评。施特劳斯的角色当然是聚焦于这项工作，而在投票研究这件事上，他指出所有其他投票研究的困难所在，像心理学的研究，社会学的研究：这些研究简直对政治心不在焉。这些研究简直不能理解，即便美国的投票人，在按他的方式投票时，也可能有某种政治理由。而且……

艾·伯恩斯：你刚才想找什么来着？

伯恩斯：书名是什么？

艾·伯恩斯：《政治学科学研究论文集》。

伯恩斯：《政治学科学研究论文集》。就这样吧，对此说得已经够多。

格雷戈里：这非常有趣。我以为施特劳斯不知道投票研究的内容。

伯恩斯：在这件事上，我的任务是……我写了点东西。这是个草稿之类的东西；这让施特劳斯注意到，确实有人说社会学有某种公式。我现在忘了到底是什么，但这个社会学公式认为，人们投票是因为他们的社会–经济［地位］，诸如此类。稍微夸张点说，还有心理学家说——我觉得这有点夸张，但也没太过分——人们投票是因为他们［小时候受到］的排便训练（toilet training）。施特劳斯当然指出，人们投票可能有某种政治理由，对此最好的说明，来自稍后……这本书出版之后不久，我在康奈尔①。康奈尔位于纽约汤普金斯县（Tompkins County）。汤普金斯在整个历史上都投给共和党，直到戈德华特。戈德华特是哪　年？1960年？

格雷戈里：是1964年吧？

伯恩斯：1964年。他们投给民主党。所以怎么回事？一大群人，带着不同的社会学的和心理学的……人们搬到汤普金斯县……或者他们不喜欢戈德华特，出于政治理由。

格雷戈里：所以施特劳斯跟你们这群人见面，有你、斯托林、戴

---

①　康奈尔大学，位于纽约伊萨卡。

蒙德，我猜还有戈尔德温？

伯恩斯：戈尔德温和霍维茨，对。

格雷戈里：施特劳斯每周跟你们见面，讨论这本关于政治学的科学研究的书的内容。

伯恩斯：他跟我们讨论议题，据我回忆，我们在场的每个人都做了报告，我做的是投票研究。我得解释，这是政治学专业的现状：他们研究人们为什么投票这类事。

艾·伯恩斯：魏因施泰因不在里面吗？

伯恩斯：不在。请了他，但他没提交［议题］。

艾·伯恩斯：哦，对。

格雷戈里：施特劳斯作为老师，这是一件不同寻常的事情，举个例子，你和戈尔德温，还有霍维茨、戴蒙德、斯托林、勒纳和雅法，可能还有别人，我现在想不起来，都在美国政治方面做了不同寻常的工作。施特劳斯从来不教美国政治。

伯恩斯：是，但他以下述方式帮助我们。首先，我现在想起来，他跟班菲尔德联合教过一门课，讲某个美国议题。我因故没上那门课，但施特劳斯和班菲尔德都跟我说过，出于某种原因，那门课不成功。此外，我们快要毕业去教书的时候，他跟我们每一个人见面，跟我们聊天，简单地问我们会如何教我们的科目，比如问我如何教宪法。他对此感兴趣。他可能知道某些案例的名字，但他肯定不知道细节；但他知道宪法的重要性，以及以某种特定的方式聚焦于宪法的重要性。所以他跟我谈这个；他跟我们每一个人谈我们要教的东西。勒纳跟你说过他在博士口试时的经历吗？

格雷戈里：我不记得，没有。

艾·伯恩斯：［笑］

伯恩斯：这也跟我有关，所以我提一下。我现在确实想不起来委员会有谁，拉尔夫口头报告时谁在场，但我可以想象谁在那里。他们问拉尔夫政治学的某些东西，几乎可以肯定，这是系里的某个行为主义者问的问题。

艾·伯恩斯：伊斯顿[1]。

伯恩斯：伊斯顿，对；谢谢你，艾琳。拉尔夫——当然，我不在那儿——拉尔夫说政治学一塌糊涂（in a mess）。此后不久，施特劳斯……好吧，我应该说下一周就轮到我了，[2] 施特劳斯在我口试之前找到我，告诉我拉尔夫说了什么，然后说：伯恩斯先生，你可别说那样的话。好吧，我当然不敢，但施特劳斯的告诫造成的效果是完全绑住我的舌头。［笑］

格雷戈里：嗯，这引到了我想问你的一件事：那篇后记，你们跟他一块儿弄的那本书的后记……

伯恩斯：那变得有名，或者说臭名昭著。[3]

格雷戈里：这是宣战。施特劳斯后来是否表示过，采取一种不同的修辞方式本来会更明智？或者说，他是否对此有过任何怀疑？

伯恩斯：后记是他亲自写的。

格雷戈里：对。

伯恩斯：至于后记的内容，他没有跟我们商量。

格雷戈里：我的看法是，勒纳在他的博士答辩中说这种失策的东西并非偶然。

伯恩斯：对，而且我不记得施特劳斯后悔过说那些话。施特劳斯做了他的……好吧，他并没有跟这个专业交战，真的，所以当普里切特…… 我不知道你是否知道这个……

格雷戈里：我不知道。

伯恩斯：普里切特当时是系主任，一个非常正派的人，他成了美

---

① 伊斯顿（卒于2014年），1947年至1997年任芝加哥大学政治学教授。他的主要作品包括《政治系统》（*The Political System*，1953）和《政治生活的系统分析》（*A Systems Analysis of Political Life*，1965）。

② 即轮到他口试。

③ 即《政治学科学研究论文集》的后记。

国政治科学协会的主席。在美国政治科学协会的年会上，当时普里切特是主席，作为主席向大会致主席辞。他邀请施特劳斯跟他一块儿坐在讲台上，这让施特劳斯感到非常高兴。普里切特大概说的是：这个人在政治学专业中是个重要人物。有趣的是，雅法对此表示极力反对，就像他反对由协会设立施特劳斯论文奖。根据雅法的说法，这是……他到底怎么想的？我不知道；我现在忘了。我还应该说，我跟雅法有过一场论战，[后来]我们互不说话。我觉得，说承认美国政治科学协会的存在是贬低施特劳斯、对施特劳斯而言是可鄙的，这些全是蠢话。[笑]

格雷戈里：这是雅法的立场？

伯恩斯：对。这当然是蠢话。还有另一段插曲。我好几年没再想这件事。我忘了谁起的头，但我卷在里面。卷在里面让我感到不快；但有一场公开辩论发生在施特劳斯……与席尔斯①之间？

艾·伯恩斯：可能吧。

伯恩斯：对，我觉得就是。问题关乎新政治科学，即行为主义。会议是在……社会科学研究大楼里面的大休息室是哪间？

格雷戈里：施特劳斯经常上课的教室是社会科学楼122，在一楼。

伯恩斯：不，那是间大礼堂。

格雷戈里：302有张巨大的椭圆桌。

伯恩斯：就是你们喝茶的那个房间。

格雷戈里：茶室在二楼。

伯恩斯：差不多吧。

格雷戈里：是在茶室？

伯恩斯：差不多吧，我觉得就是，里面挤得像罐头，因为施特劳斯有学生和支持者，席尔斯也不是无名小卒。

———————

① 席尔斯（Ed Shils，卒于1995年），社会学家，芝加哥大学社会思想委员会杰出贡献教授。

格雷戈里：对。

伯恩斯：我一开始问了个问题——我忘了是什么问题——他俩都不愿回答，全场有一阵子鸦雀无声。好吧，一场讨论终于开始。我不知道那是怎么回事。我觉得没人对此感到高兴，但那是学生方面想让这场辩论公开化的一种尝试。

格雷戈里：我想回到这个问题：那么多施特劳斯的学生没有选择研究或仅仅研究政治哲学，而选择研究美国政治，美国政治思想，你觉得这是为什么？

伯恩斯：两个理由。首先以我为例，我就是没有能力做布鲁姆做的那种工作，我知道这一点。其次，施特劳斯强调过正确地教授美国政治的重要性。斯托林可能是我们这些非理论家中最优秀的，而且施特劳斯肯定知道这一点，即便仅仅因为施特劳斯肯定跟斯托林留系任教有关。

还发生过这么一件事，当时，斯托林为施特劳斯的研讨班写了篇论文，显然，施特劳斯觉得斯托林就那个主题写得非常好。斯托林写的是修昔底德之类的，而他之前从来没搞过修昔底德。斯托林是个非常聪明的人，施特劳斯也知道。但斯托林从不自称有能力教政治哲学，我也觉得他从不自称有能力这么做。但施特劳斯让我们相信我们在各自领域的重要性。这就是对你的问题的回答。

格雷戈里：他跟你这么说过吗：伯恩斯先生，你确实应该集中搞宪法？或者他跟斯托林这么说过吗：你确实应该继续你正在做的合众国种族关系研究？他是否给过具体的……

伯恩斯：我不觉得，没有。

格雷戈里：他仅仅是向你们传达说研究美国的……

伯恩斯：这就是重点，不要为教这个而感到丢脸或羞耻。让别人爱咋咋地吧。

格雷戈里：你提到施特劳斯在你的论文委员会里，你的论文做的是《第一修正案》。

伯恩斯：对。

格雷戈里：他在委员会中起什么作用？他读了你的论文吗？

伯恩斯：据我回忆，不太多。我的主席是个叫霍恩的研究员，他没在芝加哥得到终身教职。他去了斯坦福。霍恩是个非常好的老师，而施特劳斯想让霍恩……这是系里的事，我对此不清楚，但我有理由相信，施特劳斯想让霍恩得到芝加哥的终身教职，但他没得到。

艾·伯恩斯：他不写作，有一说一。

伯恩斯：他不写作，是。但他是个非常好的老师，他是我的首席指导教授。

格雷戈里：所以施特劳斯就你的论文给了你反馈吗？

伯恩斯：对，他说我应该再多谈谈密尔（John Stuart Mill）。

格雷戈里：你的论文成书之后，他评论过这本书吗？

伯恩斯：据我所知没有。他喜欢这个题目：《自由、德性与〈第一修正案〉》。

格雷戈里：你会怎么描述施特劳斯之为师？

伯恩斯：你见谁都问这个问题。你知道答案。

格雷戈里：好吧，我得到过几个不同的答案。

伯恩斯：你问这个问题是什么意思？

格雷戈里：嗯，我……

伯恩斯：他照本宣科吗？不。

格雷戈里：好。他……上课，我们手头的上课录音记录着他［如何］研读一个文本。

伯恩斯：对。

格雷戈里：一位朗读者，常常是兰肯（Reinken）先生，会读一段话；施特劳斯会止住他，就所读内容作评点，然后转到下一部分。

伯恩斯：对。

格雷戈里：你跟他上的那些课也是这样的吗？

伯恩斯：对，我们每人［轮流］就当天的章节写一份作业，我还记得我［如何］同我的章节搏斗，我妻子昨天还提到……

艾·伯恩斯：我最初认识沃尔特的时候，他正在跟他的第一份施特劳斯的作业搏斗。他完全不知道他面临的是什么困难。

伯恩斯：我当时有个模糊的想法，因为这不是第一份［作业］，我知道以前是怎么弄的。

艾·伯恩斯：我记得那是那学季的第一份作业。

伯恩斯：不，那是我的作业；但不管怎样，那时我已经知道我面临的是什么困难。这个问题是读某个东西但不理解这个东西在文本中的重要性，而我急于得出某一具体章节的正确答案或者说正确读法，当然我做不到。我从施特劳斯那里学到的一样东西是，看到某个具体文本中重要的东西。你知道，施特劳斯教我的东西就是如何阅读。我记得［自己有一次］非常愚蠢地去找他，像跟他告解一样，说我碰到某个速读项目或诸如此类的文本或书，我对此感兴趣，因为我想提高阅读速度。［笑］他笑着说了大概这样的话：问题不在于你读一个文本能读得多快，而在于你读得多好。这跟速度没有关系。

格雷戈里：所以你刚才问我的问题背后是什么，我的意思是，背后什么也没有。不过我会问另一个问题，施特劳斯在他的教学中有某个计划吗？他通过教政治哲学，是否想实现某个东西？

伯恩斯：一个伟大的政治计划？没有。我试着说点跟你的问题有点远的东西来回答这个问题。读了雅法的《分裂之家危机》①后，有一次，我跟施特劳斯说，大意是雅法是你最好的学生之一。施特劳斯的回答大概暗示我说，他不这么认为。几年之后，当我对此变得更聪明、更有经验时，我跟他谈到布鲁姆，他说布鲁姆和伯纳德特是……他一开始认为伯纳德特显然是最好的，但后来发生的事情让他思忖，布鲁姆是不是更好。但他俩是最好的。为什么他俩最好？我猜是因为他俩最好地理解哲学，理解哲学的大问题，理解神学－政治问题的重要性以及这一理解的重要性。

你的问题是施特劳斯的计划，或者不管你怎么说，我猜他在意的

---

① Harry V. Jaffa, *The Crisis of the House Divided* (University of Chicago Press, 1959).

是哲学的永存，哲学的重要性，尤其在一个在他看来古典世界遭到蔑视的时代。而政治学甚至没有解决任何地方的问题，我们自信得要命，认为世界的终点已经到来：美国的自由民主制这一幸福状态，没有什么可担忧的。而他对此感到担忧。我觉得他对哲学的未来感到担忧。

格雷戈里：所以他的计划是，通过训练他的学生研究政治哲学，试图为严肃的哲学研究的继续创造条件。

伯恩斯：对，我觉得是。对。再说一次，对于我们剩下的人来说，那是为了合众国的自由民主制的永存。

艾·伯恩斯：你跟伯纳德特有什么往来吗，在他去世之前？

格雷戈里：没有，没有机会。我尚未结识他，他就已经去世。

艾·伯恩斯：哦，我懂。他真的也是施特劳斯最好的学生之一吗？

伯恩斯：哦当然，当然。

格雷戈里：是。

伯恩斯：而且施特劳斯这么说过。我跟伯纳德特待过一晚上。他真的让我招架不住。我到最后不知道他到底在讲什么。

艾·伯恩斯：他比布鲁姆晦涩得多。

伯恩斯：对。布鲁姆有些别的东西。布鲁姆是个比施特劳斯更好的老师。

格雷戈里：你这么认为？

伯恩斯：对，对普通学生来说。我要给你讲个与此有关的故事。布鲁姆和我当时都在多伦多。某一年，他让他的学生克利夫·奥温当助教。那是在〔布鲁姆〕犯心脏病之后，克利夫来帮布鲁姆。当时，我正在下楼梯，去一个大讲堂，而奥温正在上楼梯，刚从大讲堂回来。我要去那儿上课，而布鲁姆刚上完课。克利夫在楼梯上碰到我，问我：布鲁姆把多少他就卢梭所知道的东西告诉学生？我对此完全不知所措，不知道该怎么回答。所以我问他：你在说什么？他说：好吧，布鲁姆刚刚讲完卢梭的某些东西，就遮掩过去，而且就到此为止。我说：是，那是对的。你为什么提这件事？我问。他刚从曼斯菲尔德那儿过来。他在哈佛给曼斯菲尔德的某门课当过助教，他说曼斯菲尔德把他某一特定主题所知道的一切都告诉学生。我说是，那是曼斯菲尔德的问题所在。我的意思是，对本科生来说，曼斯菲尔德是个差劲的老师。

还有另一件跟布鲁姆有关的事。多伦多大学的学生成绩是系里给的，可以这么说，每个人的成绩由系主任登记。在这件事上，布鲁姆只给了一些学生A。他没有给够A，这就是重点。系主任就把B+挑出来打成A。这让布鲁姆十分生气，因为他打A是为了知道哪些学生应该在高级研讨班。在那些大课中，如果你得了A，他就会允许你加入研讨班。我说这个的意思是，布鲁姆比施特劳斯更清楚典型的本科生的情形，或者以我们为例，典型的研究生的情形。我认为，施特劳斯需要了解我们有多么愚蠢。布鲁姆知道［学生的愚蠢］。当然愚蠢用词不当，而是我们有多么无备（unprepared）。布鲁姆更清楚这个。对本科生来说，他是个更好的老师。至于别的事情，我没什么可说的。

格雷戈里：雅法说施特劳斯作为老师，过于高估自己的学生，他倾向于把他们理想化，觉得他们……我不想把这些话放在他的嘴里，但他说施特劳斯过于高估他们。

伯恩斯：这错在哪里呢？问题何在？我是说，他给差劲的学生好的成绩。

格雷戈里：不，他只不过是高估他们，在雅法看来。他高估学生的能力。

艾·伯恩斯：然后因此而失望？

格雷戈里：不，我觉得施特劳斯没有感到失望。我觉得雅法是站在局外说施特劳斯就是这样。

伯恩斯：嗯，雅法可能是在说我刚才说的东西，真的。布鲁姆更清楚美国学生多么无知。那是不是雅法的意思，我不确定。

格雷戈里：嗯，你的话让我想到这层意思，但这是……

伯恩斯：对。

格雷戈里：这是雅法说的，不是施特劳斯说的，所以……

伯恩斯：我能想起某个施特劳斯高估的人吗？我想不起来。当然，这把我带回……施特劳斯没有误判雅法。

艾·伯恩斯：过了大概五十年，你现在干吗？做这个……

伯恩斯：是。施特劳斯当然没有看错布鲁姆，尽管他俩有过那糟糕的……我不知道因何而起，真的。但有一阵子，他俩之间确实有一道裂缝，而且这对布鲁姆造成糟糕的影响。但你知道，需要教珍妮希腊语的时候，施特劳斯请布鲁姆做这件事。话说，你跟珍妮谈过吗？

格雷戈里：我还没有跟她以这种方式谈过。

伯恩斯：我不知道施特劳斯在哪件事上想得太好，太好，因"太好"而导致不愉快的结果。我觉得没有这样的事。我觉得施特劳斯……回到我就斯托林说的话：施特劳斯非常看重斯托林，但他没有鼓励斯托林进入哲学。据我的经验，他非常看重布鲁姆，也确实应该。他非常看重伯纳德特；他确实应该。我觉得他非常看重勒纳，也确实应该。我觉得他非常看重曼斯菲尔德，尽管我没跟他说过话，曼斯菲尔德没在芝加哥上过学。我觉得施特劳斯让曼斯菲尔德施展了他的能耐（virtues），能耐还相当大。

另一件让我震惊的事情是，施特劳斯对宗教人士多么公允。施特劳斯总是非常严肃地对待他们——据我的经验，从来没有拉比，但神父肯定有。嗯，这里最好的例子当然是福尔坦。可惜你不能……

格雷戈里：是，他已去世。

伯恩斯：他已去世。跟他谈谈施特劳斯应该蛮有趣的。神父，那些严肃的神父，关心我们应该如何生活，施特劳斯尊重这个。他会批评某个研讨会论文之类的东西，他会提出异议，但他从来不会随便打发宗教人士。有一次，我有点想考验下他的犹太意识（Jewishness）。我们在谈柏拉图，我对他说：施特劳斯先生，你认为，每个诚实的意见中都有真理的某种元素，犹太教中有某种诚实的意见，诸如此类。

我想得到对此的回答。他说：他们不一样，不是吗？［笑］那告诉我许多东西。

格雷戈里：你觉得施特劳斯是否从他在美国的经历或通过他的美国学生学到了点什么？

伯恩斯：哦，当然。

格雷戈里：是什么？

伯恩斯：在某种程度上，他知道，他从我们这些写这本书①的人当中学到政治科学的某些东西。这个专业中有某些我们知道而他不知道的东西，尽管他肯定对此有相当好的理解，因为他系里的某些同事——伊斯顿。我猜他从我们这儿学到点东西。他到最后对美国知道得相当多。对，他当然如此。

艾·伯恩斯：他刚来的时候，在新学院待了多久？

伯恩斯：不太久。

格雷戈里：我觉得他从 1943 年到 1949 年在新学院。②

艾·伯恩斯：所以是在战争期间？

格雷戈里：我觉得是。

艾·伯恩斯：嗯。

格雷戈里：那是个我应该知道答案的问题。

艾·伯恩斯：嗯，但我的意思是，我会觉得，如果是战争年代，他应该会学到不少东西。而且新学院也满是流亡过来的人。

格雷戈里：是。但我想知道的是，显然，他在德国的大学体系中长大，我猜他大概在 1935 年搬到英国，所以美国完全不同于伴随他长大的东西和他学习过的地方。我不知道人们怎么会明确地知道他确实学到跟美国政治科学有关的某些具体的东西。不过，［问题是］这个国家是否让他认识到某些他来这儿之前不理解的新东西？

艾·伯恩斯：我会觉得他学到不少，意识到……

---

① ［译注］指《政治学科学研究论文集》。

② 施特劳斯从 1938 年到 1948 年是社会研究新学院的教授。

伯恩斯：这是个好问题。我在想，比如说，他来美国之前读过托克维尔吗？可能没有，但我认识他的时候，他知道托克维尔。

格雷戈里：你一开始把他描述为自由民主制的实践上的伟大捍卫者，而那意味着做一个美国的伟大捍卫者。

伯恩斯：对，这在他的沃尔格林演讲中显而易见。[①] 还有两个与此相关的故事。沃格林开过沃尔格林讲座，[②] 我去了第一场，没去其他的。后来，我的第一份教职是在路易斯安那州立大学，而沃格林是路易斯安那州立大学的教授。所以我去找施特劳斯，请他指点一二，我应该怎么对待沃格林。他说：嗯，他什么都读过。[笑] 与此相关的另一个故事是，你听说过肯德尔吗？

格雷戈里：当然听说过。肯德尔在《国家评论》的时候，跟施特劳斯通过信。

伯恩斯：对。我跟肯德尔是耶鲁的同事，[有一次] 肯德尔过来问我：施特劳斯会跟他说话吗？他要去某个地方，要是他觉得施特劳斯会跟他说话，他就在芝加哥停一下。我说：当然，他会 [跟你] 说话，写信给他就好。他便如此行事，他俩就说上了话。于是，后来我分别从他俩那儿听到对那次谈话的几乎相同的描述。肯德尔当时在读沃格林，对沃格林印象深刻，还坚持认为沃格林本质上是个虔诚的人。于是有了一场对证据的讨论：在沃格林的著作中，你从哪儿得出或者说哪儿可以让你得出沃格林基本上是个虔诚的人这一结论？最后——他俩都这么描述——施特劳斯说：肯德尔先生，你能想象沃格林跪着祈祷吗？然后肯德尔这个老实人 [说]：不能。[笑] 那次谈话就到此为止。我猜你不曾有机会见到沃格林或听到沃格林 [上课或开讲座]。

格雷戈里：我没见过他。可能有他的磁带，我不知道。

----

① 出版为《自然正当与历史》。

② 沃格林的沃尔格林演讲出版为《新政治科学》(*The New Science of Politics: An Introduction*，1952)。

伯恩斯：有个他和布姆鲁一起［参与］的项目。

格雷戈里：我不知道这个。

伯恩斯：我忘了那个……

艾·伯恩斯：布利茨（Mark Blitz）①，［我］记得，是沃格林的学生，研究生一年级。他说，他出来时晕头转向［笑］；他不知道［沃格林］究竟在讲什么。

伯恩斯：跟你讲个沃格林的故事。我当时在……奥地利的什么地方来着？

艾·伯恩斯：萨尔茨堡（Salzburg），我猜。

伯恩斯：萨尔茨堡。我当时在萨尔茨堡开会。某个夏天，我在萨尔茨堡开一个讲习班，回来时经过德国；出于某种原因，我在慕尼黑停下，去看沃格林一家，跟他吃了饭。我跟他处得一直不错。他当时刚担任……叫什么名字来着？

艾·伯恩斯：韦伯，我猜。

伯恩斯：慕尼黑大学的韦伯讲席。我跟他说，这非常好。我说：在你之前，谁担任这一讲席？他说：没人。我说：什么？韦伯大概死于1922年！他们找不到任何人充任这一讲席，直到沃格林。不过沃格林自视甚高。关于他有许多可说的。比如说，说了这些坏话之后，我觉得有义务谈谈他的优点（virtues）。他和他妻子在某个时候离开德国，而且不得不匆匆忙忙地离开。他不是犹太人，但出于政治理由，他不得不走，而且他们得把房子留下，他们就把房子卖了，达成的协议是房款会打到瑞士或沃格林一家所在的任何地方……他们意识到这可能不太现实；他们能出手自己的房子，但可能得不到任何房款。但实际上，他们如愿以偿。买房的那个家伙确实把钱转到瑞士，诸如此类。不管怎样，沃格林反纳粹，这是我对这个故事的看法。为此他值得赞扬，因为他不是犹太人。

---

① 布利茨，克莱蒙特–麦肯纳学院政治哲学琼斯教授（Fletcher Jones Professor）。

格雷戈里：对，对。你在康奈尔有过极不愉快的经历。

伯恩斯：那当然，对。

格雷戈里：施特劳斯跟你谈过那些日子吗？

伯恩斯：我觉得谈过。首先，施特劳斯来康奈尔开过讲座，你知道。

格雷戈里：那可能是在接管之前？

伯恩斯：对，确切地说，大概在接管之前一年。

格雷戈里：占领行政楼的是些黑人分离主义者或者说黑人民族主义者。

伯恩斯：是，他们叫什么来着，SAS？

格雷戈里：SDS。[①]

伯恩斯：SDS，对。我只记得施特劳斯对我和布鲁姆当然非常同情，并且理解我们为何离开。

格雷戈里：嗯。

伯恩斯：你知道离开是什么滋味吧？让我想想。我们一家人都在那儿，三个孩子在上学，我们得把房子卖掉。我觉得找不到工作这种事绝不会发生在我身上，现在回想，那是多么愚蠢。我怎么会那么肯定我能找到工作？但幸好我找到一份工作。乔治·威尔[②]帮我找到多伦多的工作。你知道这件事吗？

格雷戈里：我记得当我第一次……见到布鲁姆之后不久，他告诉我威尔的某些事，但我已经忘了。

---

① 学生争取民主社会组织（Students for a Democratic Society）。非洲裔美国人协会（AAS）在1969年4月占领司戴德楼（Willard Straight Hall），以抗议该大学的所谓种族歧视政策。AAS的成员第二天带着子弹带和步枪出现，这使康纳尔的学生接管截然不同于二十世纪六十年代末合众国的非武装学生接管大学行政楼。从1963年到1967年，伯恩斯担任康纳尔的政治系主任，引起抗议的行政决定部分与他有关。伯恩斯和布鲁姆都在1969年离开康奈尔。详见布鲁姆在《走向封闭的美国精神》（1987）中的描述。

② 威尔（George Will，生于1941年），普利策奖获奖记者，政治评论员。

伯恩斯：我当时已经辞掉教授职位。这件事登在《纽约时报》上。威尔读到这条消息，他当时是多伦多的政治学助理教授。我当系主任的时候，威尔来过康奈尔，看决定去哪儿读研究生。他去了普林斯顿。当他看到我的名字，他就去［多伦多的］系主任那儿，试图聘用我。所以我去了那儿。我到那儿之后就说：我们还有个人。布鲁姆就这样找到工作，所以我俩去了那儿。威尔功不可没。

格雷戈里：非常棒。

伯恩斯：几年之后，威尔得到一个来华盛顿工作的机会，他来找我，询问我的建议，假装对他应该做什么没数。他得到一个在华盛顿当记者的机会；要么继续当一个政治学家。我假装严肃地对待这个问题：乔治，我觉得或许你应该在华盛顿当一个记者。剩下的就是之后发生的事了。

格雷戈里：他至今仍然风生水起。

艾·伯恩斯：是。

伯恩斯：那当然。

格雷戈里：电视是为他而造的。

伯恩斯：哦，对。

格雷戈里：他写作的方式，对他来说读者不再存在……我是说，或许……

艾·伯恩斯：太晦涩。

格雷戈里：或许你和我，还有别的一些人，可能读得下去，但普通报纸读者没有耐心读威尔这样的文章。但在电视上，他如鱼得水。

伯恩斯：而且他说完整的句子。

艾·伯恩斯：而且简明扼要，这一点为人所喜。

格雷戈里：对，对。我对施特劳斯对发生在康奈尔的事件的反应感兴趣。一个原因是，这是1968年发生的事情，1968年的一些事情标志着对何为美国的理解的改变。我是说，发生在康奈尔和整个国家的那些事件，不同的大学接管［事件］，以及SDS这样一个新的左翼崛起；嬉皮士的出现；性革命。这一切都在那同一时间发生。

伯恩斯：对。

格雷戈里：这就发生在施特劳斯去世前几年，他亲眼目睹。他肯定已经看到地面在他脚下移动。我疑惑的是，他是否思考过这个。

伯恩斯：我当时没跟他在一块儿，所以我不知道。这你可以问雅法，当然。施特劳斯去了克莱蒙特。我敢肯定，是雅法促成此事。

格雷戈里：我同意。

伯恩斯：但是，我推测，那是一段非常不愉快的时光。

格雷戈里：是，我……你知道，我就施特劳斯在克莱蒙特的时光问过雅法，他毫不动摇地坚持认为，施特劳斯一家在那里是愉快的，不过因为施特劳斯夫人的缘故，他们不得不搬到圣约翰学院，他还提到各种事情。

伯恩斯：我不知道那个。［伯恩斯提到利昂·卡斯①，问格雷戈里是否会采访他。］我提到他的名字［卡斯］，当然是因为他知道施特劳斯在圣约翰学院，当时施特劳斯离开克莱蒙特，去了圣约翰学院，他或许能够说点什么。

艾·伯恩斯：嗯，他和戈尔德温。戈尔德温在把他带到圣约翰学院这件事上起过作用，不是吗？

伯恩斯：对，可惜。有一些有趣的事：施特劳斯在医院时，我在圣约翰学院。我忘了我为什么去那儿；可能是因为施特劳斯在医院。他在那家医院住一个豪华套间。我觉得是卡斯搞到的。我在那个医院套间里跟他说：天啊，真漂亮。我想知道这得花多少钱，而施特劳斯……当然，我到最后也不知道。不过，施特劳斯对套间的高价的概念是10美元一晚；其实可能大概是200美元，而且是别人付的钱。我忘了。施特劳斯的葬礼我在，当时我在圣约翰学院，住在勒纳家。

艾·伯恩斯：在卡斯家。卡斯家。你们都在那儿——你、布鲁姆，可能还有霍华德？

---

① 卡斯拒绝施特劳斯中心的采访邀请。

伯恩斯：对。

艾·伯恩斯：我记得还是在赎罪日战争（Yom Kippur War）①期间。

伯恩斯：是的。当时是施特劳斯的葬礼，我们去安纳波利斯，卡斯在那儿有座房子，但他当时在蒙特利尔之类的地方，所以他跟勒纳安排，他认识勒纳……［对艾琳］你不在那儿吧？

艾·伯恩斯：我不在那儿。

伯恩斯：施特劳斯葬礼时，勒纳和我住在安纳波利斯的卡斯家。我们在海边的某家馆子吃饭，有人进来，他刚跟施特劳斯夫人聊过，转告说她希望我致一份悼词。我在卡斯家花了一晚上，试图……我猜她想要一个非犹太人［来致悼词］，我觉得这是［她找我的］唯一的理由。不［只有我致悼词］，布鲁姆也致了一份悼词，乔·克罗波西也致了一份悼词。

艾·伯恩斯：克罗波西遇到点麻烦，是吗？

伯恩斯：哦天啊。而我，你知道，我算什么？我说过，仅仅因为我不是犹太人，仅此而已。然后，我记得那个拉比致了一份悼词。他对施特劳斯一窍不通：［模仿那个拉比］"这位人之平等的伟大捍卫者。"［笑］

艾·伯恩斯：我记得，你说大部分学生只注意施特劳斯。而沃尔特，因为年长一些，说施特劳斯夫人她……注意你们在做什么。

伯恩斯：哦，那份悼词，我说，我想代表学生谢谢她的……

艾·伯恩斯：嗯，但是，在某种程度上，学生不会想到［施特劳斯的死］还牵涉到别人之类的事情。

伯恩斯：对。

艾·伯恩斯：年轻学生。

伯恩斯：嗯。

---

① ［译注］也叫斋月战争，指1973年10月6日埃及、叙利亚和巴勒斯坦游击队反击以色列的第四次中东战争，10月24日被联合国终止。

格雷戈里：让我再稍稍问几个问题。根据你跟施特劳斯相处和你上他的课的经验，他的实践智力（practical intelligence）给人什么样的印象？他的实践智慧（practical wisdom）。我的意思是，劳伦斯·伯恩斯［讲］的故事非常有趣，但这些故事都类似这样：这位教授不会开车，这位教授不会开电扇，这位教授不会……这类事情非常有趣；这个人如此沉迷于观念的世界，竟然不知道自己身边最基本的东西。但这也是事实，你知道，像肯德尔这种积极参与实际政治或者说政治事务的人，极为重视他的观点。我就是想知道，在施特劳斯的实践智慧这个方面，你有什么想法？

伯恩斯：你说的"实践智慧"是什么意思？他会不会换电灯泡？

格雷戈里：不，他对实际事务的理解，国际关系，美国国内发生的事件……

伯恩斯：好家伙，好家伙。

格雷戈里：还有……

伯恩斯：他知道国际事务。他还讲过那类故事。他的那个朋友叫什么来着？那人受到这个想法的困扰：因为建议德国人允许列宁回到莫斯科，他觉得自己对俄国革命负有责任。他是谁来着？里茨勒？

艾·伯恩斯：对，是里茨勒。

伯恩斯：你知道，跟非常重要的人物的这些友谊，比如瓦尔特·本雅明（Walter Benjamin）。这些人施特劳斯都认识，他还跟其中的一些人论争。麻烦在于，我好多年没想这些事情，他们的名字……不过，他建议我们读读里茨勒和其他这种类型的人。他建议我们阅读丘吉尔的故事。他把丘吉尔［写］的某部传记视为巨作。[①]你看过丘吉尔去世时他在我们的研讨班上讲的话吧？

格雷戈里：看过。

伯恩斯：他明白丘吉尔是西方文明最重要的（*the*）捍卫者。

艾·伯恩斯：你们在谈实际政治，确实不是……

---

① 即丘吉尔的第一代马尔伯勒公爵的传记。

格雷戈里：不是如何打开电灯泡，而是……

艾·伯恩斯：对，是实际政治，当然。他是从那里过来的，从危险中过来的，他由此学到那些东西。

伯恩斯：下一个故事要考考你对社会科学研究大楼里的办公室空间的构造的了解。那里有一类办公室，差不多在一个开放的空间边上。对吗？

格雷戈里：对。

伯恩斯：如果从走廊过来，就到了这个空间，这个空间外就是那些办公室。

格雷戈里：对。

伯恩斯：他的办公室隔壁是……

艾·伯恩斯：摩根索。

伯恩斯：摩根索。摩根索［笑］每天订《纽约时报》以获取信息。他有一大摞一大摞的《纽约时报》，占着办公室空间外的这条走廊的一部分。施特劳斯有一次跟我说：这些报纸有点儿挡道。他还说了些……摩根索那本著名的什么与什么叫什么来着？一本论国际政治的书。他有不止一本书，这本的书名大概是《科学的人与权力政治》（*Scientific Man and Power Politics*）。所以施特劳斯说：他[①]暗中把自己等同于科学的人、权力和政治，把这些报纸推出来，让施特劳斯难以进入自己的办公室，诸如此类。然后，跟我说完这些后，他马上道歉：他不应该说这些。那是摩根索最疯狂的事情。他收集这些报纸，但结果他是在找《时报》的早期版本，我记得。那是什么来着？

艾·伯恩斯：我不清楚。

伯恩斯：好吧，他收集这些报纸，但这些报纸是……我觉得他在通过邮件找《时报》，他在找那些早期版本。

艾·伯恩斯：太迟了。我是说，这……

---

① 即摩根索。

伯恩斯：还有索引。《纽约时报》的索引没有索引早期版本的正确页面。现在回到你的问题：当然，施特劳斯了不起的地方在于，他理解当时正在欧洲发生的事情。他当然欣赏丘吉尔。正是丘吉尔的第一代马尔伯勒公爵的传记……①

格雷戈里：马尔伯勒的生活。

伯恩斯：对。施特劳斯说那是本巨作，说那是留诸笔墨的最好的史书之一，诸如此类的话。

格雷戈里："施派"这个词有什么意味吗？有施派这回事吗？

伯恩斯：这个词用于指施特劳斯的学生。最近几年，这里的新闻界用这个词的时候，指的是保罗·沃尔福威茨之类的人，这类人是［施特劳斯的］学生，但不一定是最密切的学生。我觉得保罗肯定会说斯托林对他的影响比施特劳斯更大。

格雷戈里：对，对。

艾·伯恩斯：在我看来，施派这个说法不……人与人之间有太多的差异。我会说谁的学生。

伯恩斯：曾经新保守派都是施派，以这种方式思考。那个在加拿大的女人，她叫什么来着？这又是个我记不起来的名字，不管她叫什么，她是个真正的反施派。

格雷戈里：对。

艾·伯恩斯：一般来说，不喜欢施特劳斯的人才用施派这个说法。这是个贬义词。

格雷戈里：你跟雅法的论战，从外部看，好像是在争辩施特劳斯的遗产是什么。

伯恩斯：这是东岸施派和西岸施派之类的事。但我觉得我跟雅法的争辩与施特劳斯无关。雅法的问题在于，我给他写过一封公开信，我说他本来可以成为美国政治的诗人（poet of American politics），诸

---

① Winston S. Churchill, *Marlborough: His Life and Times* (1933). Reprinted by The University of Chicago Press in 2002.

如此类，而他却把时间浪费在跟他的老朋友争论上。他甚至疏远克罗波西，他俩可是初中同学。你知道这件事的荒谬。到最后，雅法想在施特劳斯和克罗波西编的那卷书中加一章。[①] 他想加一章丘吉尔，我猜，诸如此类。

艾·伯恩斯：哦。

伯恩斯：不是吗？

艾·伯恩斯：是。

伯恩斯：而克罗波西说那不合适，因为不管丘吉尔多么厉害，他毕竟不是政治哲人。雅法直截了当地说：必须这么做，否则我要把我那章拿掉。他写了亚里士多德那章，我记得。克罗波西说：好，请便。另一个人［重新］写了亚里士多德那章。我的那个学生叫什么来着？吉姆·霍尔顿（Jim Holton）。他写了那章。哦，没什么差别。但那就是荒谬所在。你知道，雅法跟曼斯菲尔德有过一场可怕的争论。没必要。跟我有关的最后一段插曲是，几年前，我在《华尔街日报》（Wall Street Journal）就林肯写过一个大的专栏，当时雅法写信给我说，到目前为止都还不错，然后附上他刚刚写的某个东西。所以我回信说，到目前为止都还不错。那件事就到此为止。我全想起来了。

艾·伯恩斯：施特劳斯无需对那一切负责。你对施特劳斯与雅法的冲突更感兴趣。

伯恩斯：我加了某句话，大意是说我希望他进某个修道院，特别是某个人们在里面根本不说话的修道院（我忘了那类修道院的名字）。于是他在所有地方公开地说，显然，我雇凶要他的命。

艾·伯恩斯：够了。

伯恩斯：《分裂之家危机》出版于1959年，他在里面承诺过的第二卷到2000年左右才出版。那些年他都在干什么？写那些愚蠢的文

---

① *History of Political Philosophy*, ed. Leo Strauss and Joseph Cropsey, first published in 1963.

章——不一定是愚蠢的文章，但肯定是琐碎的文章——以及跟他的朋友们争执。

艾·伯恩斯：第二卷，你读过吗，沃尔特？

伯恩斯：我从来没读过。

艾·伯恩斯：人们非常失望。

伯恩斯：写得太差，因为我确实喜欢《分裂之家危机》。还有吗？

格雷戈里：嗯，最后一两个问题。你是否把施特劳斯视为你的朋友？

伯恩斯：哦，当然……哦，当然。如果你要一个非常准确的友谊的定义，像布鲁姆的《爱与友谊》①，那种友谊不可能发生在施特劳斯跟我之间。我们不可能成为那种朋友。我从来没叫过他列奥，当然。我绝不会这么做。

格雷戈里：我觉得他的学生都叫他施特劳斯先生。

伯恩斯：他一直是施特劳斯先生。有个著名的故事，跟布鲁姆有关……跟阿贝有关。对，阿贝·舒尔斯基②。你认识他吗？

格雷戈里：认识。

伯恩斯：阿贝是布鲁姆的学生，后来成了康奈尔的老师。

艾·伯恩斯：在康奈尔待过几年。

伯恩斯：我猜当阿贝得到一份教书的工作时，布鲁姆说：现在你不用再叫我布鲁姆先生，你可以叫我阿兰。阿贝说：好的，我会在系

① Allan Bloom, *Love and Friendship*, published posthumously in 1993.［译注］中译本参阿兰·布鲁姆，《爱的设计：卢梭与浪漫派》，胡辛凯译；《爱的戏剧：莎士比亚与自然》，马涛红译；《爱的阶梯：柏拉图的〈会饮〉》，秦露译（北京：华夏出版社，2017）。

② 舒尔斯基，现为哈德逊研究所（Hudson Institute）高级研究员。他在芝加哥大学获得研究生学位，师从施特劳斯。他曾以多种身份为美国政府和兰德公司（Rand Corporation）工作。［译注］他与加里·斯密特（Gary J. Schmitt）合著有《无声的战争》（*Silent Warfare*）一书，中译本见罗皓安、肖皓元译，高金虎校，北京：金城出版社，2011。

里开会时叫你阿兰，在外面还是布鲁姆先生。［笑］施特劳斯来康奈尔的时候，我们请他吃过饭。我跟施特劳斯吃过不止一次饭，我记得在芝加哥的热带小屋。

格雷戈里：提基（Tiki）。是提基吗？

艾·伯恩斯：还在那儿吗？

格雷戈里：不，二十年前关了，我记得。

艾·伯恩斯：我在那里长大……在四十年代。

伯恩斯：他认识我妻子。有人如果有了孩子，就会跟他说，他对此感兴趣。他总是说，如果有人给他孩子的照片，他除了收下之外不知道该拿照片怎么办。确实。我也认识施特劳斯夫人；而且我们应该认识施特劳斯夫人。当然，朋友嘛。

艾·伯恩斯：朋友的朋友——那就是一个人跟一个像施特劳斯这样的人的那种关系。

伯恩斯：我觉得在某种意义上，我跟他至少比我跟任何其他老师更亲近。我从来没跟普里切特吃过饭，我敬重他。我还能想起别的人吗？我还有别的老师吗？

艾·伯恩斯：霍恩。

伯恩斯：我跟霍恩在华盛顿吃过饭，在多年以后。霍恩从斯坦福过来，因为他的一个学生是最高法院的托尼·肯尼迪（Tony Kennedy），肯尼迪当时得了个什么，[①] 邀请霍恩过来。所以我跟霍恩吃了饭，但那是在我从霍恩那儿毕业三四十年之后。我觉得在某种重要的意义上，比起我所有的老师，我跟施特劳斯更亲近。为什么？比起我所有的老师，我更敬重他。

格雷戈里：如今回想施特劳斯，你如何看待他？

伯恩斯：我在犹豫要不要用这个词，但没什么好犹豫的：我觉得就是崇敬（reverence）。我们都——像我这样的人——总是非常小心地怨愤某人的这种说法，说施特劳斯有自己的门徒。我们不是门徒。

---

① 可能受到褒奖或得到某种荣誉。

他是我们的老师，仅此而已。我们不是门徒。

格雷戈里：对。你能就此多说一点吗？因为这是个问题。有一种针对施特劳斯的反对声音是，各大学中的人有这样一种印象，施特劳斯的学生都在莫名其妙地读同一页，或者如你所说，门徒。

伯恩斯：我能想象在某些问题上不同意施特劳斯，但确实无法想象［有人不同意施特劳斯］，如果我们在谈论比如说柏拉图的《法义》。还有，读同一页，这是什么意思？

格雷戈里：施特劳斯的学生都在说同样的东西，仅仅在重复同样的教条，诸如此类。

伯恩斯：我不知道任何教条。那种批评暗示，我们就像彼得和雅各等人，跟随耶稣，诸如此类，还有耶稣说的话。不存在"施特劳斯说"这样的东西。有句话说得好：施特劳斯从来没有以耶稣说某些事情的方式说过任何东西。

艾·伯恩斯：人们那么说的意思难道不是［施特劳斯的学生］个个在严肃对待文本这方面想得一样？你可以说说这类事情……

伯恩斯：对。我总是说，人们应该严肃对待某些文本，而对于某些别的文本，则不用。

艾·伯恩斯：是。

伯恩斯：但……

艾·伯恩斯：但你们不是一群鹦鹉。我是说，那才真的……

伯恩斯：我知道。认为施派这个说法跟新保守派有关联，荒诞可笑。谁是新保守派？嗯，沃尔福威茨和比尔·克里斯托尔。他是个新保守派，但他当然不是施派。

艾·伯恩斯：对。

伯恩斯：那是蠢话。

艾·伯恩斯：但人们确实在用施派这个说法。你说得对，差不多只有敌人这么用。

格雷戈里：对，对。

伯恩斯：我们是学生，他是我们非常尊敬的老师。他在芝加哥跟他的同事引起过一些麻烦，因为他的同事们发现自己的一些最好的学生成了施特劳斯的学生。我记得有一次……是伊斯顿吗？我记得有一次他说，大意是：我不在乎施特劳斯说过什么。他们发现一些自己最好的学生离自己越来越远。

格雷戈里：是。

艾·伯恩斯：或者质疑他们。

伯恩斯：嗯，不在他们的指导下写博士论文。芝加哥的大部分学生最后都在斯托林的指导下写博士论文。他是至少50%的学生的首席指导教授。

格雷戈里：是吗？

伯恩斯：他是个了不起的老师。他在哈奇湖（Hatch Lake）边有座房子，距他长大的科尔盖特（Colgate）5英里远。他父亲是科尔盖特的教授，事实上，当过一阵子科尔盖特的校长。他们在这个哈奇湖边有座消夏别墅。在他们的花园住宅边上，靠近码头的地方有间船屋，他用来当作夏天的书房。据我回忆，他在那里读了一堆博士论文……

艾·伯恩斯：暑期工作。对。

伯恩斯：在夏天。

艾·伯恩斯：他也没有门徒。

伯恩斯：嗯，他没有。但是好家伙，他确实有忠实的学生。我不知道还有什么，史蒂夫……

格雷戈里：好，没事。我觉得我们已经聊了许多。

伯恩斯：好吧，我觉得非常不充分，我不能拿自己跟布鲁姆比，但我知道要讲施特劳斯教的重要东西，布鲁姆会比我明智得多。

格雷戈里：哦，我觉得你说了一些非常有趣的事情。

伯恩斯：我有一些趣闻。

艾·伯恩斯：布鲁姆在多伦多写了篇杰作，我忘了是在哪儿出版的，论施特劳斯的……

伯恩斯：政治理论。

艾·伯恩斯：政治理论，你知道写的是什么，是施特劳斯的发展。①

伯恩斯：类似一份悼词。

艾·伯恩斯：作为一位思想者，真的。这篇文章可以说是为了弥补那份悼词的不足，但写的确实是施特劳斯的思想发展。你无疑知道这一点，因为这是理解他如何成为他所是的一篇杰作。你肯定什么都知道——你在做这个项目。

格雷戈里：好吧，我几乎什么都不知道。

---

① Allan Bloom, "Leo Strauss: September 20, 1899 - October 18, 1973," in *Giants and Dwarfs* (NY: Simon and Schuster, 1990).［译注］中译见阿兰·布鲁姆，《巨人与侏儒：1960—1990》，张辉等译，北京：华夏出版社，2020。

考克斯访谈录

2013年11月2日 [①]

陈子博　译

一

考克斯：[进行中]……在近段时间的一些有争议的文献中，施特劳斯似乎不再是所谓的"严肃人物"。换句话说，德鲁里女士把他看作魔鬼，这魔鬼正对民主制图谋不轨。在她完全无法理解的事物中，就有施特劳斯先生的属人特征：他真正不同寻常的学问——许多门语言，论著涉猎方方面面，包括宗教、政治、哲学、形而上学或道德。我直到成为芝加哥大学的学生，才了解到施特劳斯身上的一个特点。那就是，他笑得有底气，笑得毫无拘束。

即便知道施特劳斯经历过许多磨难，施特劳斯怎么成为他自己这个问题仍然于我成谜。抢先纳粹一步逃离德国，来到英国，开始了解美国，后来前往美国，也在美国扎下根。无处可归，无工可做，在这情形下，他来到美国。我首次碰到他，他已然62岁。当时他已经在芝加哥大学站稳脚跟，担任政治哲学教授。这应该是他生命中第一次拥有可靠的收入，拥有一个地方让他不受干扰地完成事业，这要大大归功于芝加哥大学。我不太知道，到底经历过怎样的协商才让施特劳斯来到芝加哥，但是这件事于学校和学生而言是无比的幸福。他退休

---

① 在这一漫长访谈的过程中，考克斯和格雷戈里数次中断；结果，访谈有五部分。施特劳斯中心感谢小考克斯通读访谈的转写稿并在细节上提供帮助。

之后，依然如此。

我举两个例子。一个是沃德豪斯（P. G. Wodehouse）。他写了大概一百部滑稽小说，从一个非常特殊的视角看待英国和美国。这有本书叫《沃德豪斯赞》（*Praise for P. G. Wodehouse*），我援引一小段简介："沃德豪斯的田园世界永不褪色。他将会继续解放未来世代的束缚，而这种束缚比我们身上的也许更让人恼火。他创造一个世界让我们生活，让我们欢悦。"这出自伊夫林·沃（Evelyn Waugh）。另外一段："沃德豪斯是英国谐趣的黄金典范。"这出自克里斯托弗·希金斯（Christopher Hitchens）。诸如此类。我的做法就是慢慢自己跟进，收集沃德豪斯的许多小说。我想这本书里面包含沃德豪斯的四个不同作品。只是因为施特劳斯喜欢他，我成为沃德豪斯的拥趸，享受并学习他的作品。施特劳斯这个如此高贵博学又谈论着非常严肃之事的人喜欢沃德豪斯。施特劳斯最喜欢这些小说中描述的吉夫斯和伯蒂·伍斯特（Bertie Wooster）的关系。你说你没读过沃德豪斯？

格雷戈里：没有。

考克斯：那有必要介绍下。战争爆发时，沃德豪斯身处法国。他事实上被纳粹囚禁。他被邀请到柏林做了几场讲演，也在电台上出席一些谈话，这是个错误。他在政治上幼稚，十分幼稚。无论怎样，他仍按照习惯开始工作，来写他的杰作《清晨欢呼》（*Joy in The Morning*），尽管他此时被纳粹囚禁。他无法脱身，只能在法国勒图凯（Le Touquet）写作，与此同时战事焦灼。我想读一小段这部小说的开头，这有助于理解什么是施特劳斯所欣赏的。伍斯特在发言。他在叙说发生之事。这就像柏拉图的《王制》。苏格拉底说："昨日，我下到佩莱坞。"伍斯特也用这一方式来叙述。顺便提一下，几年前，我在某部小说中发现伍斯特事实上宣称自己是牛津大学某个学院的毕业生，我就写邮件给主管，说他们应该为伍斯特做块牌子。显然，他们可没有资金资助，来做这样滑稽的事情。伍斯特是镇上的富有青年，能够做他乐意的事情，他有一位仆人叫吉夫斯。吉夫斯是个聪明人。英国阶级体系受到嘲讽，年轻的主人是个笨蛋，而绅士手下的绅士吉夫斯却是聪明的主子——［他］吃好多鱼之类的。看到这一点给施特劳斯带来极大乐趣。《早晨的欢呼》开篇十分有意思，我读一小段：

> 当一切结束，危险逐渐退去，收获满满的快乐结局，我们驾车返家，头上歪戴着帽子，抖掉我们轮胎上的斯蒂普尔·邦普利（Steeple Bumpleigh）的泥土，我向吉夫斯承认，不久前有那么些瞬间，伍斯特虽然不是软蛋，却濒临绝望。

刚才是伍斯特在叙述。他说："千钧一发啊，吉夫斯。"然后吉夫斯说话：

> "毫无疑问，事情当时已经变得棘手，少爷。"
> ［伍斯特：］"我当时看不到一丁点希望。就仿佛警察（blue bird）已经认输，正式停摆。但看看现在，我们全然自在（all boomps-a-daisy）。这不禁要让人想一想。"
> ［吉夫斯：］"是的，少爷。"
> "我可以用某个表达来总结整件事情，就在嘴边。我是说某句谚语、俏皮话、格言。欢呼着做某件事之类的。"
> "早晨便必欢呼，① 少爷？"
> "就是这玩意儿（That's the baby）。不是你说的吧？"
> "不是，少爷。"
> "嗯，好极了。"我说。而且，我到现在仍然认为找不到更好的表达。

诸如此类。我今天早上一时兴起，费力去分析这本书的开头。施特劳斯喜欢说，开头是重要的。他之所以这样说，不是因为他是施特

---

① ［译注］《旧约·诗篇》30：5。

劳斯，而是因为这是他向亚里士多德和柏拉图学来的。开头是重要的。这部小说的开头是深思熟虑写就的。我读的是夹在对话中的两段叙述。沃德豪斯是对话写作的大师。他为舞台表演写了非常成功的对话，还有纽约和伦敦上演过的音乐剧。我用施特劳斯教我的方法去做，将此勾勒为两段叙述包裹着一系列简短的对话。随后，叙述与对话继续相互交织。老实说，今天早上我才领悟到下述这件更加有趣的事情，尽管我此前已经多次阅读这部著作：镶嵌在我刚才读的对话之中的是惊人的影射，即，早晨的欢呼出自旧约的《诗篇》。沃德豪斯快速地引入某些东西，不让你注意到，除非你思考他在说什么。就这点而言，沃德豪斯是大师。

开篇第一章就有三处这样的影射。第一处影射《诗篇》。第二处影射发生在他们动身前往乡村前的对话中。

伍斯特起床。他的男仆吉夫斯像往常那样给他带来早茶或烟熏鲱鱼之类的。他跟吉夫斯说：

> "天啊（Odd's boddikins），吉夫斯，今早我精神超好。谈谈我年轻时的欢愉！我感到精神大振，不惧任何命运，如丁尼生（Tennyson）所说。"
> "这是朗费罗（Longfellow）说的，少爷。"
> "你喜欢朗费罗就朗费罗吧。我可没工夫争些鸡毛蒜皮事。［考克斯笑］行吧，有什么新鲜事？"

诸如此类。这里肯定会让施特劳斯非常高兴，倘若他读到这部小说：伍斯特被说服去乡村，吉夫斯则不愿意，因为他想在海边度过假日时光。伍斯特尊敬吉夫斯，珍视他的仆人的工作，因此意识到他可能对吉夫斯有所亏欠。因而他说：

> "那你想要什么作为补偿，倘若你不能去那个地方？"
> "嗯，少爷，任何礼物都行。"

"我可是认真的。"[伍斯特说。]

"您人真好，少爷。"

"可别这样，吉夫斯。除了不能上天，其他愿望你提吧。"

"好吧，少爷，最近出了一本新的、权威的、带有注释的哲学家斯宾诺莎的著作。您既然这么慷慨，我会感激不尽。"

伍斯特去到书店，跟店员讲：

"早上好啊，早上好啊。我想要一本书。"[考克斯笑]

"一本书吗，先生？"店员无比惊讶地问。

"斯宾诺莎。"[考克斯笑]

这让店员坐立不安。"先生，您是说斯宾诺莎吗？"

"斯宾诺莎，正是。你这样子，弄得好像我们必须详细商讨，才能得出个皆大欢喜的解决方案。"

"您不是指《纺纱轮》(*The Spinning Wheel*)？"

"不是。"

"那会不会是《毒针》(*The Poisoned Pin*)或者《在鲜为人知的婆罗洲带着枪和相机》(*With Gun and Camera in Little Known Borneo*)？"他问，试图瞎猜。

"斯宾诺莎。"我坚定地重复。那是我的说法，我要坚持到底。

店员叹息一声，感觉无法再控制形势。

"我去看看有没有货，先生。给，这应该是您想要找的。据说写得非常好。"

店员找来一本某个女人写的小说，叫作《浪花》①，而故事中的角

---

① *Spindrift*, by E. Maxtone Graham (Margaret Ethel Kington Blair Oliphant) (Edinburgh: Edinburgh Press, 1906).

色厌恶女人。

尽管我的介绍相当凌乱和匆忙，但我相信这也足够表明，这部小说的开篇跟柏拉图对话一样安排得心思缜密。我确实这么认为。一头一尾的叙述包裹着某些对话，就像柏拉图的《王制》，［似乎］不带有任何严肃目的。但是，想想［开篇出现的］旧约的《诗篇》、朗费罗的诗歌和斯宾诺莎的著作集，就能发现里面有严肃目的。

斯宾诺莎这个例子十分有说服力，因为施特劳斯本人写了有关斯宾诺莎的书，他认为斯宾诺莎的著作十分值得阅读。我的第一份教职是在哈佛大学，从1955年到1957年。我有一名优秀的学生叫米歇尔·班贝格（Michael Bamberger），他来自纽约。我认识他之后发现他是难民的后裔。他的父亲是弗里兹·班贝格（Fritz Bamberger）博士。他身处纳粹德国，却有能力在1934年年初开办一所学校，为迫于纳粹压力辍学的人提供教育。

1939年，情况十分危急，他不得不突然动身前往纽约，带上妻子和两个孩子。米歇尔就是其中一个孩子。施特劳斯在德国就已经知道班贝格博士。这些年轻的德国犹太人受过优越的教育，但也是迫害的巨大目标：班贝格、施特劳斯、克莱因。班贝格在纽约既教书、写作，也同时编辑《冠冕》（*Coronet*）和《时尚先生》（*Esquire*）杂志，大概做产品主管。不过他正经的事业是收集最为庞大的斯宾诺莎著作集和有关论集。他在晚年将这批罕见的藏书献给希伯来大学，最后演变成耶路撒冷的一座图书馆，施特劳斯曾来到此地。生活的确充满许多偶然的交集。我的哈佛学生，他的父亲在德国认识施特劳斯，也逃离德国，就像施特劳斯不得不去纽约。事实上，他父亲对斯宾诺莎的兴趣是严肃的，而在《早晨的欢呼》中，吉夫斯的兴趣则带有谐趣色彩——我觉得施特劳斯会喜欢。施特劳斯是否真的读过《早晨的欢呼》，我不确定。他提及伍斯特和吉夫斯的话都过于宽泛。

我今天跟你聊天，快速提到开头的一章，假设吉夫斯是施特劳斯喜欢的角色，至少是因为这部小说在英国社会内部的多重含义，而且……这个短小的开头的另一部分非常不同，但也是经过文学化处理的。施特劳斯在英国时，曾读过贝利①的一些作品。我已经忘了他有什么头衔，不过我记得他是个英国犯罪小说作家，还有另一个名字。他写过一本书叫《死人的鞋子》（*Dead Man's Shoes*）。这些小说的主角有一个叫克伦克。克伦克是英国大律师，他投资房地产赚了很多钱。他养过很多鸟，好像有簧风琴，演奏时唱歌。［考克斯唱歌：］"他的府邸会是我的，会是我的。他的府邸会是我的。"这里就融合着基本的清教主义和赚钱的现实成分，这一点我相信也会吸引施特劳斯先生。所以说，德鲁里这些人怀疑施特劳斯，将施特劳斯弄成怪物，但事实上施特劳斯本人天赋异禀，有着让人开怀大笑的天分。

最后一个故事。我快结束芝加哥大学的学业时，上了一门有关马基雅维利《李维史论》的课，施特劳斯依照他的习惯，将这部书的章节分配给我们来作报告。有一个人比大多数学生年纪都大，大概三十多岁，应该来自意大利或中欧。他分到《李维史论》的某一部分。他实际上做的却是朗读马基雅维利的一些书信，他开始就说：这是马基雅维利的一封书信。这是马基雅维利的妻子写给他的一封书信："亲爱的尼科洛，你不在时我真高兴。"那个学生读到这里，我们不得不把施特劳斯带离教室，他笑得根本停不下来。施特劳斯看到，马基雅维利的妻子也跟马基雅维利一样耍花招，说出这样令人啼笑皆非的话。

这些趣事发生在六十多年前，我常常回忆，感到无比欢乐。

二

考克斯：［进行中］……最近有本书非常棒，叫《感受我们的感

---

①　贝利（H. C. Bailey，1878—1961），他的历史小说和侦探故事十分出名，许多故事中的主角要么是侦探雷吉·弗蒂纳（Reggie Fortune），要么是律师乔舒亚·克伦克（Joshua Clunk）。

受》①。这本书论述激情，广征博引，十分有趣。

格雷戈里：前面我们谈了沃德豪斯，还有你觉得施特劳斯多喜欢沃德豪斯，以及施特劳斯有多么爱开怀大笑。

考克斯：是的，还有施特劳斯论述阿里斯托芬的一部巨作，叫《阿里斯托芬》(*Aristophanes*)②，是许多书中的瑰宝。

格雷戈里：我很难理解论述阿里斯托芬的书，非常难。

考克斯：这些戏剧都非常紧凑。沃德豪斯在这个小例子里的做法对一个智力出众的人来说很寻常。但阿里斯托芬的谐剧完全是另一回事。我的希腊语不足以好到流畅阅读，不过阅读译本也能发现，阿里斯托芬总让人震惊。施特劳斯有时候会提到他。事实上，我教授《王制》许多次，也让学生读《公民大会妇女》(*Ecclesiazusae*)，这部戏剧充满乐趣，也严肃对待法律的限度：即便法律颁发命令，你也无法命令年轻男子跟老年妇女发生关系。

格雷戈里：你一开始是怎么认识施特劳斯的？

考克斯：我家在印第安纳州，在芝加哥附近，我从小成长于一个拮据的家庭。我出生在哈蒙德（Hammond），正好在芝加哥拐过来的地方。我父亲结过两次婚，我是他第二次婚姻的孩子，我们一共有 5 个男孩。他和我母亲受教育少。他们在大萧条时期受尽苦难。我父亲很久都没有工作，就靠为教堂看门来糊口。我母亲做咖啡蛋糕，我们就拿到街上卖。我们有一段时间住在芝加哥东部，这是五大湖区域中的一个工业城市。我们住在两层公寓的底层。两栋建筑之间是一大片地方，摆满垃圾。楼上一个家庭，曾经有一个孩子被另一个玩枪的孩子射死。地下是一处私酿酒馆，印第安人操持着生意。周末夜晚，醉汉会跌跌撞撞离开那个地方，并向我家的楼梯扔东西。我不太想带着

---

① Eva Brann, *Feeling our Feelings: What Philosophers Think and People Know* (Paul Dry Books, 2008).

② ［译注］全名应为《苏格拉底与阿里斯托芬》，中译本见施特劳斯，《苏格拉底与阿里斯托芬》，李小均译，北京：华夏出版社，2021。

情绪来叙述过去，我只是想说，我跟随施特劳斯的起点是艰辛的。

我那时候是怎么走到这一步的呢？其实我的出生地哈蒙德离芝加哥大学只有二十五里路。开车不过一小时。然而我的轨迹却不是这一条路。我1943年受到鼓动报名参军，服役到1946年。后来我去西北大学念本科，遇到肯·汤普森①。

格雷戈里：这跟《军人复员计划》（G I Plan）有关吗？

考克斯：是的，我就是其中的受益者。这是我用自己的时间换来的。［当兵时］我没有参加过战斗，没有破坏过任何东西，除了好的食品和衣服。我干了三年，演奏大号，我高中就学过这个。我在新泽西州的蒙茅斯堡（Fort Monmouth）的一支乐队演奏，然后退伍。

我去西北大学以后，最初认识的人当中就有汤普森，我仰慕并尊敬他。汤普森是一位罕见的导师。他是中西部人，在第二次世界大战中服役于陆军，有着不俗的智力。他成为摩根索的学生，摩根索是那时候芝加哥大学两位伟大的德国流亡学者之一。我成为汤普森的学生，实际上也成为摩根索的学生。

当我完成硕士学业，汤普森和哈佛毕业生罗曼·科里蒂（Roman Kredis）②建议我去别的地方念博士。我该去哪呢？我尝试申请哈佛大学的一个青年奖学金项目，但遭到拒绝。我又同时申请耶鲁大学、普林斯顿大学、芝加哥大学。春天的时候，芝加哥大学没给我任何消息。我获得耶鲁大学和普林斯顿大学两个最棒的学术奖金。我该怎么办？汤普森跟我聊了。他说：摩根索会给你在中心安排带薪工作，而且，摩根索会让你有所收获。我人生中最重要的决定，除了娶了一位

---

① 汤普森（Ken Thompson，1921—2013），国际关系学者。他任教于西北大学和弗吉尼亚大学，是洛克菲勒基金会名下国际项目的副主席。他与摩根索编有《国际政治的原则和问题》（*Principles and Problems of International Politics*，1951）

② 暂无此人的细节。

美丽的女士，就是这一次抉择。我跟耶鲁大学和普林斯顿大学说：谢谢你们。我就动身去了芝加哥大学。这就是事情的来龙去脉。我出生在一个贫穷的家庭，受到大萧条的压迫，我的父母没什么文化，这就是我的出身。我就这样来到芝加哥大学。这是一个新世界。我最近在思考这个转折点，西北大学始终让我感到这是一所资产阶级大学。[西北大学教学]质量高，但没有我立即在芝加哥大学发现的那种氛围：四合院，你所在的社会思想委员会，① 政治学系，这可不只有施特劳斯，还有摩根索、伊斯顿、查理·哈丁② 等人。我当时根本不知道施特劳斯，我只是努力完成研究生学业，努力保住生计，根本没看施特劳斯的任何东西。

格雷戈里：你硕士做的是……

考克斯：修昔底德。我羞于提到这一点，因为后来我在芝加哥大学跟施特劳斯修学，才发现另一番天地。情况的确如此。我想，对我们许多人而言都是如此。当我们还是本科生或硕士生，我们就已接受政治理论的某种程式。就像萨拜因的《政治学说史》，无趣单调，永远触及不到文本，毫无深入解读。我有一次无意听了施特劳斯先生的一门课，我相信这门课讲的是英国人柯林伍德（Collingwood）的《历史的观念》③，我没有去翻看记录。回顾这一切，我发现这对我个人特别重要。尽管我经一个贫穷家庭抚育，却也学到我父母身上的献身精神。我母亲出自一个德国移民大家庭，家里有9个孩子。我母亲一直做用人，直到她29岁结婚。我父亲和她生了5个孩子。

一路到芝加哥大学，真的，我的轨迹是井然有序的。首先，我在

① 考克斯指的是访谈者格雷戈里，他是社思委的学生。

② 哈丁（Charles Hardin, 1908—1997），宪法学者，1960年离开芝加哥。从1965年至1976年，他是加州大学戴维斯分校的政治学教授。

③ R. G. Collingwood, *The Idea of History* (1946).［译注］中译本见柯林伍德，《历史的观念》，何兆武译，北京：北京大学出版社，2010。

军队里学会自律，并带入我的学业。后来，我离开西北大学，准备好在芝加哥大学念博士，因为我信任摩根索和汤普森，我再怎么感谢汤普森也不为过。他不只多次帮助我，还帮助过施特劳斯的其他学生。我在芝加哥念书的最后一年并没有待在芝加哥大学。我去了牛津大学。汤普森从政治学系去了洛克菲勒基金会，他在那待了几年，帮我争取资金去英国工作，我得以在牛津大学和大英博物馆研究洛克的手稿。我将牛津大学和伦敦的一些文献整理进《洛克论战争与和平》（ *Locke on War and Peace* ）一书。①

　　我得整理下思绪。坚定的道德感来自我的父母，也许大多来自我的母亲，因为她有坚定的路德宗信仰，德国的路德宗信仰。我在密苏里城市路德教会长大，这个教会十分严格。这个教会的牧师是纽豪芬（ H. A. Neuhaufer ），他是德国人后裔。我想我从未见过他笑。他教导罪责与拯救的信条。事实上，当我回顾这一切，我想他也教会我什么是价值，教会我在思想中培育自律。这是怎么做到的？在路德宗教会长大，就不可避免地要做马丁·路德的教义问答。这就意味着，我们要从第一条诫命开始。这又意味着什么？我们必须给出答案。不能出现多样性。我们不得不给出答案，这当然有很大的局限。不过，这倒很好地训练了我的心智。更重要的是，这让我无法接纳后来在大学里学到的相对主义。施特劳斯则称之为历史主义。

　　这本《历史的观念》确实让我心头一惊。我受到道德冲击，因为这本书说根本没有准则，所有准则都不过是社会建构起来的。这甚至意味着纳粹德国也不应受到谴责，因为事已至此就不应该多管闲事。我私底下非常苦恼。我该去哪里呢？结果我就到了讨论柯林伍德的课堂上。我第一次知道有一条严肃的道路。这条路是什么呢？就是重新阅读古书。简单地说，就是打开最古老的书：圣经、柏拉图、亚里士多德、修昔底德。我追索评判政治生活的更佳方式，上了第二门研讨课，这是讨论柏拉图的《法义》。你应该知道施特劳斯那本论述柏拉

_____

　　①　由牛津大学出版社在1960年出版。

图对话中的论辩和反应、戏剧和情节的书。[①] 我记得开头几行，大意为：告诉我啊，异乡人，你们的奠基者是人还是神。我们从此出发。这是部巨作。

我不得不说，施特劳斯学识深厚，他掌握古典希腊语，有能力阅读古希腊作品，他那种方式在课堂上我们没有人能够做到。然而，他没有炫耀这一点。施特劳斯也用了乔伊特（Jowett）的两卷本英文翻译。[②] 我第一次扎扎实实地知道直面文本的可能性。直面文本，深入文本。不要想当然，要接纳作者所说、所做、所暗示的。我用这三个词，是因为都跟对话的整个问题相关，对话也由此呈现给我们。某些对话是表演式，某些是叙述式。就此而言，《王制》是叙述式。这就是我开始时的感悟。有意思的是，施特劳斯著作中的一些主题并不总是课程的主题。可以说，课程的主题都是浅层的。比如说，《自然正当与历史》可以算是施特劳斯最重要的单部著作。但施特劳斯从未全部教授这部书中的所有人物。我知道他教过卢梭、马基雅维利等人。我想，他过去做的就是通过这些巨作找到抗拒现代相对主义和历史主义的道路，这的确是非常非常巨大的贡献，一直都是。

我记得十分清楚，我上的第三门课是马基雅维利的《李维史论》。就像往常一样，施特劳斯随机分配任务。我正好分到第三卷的一些章节。我就像所有研究生那样，十分紧张，看着一位老人坐在那里等你开口。我狠狠下了一番苦功。那时候，我会法语，所以也就不需要太费力气搞懂意大利语。然而我还是废寝忘食。最后，我说：我得写点东西，不过我筋疲力尽。所以我就去睡觉，第二天早上醒来，课程在下午。我疯狂地打字，意识到我几周以来的研读终于融会贯通。我终于看到施特劳斯所说的修辞式对话，马基雅维利用作者的身份将自己

[①]　*The Argument and Action of Plato's Laws* (Chicago: University of Chicago Press, 1973).［译注］中译本见施特劳斯，《柏拉图〈法义〉的论辩与情节》，程志敏译，北京：华夏出版社，2011。

[②]　课堂上，施特劳斯用的是洛布版《法义》，由布利（R. G. Bury）翻译。

融入论证中，随着论证推进，一个又一个论点浮现，直到整个论证呈现出与刚开始阅读时大相径庭的特点。

这一切都是我在牛津大学的工作的前提。我在牛津意识到，洛克作为美国奠基中的一个重要角色，需要以他自己的整体来理解他。我那时没有能力研读他的所有著作。比如，《基督教的合理性》（*The Reasonableness of Christianity*）[1]是部巨作。我理解些许《人类理解论》[2]，却不能说完全有把握。我将注意力集中在《论宗教宽容》（*Letters on Toleration*）[3]上，还有《政府论》（*Two Treatises of Government*）[4]。我在牛津的有趣发现是，与一般的看法恰好相反，洛克出于非常充分的缘由钟爱部分地隐匿自己。洛克过去在英国受到皇家威胁，不得不逃到荷兰。我在牛津和伦敦读了某些文件，发现洛克曾经拒绝承认他读过某些作者。我有明确的证据，证明洛克在公开印刷前悄悄撤回过一些文段。我以不同方式意识到政治迫害的现实。比如，有本古老的集子叫《豪厄尔的国家审判笔录》（*Howell's State Trials*）；应该就叫这名字。在这里面，洛克读到发生在苏格兰爱丁堡的一次审判的记录。有个18岁或20岁的年轻人受到审判，他叫托马斯·艾肯和德（Thomas Aikenhead）。他的名字中有点反讽，令人啼笑皆非。他被控渎神。什么样的渎神？他原来是读了霍布斯，用了霍布斯的学说，他们就控告他，判处他绞刑。洛克读到诸如此类的事情，这部分地决定他的写作方式。我非常肯定这一点。当然，这跟我们常说的隐微、显白、双重含义那套论证一致。德鲁里这些人事实上

① ［译注］洛克，《基督教的合理性》，王爱菊译，武汉：武汉大学出版社，2006。
② ［译注］洛克，《人类理解论》，关文运译，北京：商务印书馆，1959。
③ ［译注］洛克，《论宗教宽容》，吴云贵译，北京：商务印书馆，1982。
④ ［译注］洛克，《政府论（上篇）》，瞿菊农译，北京：商务印书馆，1982；《政府论（下篇）》，叶启芳译，北京：商务印书馆，1964。

也就指控施特劳斯教导精英学会巧妙隐秘，让这些未来统治的精英用高贵的谎言瞒着公众做坏事。这些人真的犯了大错，没有意识到他们的指控有多么荒谬，因为此前这种写作方式从未（never）^①公开过。他们真的愚蠢。

有一天，我在读法语文献，回想起许多年前的事。那时候我从狄德罗及其朋友合编的大百科全书中看到"显白学说"（*Exoterique*），也叫双重学说。我尝试翻译一小段话："拉撒路（Lazarus）的先辈有双重学说。一个是外显的、公开的或显白的，另一个是内蕴的、秘密的或隐微的。"双重学说的整个观念可以说早于施特劳斯两个世纪便已存在。这些人宣称施特劳斯发明这种方式，真的太荒谬了。

写作论洛克的书时，我遇到许多材料，有些是我可以利用的。洛克出版《政府论》一个世纪之后，一个英国人叫乔赛亚·塔克（Josiah Tucker）写过有关洛克的一本书。他深入洛克的灵魂，发现不能相信洛克真的跟随胡克的《论教会政治体的法则》（*Laws of Ecclesiastical Polities*）的观点。这个独立的证据证明我们无法简单接纳洛克宣称的观点，例如他宣称自己跟随胡克。这一观点收入《洛克论战争与和平》一书，这部书用了许多传记材料来论述洛克。

在牛津工作让人激动，承汤普森的美意。再多说汤普森一句：他利用在洛克菲勒基金会的职位给年轻人以资助。他让我有资金来开办一次小型夏季研讨班，讨论意识形态。这个主旨我在法国就已经研究过，那时受富布赖特奖学金资助。1955年夏季，我和妻子回到纽约，汤普森住在纽约的斯卡斯代尔（Scarsdale），他和他妻子带着我和我妻子去拜访克罗波西和莉莉安（Lilian）。克罗波西那时还在纽约教经济学。汤普森找来洛克菲勒的资助，让我能够请来汤普森感兴趣的一小群人。我们一起相聚在哈佛大学。我们还会邀请别的人，例如汉

---

① ［译注］据下一段，"从未"似当作"早已"（long）。

娜·阿伦特[①]。我们讨论意识形态，所有人都准备他们认为相关的材料。这群人中有洛文塔尔、克罗波西、默顿·弗里希[②]等人，还有我自己。所有人都上过施特劳斯的课。克罗波西，如你所知，后来去芝加哥大学成了政治科学家、政治哲学家。

格雷戈里：你们这个讨论意识形态的活动是在哪一年？

考克斯：1956年的夏天，我只在哈佛大学待了一个夏天。我去哈佛大学的时候，已经获得别处的一份工作。我知道，我不会在哈佛大学久待。因为只有极少一些人能在那里获得永久职位。我在那里的确过了一个夏天。必须再次强调，是汤普森让我走到这里。在我攻读博士以后，汤普森找到资金资助更多的学者，其中就有施特劳斯的学生。

那我是怎么遇到施特劳斯的呢？我从印第安纳州的哈蒙德经由中途岛再到社会科学楼见到这个瘦小却伟大的男人，这一路走了很久。施特劳斯头发微卷，声音细小，总是咬着烟。我记得当初被迷到的景象：这么一小沓纸，一小截大概这么长的黄色笔头来做笔记。除了施特劳斯没有人能读懂这些笔记。这就是施特劳斯教学的方式。

我们在谈柏拉图的《法义》。我们打开书，我们只是读书，然后讨论。讨论和阅读交替进行。巨著如柏拉图的《法义》，施特劳斯会作出抉择，决定我们应该仔细阅读哪里。这是足够的。当初探讨什么是法这个问题，后来可以再次回溯，思考这到底意味着什么。有一次，有个学生问他："施特劳斯先生，您开始研究某人的著作或某个新的重要的作者时，您会做什么？"他笑着说："我会清空桌面。"这很美妙：这个比喻意味着，我要摆脱从别处听来的观念，通过阅读这本书审视这些观念。我必须说，这个比喻从始至终都明明白白又充

---

① 阿伦特（Hannah Arendt，1906—1975），政治理论家，著有影响广泛的《人的境况》（*The Human Condition*，1958）。

② 弗里希（Morton Frisch，1923—2006），1964年至1992年任北伊利诺伊大学政治学教授；编著过大量论美国政治思想的作品。

满力量。我今天早上读《早晨的欢呼》，是我第一次快速分析这本书的开头一章。当然，这部书相比于巨著就是小儿科，比如迈蒙尼德的《迷途指津》、阿尔法拉比论柏拉图的著作和亚里士多德的《形而上学》等。

施特劳斯课程迷人的地方在于，无论讲演课或研讨课，都是严肃的智性思考和欢快的讨论的完美结合，后者就带有谐剧色彩。这一特点在马基雅维利课上体现得尤为明显。曼斯菲尔德曾说，那是多年以前：假如读马基雅维利的一个章节却没有发笑，那肯定错过了什么。我想这个解释学原则挺好的：拿到一个主题，恰如其分地对待它。我是如何知道施特劳斯的，这个问题的答案就是这个，虽然有点绕。

格雷戈里：有人建议你去听施特劳斯的课吗？汤普森或别的人？

考克斯：汤普森建议过。汤普森曾经遗憾我没有获得芝加哥大学的项目。我猜他曾经跟人谈过，认为我能够从施特劳斯身上获益，就像实际上跟从摩根索学习一样，尽管他并不太熟悉施特劳斯。汤普森自己到底读过多少施特劳斯的著作，坦白说我不太清楚。后来我和他分别了，地理上相隔一方，事业也走向不同方向，但还是朋友。他去弗吉尼亚大学接任斯托林的职位，斯托林当时突然死于心脏病。斯托林也是施特劳斯的学生。

三

考克斯：[进行中]……从事教育就要做学术工作，不是严格意义上的原创工作，但之所以可以说有原创性，是因为能够在关键议题上组织材料，就像你在这部书的目录中看到的一样。即便用最完备的材料，我们也能从中发掘不同观点。不同的观点本身就是重要的，因为理解国家和国际关系这件事本身就非常复杂。比如说，如我们今天所见，是否应该将伊斯兰教法（Sharia law）纳入美国法律，因为这将带来许多未曾明言的后果。

有关意识形态的著作在方法和视野上也反映着相同的准则：提供

学术材料，选择学术著作来供本科生和研究生阅读，期望他们能够解决政治生活中出现的问题。

今天早上，我在谷歌搜索施特劳斯。你做过这事吗？你知道目前有多少人访问吗？

格雷戈里：我最近没看。

考克斯：点击量是：182万。[①] 真令人惊讶。大多数人就随便扫一眼，搜索下施特劳斯而已。但许多人更加严肃，包括在伊拉克战争时爆发的那个非常巨大的争议。

格雷戈里：讨论柯林伍德的那门课让你觉得施特劳斯的课程和你以前经历过的课程有什么不同？

考克斯：给了我全新的感觉。因为施特劳斯清晰地看到柯林伍德的理解有问题。施特劳斯并不只简单地告诉学生观点，他还说："我们会用我们的方式来弄清楚，给柯林伍德答复的机会。"所谓答复就是严肃思考他的观点和佐证观点的论证内容，当然不是让他真的来回答。对我和许多研究生而言，这算得上是开示，字面意义上的。这种读书方式与传统的教学有巨大的冲突，后者不过是教科书式教学，用一本课本总结政治思想的各种主要学说，却看不到任何论证。但论证才是关键，施特劳斯沉浸于追寻论证线索，非常自然。他也会积极回应问题。有一次，我要聪明问他："施特劳斯先生，你一直强调我们要回去阅读以前的书，为什么我们不能仅靠自己去读呢？"他喜欢这个问题，他借这个问题能够引申开去，就像考古挖掘，带领我们挖出不容易发现的思想根脉。这些根脉是现代思想的，实际上也是古典思想的。那现代思想究竟是怎么出现的？因此我们总是要追问：我们从哪里开始？我们从开端开始并走到结尾。我们用最好的文本，比如最好的校勘本。这个道理哪里都适用。我上过施特劳斯好几门课，拿过三四门课的学分。你刚才说，施特劳斯讲课稿有47份。

---

① 指的是施特劳斯中心网站的访问量。

格雷戈里：实际上课程数量比手稿数量多。

考克斯：原来如此。我想你会说施特劳斯的课就像一道前菜。的确如此：这道前菜为后面开了好头。我过去说过，我曾经发现一本书叫《战争随记与战争视野：内战诗歌集》（*Battle-Pieces and Aspects of the War: Civil War Poems*）①，我之所以发现这本书，是因为我学会这种探寻方式。

我记得有一天，施特劳斯活跃地回答着学生的问题。他喜欢他们的问题，并开他们玩笑。我们经常在课后去社会科学楼茶室。学生坐成一圈，施特劳斯会有茶水和饼干，然后继续课堂上的讨论或讨论别的。他真的易于亲近。可以说，我是他掀起的第一波芝加哥浪潮中的一员。当然你会说在我之前还有新学院浪潮：洛文塔尔、克罗波西、雅法，也许还有霍华德·怀特等人。我算是他在芝加哥大学的第一波博士生。他是1949年来的，我第一次遇到他是在……

格雷戈里：1951年。

考克斯：是的。然后我1954年秋天去了英国，在1955年春天完成博士论文。我花了五年时间，把材料重写成论著。这时候，我也在教学。他的开放胸襟也值得一提。他欢迎学生提出有关阅读材料的建议。施特劳斯有时候也挺风趣。杰里米·拉布金（Jeremy Rabkin）②，我早就认识他。他在康奈尔大学任教过一段时间。他现在在乔治·梅森大学（George Mason）的法学院。拉布金在康奈尔大学教了很长时间。施特劳斯去康奈尔大学发表过一次演讲，系里面一个老师负责带施特劳斯去讲演室。他们去到施特劳斯的酒店房间，施特劳斯说：

---

① 梅尔维尔的一部诗集，出版于1866年。See Melville, *Battle-Pieces and Aspects of the War: Civil War Poems*, with introduction by Richard H. Cox and Paul M. Dowling (Prometheus Books, 2001), and Cox and Dowling, "Herman Melville's Civil War Poetry: Lincolnian Prudence in Poetry," *Political Science Reviewer* 29 (2000): 192–295.

② 拉布金，乔治·梅森大学法学院安东宁·斯卡利亚（Antonin Scalia）法学教授。

"我现在还不能走，我在看《荒野大镖客》（*Gunsmoke*）。"① 这可不是浪费时间。他真喜欢这档节目：白色和黑色的帽子。他喜欢士气，喜欢善恶较量中的士气和道德，然后演出来。

有一次他向我提到有个我不认识的人跟他说有本书叫《梅尔维尔与上帝辩驳》②，他认为这真是个有趣的标题。他说："这是本什么书啊？我有点想不起来。"后来我开始研读《战争随记》，不对，是在之前。我有个研究生想研读梅尔维尔的中篇小说《贝尼托·切雷诺》③。我把施特劳斯教的和希望从读《梅尔维尔与上帝辩驳》这部书学到的合起来想，我就意识到我可能会碰上有趣的东西。这部书的出版刚好碰上庆祝《白鲸》（*Moby Dick*）出版一百周年（1851—1951）。劳伦斯·汤普森（Lawrence Thompson）是耶鲁大学的英语文学教授。他仔细阅读梅尔维尔的著作，尤其《白鲸》。他说："《字句之灵》（*Spirit of That Letter*）中弥尔顿（Milton）的最聪慧对手之一是梅尔维尔最喜欢的作者之一，即十七世纪法国的叛加尔文教者皮埃尔·培尔（Pierre Bayle）。培尔获得鹿特丹的庇护，免受天主教迫害，但马上就发现他嘲弄宗教信条的爱好也会让他跟荷兰的加尔文教徒产生冲突。培尔仰慕蒙田，他发展出一套自我保护的手段，风格上含糊搪塞，把这些方式不遗余力地用到写作 1697 年在鹿特丹出版的反神学的《历史考订词典》（*Dictionnaire historique et critique*）上。"梅尔维尔有一套培尔的《历史考订词典》，且好好用了这本书。显然，即便施特劳斯没有读过这本书，他也会认可好好研究梅尔维尔的立场，考虑到梅尔维尔有这么多藏书。培尔和蒙田的某些书一定会让施特劳斯激动。

---

① 一部西部电视剧，放映于 1955—1961 年。

② Lawrence Thompson, *Melville's Quarrel With God* (1952).

③ Herman Melville, *Benito Cereno* (1855).［译注］中译及相关解读，见李小均编译，《梅尔维尔的政治哲学——〈切雷诺〉及其解读》，北京：华夏出版社，2011。

双重学说换着样子再次出现。我建议一个研究生研读《贝尼托·切雷诺》。当然我觉得自己也有必要过一遍。我之前快速读过一遍。读后我非常惊讶，不过也没有那么夸张，毕竟我已经学过修辞技巧。你读过吗？这个故事讲述的是奴隶在一艘西班牙船上发动叛乱，就在太平洋西南部。故事开篇渲染一股黯淡氛围。后来西班牙奴隶船遇上一艘美国的船。

格雷戈里：这艘美国船是不是叫"人权号"（Rights of Man）？[①]

考克斯：我忘了船的名字。无论怎样，关键都在于美国船和西班牙船的对抗，而西班牙船上有奴隶叛乱。当美国船的船长登上西班牙船，他看到一幅怪异的景象：所有事物都显得井然有序，至少可以说奴隶叛乱毫不明显。我后来真的意识到：我不知道该如何看待这个故事的一些特征。我应该追寻什么？最后，我突然明白，时间是重点。我做了个表格，列举所有提到过或实际出现过的日子和时期。你猜，中间是什么？

格雷戈里：我不知道。

考克斯：是7月4日。《独立宣言》[的日子]。我第一个发现这一点。在出版资料里，我还没见过这样的说法。这真让人激动，因为我并非有意为之，可以这么说。这些日子潜藏在故事的叙述中。唯有花时间，才能发现这些时间意味着什么。你知道这本书1856年出版于美国，内战前四年。我认为，梅尔维尔想要触碰到某些人，这些人能够仔细思考奴隶问题和解决措施。梅尔维尔只需要展示美国船长道德上的自命不凡和幼稚。只要仔细阅读这本书，就能看到梅尔维尔多么细心地创造让读者顿悟的机会：与独立日的这一巧合。在这一天《独立宣言》得以宣布："我们认为这些真理是不言而喻的：人人生而平等，造物者赋予他们若干不可剥夺的权利，其中包括生命权、自由权和追求幸福的权利。"

---

　　① ［译注］在《水手比利·巴德》第一章中，年轻的比利被从"人权号"商船上带走，送到军舰"战力号"（bellipote）上强迫服役。

我坚信，梅尔维尔是美国的深刻研究者。保罗·多灵（Paul Dowling）和我在这个前提下合作写过论《白鲸》的作品。我在论内战那本书的导论中就《白鲸》写过一些内容。我至今还没弄懂《白鲸》的前附材料的含义，目前已有的文献都完全忽略这一点。这些材料由"语源"和"选录"构成，有好几页呢，可文学学者完全没注意到这部分。

施特劳斯当然没有直接帮我找到我的路，不过正因为他的教诲，我才明白怎么对待重要的书。可是怎么知道一本书是否重要呢？有些表面的指示会告诉你这本书非常深奥。不过这本书也可能只是显得深奥罢了。他对莎士比亚研究的影响又是另一……

格雷戈里：我正好也想问你这个。

考克斯：好的。我发表过一篇莎士比亚论文，踩上禁地。

格雷戈里：施特劳斯教过许多书，包括阿里斯托芬的戏剧。施特劳斯的确教文学。

考克斯：他教过一次。

格雷戈里：总体而言，施特劳斯并不投入到文学里面。

考克斯：的确如此。

格雷戈里：但他的学生……我是说，你的兴趣一直保持在梅尔维尔、沃德豪斯、莎士比亚身上，施特劳斯的其他学生也会研究莎士比亚和其他文学人物。问题就在于，施特劳斯教授政治哲学和学生成为文学学者有什么关系？尽管他们并不在文学系任职，却撰写非常有趣、深刻、有时具有挑衅意味的文学论文。这是怎么做到的？

考克斯：我想这就是耳濡目染。日积月累地吸收一个观点，即伟大心灵从不单纯地写作。他们写作是为了教诲，或者教道德教训，或者教人的堕落——从更丑陋的一面来看。他们用笔下角色的道德品质来教诲：坏的、好的、骄傲、谦卑、愤怒、仇恨。某些人更柔和，某些人更野蛮。

我有一个研究生写《理查三世》（Richard III）："我们的不满之

冬，已被约克的红日照耀成光荣之夏。"① 这是一首诗，关于灵魂败坏的诗。你也许知道林肯认为《麦克白》（Macbeth）是莎士比亚最伟大的戏剧，且理由充分。他认为，这部戏剧是对僭政的极妙处理。所以说，阅读哲学文本和阅读伟大的文学作品是相通的，我所说的文学作品当然不是指机场的那些书，那只不过是为了让人不在旅途中睡着罢了，不过尔尔。用一个比喻来说，阅读伟大作品会经由消化融入血脉。我的朋友多灵是文学教授，研究英语作品，写过一部书研究弥尔顿的《论出版自由》（Areopagitica）。② 这本书显然受到施特劳斯的技巧的影响，他仔细地阅读论证往复的过程。我几年前进入这种状态，我现在无法准确说出为什么，也许这是因为这就是政治和人类生活更普遍的交融吧。

我开始想一个有趣的问题，莎士比亚的谐剧是什么？于是我拿起《仲夏夜之梦》（Midsummer Night's Dream）的问题。塞缪尔·佩皮斯（Samuel Pepys）说这部作品轻浮至极，他在日记中提到看过之后的感受是：他从未看过这样的垃圾。他是一个严肃的人。不过这到底是不是真的？这真的是部下三滥作品吗？一年夏天，在缅因州家里，我花了点时间写了篇论文，然后发表。我发现，这部戏剧充满奇妙事物。这其实是披着文学外衣的政治哲学作品。并非所有政治哲学作品都一个样。不只莎士比亚，其他人也有不同旨趣。雅法是研读肃剧《李尔王》的先驱，其他人跟随他。韦斯特和阿尔维斯也做过同样的工作，许多人也一样。这让我突然想到，我们需要接纳各种形式，才能让思想以不同方式融入不同作品。

许多施特劳斯的学生都极为敬佩《傲慢与偏见》（Pride and Prejudice），这是简·奥斯丁小说之冠冕。我读过至少五次。每次阅读，我都能发现更多披着谐剧色彩的严肃道德态度。她能够精微地描

---

① ［译注］第一幕第一场第一句。

② *Polite Wisdom: Heathen Rhetoric in Milton's* Areopagitica (Lanham, MD: Rowman & Littlefield, 1995).

绘柯林斯先生（Mr. Collins），这个英国国教会的逢迎巴结的教士。她毫无恶意，抱着严肃的道德目的用那个时代的行话展示小说中的阶级社会如何正在朽坏。柯林伍德①巴结英格兰的没落贵族小姐。这些事情都会让施特劳斯感兴趣。施特劳斯有没有读过这本书，我不太清楚。不过施特劳斯的学生（包括我）都非常认真地对待这部作品。事实上，一篇极佳的论文……

格雷戈里：施特劳斯曾经将奥斯丁和陀思妥耶夫斯基对比，这样说来他应该读过奥斯丁。

考克斯：是的。

格雷戈里：假如他读过奥斯丁，那么也应该读过《傲慢与偏见》。

考克斯：你这样认为？

格雷戈里：是的。

考克斯：我见过一个极聪明的人，他写过一篇论《傲慢与偏见》的极佳的论文，他叫亚当·舒尔曼（Adam Schulman），在圣约翰学院任职。他是理论物理学者，也研究科学史。

他是我见过的最聪明的人之一。他的眼界不同寻常。这篇论《傲慢与偏见》的论文非常有趣，我有一份复印稿。这篇论文找到研读奥斯丁精致阐述角色性情的方式。可以说，这真的让我大受启发。这部书中有一个傲慢的男人和一个傲慢的女人，他们通过在道德上重塑自身来靠近彼此。这部书不是政治哲学论文，却出色地阐明爱欲、家庭骄傲、宗教现象如何纠缠。人们就在这迷宫里追寻道路。当然这只是我自己的看法。

我有一篇论《暴风雨》（Tempest）的长文，我不太满意，不太会发表。我发表过一篇论《仲夏夜之梦》的论文。有时候我在想，是否还有一部莎士比亚戏剧关乎政治社会的建立？答案是没有。只有这部戏剧。这部戏剧关乎雅典。这是偶然吗？看上去不太可能。这就是我的进路。洛文塔尔有一次说，《仲夏夜之梦》是他读到过的最美且写

----

① 考克斯说的是"柯林伍德"，但显然指"柯林斯"。

得最漂亮的作品。他本人写过许多论述莎士比亚的作品，也有论林肯的作品。

格雷戈里：你一开始回答我的问题，就提到耳濡目染的方式。我想，这是指你在不断学习政治哲学，然后培育起一系列思考的习惯，后来运用到阅读文学作品上去。

考克斯：是的，毫无疑义。这一切都需要时间。你需要觉得内心踏实，才能将这些方法跨界运用到别的领域去。这的确奏效。比如说，施特劳斯和他的学生都会认为，某些作品的关键在于，这些作品得到精心布局，为的是突出核心部分，这一核心就是整部作品的钥匙。开篇和结尾都是中心，用圣经的话来说，就是阿尔法和欧米伽。我在构思《仲夏夜之梦》的论文时发现，整部戏剧的中心出现在城市围墙之外，用卢梭的话来说，就是在自然状态中。只要看看戏剧的结构就非常容易发现这一点。哪里是中心，为什么那里是中心，这些问题的答案一目了然。

格雷戈里：施特劳斯鼓励学生研究文学吗？或者说严肃阅读文学作品，甚至写作论述文学？

考克斯：我只能说，我好像记得在芝加哥大学跟他读书时或者后来以一种间接的方式从他那里听到过。不过我不记得他明确鼓励过这个。我过去把雅法当榜样。雅法于我而言有两点重要。一是关于宪政主义的书《宪政主义四支柱》①。雅法是建议我做这个的人。另外，他早期在《政治科学评论》（*Political Science Review*）上发表的论《李尔王》的论文是典范之作。雅法非常博学，他能够将从施特劳斯那里学来的东西运用到文学里，并且他也将自己的脑筋用到钻研文学上，他的确做得相当好。他的论文受到所谓"文学研究"学者的大力批判。我们可以回应这些人，说他们根本不知道自己在干什么。他们有的只是各种教条。今时今日，有不可思议的理论化和批判理论。

---

① ［译注］Richard Howard Cox ed., *Four Pillars of Constitutionalism: The Organic Laws of the United States*, Prometheus, 1998.

我有一个朋友在纽约州立大学布法罗分校（SUNY Buffalo）英语系，他有一次悲哀地摇着头跟我说，系里面在找一个酷儿理论家（queer theorist）。我说：这算什么事？他说：我们需要在系里面安排各种理论的席位，我们得有一个马克思主义者，也得有一个酷儿理论家。这就是文学研究的衰败，不再是故有的开卷阅读。他非常震惊，他可是一个政治自由派，但他也看到眼前的衰败。

我的同事多灵，他在印第安纳大学学的文学，有一次他来我的研讨课上任课，他那时候第一次来凯尼修斯学院（Canisius College）任课。我们从那时起就结下友谊。他真的是我的挚友。他是罗马天主教徒，研读文学，是一个好的作者。他研读文学，常常反思阅读施特劳斯作品的收获。我觉得他没有见过施特劳斯。不过部分经由我告诉他可以做点什么，他变得相当熟悉这套方法。他现在仍在写一篇论《亨利八世》（*King Henry VIII*）的长文。这部戏剧受到文学研究者忽略，他觉得其价值严重遭到低估。我不知道他的论证是否令人信服，我只读过这篇文章的一部分。伟大的作品总是落入现代标签的窠臼。然而，这些作品蔑视这些束缚。

有个人叫利昂·克雷格（Leon Craig）。他被一些人看作草原施派（prairie Straussian），他去了加拿大西边。他过去几年写了部大书，① 论述柏拉图主义。这部书大部分论述霍布斯的《利维坦》，但有一些有趣的章节论述梅尔维尔的《白鲸》。这些章节跟我之前独立发现的一些东西相合，即那群梅尔维尔领域的文学学者表现出令人羞耻的不足，他们对这部作品的一大部分噤声不言。这些前附材料的确怪诞难解且令人迷惑，我们暂且跳过。所有人都知道这部作品的开篇是："管我叫以实玛利（Ishmael）吧。"这部书就这么开头……嗯，也不尽然。开头是标题。这部书有两个标题：莫比·狄克，分号，或者，逗号，白鲸（*Moby Dick; or, The Whale.*）。这部书有两个迥异的标题。这怎么可能？换个角度来看：那些"选录"

---

① *The Platonian Leviathan* (University of Toronto Press, 2010).

其实篇幅巨大，有许多页。读完全部"选录"，读者都会感到厌烦和疲惫。这到底是什么：1622年的一封信，边上是一条出自蒙田的选录，再旁边是捕鲸者的一首歌。大杂烩（Mish-mosh）。几年前，我在达拉斯的研讨课上教授过一点《白鲸》，学生都是中小学教师，我们读《白鲸》这部大大的书。一些学生读懂一些。我自己还有一个研讨小组，我们定期见面。此事的背景是那个项目中有些教师就《白鲸》开过一些非常有趣、深刻的讲座。我看出一些学生没有耐心。我采取的方式现在看来是自然的。我说，打开这部书吧。我们看到两个标题，我们对此非常好奇。我们看一看给霍桑的献词。有趣的是，上面写着霍桑的才华（genius），而非任何别的东西。然后我们看到鲸鱼的语源学。后面就是那些枯燥至极的"选录"。我跟学生说，我们读这些选录吧。五条选录其实摘自旧约，中间是约拿，可以说预示着出色的第九章，关于约拿的讲道。我进展得并不多，因为这部书难得令人沮丧。克雷格正确地说过，这是个披着文学外衣的哲学作品。他的说法是对的。我阅读这部书的方式跟我清晨阅读《早晨的欢呼》的开篇一样，而后者其实源自《诗篇》。有谁这样想过吗？这想起来真有趣。伍斯特是个笨蛋，不过他有钱雇佣这个不可思议的吉夫斯，吉夫斯收到斯宾诺莎全集校订版作为礼物。这真有趣。

格雷戈里：施特劳斯教授政治哲学，会在里面带点文学的东西吗？可不可以说，他的进路其实就有文学意味？

考克斯：主要是马基雅维利。施特劳斯被马基雅维利作品中的纯粹的谐剧和蓄意的残忍吸引和诱惑。马基雅维利蓄意的残忍似乎跟他身上的哲学能力不相称。不要只向一个人借他的手枪，而要向他借来，然后枪击他。这就是马基雅维利的教导。施特劳斯论马基雅维利书的开篇就讲马基雅维利是邪恶的教师。书中都关乎道德。那本书真的需要一生去理解。

曼斯菲尔德本人绝对是个马基雅维利学者，他有一次说过："我曾艰难地思索《李维史论》的一部分，结果发现施特劳斯早已在那里。"就是这样。马基雅维利的文学才能真的奇妙。我曾小心地教过他的"小谐剧"（*Little Comedy*）①，里面全是乱伦、通奸等邪恶事情。施特劳斯却展现出这背后的最坚实原因：可以说这些都是为了阐发属人问题；所有这些激情都内在于我们。伊娃·布兰（Eva Brann）这本大书也是如此，让我们"感受我们的感受"。

这应该可以回答你的问题，最启发我的就是他处理马基雅维利谐剧的方式。他经常开怀大笑。我们也在马基雅维利的研讨课上发笑。这里又得回到前面的一个问题上，那就是，施特劳斯先生的某些最激烈的批评者根本无法设想施特劳斯是个怎样的老师。他们根本无法想象，因为他们不知道施特劳斯在做什么。

格雷戈里：你前面提到你跟他上了三门课：柯林伍德，马基雅维利，还有什么？

考克斯：柏拉图的《法义》。

格雷戈里：你还上过别的课吗？

考克斯：还有一门卢梭的课，或许还有别的一门，那么就总共有五门。这真的少，但也不奇怪，因为我还得上别的专业课：宪法、公共管理、国际政治。我本来可以上施特劳斯更多的课，不过我急着拿到学位去求职。我急着保住口粮。

格雷戈里：原来如此。

考克斯：你刚才提到《军人复员法案》。这份法案真的帮了我不少，帮助像我这样的人脱离绝望处境，去走出自己的道路。施特劳斯待人慷慨，我真的珍重这一点。施特劳斯只会问我的能力有多大，而不会问出身。

格雷戈里：再问一个问题，施特劳斯的一些学生受到他的教学的启发去研究文学，假如那些文学教授说你们做的不合法，你会怎么回答。我是说，你们把诗歌和文学当作政治哲学来阅读。我们不能希冀施特劳斯来回应这项指责，不过你会怎么回应呢？

----

① ［译注］大概指《曼陀罗》。

考克斯：我回应的方式是选一部书做例子。我会讲一讲我们会怎么阅读，并且为什么要阅读这部书。顺便提一下，我前面犯了个错。我刚才说，没有任何已发表的东西论述过《白鲸》的前附材料。其实有一篇论文，应该出自得克萨斯州东部的某个家伙。这篇论文的路数就跟如今大多数文学学者的路数一样：抓取一些抽象教条、抽象理论，把作品的片段塞进去。这完完全全跟施特劳斯的教诲相背离。完完全全的反题。施特劳斯说要把桌面清空，而他们完全反着干。假如你去读《仲夏夜之梦》，带着一副马克思主义的眼镜，你就会犯错，因为你自认为比莎士比亚更聪明。而且，施特劳斯总是用平凡话语。他根本不学究。他会说："你怎么知道？你有什么证据？你知道作者的什么事情？你听说过他吗？"作者有各种技巧。有一个小说家就在小说开篇把玩《白鲸》的开篇句子。后者为："管我叫以实玛利吧。"他却写成："以实玛利，请呼叫我。给我来通电话吧。"

施特劳斯非常谐趣。我和别人也把他的谐趣带到研究文学作品里。然而，我多年来没有做得如我希望的那么多。我需要养活家庭，需要挣钱。我的妻子是生育孩子后才去工作的。我是家里唯一挣钱的。这跟现在社会上的情况不一样。我过去本该多多研究文学的。我现在还在深挖《白鲸》，我觉得这是美国人写得最极致的作品。这并不是一般意义上的政治哲学书。我有一期《解释》期刊，这份期刊由施特劳斯的学生创办，里面有达拉斯大学的阿尔维斯一篇论《白鲸》的极为精彩的论文。真的是我见过最棒的文章之一。这篇论文做的就是施特劳斯经常做的事：只认可所说的、所做的、所暗示的，等等。我只能说，别的文学学者做的大都无聊甚至糟糕透顶。

多灵也这样看。我前面提过，纽约州立大学布法罗分校英语系的一个学者也有这样的看法。即便他赞同多样性，他也认为这实在离谱。秉持教条的学者把作品的片段塞进框架，然后宣称这是伟大的发现。现在研究《白鲸》的人可真不幸，这部书非常复杂，包括这部书开头的那么多"选录"，读完之后会非常疲惫，也就不能慢下来好好读这些"选录"。读这部书，需要运用勇气来抵抗困倦。其中一处关键的选录出自霍布斯的《利维坦》，这处选录藏了起来，难以发现。在许多选录里面，唯有这条明确指向出处，即霍布斯的《利维坦》。

多灵和我独立地发现克雷格发现的东西。我们有一些人在做这种事情。我们可不像文学理论界的无趣的人，他们的理论在我看来都是腐朽的。我总能读到一些可笑或糟糕的书。说这书糟糕，是因为作者宣称比梅尔维尔还要聪明，更清楚梅尔维尔所做的事。他们所做的无非就是拿来理论，把理论当作万能药来用。

格雷戈里：说得真对。

考克斯：施特劳斯在政治哲学领域看到特别多这类事。我认识他时，他五十多岁，已经读过大量各种各样的书：犹太教、基督教、哲学、历史。换句话说，他已经有丰富的储备。但他从未因此骄傲。他特别谦逊，他最多会嘲笑那些歪解伟大经典的奇怪教条。

格雷戈里：还有一点值得注意：施特劳斯在课上时常提到他是政治学系的成员，所以他不得不论证他教授的内容属于政治学系。他当然也教授阿里斯托芬。

四

格雷戈里：你觉得热情使施特劳斯成为高效的老师？

考克斯：这份热情是指活力，他充满热情又泰然自若地做智力工作。他完全清楚自己在干什么。他在阅读里找寻最重要的部分，探寻的同时仿佛在嬉戏：先审视，然后换个角度再看，想一想和上下文有什么关联。这一切于我而言是全新的。我以前做的都不过是拿别人的理论来用，毫不迟疑。可能只有少数例外，那就是我的几个教文学、教小说的老师。不过我之前从未见过施特劳斯的做法。首先，面对文本的惊人难度，施特劳斯并没有被吓到，他反倒像乔叟（Chaucer）笔下的牛津学者那样，倍感高兴：他会高兴地学习，他会高兴地教书。说得漂亮：高兴地，高兴地。他对建议和问题怀揣开放的心。他耐心但又固执。如果你觉得自己有道理，你不得不使劲地推动他。他很聪慧。他长年累月地做这件事，并享受其中。有一天我们走在院子里的走廊上，他说今天真是个黄金时代。我想，他当时刚结束一堂研讨课。那是个美丽的春日，有一场生动的讨论，的确是个黄金时代。

在他的课堂上，我们是一群老兵：斯托林、我自己、奇里亚诺（Cigliano）、沃尔特·伯恩斯、戈尔德温。我们都是第二次世界大战的退伍军人，幸好都免于战死，回来接受教育。像我这样的人完全是靠《军人权利法案》扛过来的。他显然喜欢我们这群忠义之士。有这样一群人在课堂上，会让人感觉幸运。

许多年前，我在布法罗分校上课，教政治哲学，带着学生读柏拉图的《王制》。课上有一位年轻女生，她双主修政治学和英语。她还是个音乐家，吹笛子。她很聪慧，出身优异。我让学生们论述《王制》中的一些内容，比如怎么看待书中某节或某个主题。他们不得不自己写作。那时候还没有互联网资源。我给了她一个B-的分数。她很生气，过来找我问为什么给她这个分数，她可是英语和政治学双修的学生。她很生气地走了。下一部作品是马基雅维利的《曼陀罗》（Mandragola），一部恶作剧。她论文得了A+。十多年后，我收到一封信。她快写完博士论文了，她说："我必须写信给你，告诉你，我终于明白那时候你做了什么。"她其实一直都知道我做了什么，不过唯有等她能清晰表述出来，她才真正明白。施特劳斯也深谙这一点，学生自我反馈在做什么，写下来，然后给他看。施特劳斯走进教室，激起大家的信心和愉悦。他走进教室，放下书本，拿出铅笔和一沓笔记。可没有人知道他写了什么，也许是一些德语速记词。然后，他就这样上两个小时的研讨课。课后，人们会挤满走廊，去他办公室，去茶水间。学生总会积极地追问，因为他们急切地想要明白争论的焦点，想明白这份论证导向何处，用了哪些例子。

我今早情不自禁所做的，让我第一次意识到，沃德豪斯的作品中可能唯有这个标题来自《诗篇》，来自圣经。这些事情都是顿悟而来的。当你知道历史背景，你就能马上明白作者的现实处境，他正被纳粹囚禁在法国西部。我想《早晨的欢呼》这标题也意指他最终摆脱这种生活。这就是我的理解。

上这些课让人欢呼。这是珍贵的机遇。许多人并不拿学分，也会来上课，倾听讨论。有一群人特别让我怀念。有个人叫恩斯特·沃格穆特（Ernest Vogelmuth），他在芝加哥大学念其他专业的博士。有个女生叫阿维·艾莉丝（Avi Ellis）。沃格穆特从小在柏林长大，后来被家里人送去英国，从而逃出德国。他在英国成年。他去了伦敦政治经济学院，再来到美国教书，最后去拿博士学位。他是纳粹难民。他最终跟艾莉丝结婚。她是从奥地利跟家里人逃难来的。他们凭借撒谎和贿赂逃出来。她的父母在芝加哥的某家医院工作。他们俩结婚了。我最后一次见他们是在英格兰。他们现在都去世了。他们跟来自维也纳的格拉尔德·施图尔茨①都属于这一群人。摩根索雇过施图尔茨，后来他在六十年代中期回到德国。我在1964年秋天去柏林拜访过他和他的妻子。他后来回到维也纳，现在还在世。这就是我在芝加哥念书的圈子，他们给我带来很多快乐。我们会开玩笑说这个老头在这里做什么，诸如此类，你懂的，就是研究生会做的那种事。自作聪明者过得开心——至少自得其乐。

再提下福克纳对"施特劳斯之为师"的说法②。他那番话勾起我的回忆，让我想起施特劳斯手把手教读书的情形，他总是让我们关注表面：这是什么，那又是什么。施特劳斯略带激动地提到这点细节和那点细节。施特劳斯不会追求夺人眼球的新异观点，他只是深挖根源。无论哪个文本，都是深挖根源。他解释印在纸上的细节，这些细节却没有被读者注意到。他应该会喜欢诺曼·麦克林恩（Norman McClain）那本《一江流过水悠悠》（*A River Runs Through It*）③，他也

---

①　施图尔茨（Gerald Stourzh，生于1929年），史学家，研究宪政史和外交政策，1951年至1958年在芝加哥大学担任过多种职务。

②　福克纳对"施特劳斯之为师"的说法详见施特劳斯中心网站上的"施特劳斯之为师"会议。

③　［译注］中译本见诺曼·麦克林恩，《一江流过水悠悠》，陆谷孙译，上海：上海人民出版社，2011。

有可能并不知道这本书。你知道这本书吗?

格雷戈里:知道。

考克斯:多灵告诉我,由于伯纳德特把麦克林恩用作他某部作品的一句格言……麦克林恩的一个观点是,看到某物如果会让你想起你见过的另外某物,最终就会让你看到不在那里的某物。这种动力会激起读者的兴趣,开出别的东西,推动读者走到另一个层次。这也是施特劳斯经常做的。我有一篇论文论《李维史论》,也与此类似。那是我第一次自觉有理有据地采用这个技巧,来分析几个篇章。施特劳斯看到之后很高兴。他是个严厉的老师。他给分公正,无法容忍胡说八道。

格雷戈里:他是怎么给分的? 你们做个课堂展示,然后他打分吗?

考克斯:课堂展示和讨论表现加起来。

五

格雷戈里:施特劳斯上课会带来愉快,可以这样说吧?

考克斯:是的,愉快。我觉得这种愉快部分来自一个简单的属人现实,即如今他在顶级学府有保障,经济来源稳定;他可以在一些合理的限制内做他乐意的任何事。他不能教物理,这是他无论如何做不到的。但在政治哲学的领域,他可以随心所欲。他有时间、精力、资金,他可以研究不完全属于政治学的东西,比如各类犹太研究、他写的书、他编的书。他行动迅捷,你可以从课堂记录中看出。

格雷戈里:我听说他在五十年代早些时候的课堂上总是超时。

考克斯:是的。

格雷戈里:课堂时间规定是一个半小时,但他会回答问题而超时。

考克斯:是的。

格雷戈里:到底实际上会上多久?

考克斯:也许会超时一小时。地点会是教室,会是走廊,也会是茶水间。施特劳斯真像花衣魔笛手（Pied Piper），[①] 他的学生可都是严肃成熟的人啊。换句话说，这是群"二战"退伍老兵，事业上起步较晚。我起步晚了三年，斯托林和别人也是如此。沃尔特·伯恩斯曾经在海军待过。芝加哥大学对我们而言就像应许之地。我们去到一流学府，我们在里面钻研，我们发现施特劳斯展现的宝藏，这真让人幸福啊。这一段时光是我最快乐的日子，我充满激情地沉浸在学习中。不只在施特劳斯的课上。普里切特开过精彩的宪法课。伦纳德·怀特（Leonard White）把枯燥的公共管理教得活灵活现，他是一个一流学者。换句话说，我们遇到许多优秀学者。我并没有认识所有人。比如说，我不太了解莫顿·格罗金斯[②]，不过他平易近人。施特劳斯也是如此，我们刚刚谈过。

前面你提到个问题，说施特劳斯是否觉得他不应该在课上研读文学作品。我不知道这个问题怎么回答，他到底是否尝试过，失败过，或根本没打算试，我都不太清楚。我从未跟他谈过这一点。我猜他有所准备。

格雷戈里：在有些课堂录音转写稿的开头可以看到，施特劳斯感觉有必要去论证为什么他们在政治学系要读这个或那个文本。

---

① ［译注］花衣魔笛手（德文作 Rattenfänger von Hameln，又译为彩衣吹笛人、哈默尔恩的吹笛手），一个源自德国的民间故事，最有名的版本收在格林兄弟的《德意志传说》（*Deutsche Sagen*）中，题名为"哈默尔恩的孩子"（Die Kinder zu Hameln）。故事发生在1284年，在德国一个名叫哈默尔恩的村落，那里鼠满为患。某一天来了一个外地人，自称是捕鼠能手。村民向他许诺，能除去鼠患的话会给付重酬。于是他吹起笛子，鼠群闻声随行，被诱至威悉河淹死。事成后，村民违反诺言不付酬劳，吹笛人愤而离去。数周后，正当村民在教堂聚集之时，吹笛人回来吹起笛子，孩子们闻声随行，被诱至一个山洞内，困在洞中而死。有一个结局是村民最后给了吹笛人他应得的酬劳（有的版本是付得更多），他才把被困的孩子放出来。另有版本说有一哑一瞎两个孩子最后回来，但是孩子们被带到哪里则无从知晓。

② 格罗金斯（Morton Grodzins，1917—1964），芝加哥大学政治学教授。

考克斯：比如阿里斯托芬。

格雷戈里：这在他的课上司空见惯，比如说他要教柏拉图的《王制》，他就会在开头解释为什么要读。他开头会讨论的一个问题就是，为什么我们要在政治学系读这篇对话。也许他作为一名政治学系的政治哲学教师，需要严肃地呈现恰当的材料。在别的系，他可能会上不一样的课。

考克斯：有可能。可以说，施特劳斯还有许多没教过的东西。他显然做过许多研究，他写成作品的东西也没进入课堂。我不太清楚他背后有什么打算。我的直觉告诉我，可能是因为普里切特当时是系主任，他心胸开阔，与施特劳斯私交甚好，也觉得施特劳斯是个好学者、好老师。所以施特劳斯就表现得特别合作，但底下的问题当时是且眼下在某些方面仍然是所谓的政治科学在视野上的窄化。一个世纪以前，政治科学协会的创办源于一场部分来自德国的运动。美国学者去德国学习，然后了解到某种科学探究，就翻译成不同术语引入美国。计算机普及后，经验研究大行其道。与此同时，施特劳斯思考的核心如政制问题也就湮没无闻。好好看下《自然正当与历史》的篇章结构，就能知道施特劳斯在处理事实–价值区分问题，他在处理历史主义的霸权问题，经验研究让政治学变得面目全非。

我在布法罗分校教书的时候，系里收了一大批人。大学校长想让这些人来教授一些能利用各种材料制造图表的课程：一大堆分析投票、选举数据的胡言乱语。那可真是经验主义者的乐园。有一些还挺重要和有趣。其他都是鹦鹉学舌，跟政治生活没关系，也看不到公民天生或后天选择的生活方式。

施特劳斯鼓励学生研究公民视角。他援引两个人作为例子，这你应该知道。一个是林肯，一个是丘吉尔。他推荐学生读查恩伍德的林肯传记，他认为这是了解政治家才能的一流读物。他高度赞扬丘吉尔，尤其是因为他不愿屈服纳粹德国，直至获得美国帮助，从而拯救西方文明。

战争宣布结束那天，我仍在服役，身处比利时。陆军通信兵

（Signal Corps）到处安置喇叭，我们听到丘吉尔宣告战争结束。那一瞬间真的让人振奋。那是美好的五月，街上满是人。那天晚上，我就像个小孩第一次看到街灯亮起，就像一个六岁小孩此前从未见过路灯，生活在黑暗中。真的让人满是激动。施特劳斯当然不在现场，不过他知道那种感觉意味着什么。我觉得，他坚定地捍卫自由民主制，这是他对美国文明的一大功绩。例如，他显然在幕后给予斯托林道德上的支持，让他能推进对建国时期反联邦党人的研究。[①] 他本人不会去做这个工作，但他知道得有人研究普遍原则。拉尔夫·勒纳编的论宪法的三卷本文集也是这个道理。[②] 这些都是政治哲学宝贵的延伸，是政治哲学进入具体政治现象的结晶。他对《独立宣言》的认知，表现在《自然正当与历史》的开篇。关键问题就在于，这个国家是否还遵循《独立宣言》。事实上，我跟施特劳斯学习后，发现许多政治学系的学者非常质疑《独立宣言》。奥巴马对《独立宣言》的滥用十分糟糕。奥巴马每次染指《独立宣言》的语言，都满是缺漏。民众毫无察觉。奥巴马还宣称是林肯的追随者，天哪。

格雷戈里：你知道斯托林、戴蒙德、戈尔德温、霍维茨、勒纳、雅法，施特劳斯有大量学生，包括沃尔特·伯恩斯，他们最后都在研究美国政治思想上做了出色的工作。

考克斯：是的。

格雷戈里：你对此是怎么看的？

考克斯：仍然是耳濡目染的结果。这里面的激进表现在探寻本源，去探寻事情如何发端。建国即奠立政制。我之所以对写篇小文论《仲夏夜之梦》感兴趣，是因为里面有奠基的氛围，雅典的奠基，这件事尤其重要，是因为苏格拉底最终的出现。当然他没有出现在戏剧

---

① Herbert J. Storing, *The Complete Anti-Federalist* (Chicago: University of Chicago Press, 1981).

② *The Founders' Constitution*, ed. Philip B. Kurland and Ralph Lerner, 5 vols. (Chicago: University of Chicago Press, 1987).

中，但他出现在深层，可以说是一个可能的进场者。

你前面提到许多人，他们包括我在内，都是"二战"退伍老兵，他们感觉到某种道德支柱在保护着他们的政制基础。我觉得这种保护意识在延续着，而且有人已看清这一点，如拉布金。他是后来的，哈佛博士，跟着曼斯菲尔德念的，如今在乔治·梅森大学。伯恩斯和其他人做的工作就是研究美国政制的卓越基础。就是这份卓越。每一次我翻看那些文件，我都震惊不已。那时候情况真危急。革命战争并没有完全解决一切。华盛顿、拉法耶特（Lafayette）等人的果断勇敢将革命推进到约克城（Yorktown）。我想这里面包含着最崇高的爱国主义。

格雷戈里：施特劳斯的教诲怎么有助于激发崇高的爱国主义？

考克斯：当然不是直接发挥作用，但总是让我们坚持那些不言自明又能经受住经验考验的准则。那些准则是不言自明的。我们坚持认为，所有人生来平等。林肯发表论述分裂之家危机的伟大演讲时，一方面用圣经材料来论证，但更重要的是用建国材料：《独立宣言》。

我为那本小书《四支柱》写导言时，发现林肯式的语言无处不在，出现在国会讨论权利、自然法等事项的后内战时代的辩论里。所以在那种关系中有一种自豪感在涌动，我想这也是激发沃尔特·伯恩斯等人投身那种研究的东西之一。由于施特劳斯，现在已经出现他的第四代学生。可以说，这并不让许多学术界人士喜欢。这被认为是对当前政治学主导形态的自主性的威胁。我还在布法罗分校任职时，我和另外三个老师起码还算是专职的政治哲学学者：我、弗里德曼（Friedman）、道格拉斯·沃特利（Douglas Whatley）、格兰·索罗（Glen Thoreau）。现在那里一个都不剩。这个国家的情况也差不多。到处都是现代性这类东西。许多重要的事情如政治哲学都被挤到边缘。我们没有资源。嗯，这就是个童话故事；我们本可以获得资源，但实际上没有得到帮助。另外一方面，我也振奋地看到，在美国政治科学协会的会议上，一次在多伦多，一次在波士顿，曼斯菲尔德等人的作品受到政治科学会议关注。

格雷戈里：我并没有接触专业领域发生的事，我没有身处其中。

考克斯：好吧。

格雷戈里：但我感觉到，有一群热情的读者始终关注着美国学界中的严肃政治哲学作品。

考克斯：是的。

格雷戈里：即便政治哲学被挤出许多院系，当人们碰上政治哲学，他们也会对政治哲学产生兴趣。

考克斯：没错。似乎人天生就有一种好奇。这就像一种反抗科学主义的反应，反抗科学的错误主张。换句话说，我们在学校里用到的范畴都是有边界的。我可以教政治哲学，却不能去碰莎士比亚。这就是胡扯。用哲学的话来说，认为自己可以将一切分得泾渭分明的人真是愚蠢。就拿阿里斯托芬的《公民大会妇女》做例子。里面是妇女在统治城邦，剧里都是诙谐的氛围。为什么是这样？因为剧里的妇女并不适合治理城邦。不过妇女的确在掌权。有几次教授《王制》，我都让学生阅读《公民大会妇女》，有一次里面有两个我的最优秀的女学生，我们一起读了这部戏剧，还让一些人表演，我可能做得有点过火。那两个女学生后来一个念了法学博士，另一个拿了法学学位。她们读戏剧的时候，遇到那个关键场景，一个年轻男子正要和他的年轻妻子在一起，却被几个老女人纠缠。她们两个觉得受到冒犯，我可以看出来。我邀请她们来办公室好好谈谈。她们不太情愿地说自己明白要点，嗯，要点当然在于男子对老女人没有感觉。任何觉得法律可以要求这样做的人都应该去沃德豪斯提到过的那所著名的疯人院，科尔尼哈奇（Colney Hatch）。法律能要求的事情是有限度的。这一限度由人性决定，这不能由说理技巧克服，更不用谈任何暴力威胁。没有人会对老女人有感觉。这可多荒谬啊。然而这些都让我们明白政治生活的根基，所以都应该在政治学系教授。

我为自己曾经在布法罗分校感到幸运，部分是因为我被任命为政治哲学带头人。我可以教授我愿意教授的东西。我教授政治中的修辞，课上认真研读《尤利乌斯·凯撒》（*Julius Caesar*）。另外一门课是教授政治学文献，里面有《格列佛游记》（*Gulliver's Travels*）等。

学生非常喜欢。并不是因为我想显得高人一等，而是因为这些书籍都在处理根基问题，所以我就教。假如有人不喜欢这些书，那该有多糟糕啊。终身职位的一个好处就在于能自由教授。那段生活真美好。我来自一个劳苦家庭，但我那时候能够这样生活：教授两学期，然后回到缅因州的房子度过一个夏天，这可真是乌托邦啊。

格雷戈里：这就是你的黄金时代。

考克斯：是的。我任教的课程的重点是美国政治思想。我在西北大学念本科时上过这种课，枯燥无聊。首先读一点某个早期移民的东西，然后再读读卡尔霍恩①。真的无比无聊。任教这门课的人终于退休，我接手时说："我们将要做点不同的事。"我们想探讨美国政治思想以及根基问题。我们就去读四项基本法案。② 我们阅读阿纳斯塔普罗的《宪法笺注》(Commentary of the Constitution)，然后再读梅尔维尔的《班尼托·切雷诺》，探讨黑人问题。换句话说，在特定主题上，我们阅读任何相关的作品，结果好得出人意料。

施特劳斯的学生总会提及施特劳斯说过的一句话：你在教书时，应该记住课堂上可能会有个人心智更胜于你。这是施特劳斯的著名说法。我总是不断学到这个教训。有一次我教授《格列佛游记》，我兴致勃勃地发现该书结构上的一个错误。我在课堂上暗暗提及。然后一个年轻女士举手说："我知道为什么。"我以为我是个聪明的家伙。结果这个女士走在我前头。这种事情总是善意的提醒，让我知道自己还不够好。教书是缓慢艰苦的工作，但也是非常高尚的工作。

有个叫贝尔森（Belsen）的人特别讨人喜欢，他极其聪慧。他无论在哪里做什么都会成功的。他在爱尔兰念完某个学位，后来又在德国

---

① ［译注］应指约翰·卡德威尔·卡尔霍恩，南卡罗来纳州人，美国政治家。他是十九世纪前半叶最著名的美国政治家之一，曾任美国副总统、美国参议院议员、美国国务卿等。

② ［译注］分别是《独立宣言》《邦联条例》《西北土地法令》《美国宪法》。

工作过。我们第一次研读柏拉图的《王制》时，他觉得我在胡扯，只关注对话的戏剧情节。他在想：这都在干什么？真的在讨论哲学吗？嗯，他最终转了过来，能够发现其中的意义，以一种完全不同的方式思考伟大著作《王制》的大门便向他敞开。他研读马基雅维利时，他的做法也令人欢喜。他来到我的办公室，办公室门敞开，大家都以为我俩在喝酒，因为我们总是在开怀大笑。每次他来：嗯，我看到点新东西。我们讨论，然后大笑。这个学生那么有趣，那么独立，那么渴望钻研，有这样的学生真是乐事。他如今在外交界功成名就，是国家的外交官，出使世界各地，包括印度，这也着实打开他的眼界。

格雷戈里：在你看来，施特劳斯的教诲有哪一点对这批关注美国的学者起到耳濡目染的作用？他们是否在研读柏拉图或马基雅维利中学到某些东西，为他们打开美国政治思想的领域，而这种方式是那些封闭学科看不到的——施特劳斯给予学生新的追求，某个切入点？

考克斯：我想，其中一个方面（我大都在谈自己的情况）［就是］认识在德国发生的事。魏玛共和国的灭亡，纳粹的形成，那些不可思议的、可怕的事情到处发生。沃尔特和我们这些人都逃了出来。我们逃出这场噩梦，却永不会遗忘。1945年春天，我乘船到欧洲，罗斯福这时刚刚去世。欧洲战场的战争显然快要结束。军队在夜间从勒阿佛尔（Le Havre）经由韦尔涅（Vernier）到达比利时。沿途都是恐怖的画面：我们驶进法国境内又小又破败的火车站，这一路上我们看到的都是一辆辆汽车，载满逃离集中营的人。他们身穿条形囚服，许多人十分消瘦。他们狼吞虎咽面前的奶酪、面包、葡萄酒，这都是当地居民提供给他们这些幸存者的。我从没见过集中营，也不想见到。不过我们这些人的确知道集中营的存在。我亲眼看过集中营遗迹：吞噬过无数生命的集中营。只有幸运的人能够回到家里。

汤普森把我的研究生学业带到国际政治领域，后来施特劳斯又为之敞开另一个领域。我稳定下来，同时钻研这两个方面。实际上，我认为两者是重合的，并没有鲜明的分界线。我无需为伯恩斯、斯托林等人说话，不过他们都有探寻根基的意识。探寻根基意味着发现预料之外的事物。比如说，斯托林的一项伟大工作就是把反联邦党人的文集与联邦党人文集两相对照，重新构造双方之间的对话，这一对话曾经失落良久。这二者并不能简单地概括为好人一方赢了，反联邦党人并不是坏人，他们只是另外一方。他们至少对联邦的规模抱有忧虑，担心联邦会践踏地方权利。他们正像今日一些观点那样看待联邦问题。

格雷戈里：你在我们吃午餐时提到，施特劳斯热情地对待你和其他退伍老兵。你对此有什么想说的吗？

考克斯：我想他没有亲生孩子，他有一个美丽的养女珍妮和一个养子。珍妮的确把他当作父亲。但他无法不想起那么多德国家庭遭遇的噩梦。这是其一。其次，他知道他身处最优秀的大学之一，他有一群聪颖的学生。鉴于德国政制发生的问题，不得不怀疑美国也会在某个时候走上相同的道路，于是就需要建立屏障抵御这种风险。那时候这种危险到底有多明显，我不清楚，然而我极为敬佩这种意识带来的成果。比如说勒纳的文集，斯托林编的东西，这可真是一场盛宴。假如有人想读一下针对联邦征税权力的反对意见，那么就不应该只读《联邦党人文集》《宪法》和早期法律，还应该读一读反联邦党人的文稿。为什么他们会反对《宪法》的某些条文？回到表面就意味着履行公民责任。

格雷戈里：所以说，施特劳斯让学生明白，他们需要理解美国政制能够得以维护的最佳理由。

考克斯：是的。

格雷戈里：也就是敞明有关政制本身的那些根本论证。

考克斯：的确如此。政制（regime）这个词来自法语，有成团、组织的含义。《王制》这部对话的名字希腊语为politeia，也意味着政治秩序。我们的政制是宪政共和民主（constitutional republican democracy）。之所以是共和，是因为有共和国的所有古典特征，比如说不是直接民主，而是选举代表来统治。在一次午餐上，我的朋友问我是不是共和党人。我说，我只是支持共和党而已，我正式登记的身份是中立的，不过最近几年投票给共和党候选人。然而六十年代，代表制的共和主义被一种疯狂危及根基。那时宣扬直接民主。我逃离伯克利时，刚好这场运动如同癌症般扩散开来，更侵入我的校园。人们在校园里横冲直撞，破坏财产，摧毁图书馆。这一切的辩护说辞却是认为越南战争违反宪法。的确，这场战争非常恶劣。不过眼前真的是一场暴动！我有幸受邀成为审查委员会成员，受执行校长任命，去召开违反法律的学生的听证会。我感到有义务作为教职工和公民去执行正义，让那些引发威胁的人受到检举。

一些教职工因此不喜欢我。教职工里有一群所谓三十僭主。[1][笑] 他们违反法律，因为普通老百姓付钱让他们在大学教学生，他们却怂恿学生罢课，美其名曰这都是为了学生。我从来不缺课。当外面高喊口号，一阵疯狂卷过，我们正在读柏克论法国革命的书，这可真的算是极为巧合。教室里的学生都能往窗外看看正在发生什么。我可没有事先准备。学生从中看到暴动的危害。那些宣称渴望直接民主的人真的是幼稚。一个有两亿人的国家，怎么能这样做？难道要举行一次电话投票吗？一个实际问题。但无论如何，美国的高校教育在教导学生何为美国政制这件事上是失败的，因为美国是共和国而非直接民主，既不想也不应该成为直接民主。我认为，奇里亚诺和伯恩斯等研究政治学的人应该非常清楚这一点。我们需要挑战成见，力图扭转。奇里亚诺在你的访谈名单上吗？

格雷戈里：不在。

考克斯：他人很好，已经从波士顿学院退休，住在缅因州。

格雷戈里：我明白了。施特劳斯是逃难来到 [纽约] 城市学院的，他的大半生在大陆欧洲度过，有些年头在英国度过，你会不会觉

---

① 雅典于公元前404年在佩洛璞斯岛战争（Peloponnesian war，[译注] 又译伯罗奔半岛战争、伯罗奔尼撒战争）中败给斯巴达之后，由"三十僭主"统治。他们的统治尤为残忍和暴力。

得他直到来到美国，才学会一些此前通过研读哲学、历史、文学尚不知道的事情？

考克斯：这很难说，我不太知道他内心里到底在想什么。不过我确定他亲身体验过美国的活力：迅速，战时的灵活，还有争拔头筹的性格。也有对家庭抱有的自豪，这应该是施特劳斯来到美国才第一次亲眼见到的。早先我提到过，他曾对一个要带他去康奈尔开讲座的人说："我在看《荒野大镖客》。我马上就到。"他能理解美国的一般文化。他十分清楚，也十分好奇。比方说，他喜欢鲍勃·霍普（Bob Hope）。他喜欢那种玩笑，他总能很快学会美国俚语。真了不起啊。英语其实并不简单，暂且不论他还会其他语言，就凭他英语掌握得炉火纯青，真的不得了。他也读芝加哥的《太阳时报》（Sun-Times）。学生会跟他聊政治话题。福克纳说，他有一次挖苦罗斯福，施特劳斯提醒他注意言辞："不要这样说，罗斯福有助于保卫西方文明，他最终让美国参加战争。"他能清醒地把握政治事务，小心而好奇地探索。我前面提到，他"高兴地教书，高兴地学习"，他也能直接体会美国及其弊端，不过他可从未染上这些弊端。当然，他也在美国受到庇护。他的学生会带他出游，他跟着学生一起出去，就不至于像许多难民那样活得艰难。我不知道他在纽约的生活如何，但他在芝加哥起码住着一栋房子，离芝加哥中途国际机场不远，他相当满足。他看电视，读报纸，他不是象牙塔里的人。

格雷戈里：你已经钻研国际关系许久，第一本书是讨论洛克的，《洛克论战争与和平》。在你上过的施特劳斯的课里面，有关于国际关系的教诲吗？施特劳斯显然从未正式教授过国际关系，最多只是在讲授相关人物时提到而已。

考克斯：［比如］马基雅维利论战争。这绝对是施特劳斯的主要领域。该内容碰巧出现在［《李维史论》］第三卷——我还就此给施特劳斯写过一篇最好的论文——这一卷讲外交关系。施特劳斯可不会被这些边界束缚住。有可能是因为他的经历，也有可能是因为他的反思。要知道，最艰难的时候，保护政制就是第一原则。为了保护政制，就得做一些平常不会做的事情。比如说，内战期间暂停人身保护令。现在这个话题还在讨论。但是，林肯当时觉得这一举措不可避免，假如没有这项措施，许多叛乱就无法得到审查。就此而言，战争优先。不用说他不知道自己正在狭义地理解"违反宪法"，他敢于冒险，是因为他看到真正的危险是什么。施特劳斯看到这一点，对此满怀崇敬。林肯此举赌上他的一生。他为此作了有理有据的论证，并不屈不挠地坚持下来。至于施特劳斯如何早就怀有对林肯的崇敬，我不太清楚。我不曾跟他详谈这一点。不过，他敬佩两个人：林肯和丘吉尔。施特劳斯显然给了雅法启发去写他的大作《分裂之家危机》。这本书的确是有关内战来临的经典著作。

格雷戈里：就你对他的认识而言，如果让你总结一下施特劳斯是否有关于国际关系的教诲或理解，你会怎么说？这个问题可能不太恰当。

考克斯：以主权需要为核心的一项政策的必要举动就是保卫政治社会，这是最必要的第一自然准则。失去保护后，内部政制将会崩溃或被摧毁。就此而言，我那本书处理的是后续问题。霍布斯极为清晰地表明战争对于形塑政制的首要作用。洛克则显得更谨慎或者说不同。我在那本书的开篇引用一些资深学者对这个问题的看法，毫无疑问他们都说洛克［与霍布斯］非常不同。洛克不同在哪里，这是我想弄清楚的。我在［牛津］博德利图书馆（Bodleian library）和伦敦大英博物馆发现许多材料，能够让我们清楚看到洛克的修辞技巧。我书中的某个短注……洛克看一些老生常谈的书，也就是说他会写下别的书里他读到的话，我激动地发现一处文段，大致是说：因此，假如你需要保护自己和政制，你就需要成为一块白板。你需要谨慎、有所保留。这完全符合我的基本论证。但这无法说服那些觉得我在侮辱洛克的人。为什么要侮辱洛克呢？他是个诚实的人，他无法不让自己说出内心的话。

我最后分析论财产的那章。那是我书中最有价值的部分。这部分从未被驳倒，尽管被抨击过。我所做的其实就是分析那一章的结构，并看看基督教教诲如何被侵蚀，这些教诲讲述上帝如何赐予我们恩典等。洛克拆掉支撑圣经原则的支柱，并换上霍布斯的基础：自然状态。世界的自然材料几乎毫无价值，对维续生命毫无帮助。与此成对的，我最终发现竟然是观看（seeing）。帕金森（Parkinson）提到过复视（double vision）这个东西。由于复视［症状］，人无法正常做事情。在亚里士多德的《形而上学》里，他开篇提到：所有人出于自然而渴求知道。其中一点佐证就是我们渴望去看事物。我们对事物感到好奇，想知道事物的模样。我在书中引了洛克的一处话：眼睛是保卫我们安全的伟大看守。这完全颠倒亚里士多德的观点。亚里士多德当然不是蠢蛋，也知道眼睛在战斗中有多大的作用，不过他认为眼睛的作用不仅如此，还能够提升至用来求知的层次。施特劳斯论述低级却普遍的因素时，他知道自己在干什么，即诉诸绝对害怕自我毁灭或者说被人毁灭的第一激情。可以说，施特劳斯也认为，主权国家不可或缺。有些观点主张将全球纳入一个政体，施特劳斯有时候会批评他们想法简单。施特劳斯始终害怕僭政。他看到僭政并逃离僭政。他丝毫不会对可能之事抱有不切实际的幻想。他在丘吉尔身上也发现一个要点，即极度小心以至于恐惧飞速发展的技术：原子弹和如今的无人机等。

　　拉布金教授国际法，有一次他夸奖我的书写得真好，他说这本书清晰地表明洛克在政治社会上的确是头脑清醒的。拉布金写过许多文章，试图影响国际法庭的法治活动。他希望保卫国际法庭。他的观点有些和我相同。我和他交谈过。施特劳斯从未详尽地论述过国际关系领域的问题。当然，可以从他讲述《王制》等经典文本时所说的话中摘录集结出来。高贵的狗、城邦卫士，都是这本书中的形象。顺便说，这本书最……我有时候想，假如我需要逃难，只能带上三四本书，那么我就会拿着《王制》、圣经以及莎士比亚的作品，这些足矣。或许还有修昔底德。但圣经、《王制》和莎士比亚作品已经相当足够。莎士比亚那里完全没有世界共同体这个概念。这一观点，粗鲁地说，的确是幼稚简单。《纽约客》（*The New Yorker*）杂志的埃尔文·布鲁克斯·怀特（E. B. White）就是典型。怀特写得优雅，但他完全不知道自己在想什么，他甚至倾向于把美国政制下的相对自由附属给某个乱七八糟的政制。有人会说：这里面带有马基雅维利的色彩。马基雅维利可知道得更清楚。去读施特劳斯论马基雅维利的著作，就可以看到这一点。这部著作饱含思考，<u>丝丝</u>紧扣文本。我准备写博士论文时，我和他商讨，他对我说："也许你可以研究马基雅维利，不过他可是个<u>丛林</u>。"他认为我不能够驾驭，我采纳他的意见，就转去研究洛克。洛克于我而言更容易上手，不只因为文本是英语，还因为他没有那么复杂和困难。施特劳斯总会给我可靠的建议："你的意大利语不是很好，你法语很棒，但还不够。你要学会应对文本错综复杂的地方。"这些都发生在他那部论马基雅维利的著作成形之前。

格雷戈里：你会向他咨询吗？关于博士论文的选题，你写作时问过他吗？

考克斯：不太多。

格雷戈里：他在答辩委员会里面吗？

考克斯：他在，不过他那时候在耶路撒冷。

考克斯：你写完博士论文后，他有什么评论吗？

考克斯：我记得他没评论过。委员会负责最后一次考核，其中一个成员来自历史系，名字够奇怪的，叫洛克。我觉得他是代表施特劳斯出席。我猜只是为了有个外院的人参加而已。施特劳斯那时在以色列，并没有来。迈克尔·扎科特后来告诉我，他负责整理施特劳斯论洛克的讲课稿。

格雷戈里：是的。

考克斯：他应该评论过我基于博士论文所写的那本书，说过一些褒扬的话。我没见过。他是一个严格的老师，标准严苛，但他同时也非常愿意花时间帮助学生。我还远在英国时，我努力做到我能做的。但后来我发现，牛津有洛克的手稿，我就不得不重新写博士论文，也就是现在能看到的样子。这份研究伟大人物的经历是真奇妙啊。

格雷戈里：没错。施特劳斯……

考克斯：顺便说，塔科夫也就洛克写过非常不错的东西。

格雷戈里：施特劳斯对教学有计划吗？他会特别想要达到某个效果吗？

考克斯：给有限的学生传授如何深入思考最伟大的书籍。什么是最伟大的书籍？大家都知道，柏拉图的《王制》就是其中之一。我们可以开个书单：希罗多德的《原史》、修昔底德的《战争志》、黑格尔、康德、洛克、霍布斯。根本不用费力，人并不多。这就是施特劳斯想要传达的。最令人不解的是他没有教授的。他不曾详细讲授过海德格尔。

格雷戈里：是的。

考克斯：海德格尔隐匿于幕后。《自然正当与历史》的书名像海德格尔最富盛名的《存在与时间》的回响。我想这是有意为之。他以这种对话形式灵巧地处理自然正当问题。然而，我从未跟他直接谈论过这一点。我想，有些学生后来论述过海德格尔。我不懂德语，所以我不会尝试这样做。那时候，我有点得意洋洋于懂法语。我在大学学过法语，学得很好。我后来去了法国，就学着练口语。芝加哥大学的博士项目那时只考一门外语，我就直接去教室，通过法语考试。我没有逼自己学德语，其实我真的应该学。迈克尔·吉莱斯皮（Michael Gillespie）好像是施特劳斯的学生，写过海德格尔等人，他在采访名单上吗？

格雷戈里：他从未跟施特劳斯求学。

考克斯：哦，对，他不是。

格雷戈里：你会把施特劳斯看成朋友吗？

考克斯：并不会。施特劳斯比较含蓄和保守。我那时还非常年轻，他都已经步入中年，经受过战争带来的巨大政治磨难，不得不踏上逃亡之旅。劳伦斯·伯恩斯这些学生后来跟他成为朋友。伯恩斯去世前，他在安纳波利斯告诉我，施特劳斯由于心脏病住院，从那时起就变得更柔和，叫伯恩斯的昵称。此前他几乎不会这样叫学生，他总会称呼学生为某某先生，他自己就是施特劳斯先生。我觉得，他不太喜欢被人称作博士或教授，因为那显得太高人一等。他身处现代共和民主制，我们都没这种头衔包袱。他不像汤普森那般友好，和他相处是另一种景象。他也不像系主任普里切特那样友好。我可不把这看作缺陷。这只是他的偏好，他觉得应该这样做。他也不会冷淡地对待学生，我可从没见过他这样。他庄严如故，我喜欢跟他开玩笑，这一亲近并不是学者间通过交往积累起来的那种。他可不喜欢那种亲近。施特劳斯身上有旧传统的礼仪，不太会直呼别人的名字。

格雷戈里：总结一下，你回望过去，现在怎么看待施特劳斯？

考克斯：施特劳斯是指引我们穿越黑暗的灯塔。这一黑暗既是个人的，也源自路德所形塑的基督教的严酷。这一黑暗让我们追问：我们到底在世界上该做什么？我们为什么要以当今的方式对待人类？创造更多东西到底能带来什么好处？

我的大哥在"二战"时当海军陆战队员，在南太平洋经历过许多艰难险阻。他不只负责地面作战，还跟飞机电子器件打交道。我的大哥弗雷德（Fred）在南太平洋服役一年半。他服役完就回来。我不太清楚施特劳斯有多了解我们的家庭。我从未直接跟他聊起我家里面的情况；也许只是提及一点点。不过，施特劳斯总是热情待我。他有一次跟我说："你和斯托林，都是我最好的学生之一。"我把这看作激励，并尽我所能地努力去做到。我丝毫不幻想自己会达到他的境界。他思维活跃，涉猎甚广。跟他这样雄伟的人打交道，会时时让我保持清醒。而且我会时时向他学习，但不臆想自己会成为像他一样的人。他清楚这一点。他非常清楚他的大多数学生都清醒理性，但没有卓绝的禀赋。他是德国人的最佳典型，而这样的人已经被纳粹摧毁。我想，迈尔在努力重新唤起学术研究和政治、哲学、法律等事物的高贵。

格雷戈里：我觉得迈尔想要培育研究施特劳斯和严肃思想的氛围。比如，他写了有关卢梭的非常有意思的论文。

考克斯：是的。

格雷戈里：所以，回顾过去，你觉得施特劳斯是一座灯塔。

　　考克斯：是的。他会高兴地学习，他会高兴地教书。他的课程总是值得一去。对于艰难的课程，我们必须专注投入，提前阅读，仔细思考。施特劳斯的课堂总会为学生打开许多扇思想大门，在此之前都是关着的。比如说，我从他那知道阅读马基雅维利的方法，我们需要明白马基雅维利不只清楚基督教，还熟知许多原则的古典理解。我写过一篇有关亚里士多德和马基雅维利论自由的论文，我强调马基雅维利罗列好坏事物的一章，并指明这一章如何错综复杂地与亚里士多德在《尼各马可伦理学》中处理德性的地方相联系。这就是施特劳斯教我的地方。需要注意，施特劳斯只是教我如何走自己的路，然后就要靠我自己去走。我努力走得更远。这仍然是我写过的最好的东西之一，连同我写的那篇论莎士比亚《仲夏夜之梦》的论文。顺便说，我最近发现有的出版公司盗用我的那篇文章却没有付我报酬。

　　格雷戈里：现在有些网站不遵守版权法。

　　考克斯：是的。

　　格雷戈里：这就是我今天的全部问题。我不想让你太累，我们已经聊了很多话题。

　　考克斯：这的确挺累的。不过我也乐意跟你聊聊施特劳斯，因为我仍然很敬佩施特劳斯。他帮助我走上自己的路。我的儿童、青少年时期算是一个噩梦。父亲几乎不工作，最后去了一个危险、肮脏的工厂。孩子们患上猩红热，被隔离。邻居喝醉酒，在房子边呕吐。我们总是饿着肚子。施特劳斯让我脱离这一困境，让我接受足够的教育，并获得一份心仪的教职。我的生活就好了起来。偶尔起床后去画廊，再吃顿午饭，生活足矣。暂且不论里面的画如何，这样的生活就让人憧憬。

　　［考克斯询问施特劳斯讲课稿整理计划。］

　　格雷戈里：我们希望这一计划会有价值。许多人对施特劳斯抱有严肃的好奇心，并且处在世界各地，有的丝毫不了解施特劳斯，我想读到施特劳斯与身边人的接触，并看到施特劳斯在身边人中间发挥的作用，对他们会非常有帮助……

考克斯：我同意。

格雷戈里：当然，假如要更严肃地思考施特劳斯，就需要去研读施特劳斯的著作，而不是花大量时间读像我们的谈话这样的东西。

考克斯：是的，有许多更值得的事情去做，比如阅读阿里斯托芬。

格雷戈里：不过，思考什么是哲学生活也是题中之义。

考克斯：是的。

格雷戈里：让许多深受施特劳斯影响的人都说上几句，从各自的视角，从他们的经历，从他们对施特劳斯的理解。那么集结起来，就可以看到在二十世纪的美国成为哲人意味着什么。

考克斯：是的。就像盲人摸象的那个老故事。

格雷戈里：是的。［笑］

考克斯：这个东西的各个部分。［每个人都以为：］我摸到的是躯干。这个比喻不坏，实际上一些恶意抨击施特劳斯的人都严重忽视仔细阅读的重要性。这可真愚蠢。我们需要保护他作为一个哲学思考者的形象，他一方面吸收经典书籍的伟大传统，但同时也吸收"二战"带来的糟糕经历。他带来一堆奇妙的东西供我们阅读和思考，比如说《王制》，比如说洛克的《政府论下篇》（*Second Treatise of Government*）。这类书并不多，是非常好的根基。亚里士多德的《政治学》也算其中一本。假如研读《王制》、洛克的上下篇、马基雅维利等，我们就会触碰到根基性理解。我的幸运之处在于，我在他快结束芝加哥生涯之时遇到他。

施罗克访谈录

2016年2月3—4日

陈子博　译

一

麦基恩：我是盖尔·麦基恩，在采访托马斯·施罗克。从二十世纪五十年代后期到六十年代前期，施罗克上了几门施特劳斯的课。我在上课名单上看到，施罗克在1959年秋天上了柏拉图研讨课，1959年还上了"政治哲学诸起源"（Origins of Political Philosophy）一课，还有1960年春天的导论课以及1962年冬天的另一门课。毫无疑问，你还上过其他课，或者你没有选来修学分。

施罗克：是的。

麦基恩：你可不可以先简单谈谈你是怎么来到芝加哥大学的？你来到的时候情况是怎么样的？

施罗克：好的。嗯，我在一个印第安人保留地长大，一个贫瘠的牧牛场；在那里，并没有多少受教育机会。

麦基恩：在哪个州？

施罗克：华盛顿州。科尔维尔（Colville）印第安人保留地。我们后来去了俄勒冈州（Oregon），我父亲在那里又有了一个农场；我去威拉米特大学（Willamette University）念书，位于威拉米特河谷（Willamette Valley）。我有两个要好的同学，戴夫·芬利（Dave Finlay）和鲍勃·帕克伍德（Bob Packwood）。帕克伍德后来成了俄勒冈州的参议员。我跟着他去了纽约大学的法学院，我们都获得鲁特-蒂尔登奖学金（Root-Tilden Fellowship）。帕克伍德毕业之后，就走入俄勒冈州的政界，并开始他的事业。可以说，我漫游到法学院，最后又漫游出法学院。

麦基恩：你有没有毕业？

施罗克：当然，我甚至过了律师资格考试。倘若有人问我有没有通过律师资格考试，我可以肯定地回答。

麦基恩：这听上去可不像漫游。

施罗克：的确。不过，我早就知道我不会当一名律师。我最近读到一位普利策奖得主的个人往事，她一开始也读法学院，后来毕业就当律师。她说她是个糟糕的律师，她庆幸离开这个行业，最终成为小说家，获得普利策奖。我要成就一些事，所以我打电话给我的老同学芬利，他那时在斯坦福大学［政治科学系］，我问他能不能帮我搞到斯坦福的教学助理的职位。他说："没问题。"的确如此。［笑］

麦基恩：有趣往事啊。

施罗克：是的。我和未婚妻琼（Jean）在斯坦福待了一年。所有人都对我不错。

麦基恩：你在哪个院系？

施罗克：政治科学系。这是段美好的经历。那一年这个院系在做有意思的调整工作。他们之前搞理论的走了，还不能决定要聘任哪类搞理论的人。因此他们引入两类人：和平分子和战争贩子。我不太熟悉和平派，但那时候肯德尔也在，他手头有几个埃尔哈特［基金会］的奖学金名额。他和芬利相当熟，他说："我手头有两个资助名额，一个给列奥·保罗·德·阿尔瓦热兹（Leo Paul de Alvarez）。"① 阿尔瓦热兹后来跟肯德尔合作创办达拉斯大学的政治科学系。肯德尔就跟芬利讲："那么另外一个给谁呢？"芬利说："我有个朋友叫施罗克，他抱负不小，想成就一番事业。"芬利就让我跟肯德尔在芬利的公寓见面，肯德尔这只老虎当时表现得跟猫一样，他没有拷问我，没有挑

---

① ［译注］该学者的著作有中译本，见德·阿尔瓦热兹，《马基雅维利的事业》，贺志刚译，上海：华东师范大学出版社，2009。

战我：他唯一做的事就是纠正我一个字的发音。

麦基恩：什么字？

施罗克：我发音成dour，他说那叫doer。也许是因为他没有别的人选，他把资助名额给了我。他的另外一个人选阿尔瓦热兹去了圣母大学跟沃格林学习。我就去了芝加哥大学跟施特劳斯学习。

麦基恩：在此之前，你知道施特劳斯吗？

施罗克：几乎不知道。我那时还太幼稚，在威拉米特大学，我甚至没有修读政治学。

麦基恩：你当时的主业是什么？

施罗克：史学。然后是在法学院，所以我根本了解不到施特劳斯的东西。我就像森林里迷路的孩子。我受到的教育十分有限——［尽管］威拉米特大学不错［，但不够细致严谨］。尽管威拉米特对性格养成有帮助，但是我并没有从中获得太多学识。不得不说，我也没有在法学院学到该学的东西。我是在政治科学系研修法律时，才慢慢懂得，我只知道法律的一点皮毛，我可以学到更多，法律对政治科学和政治哲学来说都重要，对我目前在研究的霍布斯与法律尤为重要。我甚至想好一本著作的标题，虽然书还没写完：利维坦的法律。就这样，芬利将我介绍给肯德尔，肯德尔送我去了芝加哥大学。我首先遇到普里切特，他主管整个院系，非常宽和，也是施特劳斯的好朋友。我觉得他能包容施派，所以当时我说我来这儿跟施特劳斯学习。我本来可以跟普里切特学习，因为我拿的是法律学位，他也在法学系。他们人都非常好，也理解我的冒失脾性。

我第一次见到施特劳斯，不是在他的办公室，而是在《会饮》的课上。① 我完全被这课震撼到了，因为这部对话、这堂课经由施特劳斯视角独特的解读，引来整个校园的人，人们站着、躺着，就为了找个能看到的地儿。

麦基恩：应该是在社会科学楼的某个教室吧？

---

① 1959年秋季学期。

施罗克：相当小的一个教室。地方不大，但令人心潮澎湃，尽管不总是一团和气。从古典学系或别的院系来的人跟施特劳斯有竞争关系，他们当然不是施派。有个家伙叫西奈可[1]。先不说他吧。我要说的那个人的父亲是一名伟大的人类学家。

麦基恩：雷德菲尔德。

施罗克：是的。他那时也在课堂上。

麦基恩：詹姆斯·雷德菲尔德（James Redfield）[2]是那谁的儿子，詹姆斯还在世。

施罗克：真的吗？还有一个叫布兰肯什么的。

麦基恩：布兰肯哈根。

施罗克：是的，你怎么都知道？

麦基恩：我知道名字而已。

施罗克：好的。

麦基恩：我从未和他有过接触。

施罗克：我相当确定布鲁姆也在课上，还有许多我当时不认识的施特劳斯派。施特劳斯上课充满激情，忘我地投入其中。幸运的是我不太和施特劳斯打交道，他也就不能得知我那么肤浅。［浅笑］在一次课程论文或考试里面，我写了有关《会饮》中阿里斯托芬部分的问题。我不知道我的问题是否有说服力。不过，施特劳斯当时在努力写关于阿里斯托芬和苏格拉底的一部著作，他对我的问题非常感兴趣。然后……

麦基恩：他有没有在课上给你回复？你有没有在课上读你的

---

① 西奈可（Herman Sinaiko，1929—2011），一位研究柏拉图的学者，他曾是芝加哥大学人文学部的教授。

② 他是古典语言与文学专业爱德华·奥尔森卓越教授（Edward Olson Distinguished Service Professor），任职于社会思想委员会，主攻古代地中海世界，有多部关于古希腊文学的论著。罗伯特·雷德菲尔德（1897—1958）是他的父亲，杰出的文化人类学家，从1927年直至去世，任教于芝加哥大学，担任过社会科学部的主任。

论文？

施罗克：我想没有在那门课上。我记得他在那门课上没让人朗读论文。他完全掌控课堂。那是门……

麦基恩：那是门讲演课，对吧。

施罗克：他给我写了某些表扬的话。当我和他聊天，他说对我有关阿里斯托芬的表述感兴趣。其实吧，我此前根本不知道阿里斯托芬是谁。［笑］一个全新事物。我和他还有另外一件与课堂相关的事。你前面提到一门导论课吧。我就写了写《克力同》。读到这篇对话，我感觉特别幸运，因为既短又容易入门。所以我就瞄准某件不仅困扰我而且迷住我的事。这就是对话开场的那个清晨，克力同来看苏格拉底。于是我就这个开篇说了点什么。这再次抓住施特劳斯的眼球。［笑］他又一次表扬了我。后来就是下坡路。［笑］有一门课讲授修昔底德。课刚刚开始，他分配课堂论文任务，他就问："施罗克先生在吗？"我说在。他就让我做某个导论，可能是处理那场瘟疫。我记不太清，反正就是开头有关伯里克利（Pericles）的那些事。我好好耕耘这篇文章，但没给他留下深刻印象。当然，也没让他失望。我猜斯托林和克罗波西都信任我，所以当福克纳毕业要离开去普林斯顿大学工作——他［作为施特劳斯的助手］是我的前任——大家在找别的人当施特劳斯的助手、给他开车，最后就找到我。我就成了包办万事的"自由人"。

麦基恩：都做什么工作呢？

施罗克：施特劳斯不懂机械，他不太知道怎么操作家用电器，我就在这方面帮他。他几乎在我接班的第一天就打电话给我——不得不说，我的拉丁语太糟糕——他想了解下奥古斯丁的某卷著作，给了我拉丁语标题。所以我没有马上搞来。［笑］开端非常曲折。不过我还是在图书馆找到了。就这些事情。大多数情况，我都是负责当司机，接送他往来于公寓和课堂，送他去看医生，等等。有一次我还送他到了火车站的停车场。这就是大致的工作内容。当然还有录音，那些磁带。

麦基恩：你享受和他在一起的时光吗？你开车的时候，会跟他聊什么有趣的事吗？

施罗克：当然啦。不过，回想起来，我知道其他施特劳斯派也许没能碰上这等好事，他们可会好好把握这个机会，假如真的拥有这样的机会的话，远远胜于我所做的。我在施特劳斯面前非常害羞，不敢抛出什么话题。假如我提出某项事情，就会扰乱我开车。[笑]我同时期有个朋友叫哈罗德·利维（Harold Levy），他毕业于芝加哥大学法学院，经历过中途岛战役之后，他渐渐受到施特劳斯的影响，成为不错的施特劳斯派——他从未有过像我这样的好机会——倘若人们想聊聊什么事情，施特劳斯也会乐于谈论的。我能够想象利维会珍惜利用这种机会，就像福克纳曾经做的那样。我肯定，布吕尔也这样做过，因为布吕尔有真正的古典学背景，施特劳斯和他能够马上进入文本，然后相互交流美好的见识。不过，我拥有的是一场梦幻的旅程，迅速地接触到巅峰，整整一年陪伴着这个伟大的人，尽管他从不将自己表现为一个伟大的人。

麦基恩：你第一次在课堂上见到他时，他是怎么触动你的？

施罗克：我那时没意识到，如哈维·曼斯菲尔德说的那样，施特劳斯不高。我昨晚看到哈维的这个说法。哈维说：施特劳斯比我矮。我当时并没有这个印象。我根本留意不到施特劳斯的身高不高。那时可以看到，施特劳斯坐着，盯着某个人，显得毫不让步。他站起来或坐着，向上看，不带一丝畏怯。

在有些场合，我看到，他分到一间教室，然后某个别的院系的人走进来说："抱歉，施特劳斯先生，这地点已经分给我们，你需要腾出这块地方。"施特劳斯会说："好吧，你们拿着刺刀，我只能让步，但仍会抗议。"他反抗得非常优雅。

我前面讲到，我会开车送他去火车站。我下面讲的事情将会惊吓到你和所有施特劳斯派。施特劳斯有一次要按约定去弗吉尼亚大学举办佩奇–巴伯（Page-Barbour）讲座。他不喜欢坐飞机，所以他坐火车。后来这次讲座的内容集结成《城邦与人》，所以事关重大。但我呢，尽管我祖上有许多拓荒者——如丹尼尔·布恩（Daniel Boone），我祖父是坐着篷车过来的，我父亲也总能知道自己身处何方，方向感极好——但我从来没有方向感，我驾车送施特劳斯去火车站那晚，完全失去方向。晚上八九点，我意识到我正行驶在八车道上，我是逆行的，所有车辆都往我的方向驶来。我想应该是在邮局附近，我迅速掉头。［笑］施特劳斯博士永远不知道他当时身处的危险。我掉转车头，将他送到火车站，让他准时安全抵达。然后他坐上火车出发。

这段车程对我来说，还有另一个重要之处。不仅我将他安全送到，而且他进了火车站的一家书店，寻找火车上打发时间的读物。他找到笛福（Defoe）的《罗克萨娜》①。我猜他买了这本书来读。显然他之前也读过一点笛福，不过这本书让他着迷。那时我正要找一个博士论文题目，我外语不太行，只能够做英语文本，不太清楚应该做什么。我去找施特劳斯，他说他在路上读了笛福，认为需要有人研究一下《鲁滨孙漂流记》（Robinson Crusoe）。他安排我去做这个奇妙的题目。这对我而言无比完美，因为我那时正想弄清楚霍布斯、洛克以及早期现代性。这部书里面有对自然状态的讨论，而且属于经典文本。我就着手做这方面的研究。

麦基恩：他在你对文本的主要兴趣上发挥多少引导作用？他是否会提出一个看法来引导？

施罗克：没错。

麦基恩：你就带着这个看法一直走下去？

施罗克：没错。

麦基恩：施特劳斯似乎非常能理解人们的兴趣和能力——他们坚持的能力。

施罗克：是的。他在评判美国学生上也并非一直正确。由于他受过非常优异的教育，我认为他不总是能意识到我们的局限。有时候我觉得他给学生打分太高。

---

① Daniel Defoe, *Roxana: The Fortunate Mistress* (1724).

麦基恩：也就是说，施特劳斯会误以为某个人的背景知识比实际丰富？

施罗克：是的，他以为我们懂得更多，我们受到过更好的教育。不过，施特劳斯总是催人奋进。我追随他的看法，走出一条非常古怪的路，以至于他也颇有微词。尽管古怪，他最后还是对我的博士论文表示满意。

麦基恩：他不满意什么？

施罗克：我的参考文献古怪到荒唐的地步：一本书［笑］，把一些霍布斯、洛克、马基雅维利的东西塞在里面。但这本书只是对《鲁滨孙漂流记》的研究，我尝试去理解这部书。施特劳斯很欣赏我的博士论文。当我需要答辩时，我经常卡壳，施特劳斯有些失望。然而，他还是支持我的论文，并说了一些好话。后来，我去找工作，施特劳斯对我有不错的印象，认为我应该为他和克罗波西合编的《政治哲学史》写一章。我尽力了。

麦基恩：这一章的内容是什么？

施罗克：我不太想说。

麦基恩：好的。

施罗克：谢谢你理解。我尽力了，但没成功。他说得非常明白："施罗克先生，抱歉，这不行。"说得非常明白。但我能理解，他说这句话时有多难过。

他真心做过无比温暖人心的事：有个叫欧文·克里斯托尔的人，他想出版我的博士论文，收入他的"基础丛书"（Basic Books）。我当时来不及，尽管我非常想，而且他打电话也彬彬有礼。施特劳斯没有放弃，他跟吉尔丁说："为什么你不联系下施罗克，帮帮他的博士论文？"吉尔丁确实帮了，我受到莫大荣宠，能够在《解释》的第一期发文，然后我在第二期又发了续篇。

吉尔丁彬彬有礼，也支持我。下一次我遇到施特劳斯，他已经读了《解释》上刊登的那篇文章，他不太满意我纳入文章中的内容。我的博士论文里面没有列参考文献，《解释》上的那篇文章又有太多错误的参考文献。其中有一点不堪入目：海德格尔。施特劳斯震惊是因为他认为海德格尔不应该出现在这篇文章里。无论怎么看待海德格尔，海德格尔都跟《鲁滨孙漂流记》没有任何关系。所以当我在克莱蒙特碰到他，他不太满意我。不过，我赞同他所说的话。再下一次和他相遇，时机正好。他还是在克莱蒙特，受南加利福尼亚政治科学协会（Southern California Political Science Association）邀请，在那里的某个学院度过一晚。我想，他应该和附近的人不太熟悉。雅法和戴蒙德也不在那里。我不知道是谁带施特劳斯来的。当我在人群中找到他，他似乎有点迷茫。他那时显得有点困窘。他看到我时，仿佛我就是那里的一座岛，你明白我的意思。被施特劳斯需要是件奇妙的事。不可思议。

演讲之前，我们共进晚餐，我的同事拉加万·耶尔①，一个来自印度的婆罗门，他坐在施特劳斯旁边，因为他负责介绍施特劳斯。仿佛时光倒流，回到部落时期的会议，就像在《自然正当与历史》中那样，我们谈了许多先祖的事。这个古老的传统意味着先祖和部族。施特劳斯敏锐地观察到，耶尔作为一个印度婆罗门有一定的饮食习惯。我猜施特劳斯当时可能想遵循犹太习俗，所以他觉得有必要让他的饮食习惯也得到满足。他俩就坐在一起。这景象仿佛出自《自然正当与历史》的第三章。这两个部族人彼此观察各自的饮食行为。耶尔慷慨激昂地介绍施特劳斯。施特劳斯就开始介绍他的兴趣所在和正在从事的工作。施特劳斯提到肯德尔。他俩是好朋友，经常讨论政治哲学，他也知道肯德尔和其余政治学专业的人关系不太好。施特劳斯非常乐意为肯德尔说话。这次重逢带来许多快乐。

这以后，我再也没见过他，无论他在哪个学院，在哪举办讲座。我从卡斯那里听来一些有关他在安纳波利斯的最后时日的事。你们采

---

① 耶尔（Raghavan Iyer，1930—1995），加利福尼亚大学圣巴巴拉分校（University of California Santa Barbara）政治学教授。

访过卡斯吗？

麦基恩：这是个好主意。谢谢你提到他。①

施罗克：施特劳斯去世时，卡斯是在场的医生之一。他在临终房间里，可能还有另外一位医生。施特劳斯断气后又回来一下。我希望我记得准确，施特劳斯那时候对卡斯说："上当了吧？（fooled ya' huh？）"

麦基恩：这听起来真像苏格拉底。令人震撼。

施罗克：你公布这之前，应该查查原话是否如此，我也只是听来的。我从卡斯那听来的。我有一次去芝加哥参加塔科夫和我共同的一个学生的婚礼，他也上过卡斯的课。他是马修·克劳福德（Matthew Crawford）。他在社会思想委员会获得学位，研究普鲁塔克。他是我在加利福尼亚大学圣巴巴拉分校的学生。在婚礼上，可能在招待处，我在人群中撞到卡斯和塔科夫。我夸赞他们竟然花时间来参加学生的婚礼，我还在想他们是否会为所有学生做同样的事。卡斯说："我的确会这样做，因为我觉得婚礼非常重要，我支持婚礼。"非常动人。

麦基恩：他［和艾米（Amy）］写了一本书，关于婚姻和恋爱。②

施罗克：是的。你也可以了解下克劳福德，他写了几本书，他的事业轨迹非常有趣。其中一本书叫《作为灵魂工艺的手艺课：探索劳作的价值》③。他写了两本书，④我十分推荐。曼斯菲尔德给他写过推荐

---

① 卡斯拒绝接受采访。

② Amy Kass and Leon Kass, *Wing to Wing, Oar to to Oar: Readings on Courting and Marrying* (University of Notre Dame Press, 2000).

③ Matthew Crawford, *Shop Class as Soulcraft: An Inquiry into the Value of Work* (Penguin, 2009).［译注］中译本见马修·克劳福德，《摩托车修理店的未来工作哲学：让工匠精神回归》，粟之敦译，杭州：浙江人民出版社，2014。

④ ［译注］另一本为 Matthew Crawford, *The World Beyond Your Head: On Becoming an Individual in an Age of Distraction* (Farrar, Straus and Giroux, 2015)；中译本见马修·克劳福德，《工匠哲学》，王文嘉译，杭州：浙江人民出版社，2020。

语，说："你一捧起这本书，就无法放下。"克劳福德是我的本科生，不过他主修物理学。第一次遇到他，他就像个疯子那样走向我，手里拿着《走向封闭的美国精神》[①]。显然，这本书描述的正是他的生活和他对自己作为美国本科生的看法，还有他受到的教育。

他看上去像找到了这个不朽或恐怖的东西，这东西准确地描绘了他的生活。他的父亲是伯克利大学的物理学家。他父亲和他有个约定。他父亲说："拿个物理学本科学位，后面怎么走都行。我不会干涉你。"他照做了，四年大学行将结束之时，他决定去念政治哲学，他去多伦多大学参加面试，但后来选择去芝加哥大学。他到芝加哥大学时，塔科夫是他的［答辩委员会］主席。塔科夫不在政治科学系，他在社会思想委员会。克劳福德想找玛莎·努斯鲍姆（Martha Nussbaum）。[②] 他学了希腊语，但没学拉丁语，她就因此拒绝了他。最后他还是找了相当不错的老师。他有关普鲁塔克和婚姻或爱欲的论文非常非常有趣。他对婚姻抱有莫大兴趣。他过去因为福柯而转向普鲁塔克。克劳福德拿到学位后，没能去成北达科他大学（University of North Dakota）教书。他在一个智库工作，觉得很失望。他决定做真正想做的事，就开了一家摩托车维修店。他是个技术通。他开始钻研摩托车，他反思到，一家摩托车店比智库更加激发他去思考。尔后，他完全远离智库。他也不教书。他一边修理摩托车，一边写作，他的书差不多是摩托车维修和政治哲学的结合。十分不可思议。我向你推荐这些书。

麦基恩：谢谢你。

施罗克：塔科夫是他的导师。我给塔科夫送去几个学生。爱德华多·韦拉斯基（Eduardo Velasquez）[③] 也是我送过去的。这算加利福尼

---

① Allan Bloom, *The Closing of the American Mind* (Simon & Schuster, 1987).

② 当他的论文答辩委员。

③ 华盛顿与李大学（Washington & Lee University）的政治学教授。

亚大学圣巴巴拉分校往芝加哥大学输送学生的管道吧。

　　[回来继续讲]施特劳斯和他的课堂。前面谈了我跟他的交往。悠闲时候，他比较喜欢坐车到53号街（53rd Street），那里有家餐馆的米布丁不错，我们常常去那里。他通常心情不错，还会讲故事。他会提第一次世界大战期间在德国军队服役的经历。不过他不愿意谈太多。我当然本可以套到更多东西。他只愿意讲一次强行军的经历。他们走了几天还是几小时，总之非常疲惫。军队就给他们派来一支乐队。他说："这让我们重新振作起来。"我想，他从中发展出一种更深的政治关联，或者说对政治的观察或推断。尽管他可能不擅长音乐，但他会被音乐打动。他可能大多只会对诗歌和歌德等抱有兴趣。然而，他提到有一次在博物馆的经历，他看到一组画，他觉得在对他说："我们属于这里。待在这里真好。"别的事物就不会带给他如此触动。

　　麦基恩："我们"指画上的人吗？

　　施罗克：不是，是指"我们这些画"。

　　麦基恩：是画啊。

　　施罗克："我们这些画"是十分严肃的，无与伦比，值得待在这里。我不太记得他的准确措辞。

　　麦基恩：在你的印象里，施特劳斯作为老师是个怎样的形象？他有没有影响你自己的教学？

　　施罗克：当然。他教会我如何教学。他不会走进教室就抛出一个问题，或者给出一个悖论的立场，激发学生的反应并让他们表达对问题的看法。他不会这样做，我也从来不会。我能够[犹豫地]做我亲眼看到他做过的事，也就是从对话的开端出发……[中断]

　　[重新开始采访]

　　施罗克：[进行中]……他喜欢找个人当朗读者，我那时候也有一个，我不太记得他的名字。

　　麦基恩：是兰肯吗？兰肯在他的许多许多堂课上当朗读者。

　　施罗克：施特劳斯叫他兰肯先生。是的。施特劳斯喜欢他。兰肯来自别的某个系。[1]我不太清楚兰肯是否在施特劳斯指导下获得过学位。施特劳斯喜欢兰肯的朗读方式,兰肯读得激情澎湃。兰肯脑瓜转得快,应答机敏。施特劳斯会安排一页或一段给兰肯先生朗读,施特劳斯接着会评论,并让大家也发言。大概流程就是这样。重要的并不是施特劳斯对一小处文本的专注,而是他对论证推进的完整把握。我们也许只能在第二次或第三次课上才发现这一点,这时施特劳斯会捏合所有事物。他的记忆几乎从不出错。有那么一两次,他跟某个较真的学生产生分歧,我记得有一次是因为他记错亚里士多德的某处地方。[笑]他对此非常懊恼。

不过,他脑海里其实装着整个论证结构,我们随着课程推进才慢慢发现这个论证。这个论证也不一定就是所谓的隐微论证。这只是得到适当理解的论证而已。我们总是惊讶于才意识到就在眼前的事物。最戏剧性的一幕发生在《美诺》的课堂上。我觉得施特劳斯对《美诺》没有大爱,《美诺》可能不是施特劳斯最喜欢的对话。不过克莱因写了有关的书。[2]施特劳斯就说:"这是个机会,好好利用下我的老朋友,并跟着他学点东西。"施特劳斯就开了这门课,也阅读克莱因的这本书。结果不太成功。

麦基恩:为什么呢?

施罗克:不太清楚。不知道他是不是不太满意克莱因的书。

麦基恩:或许只是因为这本书与他自己对这部对话的阅读不合?

施罗克:不太清楚。我觉得这本书非常传统,脚注写得极棒。有一个引了施莱尔马赫(Schleiermacher),令我十分着迷。当然还有别的。克莱因也的确收集了许多解读柏拉图的资料,这对学生来说非常

---

① 兰肯在施特劳斯的许多课上当朗读者,是数学专业的学生。他与政治科学教授卡普兰(Morton Kaplan)合作搞了一个"权力平衡"电脑分析系统,见卡普兰的《国际政治中的系统与过程》。

② Jacob Klein, *A Commentary on Plato's Meno* (University of North Carolina Press, 1965).

不错。但施特劳斯不太愿意采纳，他就依照自己的方式上课。这是部伟大的对话，但不是施特劳斯心爱的对话。不过施特劳斯的解读仍然令人叹为观止。我想回去再读读录音稿，因为施特劳斯在课堂上几乎在飞，他非常生动且中肯地理解并展现这部对话。这也算是个精彩瞬间。《会饮》的课堂十分震撼，那时我完全是个新生，这部伟大的对话里面有一场名人盛宴，让施特劳斯非常兴奋。这次经历非常不同，比《美诺》那次更让我心神紧绷。

麦基恩：施特劳斯没有在课上指定大量二手文献吧。

施罗克：没有。

麦基恩：他会经常给学生介绍他认为该阅读的书目。不过，你们作为学生读施特劳斯自己的作品读得多吗？仅仅跟上阅读的文本和指定的材料就是不小的工作量，不过……

施罗克：是的。

麦基恩：你们会读他的书，然后讨论吗？

施罗克：我们尝试过。

麦基恩：你在哪里读的海德格尔？施特劳斯可从来没讲授过海德格尔。

施罗克：是的。我也没有讲授过。我［读］的海德格尔也是二手的。我那时触及到厌烦（boredom）这个对象，这跟"笛福"有关。不过这马上就让施特劳斯警觉地察觉到我往早期现代性里面放了一个与之迥异的东西。所以，我往《解释》期刊投稿的这篇文章里的这一附加成分让施特劳斯非常诧异。① 我当然不是海德格尔的学生。不过我也知道，理解施特劳斯离不开理解海德格尔。

麦基恩：前面你多次提到施特劳斯派这个词，你认为什么是施特劳斯派呢？

施罗克：第一点，他肯定充满热情。施特劳斯给予他引导，允许

---

① "Considering Crusoe," parts 1 and 2, were published in the first volume of *Interpretation* in 1970.

他从事探索。另外，就是严肃地对待事物，严肃地对待文本和哲人。施特劳斯派不该成为职业哲学工作者，因为无论职业哲学工作者有多么聪明、机智、卓越，他们都有一层魔障（scrim），职业魔障或羁绊，拦在他们和事情的真相之间。施特劳斯和施特劳斯派则不然。施特劳斯派会说"亚里士多德说过"。这意味着，亚里士多德提出过这个观点，直觉告诉我们，这可能是对的。或者说，有一次我听施特劳斯说过，或者别人听他说过——这指的是从某人的论证和观察那里听说。施特劳斯听完后会说："不错，不过这是真的吗？"这一点常常激发施特劳斯。总而言之：施特劳斯总是想找出实情。什么是实情？什么是我们正在寻找的真相？施特劳斯代表这种天真但决绝无畏的追问。施特劳斯派倾向于严肃地对待所有这些事情，并以之为乐，栖居其中，以之为依靠，并因之而受激励，一往无前——这当然也不是说施特劳斯派比别人更理解施特劳斯。

有个家伙否认自己是施特劳斯派，但他非常尊敬施特劳斯：罗伯特·豪斯（Robert Howse）[①]。他不太喜欢被叫作施特劳斯派。不过你可以说，我们属于一个宗派——所有关于我们的传闻都有其正确的地方。我们对这些传闻的第一反应是："这听起来挺合理。"假如施特劳斯说了什么，我们知道施特劳斯是经过深思熟虑的，这也适用于别的事情，我们宁肯信其高明。所以我会毫不犹豫地承认，施特劳斯赋予我的生命以正当性，假如我当初待在斯坦福大学，在那获得学位，那么我永远无法获得施特劳斯赋予我的正当性。我也许会成为另一种专家，但不会有多出色。

麦基恩：你认为施特劳斯在你们当中培育起某种认同感吗？

施罗克：当然。

麦基恩：这让你们认为你们是施特劳斯派？他又是怎么做到的？

---

① 豪斯，纽约大学法学院纳尔逊（Lloyd C. Nelson）国际法教授，著有《施特劳斯：平和之人》（*Leo Strauss: Man of Peace*，Cambridge: Cambridge University Press, 2014）。

施罗克：我第一次感受到这一点是在《论僭政》①中。就在这本书里面，施特劳斯几乎直言需要创建一个年轻人的学派，这些年轻人将学会如何阅读并写作，这正是施特劳斯派已经做的事情。假如某个人走过来想成为一名学生，施特劳斯肯定乐意收下他。但假如学生退出，成为保险销售员等，施特劳斯会非常失望。他会伤心难过。

麦基恩：即便这项学业不符合他们的天性，他也会难过吗？

施罗克：的确如此。这仍然让人惋惜。不过，施特劳斯当然知道何谓天性，也知道有天赋异禀的人。我曾经听他提到过，他最好的学生是伯纳德特，曼斯菲尔德也在访谈中提到这一点。施特劳斯亲口说的。我不太清楚曼斯菲尔德是否也亲耳听到。但是曼斯菲尔德明白伯纳德特是施特劳斯最好的学生。有个家伙也能被称作施特劳斯派，不过这个名称不能完全概括他，他本人如此独立，不过他也非常感激能碰到施特劳斯并成为施特劳斯派。

麦基恩：感恩似乎是你们的共同点，这一系列访谈给我留下这一感触。

施罗克：是的。

麦基恩：你们这群人十分不同，有不同旨趣。

施罗克：是的，而且施特劳斯自己的兴趣、能力、成就，是如此宽广与不同，以至于你无法知道施特劳斯的研究领域里面还有什么人——海德格尔、迈蒙尼德、色诺芬、阿里斯托芬——噢，天啊！施特劳斯还十分慷慨地接纳他人。曼斯菲尔德说过，曾经有个人拦住他，跟他说，施特劳斯不久前说："你读了曼斯菲尔德论政党的书吗？"我想这本书跟柏克、政党有关。②施特劳斯又说："我真希望这

---

　　①　Leo Strauss, *On Tyranny* (The Free Press of Glencoe, 1963).

　　②　[译注]此书中译本见哈维·曼斯菲尔德，《政治家才能与政党政府：柏克和博林布鲁克研究》，朱欣译，北京：生活·读书·新知三联书店，2022。

本书是我写的。"施特劳斯就是这样的人。十分慷慨，且令人高兴。

麦基恩：这份开明——正如你刚才提到的，他乐意交谈，止不住地聊下去——即便下课后，远远超时，无论谁愿意移步茶水间，谈话都会在那里继续下去。

施罗克：嗯，施特劳斯夫人会担忧施特劳斯，因为他心脏病发作过。事实上，曼斯菲尔德谈过这件事。曼斯菲尔德认识施特劳斯时还在伯克利大学。当时施特劳斯在斯坦福待了一年。曼斯菲尔德去上一堂课，讨论只得在午夜结束，因为施特劳斯夫人说必须停下来，否则施特劳斯会整夜交谈然后生病。不过这之后，他们另找时间交流。所以你说得挺对的。

麦基恩：你觉得，为什么这样一个人，有着如此的胸怀和干劲，却会受到许多自称反对他思想的人的批判？是什么戳中他们的鼻梁？

施罗克：我猜，是施特劳斯主义这个观念吧。这些热情的年轻人，他们并不总是得体的。这一点拿去跟苏格拉底类比就十分明显。例如，德鲁里和诺顿（Norton）① 就提到过施特劳斯派的无礼行为——比如闯入课堂，顶撞老师。他的小狗有时候十分闹腾，这的确让人遗憾。可悲。

麦基恩：但这种行为并不是模仿施特劳斯本人的举止。

施罗克：当然不是。施特劳斯恰恰相反，他严肃地思考，艰难取得成果，经受住许多次学术论争。所以当有人责备他没有作出某个肤浅的区分，或不认可这个或那个家伙，他会感到厌烦。事实上，他非常胆大、坦率地反对事实–价值区分、历史主义、科学主义等。他坚决地反对一些事情，而这些事情正是某些人所重视的，是某些人的心头好。施特劳斯用并非模棱两可的话来抨击这些事情，也因此没有足够迎合这些人。这就让这些人非常激动。

---

① 诺顿，宾夕法尼亚大学政治科学教授，著有《施特劳斯与美帝国的政治》（*Leo Strauss and the Politics of American Empire*，Yale, 2004）。

伯克利大学的一帮人，如沃林和沙尔[①]，亲身了解过一点施特劳斯，因为曼斯菲尔德跟他们共事过，并邀请施特劳斯去办过一场讲座。这群人并不是典型的事实－价值区分者或历史主义者。他们本身是严肃的学者。沃林是公开的民主派，但不是民主党人，他有一个影响颇大的小团体。他攻击施特劳斯，并不是因为事实－价值区分，他本身就瞧不起这区分，他用别的来攻击施特劳斯。可以说，他们这拨人就不喜欢施特劳斯。

麦基恩：课堂上也如此吧？施特劳斯不就经常挑战主流意见和正统观念，还有学生们持有的偏见？

施罗克：的确如此。

麦基恩：那你们怎么应对这个呢？显然，这似乎鼓舞而非疏远你们。

施罗克：嗯，就我而言，我并不好战，因为我更容易接纳。我是说，我非常荣幸，也十分惊讶自己当初能上这课。我当时最不愿意做的莫过于跟他辩驳。尽管我有时候会跟他争论，但这只不过是装装样子罢了，并不是严肃的分歧。确实有来自其他思想派别的人——研究生——会争论。我记得有个家伙叫杰克·丹尼斯（Jack Dennis），来自俄克拉何马州。他是一位农场主，刚好遇上施特劳斯。他去过牛津，受到的可能是逻辑实证主义训练，他爱好争辩。施特劳斯总是彬彬有礼，［尽管他常常试图］推进某篇对话的教学。他感到有责任在一学期教授整篇对话，他也的确打算这样做，因此他不能在许多琐屑事情上跟丹尼斯过度纠缠。不过，施特劳斯始终保持礼貌。施特劳斯并不熟悉最新的逻辑实证主义者和语言哲学。

施特劳斯并不知道许多英国哲学，包括维也纳哲学。不得不如此，因为人总要划定限度。人不得不抉择应该花时间阅读什么。施特

---

① See John H. Schaar and Sheldon S. Wolin, "Review: *Essays on the Scientific Study of Politics*: A Critique," *American Political Science Review* 57 (1963): 125–150.

劳斯并不认识许多卓越的学者。我不太清楚他有多了解维特根斯坦。不过他的确知道伯林①。

麦基恩：以赛亚吗？

施罗克：是的。施特劳斯见过他，应该是在英国。具体我不清楚。不过，伯林曾经给他打来一通有礼貌的电话。嗯，施特劳斯不待见伯林。他不待见伯林的学说。施特劳斯实际上也写过批判伯林的东西。许多伯林的学生和尊崇伯林的人因此受到冒犯。我想那是在施特劳斯称作"相对主义"的那篇东西中。② 一开头的几个段落就针对伯林，而且措辞比较尖锐。

伯林和其他人有时候比施特劳斯更习惯宽容对手。施特劳斯并无这一习惯。施特劳斯并没有当老好人的习惯，伯林却更容易让人亲近。施特劳斯可以说更严肃。阅读伯林会让人开心，甚至会带来好处和启迪，却无法让人感受到施特劳斯般的严肃。人们并不总是喜欢这种严肃。人们并不喜欢最深层的信念受到挑战。他们就是不喜欢。

想弄明白这一点，我们首先得是小说家，这样才能弄清楚他如何错误地惹恼他人。索尔·贝娄（Saul Bellow）的最后一本书就是这般努力，这部书讨论布鲁姆。

麦基恩：《拉维尔斯坦》。③

施罗克：是的。这本书尝试解释这一点。贝娄说，布鲁姆评论这

---

① 伯林（1909—1997），政治和社会理论家，观念史家，散文家。他最著名的散文有《两种自由概念》（"Two Concepts of Liberty"）和《刺猬与狐狸》（"The Hedgehog and the Fox"）。

② Leo Strauss, "Relativism," in *Relativism and the Study of Man*, eds. Helmut Schoeck and James W. Wiggins (Princeton: Van Nostrand, 1961), 135–157. ［译注］此文中译见施特劳斯著，潘戈编，《古典政治理性主义的重生——施特劳斯思想入门》（重订本），郭振华等译，叶然校，北京：华夏出版社，2017，页53–69。

③ Saul Bellow, *Ravelstein* (Viking, 2000).［译注］中译本见索尔·贝娄，《拉维尔斯坦》，胡苏晓译，南京：译林出版社，2004。

部书时十分犹豫。我敢肯定，布鲁姆的确如此。人们并不喜欢被如此挑战。根本不会有人早上起床就说："我想这样被挑战。"这可需要熟练的小说家来做这事。我认为这不是贝娄就布鲁姆所写的一部好书。据我回想，这实际上主要是贝娄自身的原因，不过……

麦基恩：不过这部书也并不过于针对个人。

施罗克：是的，然而这仍然是个负担。布鲁姆总是十分自信地展示自身的观点，也常常错误地惹恼他人。布鲁姆的不妥协想必没有让他获得他人青睐。当然，他人也不妥协。这些事情无法避免。一生的敌意就这样产生。

有许多哲学家和评论者毫不尊敬海德格尔。他们蔑视海德格尔，仿佛他在胡说八道，也就不再与海德格尔缠斗。但是就在这点上，施特劳斯灵魂的伟大之处展现出来。尽管施特劳斯出于许多缘由不喜欢海德格尔，他还是说："这个人仍要得到恰当对待。"所以有时我开车送施特劳斯去什么地方，他手里就拿着海德格尔的《尼采》（ *Nietzsche* ）。那可能是在研讨课间隙，他读书不辍。就我所能看到的而言，这的确令人难以承受，因为施特劳斯不得不正视一个恶徒的思想，并认可他值得认可的地方。施特劳斯做到了这一点。

二

施罗克：[进行中] ……我讲讲另外几件逸闻趣事吧。有一次，我在施特劳斯的公寓，那天早上肯宁顿也在。那时候恰逢珍妮婚礼。肯宁顿知道施特劳斯爱读简·奥斯丁，于是他就开始套话："你不会真的认为她胜过陀思妥耶夫斯基吧？""或者胜过托尔斯泰？"[笑]施特劳斯十分坚定。[笑]

还有另一段趣事，他亲口告诉我的。有一次他们住在河滨道（ Riverside Drive ），也许当时他在新学院。那是个炎热的夏天，他们住在一处高岸上的高层公寓。天气炎热时，他就习惯靠着窗户写作。此时，他正在做一件从未做过的事：探索非政治的哲学——非常古老的哲学。实际上，他在研究休谟和因果论。他用半页纸（half sheets）写作，这是他的习惯。他没有提到这习惯，我只是恰好知道，因为我们都知道他怎么写作。他一直写到纸的边缘，并将写完的手稿放在窗台上。正当他要完成工作，他说："一阵微风袭来，攫住纸张，［笑］吹散在河滨道上。"后来再提到这事，他就说某位神灵潜入，拿去这些手稿。他认为，事实上这位神灵在护佑他，不让他涉入其他事情，不让他出版［笑］某部非政治哲学的作品。他把这看成一项劝勉。

麦基恩：不是一道神谕？

施罗克：不是。只是劝勉他做好自己的本分工作。

麦基恩：这故事真过瘾。

施罗克：我刚才说的时候还想起些什么，不过现在又忘了。我还是按计划接着说下去吧。这件事关乎施特劳斯派，或者说这个宗派或"学派"。这就像任何学派一样：学生或成员从某个层次开始，并不需要［一次性］建立起所有前提，而只需要每一次让一个人有一场对话。当然，传统美国政治理论的未公开学派也是这样干的。他们只是没有公开，他们也从某个层次开始，也有一些预设的支柱和前提。此外，我们对我们的宗派葆有某种幽默感［施罗克笑］。我们能够坦然地取笑自己。这就是我就那件具体的小事可说的一切。

今天早上我选了一些读物。在某处地方，苏格拉底提到过和朋友聚在一起读书。我们正是在做这事。我选了两篇文本，《杀死一只知更鸟》（*To Kill A Mockingbird*）和《水手比利·巴德》（*Billy Budd*）。①《杀死一只知更鸟》是无数小学生都读过的东西，他们肯定会读到这页有关反讽或者说隐微论的精彩文字却不自知。他们读到这里时，我敢肯定他们一定会为之着迷，并有所感悟，这段文本实在美妙。杰姆（Jem）是斯各特（Scout）的兄长，他跟黑人女佣卡尔普尼亚

---

① ［译注］中译本见哈珀·李，《杀死一只知更鸟》，高红梅译，南京：译林出版社，2012；赫尔曼·麦尔维尔，《水手比利·巴德》，陈晓霜译，北京：新华出版社，2015。

（Calpurnia）有一段对话。卡尔普尼亚跟他讲她怎么教育她儿子。她用布莱克斯通（Blackstone）的《英国法释义》（*Commentaries*）来教，因为家主阿提克斯（Atticus）说这本书是英语写作的榜样，并且值得作为学习的起点。杰姆就非常震惊：

"你是说你用那本书教泽布（Zeebo）的？""噢，是的，先生，杰姆先生。"卡尔普尼亚羞怯地用手掩住嘴，"那是我仅有的书。你爷爷说，布莱克斯通先生写的英文优美。""难怪你说话和其他人不一样。"杰姆说。"其他什么人？""其他黑人。卡尔，你在教堂里却像他们一样说话。"我从没想到，卡尔普尼亚原来过着朴实的双重生活。[叙述者是斯各特，那个女孩——施罗克]一想到她在我们的家庭之外还有另一种生活，我就觉得新鲜，更不用说她还掌握两种语言。"卡尔，"我问，"为什么你对你的人说黑鬼话？你明明知道那不标准。""这个，首先我是个黑人……""那也不等于你就得那样说话啊，你明明可以说得更好嘛。"杰姆说。

卡尔普尼亚推开帽子挠了挠头，随后又仔细地把帽子压在耳朵上。"这不太好说。假如你和斯各特在家里说黑人话，那就不合适，对不对？反过来，如果我在教堂里和我的邻居们说白人话，那会怎样？他们会认为我在摆架子，傲得不把摩西放在眼里。""可是卡尔，你懂得更多。""没有必要把你懂的所有东西都说出来。那不淑女。[施特劳斯会喜欢这个——施罗克]再说，人们不喜欢他们身边有人比他们懂得更多。那会让他们恼火。你说得再正确，也改变不了这些人。除非他们自己想学，否则一点办法也没有。你要么闭上嘴巴，要么就使用他们的语言。"

《杀死一只知更鸟》就读到这里吧。

麦基恩：这段真棒。感谢你的分享。

施罗克：另外一个人则相反。假如卡尔普尼亚代表反讽人物，那么《水手比利·巴德》中"战力号"（Bellipotent）上的威尔船长（Captain Vere）就是"非反讽"人物。

不过我忘了提一件事，有关卡尔普尼亚和《杀死一只知更鸟》。我将这段读给一个黑人学生，克伦·迈纳（Karen Miner），她眼睛突然闪烁，并提醒我反讽也可以反着来理解，毋宁说是黑人不得不总反讽对待白人朋友，因为白人根本不了解黑人社区发生的事情。从另一个角度会理解更多的反讽，我们可不想过度强调一个方面。

现在是威尔船长：

> ［他］对一切智性的事物抱有明显的偏好。①他喜爱书籍，不带上那套刚刚更新过的藏书他是决不出海的，那套藏书体积虽小却是精华荟萃。那种孤寂的闲暇时光，某些情形下是如此令人生厌，即便在战时的航行途中也要间或降临到指挥官头上，却从未让威尔船长觉得单调乏味。［跳过——施罗克］他所偏爱的，是这个世界上身居活跃权位、心灵严肃的高层人士自然而然地喜欢看的书，［也就是说——施罗克］不管什么年代的描写真人真事的书——历史、传记［之类，但没有小说——施罗克］。
>
> 他的稳定自在的信念犹如一道堤坝，抵挡那些新奇主张的拍岸洪流，社会的、政治的，还有其他方面的［从这些观点看，他是个保守派——施罗克］，而那些日子里，有那么多人被冲昏头脑，像是淹没在激流之中，那些人本质上并不比他心灵低下。他生来所属的贵族阶层的其他人士，他们对那些改革者怒不可遏［我猜是指十八世纪的改革思想——施罗克］，主要是因为后者那些理论仇视特权阶级，威尔船长却以客观冷漠的态度加以反对［并非个例——施罗克］，不仅是因为在他看来他们无撼于②永久体制的化身，还因为他们与世界和平及人类真实的福利相冲突。

---

① 原文作"一种明显的偏好"。

② 原文作"无能于"。

与他级别相同的那些军官，心灵的涵养不如他，而且也不如他严肃认真，有时大家会不可避免地厮混在一起，他们发现他身上缺乏与人结缘的品质，认为他是一个干巴巴的学究式的绅士。一旦从他们那帮人当中抽身引退，有人往往会对别人说出这样一番话："威尔这个人清高，霍拉旭爵士（Sir Horatio）①说到底也几乎算不上更好的水手和战士。不过现在可是咱俩之间说说，你说他浑身上下是不是有那么一股子古里古怪的迂腐气？对了，就像国王的脚穿在海军的鞋子里。"

叙述者或梅尔维尔接着说：

此类机密的批评显然还是有些根据的，不仅是因为这位船长的言谈从未沾上亲密②的那一套，还因为在阐述观点时，涉及时下激动人心的名人和事件，他会像引用现代的人物和事件那样轻易地引用历史人物和古代事件。他好像丝毫没有留意到那种状况，对那些粗放豪爽的同伴来说，此类遥远的典故，虽说也许和他们确实相关，却令他们全然感到陌生，这些人的主要读物不过限于新闻［报纸——施罗克］。但是，对于性情生来像威尔船长这样的人来说，在此类事情上要做到有所体谅不那么容易，性情的诚实使其坦直如斯，有时远如迁徙的禽鸟，在飞翔之中从不留意何时越过边界。③

可以说，反讽的根源就在于接纳差异。反讽蕴含着对拥有不同能力的听众的意识。如施特劳斯指明的那样，反讽是高贵者装糊涂或拉

---

① ［译注］指他像英国海军将领纳尔逊（Horatio Nelson，1758—1805）勋爵。

② 原文作"亲密诙谐"。

③ Herman Melville, *Billy Budd* (1924), chapter 7.

平对话者之间的对话场域：在此情境中，水手们处在一端，威尔船长处在另一端。或者可以说，就像我们在跟孩子说话时那样，亚里士多德的绅士会在跟不如己者说话时掩饰自己的卓越。

我翻了翻梅尔泽的目录，[①] 重新让我回忆起哲学隐微论的四种形式。其一为"害怕迫害"——梅尔泽称其为"自卫型隐微论"。卡尔普尼亚捍卫自己不受黑人同胞侵害。其二为"危险的真相：保护型隐微论"，没必要向公民同胞宣讲哲学；保护城邦的制度、礼俗、传统、古老信仰。我认为，这二者有交叉。其三是"晦涩在教育方面的益处"：不告知所有东西，而让学生为了自己的益处把事情想明白一点。最后是"理性化这个世界：政治的隐微论"，即现代的隐微论，在如今这个时代，我们需要多隐微就该多隐微，当世界上其余的人达到我们的理性标准［施罗克低声笑］，那时我们才能摆脱这无耻行径。

我这有另外一个小片段，我想可以用来说明现代人的见解。这是《红字》(*The Scarlet Letter*) 中的海丝特·白兰 (Hester Prynne)。霍桑如是讨论她生活的时代：

> 当时正处于人类理智初获解放的时代，比起以前的许多世纪，有着广阔得多的天地任其驰骋。手执利剑的人已经推翻王室贵胄。比他们更勇敢的人，则将与古代准则密切相关的古代偏见的完整体系，并非实际地，而是在理论范围之内——这是那些王室贵胄真正的藏身之地——予以颠覆并重新安排。海丝特·白兰［也］吸入这一精神。她采取思想自由的观点，这在当年的大西洋彼岸是再普通不过的事，但设若我们的移民祖先们对这种自由思想有所了解的话，她的观点会被认为比红字烙印所代表的罪恶还要致命。在她那独处海边的茅舍里，拜访她的那些思想是不敢进入新英格兰的其他住宅的；假如有人看见这些影子般的客人

---

① Arthur M. Meltzer, *Philosophy Between the Lines: The Lost History of Esoteric Writing* (University of Chicago Press, 2014).

轻叩她的门扉的话，就会把接待他们的主人视同魔鬼般危险。

值得重视的是，那些想得最大胆的人，往往对外界的清规戒律也最能泰然处之。他们满足于思想，并不想赋予其行动的血肉。①

现代人会希望，到某个时候，她不再需要严格保守它，而能够开始谈论它。②这就是我所想的。

我目前在研究霍布斯。我见到过，有一派学说坚持认为霍布斯的每个字都是真心实意的。这些人有自己的幽默感，我也听到过他们开些有意思的小玩笑，但是他们完全看不到霍布斯身上的幽默。他们完全地、坚定地盲目。他们受制于自己的学术视界。这些视界让他们看不到霍布斯心里可能装着别的听众，看不到霍布斯可能在有的情形下更为坦率，在有的情形下更为隐秘。他们就像迁徙的鸟：他们掠过这些不同类型的人、不同类型的论述和不同类型的听众，却没看到任何变化。他们眼中都是一样的。

麦基恩：这真的令人印象深刻。关于施特劳斯，你还有什么想跟我们分享吗？你现在如何回想他，或者说，你怎么看待他的遗产？（这听起来相当沉闷。）

施罗克：好的。嗯，对我个人而言，两个问题的答案都是：就像他赋予我生命。［笑］

麦基恩：这是我们对他人最好的褒扬。

施罗克：是的。［笑］对，就是这样。霍布斯坚持认为，感恩是伟大的德性，是首要的自然法之一：我们不得不感恩。我不得不承认，我并不是芬利最好的朋友或最感恩他的受益者，芬利让我与肯德尔相识，肯德尔则让我和施特劳斯相识。我也不是最感恩肯德尔的受益者。我不喜欢肯德尔的政治活动。所以我们逐渐疏远。这是我的缘

---

① ［译注］中译参霍桑，《红字》，胡允恒译，北京：人民文学出版社，2012，页138–139。

② ［译注］"它"当指上段引文中的"思想"。

故。肯德尔是施益者，他是个好人，值得尊重，不过我几乎不了解他的生活。据我所知，他在中央情报局做一些我无法设想的事情，同时也是一位精细的政治理论家。[叹气]

但是，人只能感恩自己真正感恩的人，这就是我对施特劳斯的感恩。我应该感恩所有让施特劳斯来到这里的人。[笑]我过去所受的教育与我并非凭借自己的任何具体品质、优点而被拉上去的高峰之间存在惊人落差。我希望，在我到达那里之后有所成就，开始成为一个严肃的人。在施特劳斯的词汇中，我至多是个学者——也算光荣。因此，我尝试成为一个好学者。阅读霍布斯时，我尝试接纳所有出现的事物，不时地发笑。[笑]施特劳斯喜欢霍布斯。调皮……

麦基恩：恶毒。[笑]

施罗克：恶毒，没错。所以当我们发现笑料，我们不得不发笑。施特劳斯留下的另一件事就是好好发笑的习惯。至于遗产，我想这无法预测。但是有许多能人，我是说，你想想某篇对话，比如《斐多》，我想施特劳斯的徒孙给这篇对话作过三部特别好的注疏。这正是施特劳斯在《论僭政》中说他想要的。施特劳斯一直想着这个，最后成了，因为事情就是这样成的。假如你赋予人们机会，给他们一个小框架和合理依据，[并且]说：这可以做；这不仅光荣，而且合理；这甚至还能正当化，甚至是高贵的。那你就会得到满足，别人则会惊讶于所发生之事，因为你手下的这些强者，他们获得准许但没有被束缚住，他们先走一步，并做他们这类人一直做的事，即伟大的事业。

麦基恩：非常感谢。

施罗克：十分乐意。

舒尔斯基访谈录

2016年3月3日

陈子博　译

麦基恩：这位是舒尔斯基，他曾经是［芝加哥大学的］本科生、研究生。

舒尔斯基：只是研究生而已。

麦基恩：他是芝加哥大学的研究生，从1964年到1967年施特劳斯离开芝加哥大学，他上了几门施特劳斯的课。我期待，你为我们分享一下你回忆中的施特劳斯之为师。你可以先讲一讲为什么要来上这些课。

舒尔斯基：因为我那时候在康奈尔大学跟布鲁姆相熟。他1962年春天来到康奈尔大学，我的人生轨迹因此彻底改变。我曾经主修数学，也打算研究生继续读数学。你知道，布鲁姆是一股自然之力，我确信你也记得，根据你过去在那里的日子。因此，我就下定决心去芝加哥大学，因为施特劳斯在那里。那一年，有一大群人从康奈尔大学去芝加哥大学，比如布吕尔、扎科特夫妇、大卫·谢弗（David Schaefer）、迈克尔·马尔宾（Michael Malbin）。[1] 我们就因为布鲁姆离开康奈尔大学，去向施特劳斯求学。

他是一位庄重的老师。当我在网上听"《美诺》讲演课"第一堂

---

① 扎科特夫人，圣母大学德勒政治科学教授；谢弗，圣十字学院（College of the Holy Cross）政治科学教授；马尔宾、华盛顿特区竞选财务研究所（Campaign Finance Institute）执行主任，纽约州立大学奥尔巴尼分校（Albany）政治科学教授。

课的录音时，我回想起他上课的那种德国的庄重风格。他64岁那年健康开始变坏。65岁以后，他常常住院。从这时起，他就不再与学生保持紧密关系，但更早时候不是这样的，比如布鲁姆还是学生的那段时间。施特劳斯非常庄重。他永远彬彬有礼，宽和地对待学生。他鼓励提问题，从不扼杀学生的思想。他从不轻视任何事，不过我们大多数都有点胆怯，毕竟他是施特劳斯。

大多数时候，课堂围绕文本展开。研究生兰肯负责朗读，施特劳斯喜欢他的声音。施特劳斯会让他朗读某段文本，然后加以评论，讨论当日的课堂论文。就此而言，课堂显得有点庄重。有时候，他会对某些特殊要点给予富有深意的总体评论，因此我们必须非常专心。这需要大量思考才能理解。这在课堂上会带来一些讨论，课后我们会激烈讨论施特劳斯到底意指什么，并努力想弄明白他说的内容。

麦基恩：这是在你们这些学生之间吗？

舒尔斯基：是的，在学生之间。那时候我们是一个相当团结的团体，因为我们不少人来自康奈尔大学。我想院里的某些其他小团体把我们视作眼中钉，我不清楚［笑］。但我们的确是一个自然的社交团体。

麦基恩：在2011年的"施特劳斯之为师"会议上，你说你非常惊讶于施特劳斯能够如此简练地呈现事物，而回想过去，你意识到这比你在第一次遭遇时记得的东西更复杂。

舒尔斯基：是的。其中有复杂深意。换言之，他说了大量东西，但他说得非常简练。其中隐含着许多你第一次没能发现的东西。当我偶尔回望往事，我感到我可能没完全把握到本该理解的，就像我前面说的"《美诺》讲演课"的第一堂课。他的许多导论性陈述也同样如此。比如说："政治关乎稳定和改变；我们想为了变得更好而改变事物；你想保留现有的好；这暗含某种对好的看法。"就表面来看，这听起来非常简朴。但是，他究竟在说什么呢？看上去十分明显，但转过头来一想，他实则说了许多事情，如怎样研究政治等。我们必须事后许久才能懂得这里面到底藏着什么。

麦基恩：我第一次听那些课程时，震撼我的一件事情就是他如何解释要留意文本的中心。他说："我是通过聆听人们讲演明白这一点的。他们总是在开头说得神采飞扬，然后人们发困，最后他们就说'总而言之'，于是所有人马上打起精神。倘若你想展现某些重要或有争议的事，你就放在中间。"这听上去非常简朴，却是个机巧得多的原则。

舒尔斯基：是的。他还从色诺芬那里明白这一点。色诺芬说把你最好的士兵放在前排，好的士兵放在最后，诸如此类。① 去看施特劳斯在生命末尾就色诺芬写的书，就能明白这一原则铺展的方式。那些书在表面显得非常简单，仿佛在重述而已，因此需要读者非常专心。但色诺芬也的确显得非常朴素。他不像柏拉图写那么多宏伟的论辩主题，色诺芬看上去甚至有点愚笨。施特劳斯有次说过，色诺芬满足于藏身历史之中，被人误以为是某个退休的毕林普上校（Colonel Blimp）之类的人，② 而事实上，当你更仔细地阅读他，你就会发现这个家伙十分令人震撼。

麦基恩：你认为，这种教学技巧能够高效引导学生吗？

舒尔斯基：对此，我真的不知道答案。他五十年代的学生如布鲁姆说，施特劳斯那时更乐意让学生参与进来。后来可能有了一些变化，技巧有些不同。我那时候，施特劳斯的学生大多是上一代施特劳斯学生如雅法、布鲁姆、沃尔特·伯恩斯等人送来的学生。我没感受到施特劳斯还乐意让学生大量参与进来。我感觉，那时候的关注点完全在认识论问题或行为主义问题上，施特劳斯则相反，他试图用他的技巧让学生关注文本。我认为，他是在采用另一种方式让学生参与进来，而免于讨论与事实和价值相关的许多论辩，讨论这些论辩会让学生产生反抗情绪。当施特劳斯让学生真正严肃地阅读柏拉图，学生就会忘记"这并不被认为是可能的"，他们会沉浸到文本中并抱有兴趣。

---

① ［译注］见《居鲁士的教育》6.3.26–27以及7.5.5，可对比《回忆苏格拉底》3.1.7–8。

② ［译注］漫画人物，意指老顽固。

文本分析的技巧是为了让学生体悟文本的丰富意涵，重要的是让文本激发学生的兴趣，学生自然会沉浸其中。往后，他们自然会着手如下问题：由于区分事实和价值，你不可能做政治哲学。这时候，学生就会懂得这到底在说什么。问题的核心在于，古代哲学当今被呈现得十分滑稽，假如某人仅仅想要辩论"事实－价值区分是真是假"，那么他就不会有任何收获。也就是说，他根本不会理解社会科学立场之外的另一种可能是什么。当然，文本本身就有这种效果。至少在我读书的时候，他就实践这种教学策略。

麦基恩：施特劳斯的第一代学生中有许多都把自己认作施特劳斯派。你们那拨人又有多少？

舒尔斯基：非常多。

麦基恩：这对你意味着什么？

舒尔斯基：主要是对古人抱有兴趣，严肃对待古人，仔细阅读文本。这都是方法论上的。多多少少也会有负面影响，我不太知道怎么表述这一点。这会导致对许多当下的社会科学的蔑视。的确可以蔑视许多社会科学，但这也会导致某种学科隔离，不去认真思考当下正在发生什么。如果回到六十年代，那时候的大问题大多关乎早期行为主义，而现在差不多已经消失。行为主义确实非常贫乏。行为主义自我膨胀到荒谬的地步，尤其涉及自己要完成的东西和要怎么完成时。

麦基恩：还宣称拥有预测的能力。

舒尔斯基：是的，行为主义假定，我们只要应用科学方法，就能马上得到结果，如同在自然科学中那般，而完全不需要去思考行为主义本身及其与自然科学的区别，也不需要担心这差异到底意味着什么。当然芝加哥当时有点奇怪，在行为主义者眼中是个落后和传统的院系。我在那里的时候……不过这对当时的我来说真的没有那么清楚。但是在院系内部有某种不满，因为有些人想要变得更时髦，像密歇根大学那样。这导致普里切特……记得那位宪法学家吗？他当时是系主任，还有一年就退休，却被迫辞职。我们当时不太清楚，但这件事让一些人觉得，施特劳斯是个有点让人尴尬的存在。这表明，这个院系那时候真的不那么新潮。

麦基恩：你那时还学习国际关系。

舒尔斯基：是的。

麦基恩：这一点是怎么与你对政治哲学史的兴趣相契合的？

舒尔斯基：我那时候参加的项目不允许我只学习政治哲学。我有五门考试，其中一门考试可以不是本院系的，这一门需要在第一学年末完成。因此这一门我选了国际关系，这出自兴趣，但是我也不曾打算改变初心。我还打算继续学习政治哲学。我想获得教职并开始学术生涯。不过这并没有实现。

说实话，我不太清楚为什么将国际关系作为主科。换句话说，因为我打算学习政治哲学，所以我不太会将政治哲学作为主科。我一直就打算那样做。显然，我不想马上考［政治哲学］那一门考试。我对国际关系抱有兴趣，但这不是我的主攻方向。那时候我们有个有趣的家伙叫莫顿·卡普兰①。

麦基恩：我记得他，我那时还是研究生。

舒尔斯基：他写了一本有意思的书，叫《系统与过程》②，他尝试用社会科学的方式聪明地处理这个问题。我交给他的论文写的是修昔底德。这本书讨论不同机构、两极体系、多极体系等等。修昔底德是两极体系的一个好例子，因此我就写了那篇论文。兰肯也是卡普兰的学生，为卡普兰做了大量计算机方面的工作，搭建模型和模拟程式等。兰肯是那类早期程序员。我还选了宪法和经济学作为副科，主要是因为我可以上米尔顿·弗里德曼（Milton Friedman）的课——怎么能错过这个呢？而且经济学在某种意义上是社会科学中最数学化的，因为模型非常严谨，而我在康奈尔大学主修数学。

麦基恩：让我们回到施特劳斯问题吧。康奈尔大学的老师跟你说了什么有关施特劳斯的事情，从而让你想要去芝加哥大学跟他学习？

---

① 卡普兰（生于1921年），芝加哥大学政治科学杰出服务名誉教授。

② Morton Kaplan, *System and Process in International Relations* (1957).

舒尔斯基：布鲁姆和沃尔特·伯恩斯，主要是布鲁姆——布鲁姆天资聪颖，并最能哲学地理解我们目前的处境、什么是主要问题，诸如此类。这非常吸引人。不过，当我真正到了芝加哥，我们关注的重点不是"西方的危机"等，尽管这些在第一堂课可能会涉及。我说过，施特劳斯引人入门的方式是仔细阅读经典文本。我认为，这一方式能够引人思索，而不避开典型的辩论方式中的表面事物，这在某种意义上或许可以让人先不管那些大问题。布鲁姆当然十分崇拜施特劳斯。我对哲学问题抱有兴趣，于是我被引向布鲁姆。实际上，在遇到布鲁姆之前，我在康奈尔大学上了一些哲学课程。哲学系非常偏重分析。我感到特别无聊，没什么值得提的。布鲁姆真的是某种启示。

还有另外一件事。1992年布鲁姆去世，我在《政治科学评论》发了篇短文，记述我与他初次见面的场景。[1] 他于第一学期出现在康奈尔。令我印象十分深刻的是他讲授莎士比亚的课。他开了一门研讨课讲《威尼斯商人》（*Merchant of Venice*）。作为一个数学专业的学生，我倾向于认为：英语专业不太严谨，而且这不是真正严肃的事情；唯有数学和科学等是严肃的，比如人造卫星之类。布鲁姆让我看到理解一部莎士比亚戏剧是多么复杂且需要多少努力。而此前，我根本认识不到这一点，也不知道需要多少坚实的思考才能理解莎士比亚。当然布鲁姆那时在写他那本有关莎士比亚的书。

麦基恩：你也写过施特劳斯对你的情报研究的影响。回想过去，你会怎么更总体地总结施特劳斯的影响呢？

舒尔斯基：对我的影响，还是总体而言？

麦基恩：两者。

舒尔斯基：好的，当施特劳斯……真的，写那个关于情报的东西是因为有人做了大量准备，实际上这后来给我造成一点麻烦。这有点

---

① Abram Shulsky, "A Personal Remembrance of Allan Bloom," *Political Science Reviewer* 22 (1993): 16–19.

像在开玩笑，因为当然不能非常直接地表述出来。①

麦基恩：这个标题暗示这是在开玩笑。

舒尔斯基：的确，这有点像在开玩笑。我一边写，一边想这个问题：施特劳斯做的主要事情就是将人从某些传统范畴中解放出来。比如，社会科学会倾向于由此开始思考：存在事实－价值区分。或者拿当时流行的比较政治学来说：根本无法清晰区分政体，只能衡量控制集中的程度，某些政体高些，某些则低些。[政治] 参与一直存在，只是程度不同。在本质上，他们所做的，直到苏联解体，在苏联研究中得出的结论都不外乎：种类上并无区别，有的只是集中程度、控制程度等的高低。施特劳斯是对所有这些的解放。你可以实际地观看这个东西，并努力弄明白这是什么，有什么意义，什么驱动着这些人，而这东西不一定非得是经济，也不一定非得是摩根索眼中的权力或"现实政治"，可以是别的事物，或是宗教狂热，或是以各种方式发生作用的意识形态。

因此施特劳斯的主要影响是，让人解放出来，不用非得磨碎一切去套用已有的模型。当然，政体的概念并不是施特劳斯独有的，亚里士多德那里就有，一开始就有。但是，严肃地对待政体可以让人更好地思考国际关系，而不只停留在所有这些事物只在量上有别的看法中。还有另一个要点，虽然听上去奇怪，但在某种意义上是真的。施特劳斯强调，只有在自由民主制下，才能在原则上公开地说出所有真实，其他政体在原则上都不接受这一点，因此就需要诸如欺骗、高贵的谎言等概念。就此来看，这对理解世界上的不同政体以及情报十分重要。

尽管奇怪，但我常常相当惊讶于——你不会想到这一点——国际关系事务领域的人有时竟会这么幼稚地看待各个国家。他们太把表面陈述当真。一个例子发生在以前的伊拉克，甚至现在发生在伊朗的某

---

① Gary J. Schmitt and Abram N. Shulsky, "Leo Strauss and the World of Intelligence (By Which We Do Not Mean Nous)," 1999. 这篇文章可在网上找到。

些事情也是如此：中东有一种世俗的思考方式，至少在过去存在过，比如萨达姆（Saddam）；那里还有一些宗教狂热分子。情报界以一种奇怪的方式根深蒂固地认为，二者不会合作。当然，施特劳斯没有专门说过什么去让人质疑这种看法。但这毕竟是常识：你当然可以与敌人的敌人合作。但是眼下的教育会让人接受这些东西，他们说得太严肃，且从不那样分析。那么，你能把那个跟施特劳斯绑在一起吗？嗯，不是太直接。施特劳斯会解放人的眼光，让人眼前一亮，这胜于社会科学的教导。这就是我们想表达的观点。

麦基恩：这就像忠实地阅读文本那样。不把自己的东西强加于文本之上。

舒尔斯基：的确像。不能用某种公式。乔治·威尔等人有时候会简化实情，在新闻中用一些范畴如左派对右派等，不分场合。他们会把某场大屠杀说成右派哥萨克人与左派犹太人之间的斗争。然而这根本与左派右派没关系，这是一场不同性质的斗争。你假如活在报刊专栏里面，就总会用"左右对抗"这些词汇。这当然不能直接归入施特劳斯的影响，但我认为他的确起到解放作用，让人严肃地看待事情。另一方面，施特劳斯也总被人埋怨不够严谨，或者不能严肃看待体制中的一些限制。这的确存在，不过总的来看，问题出在人们头脑简单，用一个大框架套用所有事情。施特劳斯则将我们从这个框架中解放出来。我往后决定做的大量事情都会与此有密切关联。

麦基恩：能否更一般地概括他的影响？

舒尔斯基：更一般地？一时间难以说清楚。显然，他在欧洲某些地方似乎有更大的影响力，在德国是因为迈尔的著作。

麦基恩：在中国也一样。

舒尔斯基：中国的情况非常有趣，我无法理解。在法国，几年前我注意到，我走到圣日耳曼镇（Saint-Germain）上一处不错的书店，在哲学区发现大量施特劳斯著作的译本。我大为惊讶。[美国]这里的情况更难说。显然施特劳斯有大量徒子徒孙。但这在将来会走向何方，我不知道。目前也仅有某个特殊群体对施特劳斯感兴趣，我猜。

我不太清楚他会对更广阔的世界有什么影响。当然，他已经影响到犹太研究。我想在某些方面，他发挥着更大的影响。不过在古典学方面怎么样？我不太清楚学术界的情况。

有些事情会让人感到好奇。我不知道你是否熟悉梅尔泽那本论隐微写作的书①。这本书非常震撼——并不是简单罗列论证，却沉寂得渺无声息。在更大的学术界，据我所知，这本书并没有像人们预期的那样挑起一场激烈论争等，毕竟书中处理的东西总是被人们跟施特劳斯联系起来，并用来攻击施特劳斯。这本书似乎消失不见，所以我不理解。我是说，只有施特劳斯派自己关注这本书。我想有一些人，他们不会自称施特劳斯派，但显然对他抱有兴趣，这部书也在他们中有些影响。但也许是因为我没有跟上学术界的现况，我不太清楚这部书在哲学圈有什么影响。

麦基恩：我在想，是不是因为美国有股敌视阅读的趋势，让梅尔泽的书和对施特劳斯的兴趣看上去像倒退的东西。我记得，贝娄说过，文辞对美国人来说是障碍。文辞碍事。这就是为什么我们经常说"你懂的"；我们想要心灵感应式的交流。你想让别人理解，但不想费力解释自己。

舒尔斯基：有可能。我不太清楚现在学术界怎么样。有许多人对布鲁姆怀有兴趣，因为贝娄那本《拉维尔斯坦》。有这么件完全疯狂的事情，跟伊拉克战争等联系在一起。罗宾斯（Robbins）这个伦敦的家伙，他的戏剧就是这种疯狂的井喷式体现。② 幸好这似乎已经过去。不过这疯狂还会在未来存在。［施特劳斯的］那些书会一直存在，总会有人在某处怀着兴趣来阅读。不过，至于施特劳斯的徒子徒孙是否可以在美国延续那种活动，我不太清楚。这太难说。当然，像哈佛大学的曼斯菲尔德、得克萨斯大学的潘戈、芝加哥大学的塔科夫、多

① Arthur M. Melzer, *Philosophy Between the Lines: The Lost History of Esoteric Writing*(Chicago: University of Chicago Press, 2014).

② Tim Robbins, *Embedded*. 这部戏剧首演于2003年。

伦多大学的奥温，他们都有显赫的地位，不过他们的学生能不能在同等显赫的地方找到工作，我不太清楚。

麦基恩：难说。你还有什么别的回忆、想法要说吗？似乎后期的课程不像早期的那样。原先下课之后，施特劳斯还会在茶水间跟大家交谈。

舒尔斯基：是的，我们不怎么在［课堂］外面看到施特劳斯。我那会儿最了解施特劳斯的人应该是布吕尔，因为他是施特劳斯的助手，他经常开车接送施特劳斯往来于课堂和公寓之间，也帮他做其他事情。布吕尔比我更了解他。布吕尔总是显得有所保留。我只记得有一次在克莱蒙特，应该是在1968年夏天，当时恩格曼（Tom Engeman）和韦斯特还是克莱蒙特的学生，[①] 他们在1968年春季学期当施特劳斯在克莱蒙特的助理。不过那是暑假，他们不在学校。施特劳斯让我帮他打印。那是［他论］色诺芬的《齐家》（Oeconomicus）［的书］。[②] 施特劳斯拿着他的纸和这么长的铅笔头，手稿上写着蝇头小字。他一边读，我一边输入电脑。

麦基恩：我懂。你破解不了他的手写体。

舒尔斯基：是的。

麦基恩：那可是个挑战。

舒尔斯基：我完全不可能做到，因为那是旧式德国手写体。珍妮能做到，她可能是唯一一个。我不需要破解。他朗读，我打字而已。有一些边角评论让我更好地理解施特劳斯。我记得，他在朗读那本书的其中一章时……再说一次，那些盯着［文本］表面的书就像在复述而已；有时候难以理解施特劳斯在做什么。也许，当我在打字时，我因为困惑问了他问题，他回答我说：当我提到某个细节，这就意味着

---

① 恩格曼，芝加哥洛约拉大学政治科学教授；韦斯特，希尔斯代尔学院（Hillsdale College）政治学教授。

② ［译注］中译本见施特劳斯，《色诺芬的苏格拉底言辞——〈齐家〉义疏》，杜佳译，上海：华东师范大学出版社，2010。

我已理解这个细节。我想说：那为什么你不把这告诉我们呢？［笑］不过我当然没有说。他提到某个细节，这说明他已理解那个细节。这是重要的，所以你得想想。可是他常常不怎么给人线索。别的事情就是……他非常彬彬有礼。我亲身经历得少，他当时和学生有点距离。

麦基恩：我喜欢的一件事情是他提及人的激情和人的失败的方式。例如在一部小说中，他会说：我相信，你们都已从文学中知道这些。

舒尔斯基：是的，他可以非常优雅。这是老派作风。芝加哥大学明显如此，施特劳斯总是称呼我们为先生或小姐，他从不直呼学生的名。芝加哥大学与别的地方在那时候风格就不一样。

麦基恩：勒纳还这样做。

舒尔斯基：我能想到。当然啦，施特劳斯总会被称为施特劳斯先生。在芝加哥大学，绝不会在称呼人的时候带上博士头衔。我觉得，大家都暗中认定，他们既然待在芝加哥大学，那肯定都有博士学位，再称呼博士就显得有点古怪。这就是理所当然的。

麦基恩：好的，我们就此结束吧。非常感谢你。

舒尔斯基：也谢谢你，这次谈话很愉快。

巴特沃斯访谈录

2016年3月3日

李旺成　译

麦基恩：我是麦基恩，和我一起在这儿的是巴特沃斯。我们正谈到他上过多少施特劳斯的课，这很重要。请你告诉我一下，你是怎么去到施特劳斯的课上的？是什么驱使你到他的课上？

巴特沃斯：我在1961年秋到芝加哥大学，当时的课程量是一年四门，也许施特劳斯教授在芝加哥大学期间的课程量都是如此。施特劳斯完成这个课程量的方式是，在一个学季（通常是秋季学季）上两门，一门研讨课，一门讲座课；依据我在芝加哥大学的经历，在冬季和春季［学季］他各上一门研讨。我在那儿从1961年待到1964年春，然后离开，去埃及搞我们称为"田野研究"的东西，因为我做的是有某种"格调"（tone）的哲学。我在1965年回来，我猜当时我也许是旁听而非上课，因为我必须完成所有的课程作业，通过综合考试，而且不能把这些课程加到我的成绩单上。

我之所以去芝加哥大学施特劳斯那儿，是因为我在密歇根州立大学读本科的时候，碰巧和霍维茨有联系，他是一位著名的老师，并且坚信读研唯一应该跟的老师就是施特劳斯。我是在密歇根州立大学大二时遇到的霍维茨，但我在那儿没待多长时间；我花两年时间修完学分，之后，在大三冬季学季末，我就去布鲁塞尔，到世界博览会（World's Fair）上当向导。所以，春季学季的时候我没在，那年的秋季学季是我的最后一年。我在大四的冬季学季回到密歇根州立大学（1959年），然后毕业。我上了不少霍维茨的课。除霍维茨外，在密歇根州立大学有一众人，他们不是施特劳斯的学生，但知道施特劳斯，为首的一个叫斯坦利·伊泽尔达①，是个有名的老师，同时也是光荣学院（Honors College）的创始人。去光荣学院的时候，我是第一批人。他总有点像一只牛虻，让学生做更多，做更好。

从密歇根州立大学本科毕业后，我拿到富布赖特奖学金去了法国。因为我法语掌握得不错，那儿的老师们鼓励我做点与我的研究相关的实事，而不仅仅只是浪费时间当一名学术游客。所以，我就在波尔多大学（University of Bordeaux）跟一个博士项目。尽管我在哲学系，那段时间对我帮助最大、引导最多的却是一个叫弗朗索瓦·布尔里考（François Bourricaud）的人。他是布鲁姆的密友，差不多是同龄人，1950—1951年拿到洛克菲勒奖学金去美国，曾受教于施特劳斯。布尔里考是个社会学家，但不只是一个社会学家，或者说，除了社会学家，他还是一个民俗学家（ethnologist）。他的民俗学关注的领域是秘鲁——拉丁美洲，但尤其是秘鲁。（他现在已经过世。）他的学术名气我想归因于下面两类事：一、他是雷蒙·阿隆（Raymond Aron）的学生；②二、他做的主要是法语翻译，把塔尔科特·帕尔森论社会学的书译成法语。③书名我现在忘了。

帕尔森是一位杰出的社会学家，在美国声名显赫，但写的英语文章却很蹩脚，布尔里考的翻译帮助人们理解他。但无论如何，一看到我感兴趣的东西，布尔里考和我就开始相互了解，讨论这些东西。他也认为，除了芝加哥大学没地方可去，除了施特劳斯没人可跟。同时，我对卢梭产生了兴趣，还有孟德斯鸠，但主要是卢梭，所以他认为：一、我应该在法国再待一年，而富布赖特奖学金对此是非常大方的，所以［这个想法］可以成为现实；二、我不应该再在波尔多

---

① 伊泽尔达（Stanley Idzerda，1920—2013），法国史学家。

② ［译注］雷蒙·阿隆的多部著作有中译本，如《社会学主要思潮》，葛智强、胡秉诚、王沪宁译，上海：上海译文出版社，2005。

③ 帕尔森（Talcott Parson，1902—1979），1927—1979年在哈佛大学任教。巴特沃斯提到的书可能是《社会活动的结构》（1949）或《社会系统》（1951）。

大学浪费时间，而应该去南希大学（Nancy）跟一个那时写作和出版了最多关于卢梭和卢梭的政治教诲的书的人，叫作罗伯特·德拉特（Robert Derathé）。那真是很棒的两年，我学到很多东西，也许展现给我的东西比我学到的还多，我很享受接触所有那些人，甚至在我离开波尔多大学之后，我仍然和布里尔考保持着联系。后来，因为我觉得像南希那样有吸引力的地方也许是一个大学镇，而巴黎是一个更好待的地方；所以，像德拉特一样，我每周一次乘火车从巴黎到南希。我们在火车上见面，当然，他在头等车厢，我在二等车厢，我们没有坐在一起，但我们会在走廊见面交谈，接着我会上一天他的课，然后各自返回巴黎。

这真是妙不可言，因为这是在非常晚的时候——1959年到1960年——而甚至在那时，人们称之为"涡轮教授"（turbo prof）①的观念还很含糊。你住在巴黎，乘坐快车通勤于法国的任何一个想得到的地方。但布里尔考不是，他生活在波尔多大学，一直待在波尔多大学，直到他在巴黎获得一个工作机会，即现在的巴黎四大（Paris Ⅳ）的地方。不管怎样，我一直和布尔里考交往，他觉得我可能需要和芝加哥大学的人谈谈，就安排我和布鲁姆见面。于是，我们在圣日耳曼德佩（Saint-Germain-des Prés）的一个小咖啡馆见了面，任何知道布鲁姆和他的脾气的人都会明白，我根本没机会插话，但我确实上道儿了。这就是我怎么来到芝加哥大学的。

也许该说得尽可能清楚些。当我到芝加哥大学的时候，因我有法国背景，法语写作和口语都相当好。在芝加哥大学有另一个教授，做当代政治哲学。他的名字就不说了，只需说他以黑箱理论（Black Box Theory）②闻名于世。这个教授在找研究助理。尽管当时我拿着

---

① ［译注］涡轮教授，"涡轮发动机"（trubo prop）的谐音，未详何义，但根据前后文可推测，可能指住在一个固定的地方、利用各种通勤工具去指导学生的教授。

② 伊斯顿（1917—2014），1947—1977年任芝加哥大学政治科学系教授。

奖学金，他还是主动就那种会非常有趣的事情向我提议，但我犯了个错，在接受之前听了一节他的课。他的教学和施特劳斯的教学之间的差别有如白天与黑夜，所以我从未去追求那个机会。

麦基恩：你认为那是个错误吗？

巴特沃斯：一点也不。他人非常好，但是，怎么说呢，他更多的是充满着他自己（full of himself），而不是［充满着］学生。我的确在芝加哥大学遇到过其他很有名气的老师，在帮助学生走自己的路这方面对学生很有帮助，但他不属于这种。我想，上他的研讨课和上施特劳斯的同样的研讨课的简单经验向我显示了他们之间的差异。一、施特劳斯总是有备而来。这是明显的，从他进教室那一刻起，我们在那儿做并尝试去做重要的事情。他明显比我们中的任何一人都准备得好，但事情以一种特别的方式展开。我想是他对我们阅读的材料的掌握使他能提出最重大的问题，要么是对于作者，要么是对于他自己来说［的最重大的问题］，这意味着我们说也要去处理这些问题。最特别的东西，尤其在我——可以说已经浸淫于处理这些东西的欧洲式方法——看来，是按文本自身解读文本，而非通过文本的历史先例（historical antecedents）来解读文本。

我希望我可以说施特劳斯赢了，而且今天已经没有这样的东西，但这当然不是事实。针对我认为代表学界的大多数学术研究的东西，有一个德语大词：原始资料研究（Quellenforschung），即寻找原始资料。你阅读几乎所有期刊文章的时候看到的就是这些。当然，与此相对的就是那些被称为施特劳斯派的人被诟病总是寻求教诲（teaching），应该说是秘密教诲或字里行间的阅读，但实质上真正指向的是试图搞清楚作者说了什么。在课堂展示和回答学生的提问之类的事情中，施特劳斯让这一点变得非常非常清楚。

麦基恩：你是怎么进到阿拉伯政治哲学里的？

巴特沃斯：以某种方式说，是受施特劳斯的鼓动。我想是在我在芝加哥大学的第一年末。在课堂上，学生大量提问正式结束后，他对其中的一个问题作了评论。他碰巧随口提到，如果不理解中世纪犹太和阿拉伯方面的哲学，就不能真正理解哲学史。因此，我就跑去就这一点问他。他以一种熟悉芝加哥大学的人都会懂的方式立刻回应道："我想回答巴特沃斯先生，但你为什么不穿过大街去东方学院（Oriental Institute）请教某某人？"某某人碰巧就是迈赫迪。所以我就恭敬不如从命。

麦基恩：阿博特[①]当时还在那儿吗？

巴特沃斯：对，阿博特当时还在那儿。我过去请教迈赫迪，他说："这条路很长，而且如果不学阿拉伯语，你不能真正地从中理解任何东西。"刚好，那个暑假在哈佛有一个阿拉伯语集训项目，我正好可以敲敲门儿。我就是这样开始的。

麦基恩：那真是太棒了！

巴特沃斯：我真正想的是，花几年学学阿拉伯语，然后继续做大陆哲学，回到我原来自己出发的地方。然而，整个世界打开了。今天我仍然发现，我的研究与那个世界的关联是如何之深，那个施特劳斯一度曾在的世界，主要是通过他理解迈蒙尼德和犹太哲学的尝试，还通过他对阿尔法拉比的着迷以及由于阿尔法拉比而对阿威罗伊的着迷。他勤奋地阅读所有这些东西，当然，我确实也有机会跟迈赫迪还有阿博特学习。阿博特是一个出色的史学家，只是没有那么幸运地得到大肆宣传。研究中世纪阿拉伯/伊斯兰历史的每个人都知道她的大名，但很少人知道其他更多关于她的东西，而她成就斐然。最重要的是，她教迈赫迪——这是当然，还尽力教我怎样成为一个好史学家。她非常善于［研究］原始资料。我今天才发现，迈赫迪——本该在芝加哥大学学习工商管理，但不知怎么被施特劳斯那里发生的事吸引——在阅读伊本·赫勒敦（Ibn Khaldun）的材料，进而阅读阿尔法拉比的材料时，他怎样打开一个新的文化世界。通过回溯原始资料，并且清晰地回溯原始资料，他能够向那些阅读他的人展示在九世纪、

---

① 阿博特（Nabia Abbott，1897—1981），阿拉伯语写作和文学教授。1933—1963年任芝加哥大学东方学院教授。

十世纪、十一世纪、十二世纪——一路直上十五世纪初的赫勒敦，有
多么丰富的学问正在进行。

麦基恩：施特劳斯是如何参与进你的博士论文选题中的？

巴特沃斯：怎样参与进来？

麦基恩：对。

巴特沃斯：他与迈赫迪是我的博士论文的联合指导人。我当时还
认为，我应该放一个同辈人到［答辩］委员会中，一个对阿拉伯世
界有兴趣的人，为了让我更有可能找到工作。所以伦纳德·宾德[①]也
在。我想，确切地说那是个糟糕透顶的决定，但我从宾德那儿学到作
为一个年轻人不应该做的事。我回应一下其他方面的事：施特劳斯用
他指导别人的最好方式来指导我，他读论文，他愿意和我谈话，但这
不是指浏览论文，形成论文章节，给论文打分做出反馈。迈赫迪也不
太做这些事。他读了所有我写的东西，做出评论，给我展示哪儿我完
全搞错了。出于某种原因，我想探讨一下这一点是好的：这些老师没
有把我们攥在手里。只能必须要么淹死，要么靠自己游泳（这是混合
比喻）。他们给我们一个目标去瞄准，如果我们错得太离谱，就指出
我们完全错了；否则，他们就和我们讨论主要的点。如果我正确地理
解了我自己和我的同辈人，那么我认为我们倾向于把学生攥在手里，
这样要么更好，要么更坏。所以，施特劳斯尽可能地参与进来，但主
要是通过我的主动。

麦基恩：所以是你提出的题目？

巴特沃斯：我提出的题目。我上过一门迈赫迪的课，由此对阿威
罗伊有了兴趣。那似乎是一个关于阿威罗伊的修辞的题目，但这并不
为人所熟知。迈赫迪和我决定我真的需要去阿拉伯世界，学习说阿拉
伯语，逐日了解那儿都在发生什么，幸运的是有拿到奖学金去那儿的
可能。我拿到两份奖学金，一份来自埃及的美国研究中心，另一份来

---

① 宾德（Leonard Binder，1927— ），美国政治科学家，专攻中东政治
学和伊斯兰政治思想。

自富布赖特。出于某种原因，我决定拿美国研究中心的奖学金，把富布赖特奖学金让给其他人，因为我在法国已经受过富布赖特奖学金的资助。那是个好得很的决定，没出什么问题。我和埃及美国研究中心的联系很多年都没断。那是一个很好待的地方，而且确实变成某种研究中心，甚至给去那儿的富布赖特奖学金学生用。

麦基恩：那儿有人研究阿威罗伊吗？

巴特沃斯：那儿没人研究阿威罗伊，但有人研究阿拉伯世界的任何事情。很棒的是，我们多年来一直保持联系。刚开始是一小群人，有那些学术社团把我们聚在一起，在不容易立刻融入的——我不想说得太难——异国他乡度过时光，这创造出一种纽带。在那不像在欧洲生活，非常不一样。迈赫迪刚刚好有一个休假年，实际上在埃及开罗过完第一个学期，他把我介绍给不同的学者，然后我们决定我该去艾因山姆大学（Ain Shams University）上课。这对我来说是个好主意，这所大学位于开罗的郊区，或者说它那时地处郊区，有两个博学的著名埃及学者［在那儿任教］：阿布德·阿尔拉赫曼·巴达维①——他在哲学上出了很多研究成果，如今已去世；以及阿布·瑞达（Abu Rida），②我记不起他的名了，希望能记起来，他的研究兴趣是卡拉姆（Kalaam）和辩证神学。哦，我想起来了——他的名是阿布德·阿尔哈迪（'Abd al-Hadi），阿布德·阿尔哈迪·瑞达（'Abd al-Hadi Abu Rida）。我充分地接触那时阿拉伯世界发生的事，可以说，通过浸淫其中，我学会了讲阿拉伯语。其他的课程是用阿拉伯语教授的。我在某种意义上是一个外来的外国人，同辈学生不太搞得明白我在那儿干什么。我也许也搞不明白我在那儿干什么，但是……

［采访在此中断］

---

① 阿布德·阿尔拉赫曼·巴达维（'Abd al-Rahman Badawi，1917—2002），哲学家、诗人，著述宏富。

② 穆罕默德·阿布德·阿尔哈迪·瑞达（Muhammad 'Abd al-Hadi Abu Rida，1909—1991），伊斯兰哲学教授。

麦基恩：我们回来继续。我向巴特沃斯教授问及一篇他在阿拉伯-美国大学（Arab-American University）研究生会议上提交的文章，在文章中他声称自己在某种意义上是施特劳斯的徒孙，以此为自己何以作为一个保守派属于那个专门小组（panel）辩护。①我请他详细解释一下这是什么意思。

巴特沃斯：我想有两件事需要说说。那个辩护就是，整个专门小组是由自称为保守派的人组成的。插入一句，也许今天知道我的人不会再用那个描述来描述我，但我们可以不管那个描述。倒回到九十年代，我绝对乐意用那个描述。我的目标是——我的企图是，向通常会充满敌意的听众，即不想听保守派讲话的听众，解释我们在做什么，以及为什么一个保守派的观点是有价值的。是在这种处境下，我作为一个学界中人，作为某个从学术界的视角而非从公共政策进入的人，想要解释在那个层面我的贡献会是什么，而且，我提出的观点是在那些关系中得到衡量的。奇妙的是，因为这个新的网络事物（我不知道正确的词语是什么，肯定有个更好的名词）Academia.edu联系人们并尽力让他们上传文章，我被促使或者说被邀请上传那篇文章，于是我就照做。打那以后就有许多点击量，所以……

麦基恩：我在邮件中收到过这篇文章的链接。

巴特沃斯：你是在他们发的邮件中收到的？

麦基恩：对。邮件说，巴特沃斯上传了一篇文章。

巴特沃斯：我懂了。看来他们还通知了订阅者。好吧，这或许可以解释某些事情。没有任何人联系我，问我有关这篇文章的事，而且老实讲，那时没有那么多互相交流。如果我没搞错的话，那篇文章刊在叫《中东政策》（*Middle East Policy*）的期刊上。安·乔伊斯（Ann

---

①　这篇文章于1993年10月23日在华盛顿州的阿拉伯-美国大学研究生（AAUG）协会年度会议的一个专门小组中展示。见 "The Political Economy of Liberty in the Islamic Middle East," *Middle East Policy* 3: 2 (1994): 109–124。

Joyce）当时是那份期刊的编辑（现在仍然是），非常同情我们尝试去做的事，鼓励我们的专门小组，然后发了那篇文章。有少数保守派的声音，或者有着保守派学问的人，想要听到这些东西。这就是当时发生的事。

麦基恩：我理解的是，你认为自己是一个旧保守派（paleo-conservative），是吗？

巴特沃斯：对。我想如果我理解得没错，今天很难再那样。我越理解我在政治上站的地方，就越看到我已经或多或少离开保守派圈子。我宁愿认为我仍然在问诸重大问题，但我的目标也许不是我的保守派同伴的目标。

麦基恩：你认为施特劳斯也是一个旧保守派吗？

巴特沃斯：是的，一个传统派（traditionalist）。

麦基恩：这是什么意思？怎么看出来的？

巴特沃斯：那种文化之真正所是被提出来作为一个观点的一部分。旧据称是新（neo）的对立面，这就是发生的事。组织那个专门小组的人，那个在帮助施特劳斯的学生在学术界开辟自己的道路上非常非常重要的人，托尼·沙利文（Tony Sullivan），埃尔哈特基金会的项目主任，就是其中的成员。现在他也是帕特里克·布坎南（Patrick Buchanan）的长期支持者，我不能跟随他走这个方向。后来他离开那里，奥巴马上台的时候，他自愿为奥巴马效劳。我不知道他现在站在哪边。我们最近一直都没谈这些事情。所以，对某些人来说，政治变了。我对此只能说这些。

我真的没什么可再补充，除了说这些来作为总结：与施特劳斯的相遇才是生命的改变。如我在几回对话之前向你提及的，我们今天在2016年重温施特劳斯论阿尔法拉比的文章：《阿尔法拉比如何解读柏拉图的〈法义〉》①。不知你有没有注意到，在去年7月，我翻译的阿

---

① ［译注］中译收入阿尔法拉比，《柏拉图的哲学》，程志敏译，上海：华东师范大学出版社，2006。

尔法拉比的《柏拉图〈法义〉概要》，连同他的《政治制度》，在康奈尔出版社出版。[①] 所以说，至少还有少数人仍然对阿尔法拉比有着持久的兴趣。毫无疑问，在四十年代，施特劳斯做了很多事来把阿尔法拉比推向人们眼前。之后，通过迈赫迪的杰出工作，施特劳斯的推力继续着。再者，如果你看看在法国、德国甚至在意大利和西班牙出版的东西，它们对阿尔法拉比有一个持续的回溯。并不总是回溯那些重大问题，那是另一回事，但确实会有一丝微弱的想法，这就是，也许阿尔法拉比这个人能提供些什么，然后是不情愿地说：是的，施特劳斯那个家伙确实说得有道理。越是改变，就越是相同的东西。

麦基恩：我再问你一个问题，因为你上过那么多施特劳斯的课。显然他教得最多的一个作者是柏拉图，当然亚里士多德也是。你认为柏拉图的什么东西对施特劳斯来说那么重要？

巴特沃斯：我认为这与对我们中持续地阅读柏拉图的人来说最重要的东西是同样的东西。柏拉图有一种不受约束的学习欲望。或者，让我们对作者公平点：柏拉图的苏格拉底有一种不受约束的学习欲望。这一点吸引年轻人，也同样程度地吸引老年人。这样说是危险的，但因为是事实就应该说，这就是，施特劳斯同样也非常喜欢尼采。一个人在阅读尼采的时候情不自禁就几乎被扼住咽喉，被迫看向诸重大问题。存在一种吸引人的方式。阿尔法拉比要淡得多，但存在同样的东西。

麦基恩：同样的对现状和既有意见的极端挑战？

巴特沃斯：对，对现状的极端挑战，如施特劳斯指出的，那个重大问题当然总是理性与启示。至少柏拉图和阿尔法拉比使二者都活着。对柏拉图来说，当然没有启示，但有诸神的问题；对阿

---

① Alfarabi, *The Political Writing*, trans. Charles E. Butterworth (Cornell University Press, 2015). [译注] 二著的中译分别收入阿尔法拉比，《政治制度与政治箴言》，程志敏、周玲、郑兴凤译，北京：华夏出版社，2019。

尔法拉比则有启示。他俩使启示活着，且非常非常全面地探测位于其背后的东西。也许尼采没有使启示活着。那么，给我们的挑战就是，他看到了什么我们尚未看到的东西，我想这就留给其他人来谈吧。

麦基恩：非常感谢你。

伯纳姆访谈录

2016年3月4日

陈子博　译

麦基恩：我是麦基恩，这位是杰夫·伯纳姆（Jeff Burnam）。我们开始吧。你先说一下，你什么时候来到芝加哥大学，什么促使你来到芝加哥大学，你为何跟着施特劳斯学习。

伯纳姆：这事讲起来可有趣呢。那时我还是康奈尔大学的学生，在宪法专业上沃尔特·伯恩斯的课。他那时也在讲授柏拉图的《王制》，基本上采纳布鲁姆与施特劳斯理解《王制》的思路。布鲁姆那时候不在康奈尔大学，他是在我大四那年第二个学期来到康奈尔大学的，那时我正准备去芝加哥大学。这之后他回到耶鲁大学，或者说他暂时回到耶鲁。因此，我并不属于从耶鲁到芝加哥求学的那一拨学生，尽管我跟他们也熟悉。我起初读的是数学。保罗·沃尔福威茨的父亲是那个系的主任，因此他和我互相认识。但其他人如潘戈，我直到去了芝加哥大学才认识他们。

回到正题，我的一个好朋友，查尔斯·沃邦豪尔（Charles Umbanhower）——很不幸，他不久前刚去世——他和我那时候因为上了沃尔特·伯恩斯的课，就决定去芝加哥大学学习，而且是去向施特劳斯求学。我们两个都不是政治理论家。我们最后都教授宪法、美国政府、公共治理等。所以我们与施特劳斯的其他学生不同，他们主要是政治理论家。查尔斯和我决定，倘若我们真的要去芝加哥学习，用上所有积蓄，作出这个选择，那么我们必须去见一见施特劳斯。我们开车750里从伊萨卡（Ithaca）去到芝加哥。我们本来打算下午去办公室见施特劳斯。当我们到那，我们得知，他不太舒服。我们得去他家见他。他就在他家接待我们。

那是我第一次与他见面。那次见面让我十分意外。读完《自然正当与历史》和他的一些著作之后，我憧憬着一副雄伟的样子。[笑]当我见到他，我意识到他的声音是多么轻柔，他又多么——怎么说呢——像个顽童。这的确让人意料不到。他彬彬有礼，还想给我们一些点心。他走向珍妮放库存的冰箱。冰箱中只有一样东西——两个煮过的鸡蛋，除此之外空空如也。施特劳斯给我们两个一人一个煮鸡蛋。我们肯定得拒绝。[笑]这就是我与施特劳斯见面的经历。

麦基恩：你们和他谈得怎么样？你们谈了什么？有没有向他打听他的课？那次谈话中，你感觉他为人怎么样？

伯纳姆：嗯，我记得不太准确。那次谈话并没有特别出彩的地方。他问我们为什么对来芝加哥上学有兴趣，我们就跟他讲了缘由。我认为这次谈话本身还没那两个煮鸡蛋让人印象深刻。[笑]这就是那次谈话的情形。

麦基恩：所以这没让你们放弃去芝加哥大学……

伯纳姆：我们已经下定决心。我不太记得我们是什么时候发现斯托林的。我猜，当我来到芝加哥大学开始学习宪法并对公共管理萌生兴趣时，我们就已经知道斯托林。他随后成了我的导师。他是我博士论文的主席，也是我的好朋友。他跟施特劳斯一样，温文尔雅。他们两个都不会让你、你的妻子、任何人紧张。他们易于亲近。斯托林49岁去世，他父亲也是这个年纪去世的，原因都是心脏病突发。他是我最敬佩的教授。与此同时，还有其他平平之辈教授宪法。有个家伙叫约翰·罗奇（John Roche），[①] 他是林登·约翰逊的学术顾问，当时正在那里当访问学者。在罗奇的期末考试上，我批判一个问题，得了C。斯托林就说："噢！不要担心，我们可不会雇他。"他有点争强

---

① 罗奇（卒于1994年），约翰·肯尼迪的顾问，1966年至1968年担任林登·约翰逊总统的顾问；塔夫茨大学弗莱彻法律与外交学院（Fletcher School of Law and Diplomacy）教授。

好胜。话说回来，这些在编辑时可要删去。

麦基恩：施特劳斯的课堂是怎么样的？

伯纳姆：可以说令人叹为观止。我上过研讨课，也上过一些讲演课。令我印象最为深刻的是，他教授研讨课的同时也在学习。他有一些总会令人耳目一新的笔记。他阅读文本时会参考他上课前准备的笔记，他的笔记都是用蝇头小字写在纸上的。我记得他曾经说过，教得好的秘密在于，老师假定课堂上会有同学比老师更聪慧。老师不会忘掉这个孩子的存在。我自己的教学经历也与这一点相吻合。如果我对学生有高期望，他们就会达到我的期望。他就这样让我们变得自信，几乎把我们当成他的学术伙伴。当然啦，这有点夸张，不过我们的确一起读文本。课堂开始前，一位学生会宣读一篇论文，施特劳斯会给出批评，然后我们一起讨论。那时候有个同学会读文本，他叫兰肯。谁现在还跟他有联系吗？

麦基恩：我记得，他允许我们将包含他声音的录音放到网上。[①]目前还没打算采访他。他的声音出现在许多录音中。他在施特劳斯的许多课堂上读文本。

伯纳姆：我问起他，是因为有个朋友想联系他。我们都不知道他近况如何。

麦基恩：我办公室可能有他一点信息。我联系下他，然后告诉你情况。

伯纳姆：那可不错。那时候有个人叫马尔温·肯德里克（Marvin Kendrick），[②]他也和施特劳斯关系密切。我也不知道他怎么样。

麦基恩：我也不清楚。

伯纳姆：有一些人不知怎地就消失不见。我记得施特劳斯怎么培

---

① 即标明是他的声音。

② 肯德里克翻译的色诺芬的《希耶罗》收入施特劳斯的《论僭政》（*On Tyranny*, revised and expanded edition, ed. Victor Gourevitch and Michael S. Roth, NY: The Free Press, 2000）。

育我们的自信。当时有一个学生叫艾伦·塞尔策（Alan Seltzer），他如今在华盛顿。有一次施特劳斯邀请塞尔策跟他辩论。

麦基恩：辩论什么？

伯纳姆：他们辩论是否存在独立于自然科学的社会科学。施特劳斯认为这有可能。塞尔策挑战他的观点。施特劳斯就说，我们来搞一场辩论吧。塞尔策吓了一跳，不过他还是接受挑战，还辩论得不错。①

麦基恩：当场开始辩论吗？

伯纳姆：不是。他们在一个讲演厅搞的辩论。施特劳斯没有当场就和他辩论。

麦基恩：这没似乎记录下来。我从来没听说过这事。

伯纳姆：可能该没有。

麦基恩：真可惜。

伯纳姆：总而言之，施特劳斯的课堂非常令人赞叹。我跟施特劳斯先生有一段有趣的关系。我当时并不明白。不过回想起来，我感觉他把我当成日后会进入政界的人。他把我当成一个绅士。对柏拉图主义者而言这个词是贬义词，但是对亚里士多德主义者则不是。后来我有一篇论文探讨《伦理学》第六卷。我用了关于实践三段论的某个例证，大前提可以是：不要跟无能的公司做生意；不过更重要的前提是哪些公司是无能的。施特劳斯非常喜欢这个。这是一个非常日常的例子，但施特劳斯觉得很棒。施特劳斯说，你是对的，那是实践三段论中最重要的。

这在许多方面跟我的生涯相合。我在迪克·鲁嘉（Dick Lugar）手下干了二十年。②鲁嘉非常讲原则。他以前是罗德学者（Rhodes Scholar），非常聪明，大学总是排班上第一名。尽管他非常讲原则，

---

① 施特劳斯中心试图联系塞尔策先生打听那场辩论的更多情况，但未成功。

② 1977年至2013年，鲁嘉担任印第安纳的共和党参议员。

但他总是乐于探讨如何将原则有效运用于实践。这是将他与许多不念哲学的参议员区分开来的地方。不过鲁嘉也不太念哲学。换种说法吧，那些参议员不怎么讲原则。我并不是说这样不好，只是说他们有些人偏实务，有些人又抱有空想。当参议员鲁嘉在1996年竞选总统，我为他和曼斯菲尔德安排过一次早餐会，因为曼斯菲尔德支持他竞选总统，我想让他们相见会有趣。嗯，这事有点意思。我总是不得不让谈话继续下去。鲁嘉说：我已经谈得够多，你有什么感兴趣的？曼斯菲尔德说：我对整全抱有兴趣。这是个终止谈话的信号。所以我不得不干预其中，让大家回到更务实的话题上，比如说平权运动。

　　我记得，我上过许多施特劳斯的研讨课。我上过讲色诺芬的课。我记得肯德里克也在色诺芬研讨课上。他后来博士论文也做色诺芬。讲柏拉图的《高尔吉亚》的讲演课我也去过。这门课妙趣横生。当时我们正谈论真正的技艺与假冒的技艺。课上有两个德国学生，施特劳斯正在讲作为真正技艺的体操术与作为虚假技艺的化妆术，其中一个德国学生就振臂一问：施特劳斯先生啊，难道一个丑陋的人就没有权利用化妆品吗？施特劳斯说：确实，因为这是他的义务！〔笑〕多亏施特劳斯，我对柏拉图、色诺芬、亚里士多德有相当好的理解。忘了提一件事：我记得，我上的第一门施特劳斯的课是"自然正当与历史"。这是门讲演课。这课非常了不起。我非常喜欢。我想，这之前我已经读过那本书。

　　麦基恩：他大概不完全是在课上重新表述书中内容吧？

　　伯纳姆：课堂内容是紧跟着书走的。

　　麦基恩：我明白。

　　伯纳姆：我在来〔芝加哥大学〕之前就读过那本书。不过，这门课内容也非常多。我忘了谁打的分。施特劳斯一定有个助手，课上得有50人左右。期末考试有三小时长，问题是：归纳本课的论证。我得了A。我不知道谁打的分。

　　麦基恩：这个问题非常复杂。

伯纳姆：正因如此也非常有趣。

麦基恩：施特劳斯的教学怎么影响你自己的教学风格呢？你可教过非常不同的内容。

伯纳姆：嗯，这是个好问题。[他影响我]相当多。每次我教授研讨课和辅导课，我都会让学生参与进来，这并不是说我平等对待他们，而是说，我也想在课堂中学习，而不只是教授他们我认为他们想知道的知识。我有个同事叫戈尔德温，他是个出色的老师，他的教学风格就是这样。我觉得，他之前跟圣约翰学院有关系；我不清楚他是否在圣约翰学院待过。话说回来，他就这样教学——尽管我认为他试图让学生获得某个特定的结论，这一点是不同的。

麦基恩：施特劳斯不会试图让学生获得某个具体的结论吗？

伯纳姆：不会。

麦基恩：有意思。一些人造谣施特劳斯，说他在教学方式上有一套非常清晰的学说。你也有所听闻吧。不过你的亲身体会显然与这刻板印象相反。

伯纳姆：你为什么这么说？我也这样认为。

麦基恩：你也这样认为吗？抱歉。

伯纳姆：嗯，我想我说的就是这个意思。

麦基恩：你刚刚不是说施特劳斯不会让你获得某个具体结论吗？

伯纳姆：嗯，这搞得有点复杂。[停顿]你记得我教过一长段时间书吧。后来我又去政府工作过一长段时间。我教了几年书，然后我在1979年去了华盛顿。尽管我也教过几门课，不过并不是一心教书。最近十年我才全心投入教书。我感觉，我的教学风格这么多年来一直在变化。我不太知道我现在想说什么，我怕我没说到点上。你刚刚问我，施特劳斯是否影响到我的教学风格。他有影响，但是也有许多其他因素影响我的教学，并不只有他。

麦基恩：不过从你刚才的话里，我感受到的是那种以学习者而非老师的身份专注投入的感觉。

伯纳姆：是的。

麦基恩：你深以为这是施特劳斯的部分教诲。

伯纳姆：这是我从施特劳斯那里学到的部分。

麦基恩：施特劳斯以前的学生常常谈到施特劳斯派这个概念，以及他们是否将自己等同于施特劳斯派。假如你不想谈论这个问题，我们就不谈。不过你怎么理解成为一个施特劳斯派意味着什么［这个问题］？你会认为自己是其中一员吗？

伯纳姆：我经常被人认作施特劳斯派，但我自己绝不这样看，因为我从来不认为施特劳斯或我自己是特别教条的。我特别惊讶于一些学生在外面传播他们眼中的施特劳斯学说。这种看法的背景是，我曾经辅修哲学，跟着诺曼·马尔科姆①，他是维特根斯坦的学生。我也跟另一位维特根斯坦的学生伊丽莎白·安斯科姆②上过课。维特根斯坦与海德格尔等人确有许多有趣的可比较的地方。维特根斯坦、施特劳斯和施特劳斯所从学的人都共同拒绝现代性。我认为，在他们眼中，自笛卡尔以来的一切都是错的。至少维特根斯坦和施特劳斯都这样认为，即便施特劳斯十分同情尼采、胡塞尔以及海德格尔。他们两个都认为需要回到前现代。

安斯科姆给我上过一门课，叫"欢愉"（Pleasure）。我的成绩单上有。她捍卫经院哲学对幸福的定义。我跟马尔库姆在康奈尔读书时，我真把他当哲学家。他会亲自分析哲学问题，而不依靠别人。我当时简单地以为，施特劳斯只是个非常渊博的哲学史家，而不是哲学家。这个看法过于简单，不过那是我当时的想法。

麦基恩：你现在还持这种看法吗？

伯纳姆：当然不。他和安斯科姆一样，实际上通过整理吸纳哲学

---

① 马尔科姆（Norman Malcolm，1911—1990），1947年起任康奈尔大学的哲学教授，起到退休。

② 安斯科姆（Elisabeth Anscombe，1919—2001），英国分析哲学家，在机构上先后从属于牛津萨默维尔学院（1946—1970）和剑桥大学（1970—1979）。

史来得出自己的哲学结论。但问题在于，当人们出去宣扬施特劳斯学说时，他们想到的是教条。而我认为，那是对话而非教条。我从来不那样看他。尽管一些持有这种看法的人非常好，我不否定他们，但我还是不会这样看待施特劳斯。

麦基恩：当你需要敲定博士论文题目时，施特劳斯说了什么吗？

伯纳姆：没有，我的导师是斯托林。主题是对广播的联邦监管。施特劳斯没有参与我的博士论文。离开学术界后，我去了国会，为众议院共和党会议（House Republican Conference）工作。我的工作分为两部分，一部分是为众议院共和党会议写文章，另一部分是成本－收益分析。这种分析当时甚嚣尘上，我则努力指明成本－收益分析的局限。我在草稿中说："甚至亚里士多德也说过，在通奸这件事上没有中道。多少国会成员读到这里会不同意呢？"［笑］我狠狠地打击那个。不过这个有趣的例子点明为众议院工作和为某个学术机构工作之间的差别。

麦基恩：你离开芝加哥后，还跟施特劳斯有联系吗？

伯纳姆：没有。他什么时候离开芝加哥的？

麦基恩：1967年底。①

伯纳姆：我是1968年离开芝加哥的，他比我早走。我记得，他去了克莱蒙特吧。

麦基恩：没错。

伯纳姆：他是在1973年去世的吧？我跟他不再有联系。不过，我还是经常跟斯托林往来。我搬到波士顿，在波士顿学院当了一阵讲师。我在那里跟曼斯菲尔德真正结识，尽管此前我们就知道彼此。噢，还有福克纳。尔后，我回到北伊利诺伊大学（Northern Illinois University），斯托林在那里教了一门课。我后来去了奥古斯塔纳学院（Augustana College），邀请布鲁姆来做了一次有趣的讲演。

_____

① 施特劳斯1968年去克莱蒙特学院。

麦基恩：你在芝加哥见过布鲁姆吗，还是你早就知道他？

伯纳姆：我在康奈尔的大四那年，他教一门亚里士多德研讨课，沃尔特·伯恩斯也上了这课。我们都非常惊讶，我们的教授竟然会上学生荣誉研讨课（student honors seminar）。这时的布鲁姆还不富有，衣着也不讲究。他来上课时看起来有点衣冠不整。他还得了严重的感冒，问我们谁有手帕。伯恩斯有一双熨平叠好的手帕，其中一块放在胸口的口袋里。他就从里面拿出来，递给布鲁姆，说："你需要的是一个妻子。"布鲁姆说："非常感谢你。"这就是我初识布鲁姆的经历。我记得，一个阳光明媚的春日，我当时可能在上他的另一门课，一门政治理论课，我们去到草地上，欢享酒食。我记得这事。布鲁姆和我关系友好，但我们从来不是密友。这也许算得上有趣的布鲁姆故事。我想，这超出本次谈话的内容吧。

麦基恩：人们会乐意听到这些故事。

伯纳姆：我还记得一个故事——我从别人那儿听来的，你可以问一下舒尔斯基。他和保罗以及布鲁姆都住在特来瑞德社区（Telluride House）。安斯科姆的丈夫彼得·吉奇①来访问。这位中世纪文学教授不知道吉奇和安斯科姆的关系，抱怨安斯科姆女士说话带刺。吉奇只是点头。不过这也不算布鲁姆故事，更有趣的是下一个。有一门研讨课上的是罗斯福新政（New Deal）。我真的想上这课，不过只有特来瑞德的学生能选这门课，我并不是其中一员。（尽管他们曾经邀请我去给他们的暑期项目上课，但我当时不得不拒绝。）弗朗西斯·珀金斯②从纽约远道而来上课，詹姆斯·法利③也来到课堂上，他们讨论新政。法利谈到他们怎么通过一个法案时，问弗朗西斯："弗朗西斯，

---

① 吉奇（Peter Geach, 1916—2013），英国天主教哲学家，利兹大学逻辑学教授（1966—1981）。

② 珀金斯（Francis Perkins, 1880—1965），1933年至1945年任美国劳工部长。

③ 法利（James Farley, 1888—1965），民主党政治家，富兰克林·罗斯福的邮政部长（1933—1940）。

这个法案是什么来着？"［笑］天哪，布鲁姆故事真多。不过你应该更多向布鲁姆的学生打听这些故事。

麦基恩：听起来，施特劳斯支持你走入美国政治。

伯纳姆：我想是这样的。

麦基恩：他的大量学生，例如沃尔特·伯恩斯，都跑去研究美国建国，还有拉尔夫·勒纳……

伯纳姆：是的，斯托林曾经受福特基金会（Ford Foundation）资助，我们有四五个人拿到奖学金。我们用一年时间过了一遍所有建国文件。斯托林自己的著作就基于此，他还编了反联邦党人文集。我感觉，施特劳斯欣赏斯托林。他甚至为斯托林编的《政治学科学研究论文集》献上一篇文章。斯托林曾与出版商苦苦争论过一段时间，因为出版商说施特劳斯的段落太长。斯托林不得不解释道，有些人就是这样思考的：因此必须原样出版这些段落。不过我想施特劳斯那时不知道那是走向政治。我自己那时候也不知道。我想他会支持。我记得他对外交政策特别感兴趣。我觉得新保守主义者给施特劳斯带来极大负面影响，因为他们把施特劳斯当成自己的一员。欧文·克里斯托尔对此负有责任。我从不认为施特劳斯是那类保守派。我觉得他在外交政策上最为敬佩雷蒙·阿隆①。我记得，施特劳斯对古巴导弹危机的看法与雷蒙·阿隆相近。但是，我不相信施特劳斯是个干涉主义者。他和他的许多学生更为务实；我记得有个家伙叫施罗克，他会对此感兴趣。他在吗？

麦基恩：在，我已经采访过他。

伯纳姆：你问过他怎么看越南战争吗？

麦基恩：没问，我稍后也许可以再访一下他。

伯纳姆：嗯，我们不少人都参与其中。我想巴特沃斯也是一员。还有柯克·埃默特（Kirk Emmert）。

麦基恩：我知道他，不过从来没见过他。

---

① 雷蒙·阿隆（1905—1983），法国社会思想家和批评家。

伯纳姆：你真应该跟他谈谈。他在凯尼恩（Kenyon）①。他刚刚退休。他是凯尼恩②的镇长，甘比尔是个小镇，你找他不用费什么力。我们和施罗克在草地上聊天，施罗克引领着谈话。我们的结论是，我们都反对越南战争，因为我们不会取胜。那是在1964年或1965年左右。我们都感到，这是场糟糕的战争。我不知道新保守主义者怎么看待越南战争，不过可以想象他们会支持。我不清楚。但他们确实支持与此类似的伊拉克战争。

施特劳斯怎么看，我不太清楚。这会挺有意思的，你可以打听下。我打赌他肯定跟人说过他的看法。我认为他不是个新保守主义者。你读了扎科特夫妇的书吗？你采访过他们吗？

麦基恩：还没有。

伯纳姆：你真应该采访他们。他们写了一本书叫《施特劳斯的真相》。

麦基恩：是的。

伯纳姆：我倾向于认可这本书。他们批评东岸施特劳斯派和西岸施特劳斯派。凯西·扎科特非常聪明。她在芝加哥的第一年就完成关于某篇希腊对话的硕士论文，她也在这一年学了〔古〕希腊语，都在同一年。她有本不可思议的书大概叫《后现代的众柏拉图》（*Postmodern Platos*）③。巴特沃斯对此非常了解。我向施特劳斯求学时，施特劳斯不会隐藏他跟海德格尔的关联，但他不会强调这一点。这是种复杂的关联，或许不难理解为什么。我是说，不只因为海德格尔当时的名声，也因为或许他的学生需要更了解德国哲学。我不会给他这样的借口。施特劳斯真的不怎么谈及海德格尔。后来我读海德格

---

① 位于俄亥俄的甘比尔（Gambier）的凯尼恩学院。埃默特是凯尼恩学院的政治科学荣誉教授。

② 〔译注〕"凯尼恩"疑当作"甘比尔"。

③ *Postmodern Platos: Nietzsche, Heidegger, Gadamer, Strauss, Derrida* (Chicago: University of Chicago Press, 1996).

尔，然后上施特劳斯的尼采课（通过看课程录音稿；我学习康德和尼采都是通过看录音稿，写课程论文，听课堂讨论）。那时我才意识到，这场变革源于尼采，经由胡塞尔到海德格尔。阿伦特当时也在芝加哥。我真希望我上过她的课，因为我不知道施特劳斯和她关系怎么样。但这肯定会有趣，因为他们在许多方面有相似经历。

麦基恩：你刚刚提到施特劳斯并不是新保守主义者那种人，你会怎么界定他是哪种保守主义者呢？

伯纳姆：我无法用美国术语来定义。我过去觉得他可能是《国家评论》那种保守主义者，但这是错的。我现在不太清楚。我是说，他当然是保守主义者，他反对约翰·肯尼迪（John F. Kennedy）。我不知道他会不会同情戈德华特这些人——但他一定不会同情林登·约翰逊。我不太清楚，他会支持当时哪个政治家。

麦基恩：也许他是更广义的保守主义者。

伯纳姆：嗯，保守主义有许许多多变种。

麦基恩：也许可以说，对彻底改变人的条件的可能持怀疑态度？

伯纳姆：这种也算。

麦基恩：可以说，他的思想中有那种反培根的成分。

伯纳姆：人的条件的彻底改变？

麦基恩：嗯，我想的是现代自然科学的整个谋划，想要解放人的境况，你可以看到……

伯纳姆：嗯，我想……这是个不错的观点。我猜，他是捍卫自然权利的保守主义者，因为他认为这是最佳的实践选项。不过他确实不同意洛克和杰斐逊。他捍卫自由民主制。也许保守主义这个词真的无助于我们描绘施特劳斯。

麦基恩：这个词带来些许困惑，不是吗？

伯纳姆：嗯，也许我不该说《国家评论》那种保守主义者，不过有太多类型……我倾向于认为，他们比《标准周刊》[那种保守主义者] 更明智。不过这是现在的情况，这也只是我的观点。有一帮人，像巴克利和肯德尔这些《国家评论》的人，他们在当时发起保守主义运动。我不能将施特劳斯跟任何同时代人相比较。你去看雷蒙·阿隆写的东西。我没读过，我只知道施特劳斯敬佩……他会说，这是雷蒙·阿隆就古巴导弹危机写的东西，诸如此类。因此，根本不可能把他跟任何一种美国保守主义者等同起来。他不是美国人。我是说，他来美国的时候，已经处于学术生涯晚期。你为什么会觉得他是……你可以通过把他与某个同时代人相联系来解释他。

我记得，在一次午餐期间，欧文·克里斯托尔和其他人对施特劳斯的看法让我大吃一惊。我的老天，他们眼中的施特劳斯根本不是我认识的那个。你要是采访扎科特夫妇，跟他们谈到这一点，你应该剪掉这段对话。他们比我更懂这方面的内容。我知道迈克和我都反对介入伊拉克，原因跟我反对介入越南一样：我们认为这并不务实。鲁嘉也持怀疑态度。有人说，我们出兵，颠覆一个独裁者的统治，然后人民就会欢跃："我们自由啦，谢谢你美国。"我们认为这是蠢蛋的看法。不过我不能说施特劳斯也会说这样的话。

麦基恩：施特劳斯的学生有许多不同的观点，看到这一点也有好处。也许可以说，根本没有一个思想一致的学派，只有施特劳斯深耕于文本之间，没有某个他想取得的具体结论。

伯纳姆：嗯，还有《迫害与写作艺术》的观点。这是一个伟大的观点。当然，当时只有施特劳斯的学生在传授这个重要的观点。施特劳斯对《王制》的阐释和《城邦与人》让我大开眼界——《王制》讲的正是哲人王的不可能，原因在于爱欲与正义之间有张力。这深刻地影响我的思考。我实际上从沃尔特·伯恩斯那里学到这一点，他是从施特劳斯那里学来的，但这真的非常重要。阅读文本，追寻隐含意蕴。现代能保护作者免受迫害。但在古代，有观点认为某些学说不能让所有人掌握。

我记得，我和巴特沃斯、埃默特上了一门迈赫迪讲授《一千零一夜》（*Arabian Nights*）的课。那是在市中心的校区；我们触碰到阿尔法拉比和穆斯林的整个学说。穆斯林的教诲与柏拉图的教诲在那个方面非常相近，我想可以这么说。我在乔治城大学（Georgetown）的学生，他们中许多人尽管学的是美国政府和公共政策，但也有哲学兴趣。他们努力调和柏拉图与阿奎那，因为他们是严肃的天主教徒。我有大量机会跟他们交流，谈论我从施特劳斯处学到的东西。但除了个别例外，我从未真正教过政治理论。

麦基恩：听起来，研习施特劳斯对你的思考非常有帮助。

伯纳姆：是的，因为我认为所有实际主题背后都藏着哲学问题。比如说气候变化，我当下正在讲授。什么是正义？我们对后人有什么责任？我们对非洲人民有什么责任？他们要求从我们这里获得什么？你看，当我在参议院工作的时候，我迅速意识到，参议院经常辩论医疗保障、气候变化、财政预算，这背后都隐藏着我们会称作道德问题的东西，不过我本人会更准确地称之为哲学问题。我曾问过艾丽丝·里夫林[①]："增加债务是在财政上虐待儿童的一种形式吗？"她说："哦，你们印第安纳人总是试图将事情变成一个道德问题。"这有点讽刺，因为她出身南本德（South Bend）[②]。不过，我理解我们会将参议院许多辩论背后隐藏的东西称为道德问题。我身上的这个特征的确来自我对施特劳斯和沃尔特·伯恩斯的研习。在沃尔特·伯恩斯去世之前，我和他有深刻的友谊，他当时也在华盛顿。你们跟艾琳谈过吗？

麦基恩：只通过电话。

伯纳姆：我最后一次见他是在他去世前不久。他的思维非常敏锐。我想，早前已经采访过他吧？

麦基恩：是的。

伯纳姆：不错。布鲁姆则没有。

麦基恩：许多人都没有。克罗波西和阿纳斯塔普罗也没有。

伯纳姆：我去了阿纳斯塔普罗的论文答辩会，施特劳斯是委员会的一员。阿纳斯塔普罗试图说服委员会同意他对《第一修正案》的看

---

① 里夫林（Alice Rivlin，生于1931年），经济学家，专于联邦预算。

② ［译注］南本德是印第安纳州的一个城市。

法。他特别地向施特劳斯宣讲他的观点。这次答辩有点奇怪。本来应该回答教授们的问题，结果他努力劝说他们相信他是对的。

麦基恩：他是块当律师的料。

伯纳姆：没错。施特劳斯当时说：阿纳斯塔普罗先生，就这个下午［我同意你］。［之前］我和阿纳斯塔普罗走回他的公寓。我们正好同路。他打开他的信箱，有一封信来自［芝加哥大学］社会思想委员会，信中写道："阿纳斯塔普罗先生，你的论文已被接纳。你的答辩安排在五月某天，请你上交打印稿。"只有这样才能让他消停，因为他一直埋头干他的论文。他的论文大概有1600页，非常可怕，一半是单倍行距的脚注。哎，这［译注：指没采访阿纳斯塔普罗］令人遗憾。跟埃默特聊聊也不错，扎科特夫妇尤其［值得去采访］。拜访扎科特夫妇会有意思，因为他们不只跟施特劳斯读过书，还在施特劳斯去世之后，一直研究他。这样你就可以将他们跟施特劳斯读书之后对他的了解区分出来。潘戈是另一个［值得采访的人］，他可能是第一批弟子里面的。

麦基恩：你说的这些非常有帮助。回顾施特劳斯对你的影响，或者更宽泛地说，他的遗产，你还有什么想要补充吗？

伯纳姆：他教会我如何阅读一本书。

麦基恩：许多人也说过这一点。

伯纳姆：他也教我懂得政治是一门光荣的事业。最重要的是，他教我不断学习。永远不要停步于当下。不断前行。我想这可能是他教我的最重要的事情。

麦基恩：的确如此。

伯纳姆：你让我总结一下。你问到施特劳斯给我留下印象最深的事。我想我还没提到一件事，那就是他总是教我们如思想家理解自己那样理解他们，就如同人类学家研究一个部落。我们必须真正理解这个人，这个部落。假如某个学生一下子得出某个结论，而大家都不同意，施特劳斯就会让他们停下："等一等，你认为这个人为什么说了他所说的，或者想了他所想的？"他经常说一句谚语："先得把鹅养肥才能杀。"

我想，再怎么强调施特劳斯对自然的追求也不过分。我认为，这一点隐藏在他的思想背后。他的确相信，人有本质的东西，你能够重新把握人的本质。为此，我们必须回到开端，并由此开始——他可能从海德格尔那儿学到这个——然后追寻本质的人性。我想这影响到他自己对自由民主制的思考，因为我觉得他对自由民主制既不乐观也不悲观。我想，他务实地对待自由民主制。我觉得他认为历史在循环，至少在这种意义上，即永远都存在野蛮状态的威胁，而我们最终会恢复［文明状态］。他对自由民主制的命运并不乐观，但也不悲观；我觉得他认为现代人最好的政制就是自由民主制。我觉得他会认为，这至少在当代对所有民族都是好的，尽管我知道他也意识到把自由民主制强加给他人的困难。因此我认为施特劳斯不是新保守主义者。然而，他的确想回到自然，尤其想再度理解德性、好性格、好习俗。

就我个人而言，他让我学会的一件重要的事情是有必要让灵魂在思考中保持有序，正如情感会引领一个人那样。这是一件艰难的事，并且可能是一生的求索。但这正是我试图教给那些对道德问题非常感兴趣的学生的东西。我之前提到过，我也努力在我的教学和研究中处理道德问题，因为所有实践问题如气候变化、医疗保障、赤字背后都有一大堆关乎正义与公平的问题，而这不容忽视。所以，尽管我欣赏《王制》的教诲（爱欲与正义是两个不同的东西），但我还是站在亚里士多德一边，认为需要在实践中弥合这二者。这些就是我想说的。

麦基恩：非常感谢你。

马斯特斯访谈录 [*]

2017年11月15日

赵宇飞 译

麦基恩：这里是麦基恩和罗杰·马斯特斯。马斯特斯将要开始谈论施特劳斯。

马斯特斯：我的个人经历是，我在大波士顿地区长大，去了牛顿高中（Newton High School），那是马萨诸塞州最好的高中之一。在那里，我在大学预备"轨道"上学习，就好像去了一所预科学校。然后我就去了哈佛大学。由于我父亲之前就去了哈佛，而我在牛顿高中又是个全优学生，我申请的第一所高校就是哈佛。我没遇到什么麻烦，就进了哈佛。我觉得哈佛大学对我的胃口，并以最高荣誉（summa cum laude）毕业。大一的时候，我在一堂课上认识了亚当斯

---

* ［译注］在施特劳斯中心的官网上，同时收有马斯特斯访谈的录音整理稿原版和马斯特斯在原版基础上修订后的版本。除特殊注明外，中译稿据马斯特斯修订版译出。与原版相比，修订版有所增删。在下文的译注中，译者会标注两版内容中较为重要的不同之处。有兴趣详细比较两版内容的读者，可自行查阅官网。原文中有部分注释录于原版（而未录于马斯特斯修订版），译者视情况将相关注释补入译稿。在翻译本篇的过程中，有关马斯特斯提到的哈佛大学相关事宜（如公寓楼宿舍的安排等），译者请教过曾在哈佛大学就读的陈凯硕兄，在此表示感谢。

楼（Adams House）的楼长约瑟夫·帕拉蒙特①，所以我申请去了亚当斯楼的高阶住所（upper class residence）②居住，约瑟夫对根据《谢尔曼反托拉斯法》（*Sherman Antitrust Act*）③监管大企业方面的教学感兴趣。在我大一的时候，我选修了一位名为卡尔·凯森（Carl Kaysen）的经济学家的课程，他要求严格，讲授《谢尔曼反托拉斯法》之下大型企业的经济理论。在我毕业之后，卡尔最终在华盛顿的经济顾问委员会（Council of Economic Advisors）任职。帕拉蒙特也很聪明，但他不像卡尔那样要求严格，咄咄逼人。这两位教授是我的论文导师，我的论文写的是《谢尔曼反托拉斯法》所依据的经济和政治理论。在这篇论文中，我把市场行为的经济学和反托拉斯监管的政治学联系起来。

现在回想起来，我意识到在我的全部职业生涯中，把不同的视角关联起来一直是我研究中的关键所在。几年前，当我因为被列入一本名为《101位顶级行业专家》（*101 Top Industry Experts*, Uniondale, NY: Who's Who Publishers, 2012）的书而接受采访时，我的传记显然因为这个原因而被放在"高管聚焦"（Executive Spotlight）的首位。虽然现在学术界很少有这种跨学科的视角，但这一直是我研究和发表的重心所在。自从我退休以来，我一直专注于一个名为生物学与政治学的新领域（最近则关注将神经毒理学与人类健康和行为联系起来的科学研究）。我在这一领域的许多出版物，是与已故的工业化学家麦伦·科普兰（Myron J. Coplan）共同撰写的。他请我与他合作，研究

---

① ［译注］帕拉蒙特（Joseph Palamountain，1920—1987），主要研究政治学和经济学，生前曾执教于哈佛大学、卫斯理安大学、斯基德莫尔学院等高校，曾任斯基德莫尔学院校长二十余年之久。在1955年前往卫斯理安大学之前，他是哈佛大学亚当斯楼的高级辅导员。

② ［译注］在哈佛大学的公寓楼中，"高阶住所"指大三、大四学生的特别居住区域，通常比低年级学生的公寓更为豪华。

③ ［译注］《谢尔曼反托拉斯法》通过于1890年7月2日，是美国国会制定的第一部（也是最基本的一部）反托拉斯法。

用两种未经测试的神经毒素（H_2SiF_6 或 Na_2SiF_6）[①] 中的任意一种来处理 1.4 亿美国人的供水所造成的公共政策影响。我在政治科学领域的大多数同事都无视这项工作，有些人还因此公开批评我，这或许并不让人感到惊讶。

也许更有说服力的是，尽管我在 1998 年退休后仍然相当活跃，并获得国家层面的认可，但政府学系和教务长仍然始终忽视我。比如说，在 1999—2000 年，我获得埃尔哈特基金会的资助，研究铅的毒性影响。然后，我与两位同事——人类学家莱昂内尔·泰格（Lionel Tiger）和灵长类动物学家迈克尔·麦奎尔（Michael T. McGuire）——合作，参与国防部理论评估办公室（Office of Net Assessment）主任安德鲁·马歇尔（Andrew Marshall）的一系列咨询项目（即长期规划项目），我担任项目负责人（Principal Investigator）。这个项目（涉及国防部未来规划中生物学要素能获得多大的重要性）在 1999—2000、2000—2001、2001—2002、2002—2003、2005—2006、2007—2009 和 2011—2013 学年都获得大力资助。作为项目负责人，我负责管理九个公历年的资金，而这些资金以资助的形式，间接向达特茅斯学院提供了大约八万美元的费用（尽管这个项目并没有增加达特茅斯学院的开销，因为其他两位顾问都在家办公，而我们三人要见面时，总是会在纽约市见面）。尽管有了这样的贡献，并且我不断发表文章，但我几次要求安排关于我所做的工作的讲座，都被断然拒绝。相当明显，哪怕我将当代生物学研究与政治决策关联起来的方法得到五角大楼富有传奇色彩的最高长期规划官马歇尔的支持，但我的工作在达特茅斯学院仍被公然无视。

这个项目所处的领域是否与社会生物学（sociobiology，该领域在二十世纪七十年代和八十年代颇为流行）有所不同呢？与社会生物学并非完全不同，因为我们从猴子和猿类群体的社会行为的观察报告（麦奎尔的研究领域）、生物学研究对人类学理论的重要性（泰格）以

---

① [译注]H_2SiF_6 即氟硅酸，Na_2SiF_6 即氟硅酸钠。

及生物学研究对公共政策决策和政治科学的重要性（我的视角）出发，整合生物学研究。所有这些生命科学领域与"社会生物学"之间都有重叠。社会生物学是由哈佛大学的爱德华·威尔逊（Edward O. Wilson）命名和创建的方法，用来描述将动物行为的生物理论与人类行为的社会科学研究联系起来的研究。我们的工作就是我采取的方法的一个不错的例子，我也因此认识爱德华本人。

所以我的工作与威尔逊的社会生物学没什么不同，不过这不是重点。生物学领域包括各种各样的分支领域，就好像数学包括代数、几何、统计等一样。生物学中有许多不同的理论和研究方法，既有关于物种演化的数学理论和描述性研究，也有针对不同种类生物（从树木到果蝇）的演化的具体理论和描述性研究，还有关于不同种类灵长类动物（包括猴子和猿类，其社会群体与人类社会群体相似）的类似范围的理论和研究。麦奎尔的研究涵盖观察猴子的社会行为这一层面的重要研究，而我在研究在人类群体中和当前政治中面部情绪展现的社会效应时，则将麦奎尔的研究扩展到人类层面。此外，还有一些对人类生物学的研究，包括探究在灵长类动物和人类大脑中都发挥重要作用的特定化学物质的性质和功能。我专门提及这个层面的研究，是因为泰格、麦奎尔和我都非常关注特定的神经递质（如服务于学习的多巴胺或服务于积极情绪的血清素）所产生作用的异同之处。

我需要回到威尔逊的"社会生物学"的概念，以说明生物学内不同分支领域的类似方法之于动物和人类行为的直接的理论重要性。这一领域的一些工作需要考虑群体行为中的遗传和行为因素，及其在不同动物物种之间以及动物与人类之间的异同。神经科学家研究大脑中的化学物质（特别是与特定的反应和行为有关的"神经递质"），发现非人类灵长类动物（黑猩猩、猴子和猿类）与人类之间有重要的相似之处，尽管某组物种或某个物种可能有一些独特的化学过程。最近，我正在考虑的一件事情是，宣布整个人类基因组已经被解码可以鼓励政治科学家来关注生物学。虽然这个过程如今花了很多钱，但一个人身上的每一个基因都可以被解码，这种信息与疾病的诊断和治疗越来越密切相关。另外，经验表明，最初昂贵的技术，通常随后价格会下降，并且发现有价值的新用途。因此，我们可以预测，在十年或二十年后，也许甚至用不了那么久，解码一个人的基因组只需花费一百美元。到那时，每个婴儿的基因组可能会在刚出生时就被解码，因为基因信息在医疗保健方面（甚至在治疗从学习障碍到阿兹海默症的各种功能障碍行为方面）的作用将变得越来越重要。

现在我不得不回到"社会生物学"，因为这个领域将生物学与对人类社会行为的研究联系起来。对非专业人士而言，这是最为重要的话题。如今已经证明，把达尔文的演化理论应用于人类物种的起源是科学的，因此考虑黑猩猩和原始人类的群体行为之间的相似性，在科学上就是合法的，就像比较黑猩猩与恒河猴的相同行为一样合法。威尔逊的《社会生物学》（*Sociobiology*）引发的争议，体现了许多社会科学家和流行作家的极为负面的反应。他们表示，反对将对其他动物的研究与对人类的研究联系起来。

为什么会有如此负面的反应？公众的敌意与科学上的敌意有所不同。普通民众对上述科学发展的反应，一般而言是无视：绝大多数美国人不关注科学，这部分是因为他们觉得自己不可能理解科学，部分是因为他们被科学吓到了。但与此同时，更为重要的是宗教层面上的反科学。毕竟，认为人类是从猴子等非人类物种演化而来的科学理论，似乎与《创世记》中上帝创造亚当和夏娃的圣经记载完全对立。

实际上，《创世记》中的记载与现代科学之间根本没有矛盾；至少如果不参照任何现代神学教义来阅读《旧约》，就没有矛盾。在《旧约》中，上帝（也被称为"耶和华"）是永恒的、纯粹的精神创造者，在七天内创造天地。对这段文字的传统理解是说不通的。如果要说上帝在七天内创造天地，就必须承认一件事：对耶和华（创世的上帝）来说，"一天"不可能是二十四小时那么长。地球上的时间是以太阳系为基础的，但在起初时，并没有太阳系。此外，由于创世的上帝耶和华是永恒的，《创世记》中所说的创世的"一天"很可能相当于以太阳和地球的运动来计算时间的体系中的一万亿年。另外，如果从这个视角来认识上帝，上帝就没有理由不利用自然选择和演化的过程来产生出人类。认为有可能知道上帝在创世的一天中创造亚当不过花了不到二十四小时，那就是对上帝的亵渎。也就是说，存在一种对《创世记》文本的理解，是与现代自然科学完全一致的——或者更准确地说，现代自然科学与这种没有神学倾向（这些神学倾向都是后圣经信仰［post-biblical *beliefs*］）的《创世记》细读法是完全一致的。①

我们应该尽量避免科学和宗教的问题，转而关注反对将任何生物学理论或发现引入政治科学领域的问题，而这主要与恐惧有关。考察在用当代生物学来解释人类社会行为的过程中，恐惧是如何产生敌意的，是一个不错的主意，同时也相当有用。

然而，关于人类遗传学对个体健康和行为的影响的知识，也会产生一个新问题："你的基因归谁所有呢？"也就是说，这些关于个体遗传学的信息，应该如何来使用？如我最近向达特茅斯学院的一些同事解释的那样，应当关注此类问题的学者将来或许也会包括政治科学家。为什么？因为这个问题会涉及是否有必要在法律和医疗方面作出规定，以规范基因信息可能的用途。这些用途会挑战作为美国政体之根基的"生命、自由和追求幸福的自然权利"（natural rights to life, liberty and the pursuit of happiness）原则。②

----

① ［译注］相比于原来的录音整理稿，马斯特斯在修订版中补入七八个段落，介绍他在生物学和政治学方面的跨学科研究，以及他在这一领域的研究如何被达特茅斯学院公然无视。在录音整理稿中，马斯特斯在开篇介绍完自己在哈佛大学的经历后，很快就转入他被达特茅斯学院政府学系同事投诉的事件。

② ［译注］马斯特斯这里指的是《独立宣言》中的名句："我们认为下面这些真理是不证自明的：人人生而平等，造物主赋予他们若干不可剥夺的权利，其中包括生命权、自由权和追求幸福的权利（certain unalienable Rights, that among these are Life, Liberty and the pursuit of Happiness）。"此处马斯特斯所引的词句，与《独立宣言》的原文略有出入。

最近，在一次街头谈话中，我提出这一建议。这次谈话被几个人偷听到了，其中一位是政府学系的同事，专攻比较政治学。这位教授对我提出正式投诉，不过投诉的方式违反达特茅斯学院针对此类投诉所规定的方式。要想追究责任，就必须写出投诉书；必须将投诉和必要的程序告知被投诉人，并且如果要在院长办公室举行听证会或有关会议，就需要提前警告这位教员，以便他能带着律师或其他助手参加这次会议。

我这个案子的程序则并非如此。有一天，在没有得到事先预警的情况下，我接到一通电话，询问我是否能在2014年3月6日的某个特定时间去院长办公室。我不知道为什么会把我叫到那里去，完全不知道。我走进院长办公室，惊讶地看到我们系的另一位教授坐在那里。我想知道，为什么这位教授会出现在院长办公室？院长告诉我：这位教授已经对我提出投诉。于是这位女士说，全部问题在于，我试图完全改变她——以及我们系里的每一个人——的教学方式。她讲了好一阵子，说我如何试图要求所有政治学教授理解并讲授这些生物学的东西。她还想投诉另一件事。我用了"操"这个词。

这是相当无耻的指控，因为我所做的全部事情（这些都是《第一修正案》涵盖的）① 只不过是说，如果这个院系能有至少一位成员熟悉当代生物学，那会相当有益。我想我也提到，人类基因组的解码方式会造成一个政治和法律方面的问题，即谁能"拥有"或控制使用这些遗传信息的权利。在没有收到任何有关针对我的指控的预先警告的情况下，我能做的只有给出这个口头答复，否认我试图改变她的教学方式，否认这种完全错误的说法。

麦基恩：［她所指控的言论是出现］在她偷听到的街头谈话中，还是在其他语境中？

---

① ［译注］美国宪法《第一修正案》规定："国会不得制定有关下列事项的法律：确立一种宗教或禁止信教自由，剥夺言论自由或出版自由，或剥夺人民和平集会及向政府要求申冤的权利。"此处马斯特斯指的应该是《第一修正案》对言论自由的保护。

马斯特斯：我的批评者并没有言及这些所谓的评论是在何时何地说出的。

麦基恩：哦，［投诉者］没有说明这一点吗？

马斯特斯：由于该投诉涉及的一切事务都与我在演讲或写作中所说之事有关，所以这一切都与《第一修正案》和科学研究的自由有关。每一处地方都是如此。当我听完这项指控，然后院长决定支持这项指控，并正式惩罚我时，我对自己说：我可以对这项指控提出异议，但我不打算浪费我的时间。这会占用我至少半年时间，而且更重要的是，为了推翻院长的这项行政决定，我可能需要将他的决定依次先上诉给校长咨询委员会。如果被拒绝，则要再上诉给校长。如果再被拒绝，则要再上诉给董事会，也许最后要上诉给校友会，因为我是达特茅斯学院45届的荣誉成员。如果院长支持针对我的批评（我想我是在院长确实这样做之后才想到的），如果我按照刚才所说的顺序，走上诉程序，而所有这些机构都维持院长的决定，我可能就要把整个案子提交给国家科学基金会、国家人文学科基金会和各路报纸，要求达特茅斯学院因公然违反言论自由和达特茅斯手册中的规定而受惩罚。然后我对自己说：我怎么能这样做呢？学校对我还是挺不错的。我意识到，这位教授可能被吓坏了，她害怕有人会问，针对我的指控是否基于对人类生物学中某些具体内容的知识。院长可能也被吓坏了，所以决定不支持我的批评。我很快决定，我不会让他们破坏我的生活。因为我已经八十多岁，经历过癌症、中风和三次癫痫发作，我还有重要的研究和出版物要去完成，没有必要花时间与平庸的教授们作斗争。所以我对院长说：听着，我还有重要的研究要做。如果你不希望我待在这里，那我也不需要与那些不想听我的研究成果的人交谈。

麦基恩：最后这件事是怎么了结的呢？

马斯特斯：惩罚是我再也不能教学生，我再也不能通过学校申请研究基金，再也不能在达特茅斯学院的校园里拥有一间自己的办公室。那是2015年。由于我早在1997年就已退休，并且拥有历时漫长且尤为杰出的职业生涯，我可以继续作为一位独立学者从事研究：没有理由为一个社会科学家原本微不足道的、由院长（违反美国法律和达特茅斯学院的规定而违规）执行的反科学投诉而浪费时间。

麦基恩：没有正式的听证会吗？

马斯特斯：院长办公室的会议没有遵循《达特茅斯学院教员手册》（*Dartmouth Faculty Handbook*）中描述的程序。这场会议并非"正式的听证会"，而是仅有的"非正式的"听证会。

麦基恩：没有提出其他证据吗？

马斯特斯：根本就没有证据：只是口头报告我说过的话。如我所说，2014年3月6日走的这项流程，既违反达特茅斯学院关于教员言论自由（和研究自由）的规定，也违反宪法《第一修正案》的原则。实际上，在我退休之后的早些时候，若针对我的行为采取纪律处分，那倒可能是合适的。有一段时间，每当我处在达特茅斯学院的校园里，我的行为往往都高度不理智，并且带有破坏性：频频爆发情绪，经常针对政府学系的其他成员，而且无论在校园之中，还是在发表方面，都没有任何学术贡献。这发生在我中风和三次癫痫发作之后。第一次癫痫发作后，这些行为被证明是一种名为凯普拉（keppra）[①] 的药物的副作用；一旦停药，这些行为就会消失。

我想回过头来谈我当时的个人经历。因为你刚刚开始了解我的思维方式的特殊之处，所以我想给你介绍一下我的职业背景，然后再详细介绍一下刚才描述的那些事件之后的几年里发生了什么。从某种程度上说，我退休之后的这些年是我生命中最高产的时期，我希望能够为我们的国家做出一些持久的贡献。然而，在我解释我退休后的工作时，看起来好像完全无法自圆其说：一位施特劳斯先生的学生竟然会觉得，生平"最高产的时期"是写作有关"毒素、健康和行为"这类一般主题的技术性科学文章的时期！此外，我认为施特劳斯先生的教诲巩固了我的决定，即把学术精力从政治哲学（主要关注卢梭和马基

---

① ［译注］该药学名为左乙拉西坦（Levetiracetam），是一种抗癫痫药。用药后，可能会有嗜睡、易怒、具攻击性等不良反应。

雅维利）转移到分析四种神经毒素的影响上（这些神经毒素对脑内化学反应和行为会产生有害影响，大大增加学习障碍、药物滥用和暴力犯罪的概率）。

在我看似非理性地放弃政治哲学，转而将大部分的研究和发表工作集中在诸如动物行为学、神经毒理学和功能失调行为的科学研究等技术性科学领域的过程中，我跟随施特劳斯学习的经历为何会发挥核心作用呢？实际上，这一转变分为两个重要步骤。第一个步骤（发生在1969年）与对霍布斯（《利维坦》第十三章）、洛克和卢梭（"二论"第一部分）的著名作品中的自然状态概念的科学挑战直接相关，这三位思想家在西方政治制度从世袭君主制向共和政体的过渡中发挥了重要作用。该挑战基于新近对人类演化的科学研究和对社会群体的观察研究。在部分社会群体的内部，包括吼猴、黑猩猩、大猩猩等灵长类动物构成的社会群体，存在一个统治阶层。这些科学研究［观察到的以上动物］基于外部环境而形成的行为和认知，直接违背霍布斯（《利维坦》中"一切人对一切人的战争"）和卢梭（"二论"第一部分中，人们"闲散独处，总是接近危险"，仅关心"自我保存"和"怜悯"之情）对自然状态的描述。正是由于施特劳斯专注于严肃对待主要哲学家的文本，以此来探寻真理，因此观察比霍布斯的自然状态所设想的更为和平而又比卢梭的自然状态所设想的更具社会性的动物群体，才具有意想不到的意义。虽然典型的政治理论本科课程常会暗示，现代政治哲学的发展使人们转而更为理性地理解人性和人的自然社会性。

第二个转变，是转向研究毒素、脑内化学反应和大脑中的神经毒性化学物质。①

［此处马斯特斯回到先前的叙述，开始谈起他的军队生涯。］

马斯特斯：1951年我从牛顿高中毕业时，本该应征入伍，但我

---

① ［译注］以上三段话基本没有出现在原来的录音整理稿中，是马斯特斯在修订时补入的。

申请延期，去上大学。① 这样的延期不难获得，但征兵委员会通常不会应允大学毕业后再申请延期，直接去读研究生。此外，我意识到，哪怕我有可能再次被允许推迟服兵役，我也想先把兵役的事情了结掉，因为［这样的话］在研究生毕业后，我就能［立刻］继续我的职业生涯。另外，由于美国当时正处于和平时期，这似乎是一个参军的好时机。我被派往新泽西州的迪克斯堡（Fort Dix），在那里接受基本训练后，我接受培训，成为一名中速无线电操作员（intermediate speed radio operator）。

麦基恩：中速？你说的是这个词吗？

马斯特斯：中速。那是衡量发送摩斯电码的速度的标准。军队的无线电操作员需要知道，如何才能以极快的速度输入摩斯电码中的点与划。这很难做到，但对战争而言是必要的，因为在战斗中，有时需要从前线向总部发送篇幅很长的消息。很多人都可以缓慢地发送摩斯电码，但要学会如何以所谓的中速发送这些消息（我忘了每分钟需要达到多少词）有一定难度。我刚刚成功完成这方面的训练，就被分配到一个炮兵部队。对无线电操作员而言，赶往战争前线是非常危险的工作。每支部队都至少要有一名无线电操作员必须能够突破敌方防线，用摩斯电码传送回来敌方的目标何在。然后在战线后面，需要有一名无线电操作员来解码收到的消息。这意味着，在战斗进行过程中，你可能有差不多一半时间是在敌后度过的。这还真是个相当不错且安全的工作呐。［笑］但在和平时期，这些顾虑就不成问题。

我被分配到得克萨斯州埃尔帕索（El Paso）的布利斯堡（Fort Bliss）的一个防空营。然而，当我到了布利斯堡，［我发现］我的部队是专门管防空武器的，却一架防空炮都没有。布利斯堡刚刚启用，

<hr>

① ［译注］在原来的录音整理稿中，采访人麦基恩在此处点明，1951年马斯特斯初次收到征兵令时，正值朝鲜战争期间。马斯特斯在修订版中删去这一句。

军方不得不在那里派驻大量部队（显然这是为了满足得克萨斯州的议员们，他们希望这些部队能为埃尔帕索的商人提供更多生意）。我们这群一起在迪克斯堡接受训练的人在一个阳光明媚的周末抵达得州。由于无事可做，我们被分配到在烈日底下挖沟。周一早上时，我不得不去勤务兵室找东西，发现一位体格魁梧的上士正用一根手指在一台皇家商务打字机上费力地打字。考虑到与其去挖更多的沟［不如打字］，我无视"绝不要在军队主动揽活"这条普遍适用的建议，说："嗨，上士，我会打字。"亨利·萨沃卡（Henry Savoca）上士，一个在军队工作多年又个性十足的胖家伙，在几秒钟内就把我带到那台打字机前。于是我就在那里，在一座全新的由煤渣砖建成的大楼的空调办公室里，度过我剩下的军旅生涯。

有关我的军旅生涯，我最后再补充一句。作为炮兵文书，我经常需要填写一些表格，或需要参考国防部的具体政策，但有时指挥官和上士都不知道细节［该如何处理］。我意识到，只要是与规则有关的事情，我都可以在《军队条例》中查找。这被证明很有价值。因为那时候我已经结婚，[①] 获准与我的妻子住在布利斯堡外，所以有时周末我们可以在新墨西哥州露营。因此，对我而言，军队是我了解官僚主义的绝佳途径。两年的兵役结束后，我们抵达芝加哥大学时，已是夏季学期的开始。在芝加哥大学，我开始政治科学的研究生学业，但对于这个领域中到底哪个分支领域会成为我的专业，并没有非常明确的想法。

麦基恩：是否有人向你介绍过芝加哥并鼓励你申请那里？你是如何作出决定的？

马斯特斯：在我大四的时候，我就已经申请过几个不错的研究生项目。我只记得当我被芝加哥大学录取时（那会儿我还没从哈佛毕业），我的未婚妻觉得，在我服完兵役后，在中西部地区待上几年会很有趣。

---

① ［译注］录音整理稿原版中，马斯特斯提到他是在这两年军旅生涯中与妻子结婚的。

麦基恩：这是在五十年代末或六十年代初吗？

马斯特斯：我1955年毕业于哈佛大学，1957年夏天开始读研究生。我［当时］的情况是：我以最高荣誉从哈佛大学毕业，而此时已经远离学业长达两年。如上所述，我的本科毕业论文探讨经济理论和政治科学在管理美国反垄断政策方面的联系。因此，在芝加哥时，我设想我将会专注于一些特定领域：在这些领域中，美国的政治决策不得不处理以往［被认为］不相关的事。这意味着，我打算广泛地学习政治科学，对各种主题的课程（既包括国际政治方面的课程，也包括国内政策制定方面的课程）都试着上一下。

1955年①夏季学季（芝加哥大学全年共有秋、冬、春、夏四个学季）我第一次注册时，我急着想要开工。我按照常规，选了三门课。我还记得其中有一门课，是由一位名为伊斯顿的知名教授教的，他提出一套叫"系统理论"（Systems Theory）的东西，起初听起来还挺有趣的。伊斯顿教授是发起这种方法的人之一。他描述这种方法时，在黑板上画了一个正方形（"系统"），有一个输入（指向正方形左侧的箭头），以及系统产生的输出（指向远离正方形右侧的箭头），从右侧箭头开始，在方框下面有一条虚线，指向输入箭头处（这条线代表"反馈"）。我很快意识到，这个所谓的创新"理论"只不过是一个"模型"（或参考框架），列出政治系统的输入、该系统的决定或输出，以及反馈（即决定产生的效果，这些效果对社会产生了意想不到的影响，或改变了对未来输入的反应）。与我本科荣誉毕业论文中的经济和政治理论相比，这套"理论"似乎非常简单，不值得深入研究。

到了1957—1958学年的秋季学期，情况有所不同。我选了一门政治理论课程，这是我参加的一年制硕士项目的课程要求。我的第一门政治理论课程是由施特劳斯教授讲授的，而在那次经历之后，我就只打算研究一门学问，那就是政治哲学。这一点毋庸置疑。

---

①　［译注］原文如此。根据上文推测，此处似为误植，应为1957年。

麦基恩：非同寻常的是，每位接受过我或我的前任①采访的人，都说过非常类似的话。没错。

马斯特斯：嗯，这可能就是跟施特劳斯教授撰写博士论文的入场券吧。我把幸运地拥有成功的学术生涯和幸福的成年生活，都归功于跟他写博士论文的这段经历。但也要认识到：这种阅读和教学方式必然会使教授面临被排斥的风险，或者因为违反所在共同体的广为接受的信仰和道德标准而受到惩罚，无论这个共同体是你居住的国家，还是你从事教学和出版的学科专业。采用施特劳斯的阅读方式会造成这些潜在的冲突，是因为"隐微"层面的含义涉及思想家对真理的看法。这些真理与广为接受的习俗相冲突，因此会引起政治、宗教和文化等方面循规蹈矩之人的敌视。仔细研究政治哲学史上的主要思想家，就会发现这一点。首先是古人——柏拉图《王制》的全部关键点就在于苏格拉底的遭遇，他不断提出许多雅典人不喜欢的问题［，这导致他的遭遇］。类似的事情也会发生在当代政治中，例如参议员约瑟夫·麦卡锡（Joseph McCarthy）攻击教授或记者是颠覆分子，就可以说明这一点。经历军旅生涯后，我意识到，如果我不能理解施特劳斯所说的"隐微"层面，我就应该决定去做一个卡车司机。

但是，发现可以把我的职业生涯投入到研究政治哲学家的真意上，使他们的作品与我们的当代世界产生关联，这实在是令人兴奋。你不知道，把政治哲学家解放出来，不让他们沦为单纯的历史人物，是多么令人兴奋。在那个时候，其他事情对我而言都不重要。

在芝加哥读研究生的第一年，我决定写关于卢梭的政治哲学的博士论文，而朱迪斯（Judith）曾在古彻学院（Goucher College）主修过法语，这一点对我作出这个决定颇为重要。我记得，施特劳斯曾说过，

---

① ［译注］前任指格雷戈里。从2010年到2014年，格雷戈里完成12份施特劳斯学生的访谈。格雷戈里离开施特劳斯中心后，麦基恩接手访谈施特劳斯学生的任务。

[卢梭作品]现有的英译本质量很差，于是我意识到，有必要学会熟练阅读法语和讲法语。在我选择我的论文题目之后，我们决定来年要去法国待上一年。我开始撰写论文，同时也在翻译卢梭的"一论"和"二论"。朱迪斯作为我的法语老师和伴侣，对我逐字逐句地了解卢梭的文本，起到弥足珍贵的作用。

　　因此，在芝加哥的第一年研究生学业结束后，我于1958—1959年在法国度过。严格来说，我是巴黎政治学院（Institute d'Etudes Politiques in Paris，当地人会称之为"巴政"[Science Po]）的旁听生。我们在开始翻译工作的同时，学习彻底用双语沟通，并且享受巴黎的乐趣。不过，在开始工作之前的那个夏天，我们租了一辆伟士牌[摩托车]（Vespa），带着冒险精神，踏上城市和旅游景点之间车辆相对较少的各条道路，环游法国。相比于从埃尔帕索开去芝加哥，或从芝加哥开去波士顿，我们是在那辆伟士牌[摩托车]上，才真真切切感受到我们在法国的乡村（in the French countryside）。

　　在这一年剩下的时间里，除了一些美妙的假期外，我们都住在巴黎，我在那里写我的博士论文。我记得，在假期里，我们回到普罗旺斯，参观了阿尔勒市（Arles），发现了附近一个叫莫桑（Maussane）的村庄。有人告诉我们，《伦敦观察家报》（*London Observer*）的文学编辑特里·基尔马丁（Terry Kilmartin）的妻子乔安娜·基尔马丁（Joanna Kilmartin）在那里拥有一幢房子。他们想把这幢房子租出去，因为他们只有在英国那边放假时才会用到。这对我们来说太棒了：在法国一处优美之所，有一栋价廉物美的房子。只要我能负担得起在法国待上一年，我们就可以规划在那里生活。我们租下房子对双方都有利，因为乔安娜很高兴能有相当不错的长期房客（从而靠她的度假屋赚到一些钱）。而当基尔马丁一家在莫桑度假时，我们就去旅行度假。后来，在三个不同的年头里，我们都租了这幢房子，我们的儿子（塞特和威尔）则在当地学校上了一年学。

　　在芝加哥时，我们住在离校园不远的地方，这段时间非常美好，因为芝加哥的生活实在太棒了。我们住在校园的南侧，靠近湖边，在炎炎夏日里野餐和游泳。芝加哥有像第二城喜剧团（Second City）①这样有趣的夜总会，我们在那里欣赏到全国最好的爵士乐手［的表演］；我们喜欢在威斯康星州露营；我们也常在卢普区（Loop）②品尝美食（尤其是上等牛排）。但最重要的是，对我来说，在芝加哥的几年不仅给了我在大学教学所需的文凭，而且让我获得指导我职业生涯的［研究］重点和训练。

必须强调，我最初去芝加哥大学根本就不是为了跟施特劳斯学习。事实上，我去芝加哥的时候并没有打算专攻政治哲学，甚至不记得之前听说过施特劳斯的名字。我当时对任何人都不甚了解。我跟施特劳斯上的第一门课就让我决定要从事政治哲学研究。在此之后，我意识到我必须挑选一个论文题目，而我对各个理论家都感兴趣。在那个时候，我的妻子真的做了很多法语方面的工作，她想知道她是否会喜欢成为一名法语教师。在谈话中，我意识到我从来没有学习过法语。虽然我在高中时学过几年西班牙语，实际上也学会了说西班牙语，但我从来没有运用这门语言做过些什么。在阅读各个政治理论家时，我认为卢梭很有吸引力。他用法语写作，朱迪斯认为卢梭的著作很有趣，因为我们谈论过他的著作。没过多久，我忘记到底是什么时候，我们决定，既然我正在写关于卢梭的论文，而她又无事可做，那就由她来翻译［卢梭］。我建议我们从《"一论"和"二论"》（*First and Second Discourses*）开始，③因为"一

---

① ［译注］第二城喜剧团是芝加哥的一家即兴喜剧团，由芝加哥大学的几位学生创立，前身为"康巴斯演员"（Compass Player）。1959年，"康巴斯演员"正式演变为第二城喜剧团。

② ［译注］卢普区是芝加哥的中央商务区，现在一般用来指代芝加哥的整个市中心。

③ Jean-Jacques Rousseau, *The First and Second Discourses*, trans. Judith R. Masters, ed. Roger D. Masters (Bedford/St. Martins, 1969).

论"或《论艺术与文学》^①与当代社会密切相关。在最初出版的版本上，卢梭的这篇作品的全名为："1750年就第戎科学院提出的题目获得该学院奖项的论文：科学和文艺的复兴是否有助于敦风化俗？"虽然提出征文题目时，［第戎科学院］期待有文章能给出肯定的回答，但卢梭的文章则坚决地给出否定的回答——这篇文章不仅赢得奖项，也开启了他的职业生涯。我觉得令人着迷的是，［后人］在反思当代科学和艺术（包括技术）的发展导致道德败坏时的思路，都始终与［征文］题目和卢梭给出的回答息息相关。这本书批评的文化习俗，在我们看来，是"现代"社会的基础。1751年出版时，这本书非常具有爆炸性（时隔267年后，该书仍然具有爆炸性）。我们引以为豪的这些活动，怎么会具有如此恶劣的影响？

　　你知道，这花了很长时间。我对此印象极为清晰。其实不久前，我才突然意识到有关卢梭的一些细节是怎么回事。我从来没有真正设身处地地把自己放到卢梭的位置上，卢梭到底为什么要写这些东西呢？他是日内瓦的一名印刷工学徒，信奉加尔文教的教义和行为准则，他喜欢闲逛和采摘雏菊，而他唯一能出城的时间，是在周日的教堂礼拜之后。在人们鸣号（我想是在下午4点）后［若还没有回来］，他就只得待在城墙外，因为人们会锁上城门。有那么两次，卢梭采摘雏菊时走得太远，没能及时赶回来。于是他在城墙下睡了一晚，等到早上他们一开城门，他就赶回印刷作坊。印刷工气恼他的学徒竟然迟到，打了他的屁股或者别的什么地方。这种事出了两回，到了第三回时，让·雅克说道："我不打算再回去让那个家伙揍我了。"他便走了，什么东西都没带。我认为，人们在研

究卢梭时，从来没有想过，他是从日内瓦步行去巴黎的，只在尚贝里（Chambéry）稍作停留。在尚贝里，他有过一点风流韵事，不过关键之处并不在于他的性事（这也不是什么坏事），而是他曾有过独自步行穿越欧洲的经历。这是多么令人震惊的经历啊！途经小村庄时，人们会邀请他进去吃一顿饭。而到了巴黎这座不可思议的城市，到了这个智识生活的中心，［这里的情况与小村庄］是多么不同啊，你明白吗？与漂亮的村庄相比，他将这座城市的污秽尽收眼底——所有这些，都蕴含在他从日内瓦步行前往巴黎的经历之中。我觉得［想到］这一点真的很引人入胜，因为我认为人们没有充分留意到，步行这么一段距离，是一种什么样的体验。［要步行这么长的路，需要有］良好的健康：既包括健康的心灵，也包括健康的身体。

总之，卢梭把我迷住了，我们翻译了他［的作品］。我们翻译了《"一论"和"二论"》，然后又翻译了《社会契约论》（*Social Contract*）①。朱迪斯成为一名社会工作者之后，② 我甚至还和波士顿学院的克里斯托弗·凯利③共同编了《文集》（*Collected Writings*）④。当时我发表了我的论文《卢梭的政治哲学》（"Political Philosophy of

---

① *On the Social Contract*, trans. Judith R. Masters, ed. Roger D. Masters (St. Martins, 1978).

② ［译注］录音整理稿原版中，马斯特斯提到，他的妻子在他任教于耶鲁大学之后，去了哥伦比亚大学社会工作学院（School of Social Work），开始成为一名社会工作者。

③ ［译注］凯利（Christopher Kelly，1950—），波士顿学院政治科学系教授，著有《卢梭的榜样人生：作为政治哲学的〈忏悔录〉》（*Rousseau's Exemplary Life: The "Confessions" as Political Philosophy*）（中译参华夏出版社2009年黄群译本）、《作为作者的卢梭：将生命献给真理》（*Rousseau as Author: Consecrating One's Life to the Truth*）等作品。

④ 指《卢梭文集》（*Collected Writings of Rousseau*），由新英格兰大学出版社（University Press of New England）于1990—2007年出版的多卷系列丛书。

Rousseau"）①，而这毕竟是我在施特劳斯指导下撰写的论文，所以我的第一部真正重要的出版物是一部施特劳斯派的作品。

但随着我继续推进，虽然毫无疑问，每当我研究理论性的内容时，我都会像施特劳斯那样来看待问题；当我这样做的时候，我看到一些其他东西，而我总能看到的一样东西就是某种对人性的理解，人们总是在谈论人性。但如今，当我读到罗伯特·阿德雷（Robert Ardrey）的《非洲创世记》（*African Genesis*）②，里面就有这个了不起的东西。③

麦基恩：［名字是］罗伯特，他的姓是什么？

马斯特斯：阿德雷，A-R-D-R-E-Y。我对罗伯特有一点了解。我见过他好多次。罗伯特是个喜欢搞普及的作家，他认为那些去非洲研究大猩猩等动物群体的人类学家所做的工作，对理解何为社会具有革命性的意义。我的意思是，这就是爱德华·威尔逊那本书的由来。因此，后来威尔逊出版《社会生物学》④时，我把那本书买了回来。我一回到波士顿，就专门去结识爱德华。爱德华非常杰出，但他也非常稳重，态度温和，毫不张扬，我想，他对这本书产生如此大的影响感到震惊。但事实上，从智识层面上说，打破（break down）社会科学的时机已经成熟。如今回想起来，我当时从未思考过这个问题，因为从美国社会的角度来看，冷战的灾难之处在于，在第一次世界大战之前，我们一直是一个孤立主义的社会；而在第一次世界大战中，威尔逊⑤意识到，倘若德国人真的彻底控制欧洲，美国可能就会遇到大麻

---

① 中译见马斯特，《卢梭的政治哲学》，胡兴建、黄涛等译，上海：华东师范大学出版社，2013。

② *African Genesis: A Personal Investigation into the Animal Origins and Nature of Man* (1961).

③ ［译注］当指一种对人性的理解。

④ E. O. Wilson, *Sociobiology: The New Synthesis* (Harvard University Press, 1975).

⑤ ［译注］此处指第一次世界大战时的美国总统伍德罗·威尔逊（Woodrow Wilson），而非上文谈到的爱德华·威尔逊。

烦。[这时候] 最好站在民主国家一边，所以我们不得不参战。我们与英国的关系尤为牢固，我们不能让德国人控制英国。他说服美国人同意参战，而第一次世界大战对美国人来说，是一次可怕的经历，因为这场战争太残酷了。堑壕战；我们损失了如此多的部队，以至于在战争过后的二十世纪二十年代里，人们的基本感受是，我们不应该再和这种事情扯上关系。我们拯救了欧洲，好吧，在二十世纪二十年代，这意味着拯救了整个工业化世界。让我们享有和平和宁静，管好自家的事就好了。然后市场经济在1929年崩溃了，富兰克林·罗斯福当选，由此我们开启了新时代。这完全改变了美国社会的内部状况，但也加强了如下观念：我们与其他国家毫无瓜葛；我们必须 [专注于] 解决我们自己的问题。

正是在二十世纪三十年代末，出现了美国优先运动（America First movement）。这对我来说很重要，因为在我的生平经历里，美国优先运动的基本特点之一就在于，这些人有非常强烈的反犹倾向。事实上，[会产生] 这种非常强烈的反犹倾向的原因之一是，创立美国优先运动的那两个人，亨利·福特①和查尔斯·林德伯格，②都是反犹主义者，所以他们赞成最终解决方案。③我比你曾交谈过的几乎任何人都更了解这一点，因为我的母亲。逃离大屠杀的犹太人来到作为主要港口之一（若不是唯一的主要港口）的波士顿，而我们就住在那儿。全国犹太妇

---

① [译注] 福特（Henry Ford, 1863—1947），福特汽车公司的创立者，第一次世界大战期间持有和平主义立场，也有反犹主义著作《国际的犹太人》（*The International Jew*）。

② [译注] 林德伯格（Charles Lindberg, 1902—1974），美国著名飞行家、探险家和社会活动家。1927年，林德伯格驾驶单翼飞机从纽约横跨大西洋飞至巴黎，成为历史上首位成功完成单人不着陆飞行横跨大西洋的人。在日本袭击珍珠港前，林德伯格反对美国参加"二战"，并曾发表疑似同情纳粹德国和反犹主义的言论。

③ [译注] 所谓对犹太人问题的"最终解决方案"（final solution），是纳粹德国领导人用来代指大规模屠杀犹太人的委婉说法。

女委员会（National Council of Jewish Women）会派遣一组妇女到每艘船上，并附上一份旅客名单，所以她们知道那艘船上每个家庭的名字。我的母亲就负责这件事，因为她是一位了不起的组织者，所以她获得许可，去到［上下船用的］踏板处［把逃亡来美国的犹太家庭接下船］。一次会走下来一家人，她就带着他们过海关。她会意第绪语，所以她可以使用这门语言，为他们翻译，让他们通过海关，然后她再回去带另一家人。一家人从另一边出来，总会有一位妇女能从名单上找到这家人的名字，把他们带到她家。对这些家庭而言，这样的欢迎意味着他们在美国的第一个晚上将会在一间私人住宅中度过。最后一个下船的家庭，则总是会来我们家。我六岁时的人生第一段记忆，便是在我们客厅的红色地毯上，和一两个孩子一起，玩那些玩具金属小车。我完全不会说德语，他们不会说英语。我非常兴奋。我知道他们是安全的。

因此，我们家里人非常仔细地关注着希特勒的崛起，我的母亲非常活跃，我的父亲，毫无疑问，［也］非常密切地关注着，［这些都与］身为犹太人有关系。在那之后，关注宗教问题，关注自由之于美国的重要性，关注我们生活在这里是多么幸运，对我而言至关重要。但［美国］也存在反犹主义。我认为在你会遇到的人中，我应该属于最后一代人，会在去学校的路上被人撞倒，被吐口水，被称作肮脏的犹太人。我不过是学会了避开这些人，这就完事儿了。在高中上代数课时，坐在我旁边一排的，有一个是橄榄球运动员。他是一名擒抱手。我还记得他的名字，叫尼克·巴伯（Nick Babo）。［他］是个不错的家伙。但有一天，在一次测验中，我们要回答一个题目，他弯下身子［低声］对我说："我做不来，我做不来。他们会把我赶出队伍的。"他担心如果他不及格，就会被橄榄球队扫地出门，而对他来说，橄榄球队才是最要紧的。我说："下课后来见我。"我在那堂课后，就去运动员休息区，向尼克展示如何一步一步地解这道题，这没什么难度。我们总是会坐在一起。

麦基恩：所以你成了他的家庭教师。

马斯特斯：[从此]没人敢动我。[笑][如果想动我，]他们就不得不和尼克打一架。

麦基恩：真不错。

马斯特斯：不过，我并不是出于那个原因才帮他的。但这是诸多尤为有趣的事情之一，就这样发生了。我来到达特茅斯学院时，就觉得很逗，这是由于我高中毕业那会儿是绝不会申请达特茅斯学院的，因为那时这所学校被认为是反犹主义的。但我在耶鲁大学作为非终身助理教授任教时，我意识到我最好去找一个终身职。因为你永远无法确定你是否会[在本校]获得终身教职，只能排队[等待安排]。如果他们不打算尝试把你留下，那么在你在教职市场上无处可去之前，就最好离开那儿。我去了很多地方，但我的妻子和我到了汉诺威（Hanover）①后，还不到三毫秒，她就跟我说，她想住在这里。[笑]这里要[比纽黑文]好得多——她想要带着我们的孩子来乡下，离开纽黑文。于是我们就搬来了这儿。在我开始教书后不久，[达特茅斯学院]招聘了第一批黑人教员。不是在我们系，是在英语系，[招的是]威廉·库克②。我之所以会记得这件事，是因为去年有一场纪念威廉的仪式。③我去参加了，因为我认识威廉。我记得仪式过后，我和他家里的人聊天，谈到他当初来这里时，曾有过许多关于此事和种族主义的讨论。我说：你们知道我和你们的父亲/祖父/叔叔关系密切。我解释说，我们会互相熟识，是因为我们都是外来户。

我在那次见面时，向他的亲属解释说，威廉和我都明白，我们不必谈论这件事，我们知道就行，[虽然]我们确实可能谈论过两三次。诀窍在于，做好自己的工作就好。不要去掀起风波，只要做好你的工

①　[译注]汉诺威是新罕布什尔州的一座小镇，马斯特斯任教多年的达特茅斯学院就位于该地。

②　库克（William Cook，1933—2017），达特茅斯学院的以色列·埃文斯（Israel Evans）演说学和文学教授。

③　[译注]此处马斯特斯的记忆似有偏差。库克去世于2017年5月15日，和马斯特斯受访谈时为同一年。

作，干对工作有用处的事，人们就不会来管你。这也是我在军队中的做法，效果很好。他家里的年轻孩子对做到这一点是不是一件难事很感兴趣。当然，留在这里对我来说很重要，因为我喜欢这里，我的妻子喜欢这里，孩子们也喜欢这里，所以我很高兴我能留在这里。我的意思是，我开始研究卢梭——噢，我本来想看看我的简历，但［现在］我想没有必要了。就在这儿，我有一份简历，就在这里。

我的职业生涯从耶鲁开始，这份工作让我可以写作与卢梭和［其他］政治理论家相关的作品，做出一点成绩。但其次，我也总是在做些别的事情。我关于耶鲁的第一段记忆是，我住在离校园不远的卡农街（Cannon Street）。就在那里附近，大约一个或一个半街区的距离，有一个叫东岩公园（East Rock Park）的公园。［那里有］一座巨大的红色峭壁，脚下有一条小溪，然后是一个操场。那里是不错的去处，因为可以步行过去，可以去那儿野餐。而且因为有这座峭壁，他们永远都不可能在那儿修一条路。所以我们经常去野餐，然后突然间，州公路部门宣布，他们要在这条新的州际公路I-91和从市郊到纽黑文市中心的一条南北主干道之间修建一条通道——因为像大多数沿海城市一样，从市中心到市郊有一张宽阔的公路网。其中有一条公路离那块石头不远，所以他们打算［在那儿］设置一处连接点，把州际公路接到从市郊到纽黑文市中心的某条南北主干道上。这就会破坏那座美丽的公园，我认为这简直是疯了。

麦基恩：他们是打算把那块石头炸开吗？

马斯特斯：他们炸不开。那块石头和帝国大厦差不多高。

麦基恩：哦，那是一座巨大的峭壁。

马斯特斯：巨大的峭壁。我有一位名叫比尔·克诺尔（Bill Knorr）的邻居，他在神学院，就住在街边，我想他以某种方式参加了市议会。我和他聊了一次。我说，他们这么做，实在是太疯狂了，这是一个无价的公园。他说，是啊。我说，我想成立一个小组，来抗议这个项目。于是在我不知情的情况下，我就成了拯救公园委员会（Save the Park Committee）的主席，并且阻止了公路部门。［笑］市长支持我，每个人都支持我，我有整座城市的支持。公路部门最终决定：既然立法机构里有人说不应该破坏那个公园，那就没必要再争了；另选一处做连接点就好了，放到城外更远的地方，反正那里更好，也无所谓。但突然之间，我真的参与到了实际政治之中。这很有趣，所以我很喜欢。但我也确实在努力研究卢梭，同时我也写了一些其他东西。你瞧，我的简历很早就开始向其他领域进军了。

麦基恩：不过我想仍然有迹可循：卢梭、托克维尔和民主参与。

马斯特斯：嗯，卢梭是关键节点。我们往往会忘记，他是多大程度地嵌入［在不同传统之中］。这就像我走出大波士顿社区和犹太社区的经历一样，首先在芝加哥遇到施特劳斯——不，首先是入伍，然后在芝加哥遇到施特劳斯，发现这个不同的新世界。我来到芝加哥，有点像卢梭来到巴黎，尽管我过去从未这样想过。如今我回过头去看，会说是的，因为［这就像］卢梭遇到狄德罗一样，是［让人发出］"哇"［的一段经历］。昨天晚上，我突然想到，如果卢梭在从日内瓦步行去尚贝里的途中，遇到一个居然能预言未来的吉普赛人。卢梭确实没有遇到这么一位吉普赛人，但如果他遇到，这个吉普赛人说："让－雅克，你将会成为本世纪来自日内瓦的最有名的人之一。两百年后，每个人都会知道你的名字。"他说："什么？""你将会成为著名的政治哲学家。""那是什么？"他尚不知道什么是政治哲学，也不会相信自己会出名。你明白吗？当他在巴黎遇到启蒙哲学家时，他有如此惊人的变化。特别是，当他遇到启蒙哲学家时，他有了这样的想法：和日内瓦相比，这个地方腐朽肮脏，太多人在互相欺骗。我们日内瓦不是这样的。你知道吗？所以他在那个征文比赛中把这点写了出来，赢得奖项，这让他大吃一惊。他突然成为一个世界性的历史名人。

麦基恩：嗯。

马斯特斯：并且这进展得很快。不知何故，我首先做的工作是——由于朱迪斯想在纽黑文有事可做，我们翻译了"一论"和"二论"。这本书非常成功，太成功了。

麦基恩：几代人都从你们的工作中受益。

马斯特斯：关键并不在于我是译者，关键在于施特劳斯。如果没有施特劳斯，我永远不会去做这项工作。[如果没有施特劳斯，我]就不会有这整个职业生涯。因此，这就是为什么我把施特劳斯的照片摆在那里。[指向附近书架上的一张施特劳斯的照片]每过一段时间，我就会说："谢谢你，列奥。"他为我做了这么多，而且关键是，我在课程中大体上和他没有什么个人层面的接触。

麦基恩：什么意思？

马斯特斯：我害怕。

麦基恩：哦，我明白了。你从来没有去和他聊过。

马斯特斯：我从来不认为自己足够聪明。他显然在推进着自己的工作，我认为打扰他是不合适的，因为我不认为……我的意思是，我非常了解情况。我的意思是，我获得不错的成绩，而我从来没有去过他的办公室，直到我……我在努力回忆我是什么时候去的他的办公室，但[去了之后]我大吃一惊，因为就在那时，他对我说，看起来我有能力去研究政治理论。我之所以记得这一点，是因为我想我当时已经安排好了一份工作。

麦基恩：当时你正在写毕业论文吗？

马斯特斯：是的，我想和他谈谈教学生涯以及我的论文，所以我去找他聊。我说："我很关心教学，我想确保[在这一点上]能做好。"他说："这容易。总是假设班上有一位沉默的学生，他比你知道更多。"我从来没有忘记这条教诲。

麦基恩：你在设计论文题目时，想来他是你的导师，你也一定和他有过一些对话，讨论过你打算写什么。

马斯特斯：没错。

麦基恩：所以也不是真的完全没有接触。

马斯特斯：我想写一些东西，来从他的角度理解作为一位思想家的卢梭。也就是说：关于我所做的工作和施特劳斯所做的工作，以及我称之为音乐表演中的艺术成就的其他生活领域，我发现一些非常有趣的事情。因为我意识到，就像我在读卢梭的时候一样，我会试图思考：［假如］我就是卢梭，那这与我写的其他东西有什么关系？钢琴家（我想那是位钢琴家），反正我知道这会发生在钢琴家身上。今晚我要去听一位名叫萨利·平库斯（Sally Pincus）的钢琴家在这里办的音乐会。她是这里音乐系的教员。她在世界各地都会举办音乐会。她非常谦逊低调，但真的非常非常不错。我曾在一场音乐会后，问过她这个问题。我说："当你在演奏音乐时，当你在表演时，当你在台上时，你不是在演奏肖邦或贝多芬，而是他的音乐穿透了你，这种说法是不是真的？他的音乐是不是完全占据你的整个头脑？"她说："是的，就是这样。就是这样。你是在表达音乐，而非在演奏音乐。"

麦基恩：嗯。

马斯特斯：这对我来说很有意思，我和好几位表演家都聊过；我只想和真正优秀的表演家交流，因为一个初学者永远不会有这样的想法，但伟大的表演家都会有这样的想法。当然，施特劳斯教导我的是，这是你了解真正严肃之人的唯一途径。为什么真正严肃之人是那样的呢？这是因为，你需要创造的东西与你所创造的东西是不同的。你有一些项目之类的东西，有人会称之为目的（telos）。你所做的事情，有一个目的。例如，施特劳斯的目的，显然是想让文本自现其意。这是因为，我们不可能把自己放入当时的历史条件，所以将文本完全视作历史演进结果的做法，就是他真正的敌人。这种做法会使思想家仅仅成为河流上的一根浮木，以预定好的方式顺流而下。但问题在于，在很多重要情况下，实际上是这些思想家指引着河流的走向。在我看来，最重要的案例当然不是卢梭——我的意思是，没错，卢梭确实在很多方面［指引着历史之流的走向］。我想终结这种观念：卢梭的全部意义，只不过是《社会契约论》，或者《新爱洛依丝》（*Nouvelle Heloise*），或者他那个时代思想潮流中的一分子。［哪怕在］当下，卢梭也有很多东西可以教给我们。

但我最近真正印象深刻的是马基雅维利，我有两本关于他的书。马基雅维利很重要，而让我吃惊的是，实际上我意识到，我从来没有真正关注过这一点。我从来没有真正关注过这一点，是因为我没有考察过历史环境。在马基雅维利这个案例中，毫无疑问，为了做到施特劳斯让我做的事，我就必须了解这一点。为什么？在写作之前，马基雅维利都做过些什么？你知道吗？他是佛罗伦萨共和国执政团（Signoria）的第二秘书。①

　　这意味着什么呢？因为美第奇家族的存在，佛罗伦萨是当时欧洲最富有的城市，也因此和各地都有密切往来。各地的人都会到佛罗伦萨来。他获得一份为执政团服务的工作，并且很快就开始负责该城的外交事务和军事政策。这既因为他很出色，也因为这是一座小城。他担任的这个职位，确实职责很重。他在担任这个职位时所做的事情之一，就是出于某种原因，他去了切萨雷·博尔贾（Cesare Borgia）的宫廷，后者对佛罗伦萨的外交政策而言举足轻重。他来到宫廷时，还有另一个人也在那儿，不过不是为了来开会。那个人在切萨雷的城堡里做壁画，他的名字叫莱昂纳多·达芬奇。他们有过精彩的讨论，莱昂纳多曾考虑过把佛罗伦萨变成一个海港。为什么？好吧，现在我的想法与我在之前两本书中的说法完全不同。关键在于，哥伦布并没有发现美洲。他肯定没有发现美洲。在1492年的第一次航行中，他以为自己是在印度。

　　1498年，葡萄牙国王雇佣阿美利哥·维斯普奇（Amerigo Vespucci）远行。为什么呢？因为阿美利哥是个住在塞维利亚（Seville）②的佛罗伦萨人。他待在塞维利亚做什么呢？他是美第奇家族的商业代理人。美第奇家族在各地都有银行，他不仅负责［塞维利亚的］那家银行，还建起一整个商品交易中心，用于购买和转售货物，这是因为塞维利亚由于阿拉贡（Aragon）和卡斯蒂利亚

---

　　①　［译注］在马斯特斯的修订版中，该自然段被拆分为三段，并颇为反常地反复在段首插入表明说话人身份的缩写，疑为马斯特斯的误植。因此，译稿此处的段落划分，依据录音整理稿原版，而非马斯特斯的修订版。

　　②　［译注］塞维利亚是西班牙南部的艺术、文化和金融中心，也曾是重要港口。

（Castille）的合并而成为一个非常重要的城市。① 阿美利哥负责这些事务，所以当哥伦布扬帆起航时，船上所有的装备都是由阿美利哥监督配备的。阿美利哥还学会如何测量经纬度。因此，哥伦布请他来船上，让他记事和绘制地图，于是他就上了船。他从那儿回来后，在大约一年之内，葡萄牙国王就决定……在航海家亨利王子的指挥下，葡萄牙人已经绘制出整个非洲西海岸的地图，而哥伦布则认为他已经到达亚洲。因此，葡萄牙人想要参与亚洲贸易，这将会比［在］非洲［做生意］或者绕过开普敦都更有利可图——这没什么道理。阿美利哥为葡萄牙国王登上那艘船。他的第一次航行，我想是在1498年，在哥伦比亚的海岸登陆。

这是一幅非常早的欧亚大陆地图。

麦基恩：好的。

马斯特斯：他们认为那里有土地。就在那儿。

这是一幅早期的地图，可展示何为地球仪。［这张地图上的］地球要［比我们今天认识的］小得多，你可以看到这里是西班牙，这里是沙特阿拉伯。

麦基恩：没错。还有印度次大陆。

马斯特斯：在1474年，有一个名叫托斯卡内利②的地图制作者，我想他是在佛罗伦萨，他制作出地球仪。他决定制作一幅地图，把欧亚大陆的西海岸和东海岸连接起来。把这张地图绕在一个球体周围，就是你现在看到的样子。因此大西洋非常小。这就是哥伦布手上的地图。这也是为什么他觉得自己到了亚洲。

---

① ［译注］阿拉贡王国位于伊比利亚半岛的东北部，卡斯蒂利亚位于伊比利亚半岛的中部。十五世纪时，阿拉贡的斐迪南二世与卡斯蒂利亚的继承人伊莎贝拉结婚，两国合并，奠定今天西班牙的主体部分。

② ［译注］保罗·达尔·波佐·托斯卡内利（Paolo dal Pozzo Toscanelli，1397—1482），文艺复兴时代的意大利数学家、天文学家和宇宙学家。托斯卡内利在1474年绘制世界地图，并寄给哥伦布。哥伦布在第一次前往新大陆的航行中，带着托斯卡内利的地图。

　　这就是阿美利哥手上的地图。不同之处在于，这是第一幅在这里画了大陆的地图。阿美利哥出海时，他在现在的哥伦比亚的海岸线处抵达南美洲的北岸。他沿着那条海岸线，一直到了亚马逊河，然后回到葡萄牙，又回到佛罗伦萨，做了两件事。他出版了一本小册子，名为《新大陆》（*Mundus Novus*）。沿着海岸线走时，他因为船上缺水，［便上岸，］遇到一些小型聚落，他们是原始人，非常友好，给了他水，给了他食物，而这些人显然和亚洲毫无关系。他们和欧洲也毫无关系。事实上，他们不知道那里都有些什么，因此他们也从未听说过耶稣或基督教。①

　　《新大陆》出版时，我想是在1501年或1502年。② 我拿下来的东西，在我身后的某处有副本，我只是不打算花时间去找，叫坎迪诺平面球形图（Cantino Planisphere）。这幅1502年的地图首次画出南美的海岸线；这张地图上画了阿美利哥第一次航行时发现的海岸线。他做了些什么，都很清楚。他沿海岸线而下，然后回来，然后那幅名为坎迪诺平面球形图的地图（也是1502年的）就付印了。这幅地图和这本小册子流传到了欧洲各地。他称之为新大陆的那块地方，位于亚洲和欧洲之间。这就是为什么我有那幅1507年绘制的"瓦尔德泽米勒地图"（Waldseemuller），那是第一幅类似［今天的世界地图］那样的世界地图。③ 但总之，关键之处在于，如果看一下瓦尔德泽米勒地图，就会发现北美和南美的西海岸有点像一条直线，这是因为他们是从南美的东海岸登陆的。从海岸边上往里走，会遇到一排山脉，［山那边］是未知的领域（incognita），于是成了一条直线。山那边有一些什么

----

　　① ［译注］在原来的录音整理稿中，本段和上一段在同一个自然段中，并未分段。

　　② ［译注］此处马斯特斯记忆有误。阿美利哥在1503年春天写给美第奇家族一位成员的信中发明"新大陆"这个词。1503年至1504年，阿美利哥用拉丁文出版《新大陆》一书。

　　③ ［译注］可参考布罗顿，《十二幅地图中的世界史》，林盛译，杭州：浙江人民出版社，2016，页109–141。

东西，但［当时的欧洲人］不知道是什么。

这非常非常惊人。整个发现都具有爆炸性。当马基雅维利得知这个发现的时候，这个发现非常具有爆炸性。我们知道马基雅维利肯定在阿美利哥的新大陆之行后立刻就得知了这个发现，因为他当时还在执政团工作。他有几个私人秘书或助手，其中之一名叫阿戈斯蒂诺·维斯普奇（Agostino Vespucci），是阿美利哥的侄子。

人们不知道这一点。我发现这一点之后，说："哦，难怪。"马基雅维利的经历是，当美第奇家族推翻共和国时，他们视他为潜在的革命者，折磨了他一年，把他软禁了起来，这时他才开始写作。他写了《君主论》，这本书从表面上看与他的真实想法毫无关系。我们知道他为什么要把这本书写成一本便于洛伦佐·迪·美第奇（Lorenzo di Medici）理解的小册子。那不是大名鼎鼎的豪华者洛伦佐（Lorenzo the Magnificent），而是他的侄孙。[1] 当时他的家族派他来管理一个城镇。我不记得那个城镇叫什么了，以 O 开头，这不重要。他被授权掌控一个城镇及其政府。马基雅维利意识到，为这个不知道自己在干些啥的花花公子写这本书，是他离开牢笼并投效美第奇家族的敲门砖：我会很好地为你服务；我不在乎共和国。如果你不知道写作《君主论》的情境，不知道马基雅维利因被怀疑是共和派革命者而被软禁，你就根本不可能理解这本书。你明白吗？所以我很早就意识到，就马基雅维利而言，历史确实能告诉我们他的意图何在。这并不意味着他是由历史决定的；这意味着，由于他所处的历史背景，他在某种程度上改变了历史。如果你无法理解这一点，［你就无法理解马基雅维利，］这就好像，如果你不知道柏拉图写了些什么，你就无法理解亚里士多德。

麦基恩：你认为施特劳斯假定学生了解历史吗？我的意思是，显

---

① ［译注］此处马斯特斯记忆有误。洛伦佐·迪·皮耶罗·德·美第奇（Lorenzo di Piero de' Medici, 1492—1519）是豪华者洛伦佐的孙子，而非侄孙。

然，他自己是了解的。

马斯特斯：施特劳斯假定，如果你选了一门政治理论的课，而既然这门课叫做政治理论而非政治哲学，你就不会像他那样把这些书当作真正意义上的哲学著作来看待，而是把这些书当作有关政治的建议，这符合当时的情况，也符合人们以前所说的情况。因此，历史始于古希腊人，苏格拉底这个家伙到处闲逛，柏拉图则意识到，在所有这些传统观点的背后，有一些核心的东西是一以贯之的。当他谈到形式（form）时，首要且明显的一点（我从未听任何人言及这一点）是，他们在不同地方都谈及的一件事——当你回过头去试图获得真正的理解时，你必须深入了解，苏格拉底身上到底发生着什么。人们谈论他们［如何］得到圈养的狗。他们一直在谈论狗："我有一头德国牧羊犬，非常有意思，因为会做这个。""哇，真有趣，因为我的达克斯猎犬（dachshund）完全不会那样做。"他们在谈论的核心到底是什么呢？所有的狗都有四条腿，都有一条尾巴。人类没有尾巴。因此，如果你谈论某物的形式，那么这指的只不过［是］使这些人或这些东西与其他东西有所不同的显而易见之事。形式并不难［理解］。形式不是一个与现实无关的、无实体的观念。我们现在知道，形式就是纯信息。基因中蕴含的纯信息；必须是一致的基因，证明可以孕育后代的基因；这就是你可能拥有的形式。也就是说，当我认真思考古人的教诲时，令我震惊之处在于，在过去的几十年里，这些教诲如今在科学上是多么准确。

施特劳斯是对的。所有史学家都错失这一点。

麦基恩：施特劳斯在哪方面是正确的？

马斯特斯：哲学是要寻求有关存在（being）的真理，而存在并非历史的产物，而是历史的产物背后的东西及其在不同情境、不同时间和不同地点下的表现形式。在不同时间和不同地点展现出的这些变化可能会有模式可循，但最根本的是要探寻从不同角度来看存在到底何在，因为你就处在不同的角度之中。当你从不同的地方看一座山——比方说东岩公园，你从山顶看，或从山脚看，从这里看，或从那里看，目之所及都有所不同。如果你设计高速公路，想找一个连接点，或者如果你是一个公民，想找个可以散步的地方，那目之所及同样会有所不同。显然，政治哲学中有一些非常深刻的东西，你可以在医学中找到，也可以在其他任何地方找到。但有一点：如果把一切都单纯简化为政治史或其他意义上的历史的表现，那就会错失真意，因为总有那么一些东西，我们是从苏格拉底、亚里士多德、马基雅维利或圣托马斯那里学到的。总有一些东西需要去学习，而更重要的是，学习隐微与公开之间的区别，是你能用来了解世界的唯一途径。

麦基恩：施特劳斯在多大程度上直接讨论"隐微"这个主题？

马斯特斯：显然存在隐微。他非常清楚，如果你是一位哲人，你就不得不以一种避免受到伤害的方式来为其他哲人写作。自苏格拉底以降的哲人，他们在动笔写作之前，就清楚这一点。问题是：为什么柏拉图要写下有关苏格拉底的作品？这很简单，因为柏拉图意识到，这是人类利用他们的大脑可以做到的事情，而且他们不得不这么做。你唯一能做的，就是提出一种人们未曾想到过的看待存在的方式。要有学生，你要和学生交谈，他们会有自己的反应，你希望他们能理解你在做什么。但最重要的是，你希望他们能效法苏格拉底，因为你不知道你是否犯了错误。我的意思是，施特劳斯说过，总是要假定班上有一位沉默寡言的学生，他比你知道更多。

那时候我才明白施特劳斯真正的教诲。因为如果你考察隐微之义，你就会认为，那是与那些人对话的一部分，他们会说："啊，但你错了。"我已经开始以一种非常不同的方式来思考苏格拉底，而施特劳斯从未谈及这种方式。他没有谈论过自然科学，理由非常充分：他不了解该主题，他也不打算谈论他不了解的主题。但显然，这么多政治哲学家都处理过相关问题，即何为自然的问题，这是一个至关重要的问题。

麦基恩：确实。

马斯特斯：我意识到，为了讲授卢梭，我不会只想着怎么讲卢梭，而忽视人类学家是怎么研究猴子和猿类的，否则就会误导当代的学生。研究卢梭的人都没有讨论过这个问题，但我认为这是必须去做的。

这也是为什么我开始与其他那些人合作，有很多人［一起合作］，至少有十几个人。我们一起开工，于是［项目］就像火箭起飞一样［迅速进展］。但对我而言，所有这一切都是［源于］施特劳斯，是他让我得以起步。我的意思是，比方说，那些最早研究科学的人，他们［所思所想］与我头脑中的想法差异如此之大。他们没什么意思。但从我最终想做的工作的角度来看，他们讨论的东西又很有意思。但我不想过他们那样的生活。我不想成为一名化学家，不想待在臭气熏天的实验室里工作。我想要和文字打交道；这是我喜欢做的事情。我想从文字中发现真理及其能教给我们什么我们不知道的东西。我新近的理解是，苏格拉底对现代科学的影响，而非仅仅对现代政治哲学的影响，要远超我们［先前］的认知。为什么？除非你会问出"我不知道什么"这个问题，否则你是不会去做科学的。由于极少有政治哲学家研究科学研究到像我现在这样被尊称为科学家的程度，所以我意识到，不得不说，我们不了解这一点。

看到政治哲学是科学的，这一点非常重要。这就好突然翻到一份我没有发表过的东西，让我非常兴奋。这是一篇关于科学理由的文章，我想是关于社会化医疗的科学理由的。美国宪法的全部理念是，国会应该通过法律，来为共同的国防事务和一般意义上的福利事务服务。好吧，认为生物学家与政治无关，这多少有点愚蠢，因为一般意义上的福利事务之一，就是［防治］传染病。让现代人真正意识到传染病的事件之一，是第一次世界大战后的流感大流行。①

---

　　① ［译注］这里指1918年的流感大流行，爆发于1918年1月至1920年4月间。病毒株为甲型H1N1流感病毒。当时世界人口的大约四分之一（五亿人）受感染，造成数千万人死亡。

我们知道还有寨卡病毒（Zika）[也造成传染病]，一旦明白[控制]传染病需要获得政治层面上的回应，我们就会发现那些不想研究生物学的政治科学家什么都不懂。他们在如何运行政府事务方面，犯了一个深刻的错误。这是因为，除了其他事务外，在教育体系中——必须有一个教育体系，有一些方法来处理天才和弱智的孩子，而且人与人之间各有不同……我最近发现一件非常有趣的事，那就是人与人之间各有不同。

麦基恩：我可以问你一个问题吗？

马斯特斯：你应该不停地问我问题。

麦基恩：好的。刚才你提到，你是作为一位施特劳斯派而出版第一本书的。我想知道，你所说的"施特劳斯派"是什么意思？

马斯特斯：我认为自己是一个施特劳斯派，同时也是一个研究生物学和政治学的人。我不认为这两者完全对立，因为如果我没有成为前者，我就不会成为后者。

麦基恩：但对你而言，成为一位施特劳斯派意味着什么呢？

马斯特斯：哦，很简单。首先，你必须同意，在课堂上总是会有那样一位沉默寡言的学生。不认可这一点，你就无法研究科学。这对自然科学而言是绝对正确的，但非科学家并没有意识到这一点。对政治哲学而言，你也必须这样做。这意味着，你总是要对自己会犯错这一事实保持开放的心态。这是第一点，但也是最重要的一点。第二，你不能忽视人性。如果不了解我们为什么与猴子或老鼠有所不同，或者如果你不知道人何以为人，那就没有办法理解人类行为。然而，如果你只运用关于人性的历史观点，那你就是一个历史主义者，这不是施特劳斯所乐见的。

麦基恩：当你说"运用历史观点"时，你指的是用那种方法来阅读亚里士多德、洛克、霍布斯等作家吗？

马斯特斯：有关人性的观点必须加以认真考虑，同时你也必须意识到，要努力找出其与我们目前有关人性的生物学观点有何不同。这很重要，否则你的学生就会感到困惑。你尤其需要知道，亚里士多德关于人性的说法中，有哪些在根本上是正确的，并且事实上可能为［今天的］生物学家所忽略？答案是"目的"（telos），因为在亚里士多德的意义上，人类的行为有其指向的目的。如果你认为达尔文反对古人，反对亚里士多德或苏格拉底，那［有人可以反驳说］最适者的生存其实就是一个目的。然而，这不是唯一的目的，因为人可以在战争中聚在一起，充满热忱地为集体而死。因此，这清楚地表明，存在一些更为复杂的东西，我们必须继续努力研究这个目的到底是什么。目的显然与某种纯粹的东西或者说某种精神性的东西有关，关键在于它不是物质性的，这是因为总是存在一些超越于自我之上的目的，而自我正在寻求这些目的。确实，自我有其自身的本能，有其自身的冲动，但追随自身的冲动，这本身就是一种目的。问题在于，如果你只追随自身的目的，而不将其与其他东西关联起来，那么你本质上就与动物无异。如果你抬眼看看你周围的人类，他们并不会这么做。好吧，有些人会这么做，但他们是没有能力真正改变世界的人，他们甚至连做捕犬员都无法胜任。

麦基恩：因此，在某种意义上，对你而言，研究当代生物学非常重要，但也要阅读亚里士多德和霍布斯这类人在历史上的著作。当代科学尚未取代后者的地位，因为他们阐述的理解比单纯的科学理解远远更为丰富、更为宏大？

马斯特斯：比如说马基雅维利。我认为，事实证明，如我之前曾提出过但从未真正理解的那样，阿美利哥发现了新大陆，发现了那些对欧洲一无所知的人，这对马基雅维利而言至关重要，因为这意味着必须重新思考过去的一切。

麦基恩：为什么？

马斯特斯：为什么那些人和我们有不同之处？为什么那些人和我们又有相似之处？差异到底何在？为什么如卢梭所说，他们在某些方面比我们来得好？卢梭是何时写作的？首先他曾在乡间步行，所以他看到乡间的这些人在很多方面都比巴黎人来得好。然后，他写作时，有这么一些人在世界各地旅行，对吧？当时美洲发生了什么？你明白吗？你对你未曾言及的东西保持开放的态度，我认为当你这样做的时候，政治哲学会变得更有趣。但前提是，你要真正理解这本书，站在这本书自身的立场上去理解，就像施特劳斯教我的那样。也就是说，如果我要成为［这样的］人，成为卢梭身边那个比卢梭知道更多的学生（我或许是，或许不是）——如果我严肃对待科学，卢梭会乐意就何为人性与我展开对话。他一定会乐意的。

所以我认为，除非你是在谈论普通的或非哲学层面的或非隐微（nonesoteric）层面的生活，否则认为必须把这些事物视为彼此不一致的想法，就是错误的。我发现，从一位优秀的科学家身上，我总能学到一些东西。事实证明，对方听我讲我想讲的东西时，也会着迷。我和威尔逊就相谈甚欢。关于他的思想对研究政治哲学的人来说是多么有用，他理解起来没什么困难。虽然他未曾真正关注过这一点，但他认为这很有意思。我觉得和他聊天很轻松，他也觉得和我聊天很轻松。我想这种情况时有发生，但经常也有这样的时候，你和人聊天，然后你意识到：好吧，我不打算和他谈我做的工作。我现在做的工作，你知道，我现在研究的是有毒的化学品和［人类］行为，这个主题很重要。这里面有些观点很吸引人。我之所以会进入这个领域，完全是因为其他人。这始于我去加州参加一个会议，我和一个叫艾德（Ed）之类的家伙（通常我会马上想起名字，不过这不重要）围坐在一张桌子旁。他说他对暴力感兴趣，他发现他研究的这些罪犯中，有两个人血液中的铅含量高。

麦基恩：怎么会发现他们［血液中］有高浓度的铅呢？

马斯特斯：他没有解释这一点。有人因为其他原因检测过他们的血液，发现他们血液中的铅含量高，但我不知道他们具体为什么会去检测血液。

重点在于，从那个会议回来的路上，我说："等一下。"我知道那个家伙的名字是艾德，你懂的，如果你忘记一个人的名字，之后还会再记起来。如果他说的是正确的，那么有铅污染的地方，就应该会有更多的犯罪。我在学校的时候又重新想了一下这个问题，发现又有一个问题要解决，于是我就去处理这个问题。我找了一群学生，我有三个非常聪明的学生，我让他们把数据都放在一张电子表格里。为什么呢？我记不清是在耶鲁大学还是在达特茅斯的时候，我被分配要上一门课，是讲方法论之类的东西。我让这些孩子为美国的每个县建立一张电子表格，把所有的社会经济数据、人口、黑人［比例］、收入等都填进去，然后再帮我找来环保局公布的铅含量，也就是铅污染情况。［相关关系］是否成立呢？我不得不做起数学，之前我已经和丹尼斯·沙利文（Dennis Sullivan）一起开过这门课。那是在达特茅斯。他是搞数学的，就是统计学之类的东西。我们想要开设一门课，由教员中的哲学家和最懂科学的人来任教。［除了我俩］没有其他人了，他后来去世了。我们一起做了很多事情，一起出版了一点东西。我了解到，我可以做一点这种数学上的工作，而突然之间，我就开始做有关毒素和行为的工作。我做这些工作，是因为我关注最新的东西，以及看起来对社会重要的东西。也就是说，如果你能发现环境中确实有一些人们不知道的东西会导致暴力犯罪，而你能除掉这些东西或就此做点什么，这在过去和现在都是前所未有的。实际上，当我……①

麦基恩：继续吧。刚才你在谈论卢梭。

马斯特斯：好，实际上我现在聊的是我自己的职业生涯。当我想到卢梭步行去了尚贝里，以及他会如何想自己在做些什么时，我想到这个例子。我的父亲做了一点小生意。1920 年，他从哈佛大学毕业，找不到教书的工作（这才是他想做的），所以他就去给别人打工，然后他意识到有一项业务确实有［市场］需求。当时电影院刚刚开始出现。传统的剧院，如果接下来有新剧，［比如说］《罗密欧与朱丽叶》（*Romeo and Juliette*）会在两周后上演，那么剧院的老板会走到舞台上，拿着标语牌说："请两周后光顾。"当人们开始看起电影时，［对于电影院而言的］第一件事就是，我们怎么才能告诉人们下一部电影是什么。房间里一片漆黑。最好的办法，就是在电影前面放上片名，

---

① 此处换了磁带盘。

把下周要上映的电影片名放在胶片上，然后把胶片附在正准备放映的电影胶片上面。这叫预告片，有时是在开头或者在新闻和电影之间或者在别的什么时候播放。我的父亲就决定要做这些东西。为此，他必须有印刷的方式，要有一台凸版印刷机来打印这些电影片名。他必须能设置照相机，以便拍摄标题。最重要的是，他必须有一个地方来冲洗和复制胶片，因为柯达公司出售电影胶片，他能拿到35毫米的胶片，但他必须冲洗和打印出来。那是在波士顿，他一开工，就有了新英格兰地区唯一可以冲洗和打印电影胶片的地方，至少当时是这样的。

但他也意识到，整个新英格兰地区都有电影院。当我长大后，每当我们外出时——我们喜欢在冬天滑雪，带着全家人去滑雪——我们会在镇上安顿下来，然后他就会去见［当地］电影院的老板或经理。我记得我们经常去拉科尼亚（Laconia）外的一个叫贝尔纳普（Belknap）^①的地方，他常在拉科尼亚停留，与一个电影院老板交谈，我们总是在一个叫巴拉克斯（Barracks）的地方过夜，就在滑雪场附近，由名叫康妮（Connie）和比尔·奥斯汀（Bill Austin）的人经营。他去世后很久，我还经常去那里。我上大学那会儿去那里时，总是在饭后和我母亲一起洗碗或擦碗，我发现他们需要有人在厨房帮忙，因为他们有双层床铺，他们那儿有很多人，这地方很便宜。通常会由一个在纽波特（Newport）海军的家伙送我过去。他会经过波士顿，带我来回，所以我不必开车，因为我没有车。我会为了食宿而洗碗。中午吃完饭之后，大家都去滑雪，我就在洗碗和擦碗，然后康妮或比尔会带我出去，另外有人会带我回家。

我做了很多这样的事情，这很有意思。但问题的关键是，我父亲以及每个人都期望由我来接管他的生意。我有位哥哥，是个工程师，他什么都能修，但他不打算经营企业。那不是他想做的事。但我可以

---

① ［译注］贝尔纳普县是美国新罕布什尔州中部的一个县，拉科尼亚是贝尔纳普县的县治所在。

做，我和父亲经常一起工作，我差点就要接管他的生意。有一天，我从学校走回家，我想那会儿我还在上初中，那是在我家和牛顿高中之间的某处。我对自己说："我想成为一名教师。我喜欢我父亲的生意，但我想成为一名教师。"走在回家的路上，我开始考虑这个问题。我越考虑，就越觉得我想当一名教师。

麦基恩：那时你还不知道自己想教什么，但你知道你想教书。

马斯特斯：我想教一些东西。我父亲拍了一些教育片，其中有些片子——比如有一个缅因州加德纳（Gardiner）布朗鞋业公司的片子，关于他们如何制造鞋子。他们把鞋子带到展览上，来自乔丹·马什公司（Jordan Marsh）①的人会来看想买什么鞋子。他们拍了一部关于他们如何制造鞋子的片子。我记得我提着灯到处走，在拍摄这部片子期间出了力。但我意识到，虽然我曾想要去经营我父亲的生意，并且我也做得到，但我真正想做的是去教书。我想那是在我教巴伯怎么做代数题之前。我确实一直在做一些事情，比如向其他人解释一些事情，而且我觉得我喜欢这样做。这行得通，我觉得我有能力去教书。

麦基恩：这个有意思，因为人们常常受老师的启发，但你又受到经验和活动的启发。

马斯特斯：这项活动在某种程度上是受了我父亲在教育片方面的工作的启发。我在这上面也出了些力，这是一处启发我的地方。另一处启发我的地方，来源于我真的喜欢一些老师，并为他们的教学能力所震撼。我记得有一位西班牙语老师真的影响了我。追溯往昔，我还记得一些老师。幼儿园的一位老师，凯恩小姐（Miss Cain），我记得对我影响很大，我真的会因为在某些课上学到东西而感到兴奋。三年级时的柯林斯小姐（Miss Collins）是另一位。但这不是重点。重点在于，当我决定要当老师的时候，我对自己说："噢，我得告诉父

---

① ［译注］乔丹·马什公司是美国的一家连锁百货公司，总部在波士顿，业务遍及新英格兰地区。公司创立于1841年，1996年解散，大多数店铺并入梅西百货。

亲。"我说:"他不会喜欢这个决定的。"好吧,我不能不告诉父亲,因为如果我不想进入并接管他的企业,他就需要知道这一点,以便为他的规划做打算。并且,我还需要[对自己的未来]做安排,这些安排可能要花钱,我可能要去读研究生。所以我必须得和他谈谈。有一天我鼓起勇气,说我想要和他谈谈,不是在吃饭的时候,而是私下谈谈。我害怕。我说:"恐怕你不会喜欢这个决定,但我考虑了很久,我想成为一名教师。我的意思是,我喜欢做生意,但我认为我真正想做的,是当一名教师。"他激动坏了。他很激动,因为他从哈佛大学毕业时就想成为一名教师。他最擅长做的事情,就是教学。我能这么想,他感到很激动。

麦基恩:那太好了。

马斯特斯:我有一个儿子是塔夫茨大学的教授。

麦基恩:他教什么?

马斯特斯:他教的东西非常有意思。他讲授食物及其必要性。他一开始做非洲的食物,因为他发现整个食物生产活动,或者说这个领域(field)——称之为领域,真是糟糕的双关语①——受到种子设计的巨大影响,并且与环境相适配。但是,种子公司已经从传统的仅仅复制种子,[发展]到发现种子在中西部或西南部或任何地方的生长需要什么条件。威尔(Will)——我的小儿子叫威廉(William)②——威尔意识到,非洲的关键问题之一在于,美国或欧洲的种子公司并没有做相应的工作。没有市场。市场还不够大。于是他开始努力在大学里完成这些事情。你猜怎么着?他所做的事和我所做的事有什么相似之处?[相似之处在于,我们的工作都遵循]科学的伦理层面。我想说,

---

① [译注]在英语中,field除了"领域"外,还可以指"农田"。

② [译注]威廉·马斯特斯(William A. Masters,生于1961年),博士毕业于斯坦福大学,专业为应用经济学,曾先后任教于津巴布韦大学、普渡大学等高校,现任教于塔夫茨大学弗里德曼营养科学与政策学院(Friedman School of Nutrition Science and Policy),主要关注农业经济学和食物政策。

我真的自豪，因为我的大儿子对数学感兴趣，他不是一个真正专注于人的层面的人，但真正专注于认真负责和仔细工作后，他去了一家公司。这家公司过去叫联盟伯恩斯坦（Alliance Bernstein），现在叫伯恩斯坦。这家公司为股权基金做了大量工作。有一次他向我解释说，他完全掌控的股权基金资产超过十亿美元。那么这需要什么［能力］呢？［笑］我的意思是，我意识到我为我的孩子们感到多么自豪，因为他们都获得最核心的要义，而这可以追溯到施特劳斯。但这并不意味着可以认为他们是施特劳斯派，因为他们根本就不是施特劳斯派。然而，必须把知识、知识的伦理意义与世界的需要结合起来，这个理解对几乎一切而言都过于陌生，但这正是施特劳斯工作的核心。

　　麦基恩：现在结束访谈或许正合适。真不错。你介意我给你拍张照吗？

图书在版编目（CIP）数据

追忆施特劳斯：列奥·施特劳斯学生访谈录/张培均编；
张培均等译. ——北京：华夏出版社有限公司，2023.7
（西方传统：经典与解释）
ISBN 978-7-5222-0515-1

Ⅰ.①追… Ⅱ.①张… Ⅲ.①施特劳斯(Strauss, Leo 1899-1973)
—哲学思想—研究 Ⅳ.①B712.59

中国国家版本馆 CIP 数据核字(2023)第 079758 号

追忆施特劳斯：列奥·施特劳斯学生访谈录

编　　者	张培均
译　　者	张培均 等
责任编辑	刘雨潇
责任印制	刘　洋

出版发行	华夏出版社有限公司
经　　销	新华书店
印　　装	北京汇林印务有限公司
版　　次	2023 年 7 月北京第 1 版 2023 年 7 月北京第 1 次印刷
开　　本	880×1230　　1/32
印　　张	14
字　　数	390 千字
定　　价	98.00 元

华夏出版社有限公司　　地址:北京市东直门外香河园北里 4 号　　邮编:100028
网址:www.hxph.com.cn　　电话:(010)64663331(转)
若发现本版图书有印装质量问题，请与我社营销中心联系调换。